北京理工大学"双一流"建设精品出版工程

International Trade in Services

国际服务贸易

易瑾超 ◎ 主编

北京理工大学出版社
BEIJING INSTITUTE OF TECHNOLOGY PRESS

内 容 简 介

本教材系统介绍了国际服务贸易相关的基础概念、原理、规则及政策取向,并特别介绍了当今世界服务贸易的发展现状及趋势,以及我国服务贸易的发展现状、国际地位及竞争力。希望借助本书,帮助学生掌握国际服务贸易的基础知识、理论及相关产业,并将所学知识在将来的经贸工作实践中加以应用。

本教材分为7章,第1章主要介绍服务业、服务贸易与经济增长的关系及服务贸易学科发展简史;第2章主要介绍国际服务贸易的基本概念;第3章主要介绍国际服务贸易的基础理论;第4章主要介绍国际服务贸易政策;第5章主要介绍国际服务贸易的规则体系;第6章主要介绍服务业国际直接投资;第7章主要介绍世界服务贸易的发展,以及不同类型国家服务贸易的发展策略。

本教材既适用于高等院校国际经济与贸易专业的本科生、研究生学习,也适用于其他经济管理类专业学生及有兴趣学习国际服务贸易知识的人士。

版权专有　侵权必究

图书在版编目（CIP）数据

国际服务贸易 / 易瑾超主编 . —北京：北京理工大学出版社，2021.2
 ISBN 978 – 7 – 5682 – 9416 – 4

Ⅰ. ①国… Ⅱ. ①易… Ⅲ. ①国际贸易 – 服务贸易 – 高等学校 – 教材　Ⅳ. ①F746.18

中国版本图书馆 CIP 数据核字（2020）第 264731 号

出版发行 /	北京理工大学出版社有限责任公司
社　　址 /	北京市海淀区中关村南大街 5 号
邮　　编 /	100081
电　　话 /	（010）68914775（总编室）
	（010）82562903（教材售后服务热线）
	（010）68948351（其他图书服务热线）
网　　址 /	http：//www.bitpress.com.cn
经　　销 /	全国各地新华书店
印　　刷 /	三河市华骏印务包装有限公司
开　　本 /	787 毫米 × 1092 毫米　1/16
印　　张 /	18
字　　数 /	419 千字
版　　次 /	2021 年 2 月第 1 版　2021 年 2 月第 1 次印刷
定　　价 /	68.00 元

责任编辑 / 武丽娟
文案编辑 / 武丽娟
责任校对 / 刘亚男
责任印制 / 李志强

图书出现印装质量问题,请拨打售后服务热线,本社负责调换

作者简介

易瑾超　经济学博士，副教授，硕士生导师。毕业于武汉大学经济管理学院，现为北京理工大学管理与经济学院教师，兼任案例研究中心主任。教学及研究领域包括：服务经济与贸易、产业经济学、管理沟通与领导力；曾主持和参与了多项国家及企业研究课题，并发表了多篇学术论文；组织采编的企业管理案例连续入选"全国百篇优秀管理案例"及"中欧国际案例库"；这次主编的《国际服务贸易》教材入选了北京理工大学 2020 特立规划教材。

前言

从经济理论研究的角度看,"服务"与"商品"的性质有很大差异。服务的定义和测度方法,服务业的劳动分工、规模经济和生产率变化都有其独特性,服务业还广泛涉及一些超越经济和非经济的领域。并且,服务业和服务贸易的快速发展,及其对经济增长、就业、收入分配及国民福利的影响,都比物质产品为主的阶段更加复杂。发达国家的服务业发展比较早,已经成为国民经济的主要部门,包括中国在内的许多发展中国家,服务业的发展虽然起步晚,但是追赶速度快也是有目共睹的。当前,服务已经渗透到社会生产的各个领域,我们有理由相信,未来经济增长的关键就在这些服务业中。今天,全球经济的竞争重点正从货物贸易转向服务贸易。中国的服务贸易起点低,但发展速度快,潜力巨大。近年来,我国服务贸易的国际竞争力不断提升,国际服务贸易已经成为我国经济一个新的增长点。因此,扩大服务贸易规模,改善服务贸易结构,是我国参与国际分工及提升竞争力的关键举措。

基于上述背景,也参考我国对于国际服务贸易人才的现实需求,编者在充分借鉴国内外出版的相关著作、教材及论文的基础上,结合编者多年的教学经验和研究心得编写了本教材。在编写过程中,力求叙述简明扼要,结构清晰合理,内容重点突出;并结合最新的数据和恰当的案例,发挥更好的指导作用,争取理论性和实用性的完美结合;本教材内容中特别采用了分章小结、穿插专栏、复习思考、拓展阅读和案例专栏等丰富的形式,帮助学生全面、生动、有效地学习和掌握服务、服务业及服务贸易的相关基本知识和技能,同时提高学生的学习兴趣和主动性。

本书由北京理工大学管理与经济学院的易瑾超老师负责全书的总撰定稿,此外,中国对外经贸大学周念利老师,中国社科院世界经济研究所吴海英老师，北京理工大学管理与经济学院张晓甦老师、彭红斌老师等参与了本书的审校；北京理工大学的硕士研究生李威龙、刘奕彤、黄明钰等同学参与了本书的文献查阅和资料收集工作。在此一并表示衷心的感谢！

由于编者水平有限，书中不足及疏漏之处在所难免，敬请广大读者批评指正。

易瑾超

目　录

第1章　导论 ··· 001
  1.1　服务业、服务贸易与经济增长 ·· 001
    1.1.1　服务业与经济增长 ·· 001
    1.1.2　服务贸易与经济增长 ·· 005
  1.2　服务贸易学科发展简史 ··· 011
第2章　国际服务贸易的基本概念 ·· 014
  2.1　服务 ·· 014
    2.1.1　服务的概念及特征 ·· 014
    2.1.2　服务的分类 ··· 022
  2.2　服务业 ··· 025
    2.2.1　服务业的概念及特征 ·· 025
    2.2.2　服务业的分类 ·· 028
  2.3　服务贸易 ··· 032
    2.3.1　服务贸易的概念及特征 ··· 032
    2.3.2　国际服务贸易的分类 ·· 036
第3章　国际服务贸易的基础理论 ·· 046
  3.1　服务的相关理论 ··· 046
    3.1.1　服务价值理论 ·· 046
    3.1.2　服务效用价值理论 ·· 052
  3.2　服务业相关理论 ··· 053
    3.2.1　配第—克拉克定理 ··· 053
    3.2.2　服务业发展路径学说 ·· 055
  3.3　服务贸易相关理论 ·· 056
    3.3.1　传统贸易理论对服务贸易的阐述 ································ 057
    3.3.2　现代贸易理论对服务贸易的阐述 ································ 059

第4章 国际服务贸易政策 ·· 072

4.1 国际服务贸易政策的演变 ··· 072
4.2 服务贸易自由化政策 ·· 074
4.2.1 自由贸易与经济效率 ·· 075
4.2.2 服务贸易自由化的福利分析及政策选择 ································· 077
4.3 服务贸易保护政策 ··· 090
4.3.1 服务贸易壁垒 ··· 090
4.3.2 服务贸易保护政策的效应分析 ·· 102
4.3.3 服务贸易保护政策的比较与选择 ··· 109

第5章 国际服务贸易的规则体系 ··· 115

5.1 国际服务贸易的多边谈判 ··· 115
5.1.1 国际服务贸易谈判的背景 ·· 115
5.1.2 WTO 体制的特点及后续谈判 ··· 120
5.2 《服务贸易总协定》 ·· 124
5.2.1 《服务贸易总协定》的基本框架 ··· 124
5.2.2 《服务贸易总协定》的评述 ··· 134
5.3 区域性服务贸易规则 ·· 138
5.3.1 服务贸易区域规则与多边规则的关系 ··································· 138
5.3.2 主要的服务贸易区域规则 ·· 139

第6章 服务业国际直接投资 ·· 157

6.1 服务业国际直接投资概述 ··· 157
6.1.1 服务业国际直接投资的动因 ··· 157
6.1.2 服务业国际直接投资的现状 ··· 159
6.1.3 服务业国际直接投资的趋势 ··· 161
6.2 服务业国际直接投资理论 ··· 164
6.2.1 传统 FDI 理论及适用性 ·· 164
6.2.2 国际直接投资的理论分析 ·· 167
6.2.3 发展中国家服务业国际直接投资理论 ··································· 170
6.3 服务业跨国公司 ··· 171
6.3.1 服务业跨国公司的经营模式及特点 ······································ 171
6.3.2 服务业跨国公司在中国的现状及中国服务业的对外投资 ············ 179

第7章 世界服务贸易的发展 ·· 193

7.1 世界服务贸易的发展概述 ··· 193
7.1.1 世界服务贸易的发展现状 ·· 193
7.1.2 世界服务贸易的发展趋势 ·· 195
7.2 发达国家服务贸易的发展 ··· 198
7.2.1 发达国家服务贸易的发展现状及展望 ··································· 198
7.2.2 发达国家促进服务贸易发展的策略与政策 ····························· 210

7.3 发展中国家服务贸易的发展 ·· 214
　7.3.1 发展中国家服务贸易的发展现状及展望 ································ 214
　7.3.2 发展中国家促进服务贸易发展的策略及政策 ·························· 217
7.4 中国服务贸易的发展 ·· 219
　7.4.1 中国服务贸易的发展现状及展望 ·· 219
　7.4.2 中国促进服务贸易发展的策略及政策 ··································· 234
　7.4.3 中国促进服务贸易发展的对策 ··· 236
附录 A 服务部门分类表 ·· 249
附录 B 中国服务业行业分类与国际产业分类标准对照表 ······················ 255
参考文献 ··· 275

第1章 导论

学习目标

了解服务业、服务贸易与经济增长的关系；
了解服务贸易学科的发展简史；
对世界服务贸易的发展现状及趋势有初步印象，激发学习兴趣。

1.1 服务业、服务贸易与经济增长

1.1.1 服务业与经济增长

20世纪80年代以来，饱含科技、人力及资源等现代经济发展关键要素的服务业进入了一个前所未有的良好发展时期。世界经济呈现出一种不同以往的增长方式，表现出以高科技和知识应用为基础的经济发展模式。我们有理由相信未来经济增长的关键就在服务业中，计算机程序和网络这类术语明显地证明了这一点。

1. 服务业与经济增长的相关理论分析

（1）经济发展阶段理论。大卫·李嘉图（David Ricardo）是最早用不同的发展阶段来描述经济发展过程的经济学家，后来马克思不仅将这种方法用来描述经济发展过程，还用来描述社会发展过程；20世纪五六十年代，这种方法被广泛用于早期发展经济学的研究之中，其中较有影响的经济学家当属非均衡经济发展理论的代表人物之一——罗斯托，他根据经济史一些事实，提出了经济发展的5个阶段理论。罗斯托认为："根据它们的经济发展水平，任何社会都可以归入下面5种情况之一：传统社会、为起飞准备条件、起飞、成熟社会和高消费社会。"

① "传统社会"是指生产率水平停留在"牛顿定律所带来的人类对世界的科学认识能力以前的状态"。由于人类对世界的认知处于原始状态，在传统社会里人们的生产完全受自然条件的限制，生产的扩张主要依靠人口和土地的增长；在生产结构方面，因为生产率的限制，人们的生产活动必然集中于农业部门。

② "为起飞准备条件"阶段基本上是一个转型期，即由传统社会向起飞阶段的过渡时期，之所以有这样一个阶段主要是因为科学知识要实践于生产，需要社会在各方面做出准

备。罗斯托认为，要实现社会和经济的转型，传统社会不会从内部自发地产生变革的力量，因此需要外部的冲击。这个阶段是一个激烈的动荡期，社会观念、文化价值和制度都在发生深刻的变化。与大多数发展经济学家一样，罗斯托认为，这一阶段的突出特点是占劳动人口大多数的农业劳动力向工业、交通、贸易和现代服务业转移；农业和社会基础设施，尤其是交通的革命性生产率变革是起飞的条件；因此，在经济上逐步表现出社会商业化的趋势，如金融市场的出现和发展、商业化的经济活动、对交通和通信投资的出现和扩大等。但由于处于转型期，传统社会的力量仍然很强大，所以转型的步伐就依赖于传统社会的制度刚性。如果传统社会的制度刚性很强，转型不能完全完成，就会形成二元的经济格局。

③罗斯托将"起飞"定义为"一种工业革命，与生产方式的理解变革紧密相连，在短期内对社会发展起着关键作用"。"起飞"阶段是一个较长的过程，在这个阶段，传统经济开始进入快速增长的稳定时期，新的价值结构建立并成为主流。推动起飞阶段经济持续增长的主要因素是技术进步，还包括社会基础设施和新的政治力量；在产业结构上，起飞阶段主要表现为现代部门的增长，传统产业如农业也经历商业化进而产业化，成为现代农业。其中，农业生产率的增长是起飞成功的关键。

④"成熟社会"是一个更长的发展阶段，是一个依靠技术不断进步以达到高度物质文明的阶段，也可以说是"纯技术阶段"，即基本的社会政治和文化结构是稳定的，变化主要表现在由技术进步引起的主导产业的变化。

⑤"高消费社会"有两个主要特征：一是大部分人的基本衣食住行完全得到满足；二是人口高度城市化，就业劳动力高度"白领化"。由于技术完全成熟，物质财富高度发达，资源分配开始超越个人领域，出现社会福利化的资源配置方式。在罗斯托看来，福利社会的出现是技术成熟的结果，技术成熟是福利社会出现的前提条件。

（2）配第—克拉克定理。

①配第—克拉克定理的产生。技术水平、生产规模、流通规模、收入水平、消费习惯等因素的变化，使世界各发达市场经济国家的经济结构在20世纪发生了很大变化，突出特点是服务业在经济结构中的地位迅速提高，其主要表现在服务业产值和服务业就业人数的不断增加。克拉克考察了20世纪30年代到40年代世界主要国家的12个部门的劳动力组成结构的变化，以及主要发达国家在早期工业化时期劳动力在10个主要经济部门之间分布结构的变化，认为不同的经济发展水平与劳动力部门结构的分布模式有着密切相关性。在《经济进步的条件》一书中，克拉克总结出在经济进步过程中，"劳动人口由农业转移到制造业，再从制造业转移到商业和服务业"；随着国民经济的发展，人均国民收入的提高，农业劳动力急剧下降，从事制造业的劳动力比重与经济增长同步，但通常在接近40%时便稳定下来，而服务业的劳动力比例则不断增长。

克拉克在阐述其观点时引证了英国经济学家配第早在1691年所发现的相关规律，两人的研究成果最后被文献指定为"配第—克拉克定理"。这一定理作为有关经济发展与产业结构变动之间关系的经验性总结，被后来的许多经济学家所证实，如库兹涅兹（Kuznets）、富克斯（Fuchs）、钱纳里（Chenery）等。也可以从目前各个不同发展水平的国家现状中得到印证，越是发达国家，人均国民收入越高，产业结构中的农业所占的份额越少，制造业、服务业所占的份额越高。可以说，配第—克拉克定理揭示了产业结构变化的基本趋势。

②配第—克拉克定理的解释。第一，克拉克的分析。克拉克认为，除了远古时代，在人类社会的其他各个发展阶段，农业劳动生产率和人均产品总是有规律地提高的，农业生产率的提高以及对农产品相对需求的下降，是引起农业劳动力向外转移的主因。工业的每小时劳动产出和人均产出的增长速度都快于其他产业，而对工业品的需求却相对稳定。因此，随着经济的进步，工业劳动力必然会逐步减少；即便是对工业产品的需求增加，在一个较长的时期内，工业劳动力也会减少，因为工业劳动生产率的提高很快，对其产品的需求增长相对缓慢。对于服务业来说，人们对服务业产品需求的增长要快于服务业劳动生产率的增长，因此，随着人均收入的增加，劳动力必然由制造业流向服务业。显然，克拉克认为，配第—克拉克定理所揭示的三次产业就业结构随人均收入提高的演进规律的根源在于：服务业的需求增长快于服务业劳动生产率的提高，而农业、工业劳动生产率的提高要快于社会对其产品需求的增长。

第二，富拉斯蒂埃的解释。法国经济学家富拉斯蒂埃对劳动力在产业间演进顺序的分析与克拉克的分析明显不同。他认为，技术进步是引起劳动力产业分布结构演变的主要原因。这种演进的速度在不同国家、不同行业是不同的，也缺少规律性。技术进步导致两方面的结果：一方面提高了生产总量；另一方面改变了生产结构，生产结构的改变又会相伴产生需求结构的改变。因此，技术进步丰富了供给，而富足的供给又会使人类某一层次的欲望和需求迅速得到满足，进而产生新的需要。这种情况造成一方面技术进步支配着一个不断成长的生产结构；另一方面社会生活条件的变化和人类日益增长的需求愿望又决定着日益增长的消费结构，而这两者之间是不协调的。这种不协调迫使生产适应强烈的消费需求，并不可避免地促使劳动力从需求已经饱和了的产业部门转向那些需求旺盛的产业部门。正因为如此，才出现了农民离开土地，工人改换行业的劳动力转移现象。

2. 服务业在国民经济中的作用

服务业的迅速发展是 20 世纪经济发展的主要特点之一，服务业水平高低是一个国家经济发展水平高低的重要标志。根据各国服务业的发展状况，服务业在一国国民经济中起着重要的作用。

（1）充当基础设施。运输、通信、金融、教育、保健、公用事业等服务业是每个国家基础设施的主要组成部分，拥有这些服务部门有助于解决经济发展的"瓶颈"问题，为经济发展提供良好的前提条件。

（2）作为中间环节。特别是生产者服务，如数据服务、研究与开发服务、会计服务、法律服务、广告服务等，这些中间投入通过与工业活动和其他服务业相互作用，其效能将会影响经济竞争力的提高。

（3）对经济的战略意义。一般来说，银行、保险等金融服务被许多国家看作经济增长的重心，对经济发展具有战略意义。如果一个国家不能有效地控制宏观经济政策，其管理经济的其他方面就会发生困难。

（4）服务业可以发挥经济结构调整的作用。特别是在国际经济交往中具有竞争力的国家，总是把服务业看作经济增长、取代夕阳产业、实行结构调整的基本着眼点。

（5）对社会文化的影响。大众媒介、教育、出版、旅游等服务业具有一定的社会文化价值内容，通过这些服务行业的活动会影响人们的价值取向、行为模式和消费模式。

服务业对一国经济发挥着重要的作用，但不同国家、不同服务部门，具体情况会大不相同，应该具体行业具体分析。

3. 服务业的发展趋势

（1）20世纪60年代以来，世界经济的重心开始转向服务业，之后服务业在世界经济中就一直呈现快速上升的趋势，而工业和农业在经济中的比重呈现下降的趋势。从20世纪80年代开始，世界经济向服务经济转型。这是继工业革命之后的一次新的经济革命，是从技术到产业组织、经营管理、商业模式、运行体制、发展方式的全方位变革，可以称之为"服务革命"。它代表着经济发展的战略方向和总体趋势。随着世界经济进入服务经济时代，服务业占世界经济的比重在60%左右；服务业跨国投资占国际投资总额的比重超过2/3；服务贸易总额占世界贸易总额的比重超过1/5。而且，服务业正成为引领技术创新和商业模式创新的主导力量。世界经济向服务经济转型，是服务业自身发展规律和趋势的体现。

（2）服务业升级的知识化。信息通信技术与服务业相融合，促使服务业从传统的以劳动密集型和资本密集型为主转向以技术密集型和知识密集型为主，促进了服务业的现代化。传统的生产性服务业如金融、保险等，主要以资本要素投入生产过程，充当"资本的中间人"；现代的生产性服务业向信息、广告、市场调查、会计、律师、管理资源等领域拓展，主要以知识要素投入生产过程，充当"知识的中间人"。当前，服务业发展的专业化、信息化、知识化趋势不断增强，知识密集型服务业已经成为服务业增长的主力军。

（3）服务业内容的中间化。这主要表现在生产性服务业方面。目前，生产性服务业已成为"产业的中间人"，成为产品差异和增值的主要来源，也是服务业中增长最快的领域，其产业增加值占整个服务业的比重在70%以上。生产性服务业通过向生产部门传递人力资本和知识资本也传递了比较优势，可以深化产业分工、促进产业融合，从而提升生产效率、降低交易成本和运营风险。

（4）服务业分布的集聚化。城市是服务业功能集聚的主要场所，城市化推进的过程也是服务业发展的过程。现代城市绝大部分是服务业中心，服务业在城市经济、资本、信息、人力资源等领域的大规模流动，促进了城市的功能转型。

（5）服务业发展的外部化。服务业的产生和发展走过了一个以市场为导向的外部化过程。随着专业化分工逐步细化、市场化水平不断提高，生产企业的研发、设计、仓储、营销等服务职能逐渐分离出去。20世纪50年代，许多跨国公司开始把商务活动外包给专业服务公司，从而使生产性服务业迅速发展起来。政府公共服务的外部化即政府向社会和市场购买公共服务，是政府从"管理型政府"向"服务型政府"演变、从"大政府"向"小政府"发展的必然结果。一方面，对于社会和市场能够提供的公共服务，"小政府"不需要设立专门机构并配置人员来参与提供；另一方面，"服务型政府"又必须成为公共服务的最大供给者，政府向社会和市场购买服务因此成为一种必然。

（6）服务业拓展的离岸化。得益于信息通信技术的飞速发展和广泛运用以及以世界贸易组织为代表的全球经济贸易制度的完善，服务的可贸易性大幅度增强，服务贸易流量占世界贸易总额的比重日益提高，服务外包发展迅猛；服务业跨国投资壁垒明显降低，服务业转移成为全球产业转移的重点，服务业离岸化发展已经上升到全球化阶段。

创新是服务经济的生命线。技术创新与服务经济之间形成了一个循环：一方面，技术创新是服务经济发展的重要动力；另一方面，服务经济的发展需求引领着技术创新。发达国家在完成工业化以后，推动经济向内生增长模式转变，引领创新的主要动力是服务业。当代，生产性服务业的技术进步与创新已经成为整个产业链技术进步与创新的源泉，对整体经济的技术进步和创新越来越具有关键性作用。商业模式创新成为当代服务创新的新内涵，包括供应链、运营、销售渠道、服务方式、盈利模式等方面的综合创新。

遵循这些发展规律与趋势，世界经济沿着三个维度向服务经济转型：一是沿着市场化、社会化方向挖掘服务经济发展的深度，其主要路径是推动制度变革、空间集聚（城市化）、产业融合等；二是沿着信息化、知识化方向提升服务经济发展的高度，其主要路径是推进科技创新；三是沿着离岸化、全球化方向拓展服务业发展的广度，其主要路径是参与国际合作和竞争。

1.1.2 服务贸易与经济增长

20世纪80年代以来，世界经济呈现出不同以往的增长方式，与此同时，服务贸易作为现代国际经济交往最为重要的组成部分之一，发挥着不可替代的作用。

1. 服务贸易与经济增长的相关理论

西方经济学家对服务贸易的研究主要还是借助于传统的国际贸易理论，特别是比较优势理论。大多数学者认为，服务贸易与货物贸易一样存在比较优势，传统的比较优势理论在一定条件下是可以用来解释服务贸易的。但由于服务与商品之间、服务贸易与货物贸易之间存在很多差异，因此不能简单地用传统比较优势理论来解释服务贸易的比较优势，而应根据服务贸易自身的特点来对该理论进行修正。

李嘉图以两个国家——英国和葡萄牙，两种产品——酒和毛呢，一种生产要素——劳动力构成的"$2\times2\times1$"模型，证明了通过贸易进行国际分工可以增加国家财富、促进经济增长的深刻道理。

假定有A、B两个国家（英国和葡萄牙），均生产X（呢绒）、Y（酒）两种产品；只有一种生产要素（劳动），以劳动量（小时）表示生产成本。表1-1是两国分工和贸易前的生产状况。

表1-1 李嘉图模型：两国分工和贸易前的生产状况

产品 国别	X 呢绒（10码）	Y 酒（1桶）
A（英国）	100 hr	120 hrs
B（葡萄牙）	90 hrs	80 hrs
产量合计	20 码	2 桶

从表1-1可以看出，B国在两种产品的生产上都具有生产成本低的优势，即以比A国更少的劳动生产这两种产品。但是，B国在这两种产品上所具有的优势程度是不同的，同样，A国的劣势也有程度的不同。A国生产呢绒和酒的单位劳动成本都比B国要高，但比较起来，A国生产呢绒的效率相对高一些，或者说成本相对低一些，即A国生产呢绒具有比较优势；B国尽管在两种产品生产上劳动成本都低，但两相比较，生产酒的相对成本更低，更为有利一些，也就是B国在酒的生产上具有比较优势，生产呢绒则相对不利。

如果两国实行完全的专业化分工，即A国专门生产X产品，B国专门生产Y产品，并进行贸易，那么，两种产品的产量都得到了提高（表1-2）。

表1-2 李嘉图模型：两国分工和贸易后的生产状况

国别 \ 产品	X 呢绒（10码）	Y 酒（1桶）
A（英国）	220 hrs	
B（葡萄牙）		170 hrs
产量合计	22 码	2.125 桶

或者，假定两国消费总量不变，则A国2码的X和B国0.125桶的Y的生产就不必要了，可以因此节约A国20人和B国10人的劳动。这些增加的产量，或者节约的劳动，就是得自贸易的利益，简称贸易利益。

经验研究表明服务贸易领域确实存在比较优势的合理内核，只不过对服务贸易的某些特征不能给出令人满意的答案而已。因此，很多经济学家通过修改或加入新的要素来对传统的"比较优势理论"进行改进。其主要成果有迪尔道夫模型、Jones – Ruane模型、伯格斯模型、萨格瑞模型。

目前，研究经济增长的理论数不胜数，经济学家们从不同的角度诠释了经济增长的含义。但总的来说经济增长理论的成长经历了古典、新古典和新增长（即内生增长）三个发展阶段。

第一阶段：古典增长理论。

古典增长理论主要以英国古典经济学家亚当·斯密为代表性人物。亚当·斯密在1776年出版的《国民财富的性质和原因的研究》中，强调了两个有利于经济增长的巨大推动力：一个是分工，它可以大幅度提高劳动生产率；另一个是资本积累。劳动、土地也都是经济增长的因素，但资本积累处于决定地位，因为资本积累不仅决定技术进步而且决定分工效率。

第二阶段：新古典增长理论。

新古典增长理论的创立者是美国的著名经济学家罗伯特·索洛（Robert M. Solow）以及英国的经济学家斯旺（Swan）。在新古典增长理论中，索洛对所有对经济增长作贡献的生产要素加以区分，认为资本、劳动和技术进步各自在经济增长中起作用，凡是不能够被劳动、资本投入解释的部分称为"索洛剩余"。他的主要结论是：经济增长的源泉是增加要素投入和技术进步，技术进步作为影响经济增长的主要因素之一包含在他的经典增长模型之中，但这里技术进步只作为该模型的外生变量。

第三阶段：内生增长理论。

内生增长理论的代表性人物有罗默（Romer）、卢卡斯（Lucas）。内生增长理论认为，长期增长率是由内生因素解释的，也就是说，在劳动投入过程中包含着因正规教育、培训、在职学习等而形成的人力资本，在物质资本积累过程中包含着因研究与开发、发明、创新等活动而形成的技术进步，从而把技术进步等要素内生化，得到因技术进步的存在要素收益会递增而长期增长率是正的结论。

2. 服务贸易影响经济增长的路径

服务贸易作为一种无形的贸易方式，并不是经济增长理论所揭示的促进经济增长的直接变量，它只能通过影响直接变量，从而达到促进经济增长的目的。所以其对一国经济增长的影响更多的是间接的，而这种间接影响对于一国经济长期增长更为重要。

(1) 服务贸易通过技术促进渠道影响经济增长。科学的发展使技术进步已成为服务贸易得以迅速发展的一个重要推动力。从经济增长理论的演进可以看出，内生增长理论真正地把技术内生化，诠释了技术是推动经济长期增长的动力。科学技术是知识形态的生产力，它一旦加入生产过程，就转化为物质生产力，成为推动经济增长的首要要素。从发展中国家的实践来看，技术缺口仅靠国内资源将无法弥补，并且成本极高。因此，引进国外技术便成为发展中国家加快技术进步的重要渠道。而服务贸易几乎涵盖了技术引进的大多数领域，通过贸易、投资与技术溢出等多种方式，使一国通过技术的进步加快经济的增长。

总的来说，我们可以从跨境服务贸易和商业存在服务贸易的技术溢出两个方面进行分析。

①跨境服务贸易的技术溢出主要是指通过跨境提供、境外消费和自然人移动导致的技术溢出。

第一，直接通过技术贸易及其相关途径。技术贸易是服务贸易的内容之一。国际技术贸易是指不同国家的企业、经济组织或个人之间，按照一般商业条件，向对方出售或从对方购买软件技术使用权的一种国际贸易行为。它由技术出口和技术引进这两方面组成。简言之，国际技术贸易是一种国家间的以纯技术的使用权为主要交易标的的商业行为。技术的引进促进了当地企业的技术水平和生产效率，对经济增长起到了良性作用。

第二，通过知识密集型的服务贸易产生技术溢出。通过知识密集型的服务贸易产生技术溢出主要表现在：a. 生产者服务多以知识密集型服务为主，通常是许多制造业部门中知识含量较高的关键中间投入要素，生产者服务的进口，有利于提高进口国下游制造业部门的生产经营效率，从而能够提高相关商品的国际竞争力；b. 知识密集型服务的进口，通过促进服务进口国人力资本的积累，提高进口国的技术吸收和创新能力，从而产生技术溢出。总体来说，这种渠道提高了服务贸易的国际竞争力，为扩大经济发展起到了推动作用。

第三，人员移动带来的技术扩散。服务贸易中人员移动的技术溢出渠道主要是通过人员流动，与具有较高技术水平合作者的协作合约，相近产业或产生的模仿行为而实现的。但是，由于各国对自然人流动的管制政策较为严格，导致目前以自然人流动方式产生的技术溢出收益极为有限，相信随着多边服务贸易体制的不断完善，人员流动产生的技术溢出将逐步扩大。

②商业存在服务贸易的技术溢出。由于商业存在是服务提供者在东道国建立商业实体提供服务，这类服务贸易往往与对外直接投资联系在一起。因此，商业存在服务贸易的技术溢出主要表现为关联效应的技术溢出、竞争效应的技术溢出以及人力资源流动的技术溢出。

第一，关联效应产生的技术溢出。所谓关联效应的技术溢出是指服务业跨国公司与东道国当地生产企业建立起合作关系后，东道国企业将跨国公司提供的服务作为一种中间投入品引入产品的生产环节，在此过程中，东道国企业除了获取合同约定的服务外，还将获取到伴随合同约定服务产生的信息援助、组织技术、经营理念、管理方法以及员工培训计划等软技术，而这些技术的获取不用支付额外的费用，由此形成的技术溢出效应大多存在于服务业FDI产业间的技术溢出。

第二，示范与竞争效应产生的技术溢出。主要是指服务业跨国公司对相同行业内的东道国企业技术和管理水平的影响。已有的研究表明，引入服务业FDI可以带来竞争效应，从而降低国内服务价格、提高服务质量，降低技术溢出的成本。

第三，通过内、外资企业之间的人员流动效应产生技术溢出。通过内、外资企业之间的人员流动效应产生技术溢出指受雇于跨国公司的东道国本地人员流动到当地企业或自己创建公司，从而把服务业跨国公司先进的服务、生产技术和管理经验等重要信息带到本地企业，产生溢出效应。对于服务业而言，由于很多新兴服务行业都属于知识技术密集型行业，服务产品的开发与创新都离不开高素质的人力资源。因此，服务型的跨国公司人力资源的积累效应更为明显，这使在商业存在的服务贸易模式下，由人力资源流动引致的技术外溢效果更加显著。

总的来说，根据服务贸易对技术促进发展的效应，我们可以看出服务贸易间接地为经济的增长提供了生长环境。技术是经济增长不可缺少的动力，而服务贸易为这两者建立了坚实的桥梁，所以说服务贸易通过技术促进这个渠道影响着经济的增长。

（2）服务贸易通过人力资本渠道影响经济增长。人力资本是指体现在劳动者身上的可用于生产产品或提供各种服务的智力、技能以及知识的总和，它是人们在学校教育、培训、医疗保健、迁移和信息等方面的投资所形成的资本。

人力资本对经济增长中的促进作用，不仅体现在人力资本作为一种特定的生产要素方面，更重要的是，它能提高贸易进口国对国外先进技术的吸收能力，从而加速国际间的技术扩散，进而促进经济增长。由此可见，人力资本不仅直接与经济增长密切相关，而且它还在贸易与经济增长之间架设了一座桥梁，为贸易促进经济增长提供了一条重要途径。人力资本的形成一是学校教育，形成一般人力资本。二是在实践中学习，即干中学，形成特殊人力资本。而干中学的效果取决于社会一般人力资本普遍达到的水平。

可以肯定的是未来人力资本对经济增长的影响将大大超过物质发展对经济造成的影响，而服务贸易的发展能够为人力资本的培养提供诸多有利的环境。对我国而言，人才在国家间的流动随着我国的经济发展呈现出增长趋势，原因如下：

首先，中国服务贸易的快速发展引起了国内对于服务贸易研究的热潮，也掀起了对于服务贸易各种人才的需求。因此国内各大高校纷纷开设服务贸易相关专业，培养出了一批具备较高素质的服务贸易专业人才。

其次，通过留学的形式弥补了我国国内教育投入的不足，这些人归国后无论是直接从事相关事业还是去高校教书育人、进行科学研究都将会带来国内教育以及技术的快速发展。随着中国青少年留学生逐渐增多，将会为中国培育越来越多更加了解国际市场、更能与国际接轨的人才。而这些不断积累的高级人才一旦投入社会生产中，将会爆发出巨大的生产能力，推动中国经济快速增长。

最后，跨国公司的员工本土化也为我们培养了一大批优秀的人才，这直接或间接地为我国积累了相当的人力资本，对我国经济的发展起到了推动作用。

（3）服务贸易通过促进就业影响经济增长。积极发展服务贸易并参与服务业的国际分工，不仅能够促进就业人口的吸纳，而且还可以降低这些国家的高失业率，从而促进经济的稳步增长。在我国，服务贸易通过就业途径促进经济的发展更多的是依靠劳动密集型服务贸易来实现的。而服务贸易的发展更多的是建立在服务业的基础上，所以我们可以通过我国三大产业的结构了解服务贸易在就业方面对经济增长的影响。

目前，通过服务贸易增加就业主要体现在以下几个方面：旅游贸易吸引大量劳动力；商业的快速发展提供大量的就业机会，在我国零售业的发展成为这一就业机会的代表。与之相同的是，跨国公司的人员本土化也提供了大量的就业岗位；服务外包尤其是软件外包为中国创造了新的就业；劳务输出成为解决就业的新途径，我国的剩余劳动力输出国外，在增加就业岗位的同时，促进了经济交流和发展。

(4) 服务贸易通过完善制度影响经济增长。随着服务贸易的发展，制度的完善已不可缺少。而制度的完善必将使服务贸易产业更加规范合理，这种良好的制度表现也会对经济的长期增长带来巨大的正面效应。早期，中国尚未制定涉及服务贸易的一般性法律，部分领域的法律法规仍是空白，部门间法规协调性差。这些严重影响了服务贸易立法的统一性和透明度，制约了服务贸易的规范化发展，给经济的发展带来了不少阻碍。近年来，我国陆续颁布了《海商法》《商业银行法》《保险法》《民用航空法》等法律法规。这些法律保障了服务贸易的规范进行，正是服务贸易应运而生的这些法律，为我国国际经济与贸易的发展提供了保障。

3. 我国服务贸易发展对经济增长的影响

服务贸易促进了我国国民经济的发展，对进一步开放我国的服务市场起到了十分重要的作用。但由于我国服务贸易具有"起步晚、增速快、结构不完善"的特点，使服务贸易在一定时间内仍会对我国经济发展产生消极的影响。可以说服务贸易是一把双刃剑，但总的来说利大于弊，所以我国还是要积极地推动服务贸易的发展。

(1) 我国服务贸易发展对经济增长的积极影响。

服务贸易不仅有力地推动了我国经济和服务业的发展，而且有效地带动了相关领域的多元化，同时对于促进我国服务贸易结构优化和制度完善均有不可替代的作用。在我国的经济发展历程中，服务贸易主要发挥了以下积极作用。

①服务贸易创造了许多新型经济增长点。从零售业到金融、电信和教育业，再到高科技领域，无处不见服务贸易的存在。而且随着服务贸易的发展，新的经济增长领域已逐步代替传统的资源密集型和劳动密集型服务。我国服务贸易新型经济主要集中在知识领域，其中以通信服务、金融服务、保险服务等行业为主，这些行业正在以较快的发展速度带动我国的经济发展。从近年来我国各服务贸易行业经济发展的情况可以看出，服务贸易所带来的新的经济增长点对经济的贡献度越来越大，势必对我国未来的经济发展起到举足轻重的作用。

②服务贸易促进我国资源积累并对经济资源进行有效配置。在全球服务贸易自由化背景下，服务贸易壁垒的降低，市场准入程度的提高，有利于我国发展自己有优势的服务业，进口不具有相对优势的服务，从而促进经济资源的有效配置，为我国有优势的服务贸易出口创造更多的机会。

目前，我国服务贸易结构仍以传统的资源密集型和劳动密集型服务为主，其中运输服务和旅游服务占到全部服务行业的一半以上。作为发展中国家，服务贸易的发展将为改善这种格局提供诸多便利的条件。随着我国服务贸易结构的不断完善，服务贸易将为推动经济增长做出更大的贡献。

③服务贸易带来就业促进效应。服务贸易提供的就业能有效利用社会资源，将资源重新优化、分配，从而创造新的经济发展，这是一种间接的促进经济增长的渠道。

④服务贸易促进完善经济制度。我国服务贸易兴起之初没有法制以及管理制度，由于我国的制度跟不上服务贸易发展的快速脚步，使我国在服务贸易发展上存在着不可规避的阻碍。目前，随着贸易体制的深入，我国逐步加强制度建设。可以肯定，制度的完善必将对经

济的良性发展起到重要的作用。

(2) 我国服务贸易发展对经济增长的消极影响。

在服务业发展的背景下,在开放市场、引进外国服务从而获得发展契机的同时,由于我国服务业起步较晚,整体水平还比较低,缺乏一定的竞争能力等,国外服务业的进入必将会对我国整个服务行业领域和服务贸易发展产生重大的冲击与影响。

①服务贸易自由化引起竞争从而加剧损害相关行业。服务贸易自由化大大加剧了国际上的竞争,使任何一国的服务业不仅面临的是国内竞争,而且还有激烈的国际竞争,再不能通过国家的保护来谋求竞争优势。在实际经济生活中,发展中国家出口竞争力最强的领域往往也是发达国家贸易保护主义最强的领域。因此,发展中国家由于出口竞争力的提高本应得到的利益可能在很大程度上被发达国家的贸易保护主义所抵销。发达国家的技术保护也在一定程度上限制了发展中国家可能从服务贸易自由化中得到的技术转让的利益。同时,一些服务企业会在激烈的竞争中破产,一些服务企业在激烈竞争中难以发展壮大,这种挑战会压缩国内的市场空间从而影响国内服务业的发展和扩张。可见,服务贸易自由化会损害我国服务业和服务贸易的发展,甚至损害到一些相关行业的利益,导致整个社会福利的损失。

②服务贸易自由化引起区域发展不平衡。服务贸易自由化背景下,我国服务业市场必须对外开放,基本上将取消地域限制,并且在服务的行业领域和品种上也将逐步取消限制。这将在一定程度上加剧我国服务业和服务贸易发展的不平衡问题。农村和城市的差距会逐渐拉大,经济发展得不到有效的平衡。

③服务贸易影响我国经济安全。服务贸易自由化对发展中国家经济安全的影响主要表现在两个方面:

第一,对国家的经济独立性与经济主权的影响。服务贸易自由化可能会削弱发展中国家的经济独立性,其原因在于,首先对服务贸易自由化的承诺会使发展中国家在一定程度上丧失部门经济决策的自主权。特别是发展中国家的某些至关重要的服务行业,如通信、金融和交通运输业等,可能受到发达国家跨国公司的控制和支配而损害东道国的主权。其次,外国服务的竞争可能会抑制发展中国家弱小的新兴服务业,特别是高新技术生产性服务以及与之相关的高新技术产业的发展,使它们难以改善自身的产业结构,从而在高技术服务上依赖发达国家。

第二,对经济发展稳定性的影响。经济发展的稳定性是与独立性相联系的,不合理的产业结构和高度的对外依赖都会影响经济的长期稳定发展。此外,服务贸易自由化还通过以下两个方面增加经济的不稳定性:一方面,服务贸易自由化鼓励一国根据比较优势的原则发展自身具有相对优势的服务业,这就有可能增强某些发展中国家对某一单一服务部门的依赖,不利于这些国家形成对国际市场的应变能力;另一方面,银行业等金融服务市场的对外开放将使发展中国家的国内金融体系与世界金融市场联系在一起。一旦国际金融市场发生强烈动荡,将难免对发展中国家的经济造成冲击。

④在世界服务业格局中的被动地位影响经济增长。发展中国家服务产业结构的最大弱点是生产性服务不发达,因此最需要从国际市场引进生产性服务,而信息技术领域的生产性服务恰恰是对国家经济安全影响最大的领域。发展中国家如果完全放任自流,就难免在这方面依赖于发达国家。在信息技术生产性服务上依赖于发达国家的危险,不仅在于压抑本国高技术服务的发展,使发展中国家难以改革落后的服务产业结构,还在于这可能会使发展中国家

在世界信息资源的再分配系统中处于不利的地位。当发展中国家在数据处理方面依赖于进口时，就可能形成由发展中国家提供未经加工的原始数据，而由发达国家进行处理的格局。在这种交换中，发展中国家一方面要支付数据处理费用，另一方面无偿输出了原始信息资料，而发达国家则在赚取信息加工附加值的同时还获得了无偿的信息。这种不平等的形势严重制约着我国经济的前进步伐，但我国服务贸易自身起步晚、实力薄弱，开放和发展服务贸易必然会受到经济强国牵制，所以我国服务贸易因为在世界服务贸易格局中比较被动，从而影响经济增长。

1.2 服务贸易学科发展简史

我们知道，现代经济学的真正形成和发展，是以1776年亚当·斯密的《国民财富的性质和原因的研究》一书的出版为标志的。如果在这大约240年的时间里，来寻找关于服务领域问题研究的"蛛丝马迹"的话，我们至少可以得到以下线索（图1-1）。

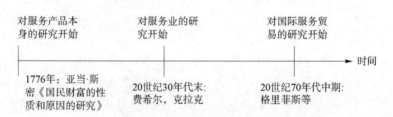

图1-1 现代经济学视野中的服务问题研究简史

（1）对服务产品本身的研究的历史较长，可以追溯至古典经济学创立之时。当然，在亚当·斯密之前的重商主义和重农学派那里，似乎也留下过关于该问题讨论的影子，但那是集中于生产性劳动和非生产性劳动的争论。

（2）将服务提升至产业或行业水平的高度来进行理论与经验研究，开始于20世纪30年代末期。最早的贡献者是 Fischer 和 Clark，他们开启了服务业研究的新时代，即把服务业看作经济增长、产业结构变迁过程中的重要部分。

（3）从20世纪70年代中期开始，服务领域的从业者们（大多数来自美国）抱怨在服务领域缺乏国际贸易规则，这些抱怨在给当时的政策制定者们以很大压力的同时，也引起了贸易经济学家的兴趣。这时期的研究基本上是描述性的和政策导向性的（descriptive and policy-oriented），如格里菲斯等。这些研究认为，服务贸易并不像以前所认为的那样不重要。当然，关于服务贸易的研究之所以姗姗来迟甚至被国际贸易理论家所忽视，其主要原因是服务被看作"非贸易品"（non-traded）。因此，如果从可贸易性（tradability）的角度来看待国际经济分析中的非贸易品的话，那么可以追溯至古典经济学家大卫·李嘉图。但如今的国际服务贸易在内涵与外延上已经与传统国际经济分析中的非贸易品相去甚远。

服务业　　服务贸易　　经济增长

复习思考

1. 服务业和服务贸易如何影响经济增长？
2. 梳理一下服务贸易学科的发展线索。

拓展阅读

服务和可持续发展目标

一个经济体中服务部门的表现可能会影响通过两种渠道实现可持续发展目标的前景。第一个是直接的：改善对一些可持续发展目标至关重要的特定类型服务的访问和质量。第二个是间接的：更好的服务业绩可能会影响人均收入，因为更有效率和生产力的服务部门可以提高总体生产力绩效（经济增长），而这反过来预期可以对可持续发展目标的整体实现具有重要意义。

1. 直接渠道

对于可持续发展目标的许多方面及其相关的具体目标，服务部门的表现非常突出。一些可持续发展目标直接取决于特定服务部门的绩效（例如，可持续发展目标 3 中的卫生服务或可持续发展目标 4 中的教育服务）。17 项可持续发展目标中有 11 项明确提及（或暗示）至少一个不同的服务部门，以此作为实现有关目标的手段。这通常跨越以下一个或多个元素：获得服务——扩大访问范围或提高特定服务活动、产出或产品的可负担性；服务质量——提高服务部门的质量、效率、能力或复原力；环境服务——减少经济活动的环境足迹（负溢出效应）。

基于文本的绘图工作表明，可持续发展目标与服务部门业绩之间的交叉是巨大的。除了在卫生、教育、水和能源领域获得基本服务之外，五个可持续发展目标（服务分部门中最常见的参考）确定了获得金融服务的机会。提到的其他服务包括 ICT 服务，提高研发服务的质量、效率、能力和复原力、旅游、运输、建筑和废物管理服务，旨在减少经济活动的负面环境影响的可持续发展目标，也确定了具体的服务部门，包括卫生，水和能源相关的分配服务，运输、建筑和废物管理服务。

就可持续发展目标 5（性别平等）或解决环境可持续性的可持续发展目标（13，14 和 15）而言，服务可能非常重要。恩盖（Ngai）和佩特朗格罗（Petrongolo）于 2017 年记录了他们所谓的服务业女性比较优势的演变。服务涉及更安全、更清洁的工作条件，以及可能比工厂工作更短、更灵活的工作时间。服务通常不是非常耗能的，除了运输之外。这使得服务活动与发展战略的可持续性相关——服务份额或服务的增加——经济活动的强度可能与较小的碳足迹相关联。服务还有助于改善环境可持续性，作为减少碳密集型生产设计的投入：确定更可持续生产技术所需的基础研究、工程和研发，包括服务活动。金融和保险等其他服务部门也是关键的"促进者"：帮助调动和引导资金所需的资源，以便更广泛地减少经济部门的环境影响。

2. 间接渠道

服务和经济发展改善服务业绩也可能间接影响可持续发展目标,因为这会影响经济增长和实际收入。由于多种原因,服务业的表现对经济发展很重要(Francois&Hoekman,2010)。一些服务将有助于确定基本生产要素、资本(R&D服务)和劳动力(健康和教育服务)的生产率。此外,金融服务中介机构向寻求投资储蓄的家庭提供资金至关重要。其他服务是连通性的支柱,"促进"货物和人员的物理流动(运输服务)以及知识和信息的交换(通信服务)。电信对于知识的传播至关重要,包括通过互联网。ICT服务是信息服务和其他可以数字化的产品的传输机制。同样,运输服务也会影响货物运输成本和国家内部和国家之间的工人流动。会计、工程、咨询和法律服务等商业服务降低了与金融市场运作和合同执行相关的交易成本,使流程创新的一个渠道在一个行业和各个行业的公司之间传播。卫生和教育服务是人力资本存量和增长的关键投入和决定因素。简而言之,经济的整体生产力将受到服务业绩效的影响。因此,从可持续发展目标的角度来看,服务业绩效也可能因其对收入增长的潜在影响而变得重要。

3. 服务贸易政策和可持续发展目标

假设服务业绩效与实现许多可持续发展目标的前景有关,则政策挑战是鼓励改善服务业绩效。这是一个多方面的问题,实际上本质上是针对具体部门的。负责卫生、教育、运输、金融等服务部门运作和监管的国家实体将需要进行诊断分析并确定行动重点。这种部门层面的参与构成了政府活动的一个主要方面,也是发展机构为实现可持续发展目标提供的支持。我们关注的重点是服务贸易和投资政策在补充特定部门的干预措施和政策改革方面可发挥的支持作用,以提高服务部门的生产力绩效并增加服务的可及性。

将许多服务定性为不可交易的长期传统,反映了它们不可存储和无形的性质。这些服务特征的含义是,国际贸易往往需要提供者或消费者的跨境流动,而这又涉及资本和劳动力的流动。随着技术变革使服务数字化并通过ICT网络跨境交换,这种因素流动的需求一直在下降,航空运输和信息服务成本的下降有助于确定市场机会。允许通过ICT网络销售/提供服务,信息和电信部门的创新增加了服务的直接出口。虽然产品数字化、新的软件应用程序、业务流程外包等吸引了很多关注,但这些活动都依赖于各种服务输入,这些输入决定了企业家参与国际价值链或通过B2B/B2C直接向客户销售产品的能力。这些投入的质量、价格和可用性部分取决于国家的服务贸易和投资政策,包括影响外国公司在市场上建立生产和分销设施的可行性和成本的措施。

服务贸易成本仍高于商品贸易成本,此类成本的下降速度远远低于商品(Miroudot&Shepherd,2016),结果是减少了服务贸易量。高服务贸易成本部分是服务贸易壁垒的结果。越来越多的证据表明服务贸易自由化对服务业的贸易和投资流动产生了积极影响。本研究从经济发展的角度讨论服务贸易模式、相关政策及其影响,补充了对发达经济体的研究。一个强有力的发现是,服务部门绩效的重要决定因素以及整个经济生产率是许多服务作为商品和其他服务生产投入的作用。[1]

---

[1] 李昊. 服务贸易政策与可持续发展研究[J]. 农村经济与科技, 2019, 30(22): 48-49.

第 2 章 国际服务贸易的基本概念

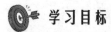 **学习目标**

了解服务内涵的历史演变，并在此基础上理解服务业的基本概念、特征及分类；掌握国际服务贸易的基本概念、特征及分类。

2.1 服务

2.1.1 服务的概念及特征

"服务"是经济学中比较具有争议的范畴，"服务"又是人们日常生活中经常使用的词语。这个词语在生活中的相对简单和在经济学分析中的难以准确定义形成了鲜明的对比。

1. 服务的概念

在经济社会的不断发展和社会分工的不断深化下，服务成为人们生活中不可或缺的重要组成部分。由于社会分工的深化和发展，一部分人不从事农业生产，只为他人提供非农业实物产品的效用或活动。随着这部分活动的日益频繁，对经济和社会的影响日益加深，并形成一种专门的社会分工，人们把这种现象称为"服务"。

在经济学中，能够满足人类欲望的物品有自由物品（free goods）和经济物品（economic goods）。其中，自由物品是指人类无须通过努力就能自由获取，并用以满足自己需要的物品，如阳光、空气等，其在数量上是无限的；而经济物品则是指人类必须付出代价才能得到的物品，其存在形态分为两种：实物形态和非实物形态。实物形态的经济物品就是人们通常所说的商品或货物（goods），而非实物形态的经济物品则通常被称为服务（services），如图 2-1 所示。

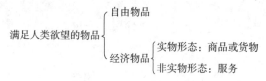

图 2-1 经济学中的服务

在经济社会中,服务与商品一样无处不在,然而,与有形的商品不同的是,服务是经济学中的一个极具争议性的范畴,许多与之有关的基本理论问题及实际操作问题迄今为止尚未解决。从根本上说,人们对服务的认识是由服务业的发展及其在人类经济社会中的地位所决定的,历史上对这一概念的探讨也是随着服务业的发展及其在国民经济中的地位的不断上升而逐渐展开的。

自古典经济学产生以来,经济学家就试图在经济分析范围内给服务一个明确的含义,但始终未得到令人满意的答案,许多经济学家围绕服务给出了若干解释。

(1) 第二次世界大战前的服务概念。

威廉·配第在《赋税论》中确立了劳动是财富来源的结论,在《政治算术》中进一步提出:"农民、海员、士兵、工匠和商人,在任何国家都是社会的真正支柱。所有其他职业,都是由于作为支柱的人们有缺点或不能完成任务而产生的"①。显然,配第把服务业人员归入非生产劳动者类。

 专 栏

威廉·配第(William Petty),英国古典政治经济学的创始人,统计学家。威廉·配第一生著作颇丰,主要有《赋税论》《献给英明人士》《政治算术》《爱尔兰政治剖析》《货币略论》等。马克思对配第的经济思想给予了极高的评价,称他为"现代政治经济学的创始者""最有天才的和最有创见的经济研究家",是"政治经济学之父,在某种程度上也可以说是统计学的创始人"。

重农学派的创始人、法国古典政治经济学家的主要代表弗朗索瓦·魁奈(Francois Quesnay)在《经济表》一书中,把一国的国民划分为三个阶级,即生产阶级、土地所有者阶级和不生产阶级。他指出:"生产阶级是耕种土地、逐年生产国民财富的阶级……他们担负产品出卖以前的一切支出和劳动。土地所有者阶级,包括君主、土地所有者及什一税的征收者……不生产阶级,是由从事农业以外的其他劳动人员组成的。"② 被魁奈视为生产阶级的只有租地农场主阶级,而工商业者和服务劳动者则统统被归入非生产阶级。

重农学派的另一个代表人物雅克·杜尔阁(Anne Robert Jacques Targot)进一步发挥、阐明了这一观点:农民的劳动不仅生产他们自己的工资,而且生产用于偿付整个工人及其他薪资人员阶级的收入,工人则不生产任何收入。因此,他们可分别称为生产阶级和不生产阶级。

从英国古典政治经济学的代表人物之一的亚当·斯密(Adam Smith)开始,经济学研究的主要视角从农业转向了工业,这也是工业在社会经济结构中的地位和作用逐步上升在思想理论领域中的具体表现。在《国民财富的性质和原因的研究》中,斯密认为:"有一种劳动,加在物上,能增加物的价值;另一种劳动,却不能够。前者可生产价值,称为生产性劳动,后者可称为非生产性劳动。工农业劳动者属于生产性劳动者,而官吏、牧师、律师、医

---

① [英]威廉·配第. 政治算术,配第经济著作选集 [M]. 周锦如,陈冬野,马清槐,译. 北京:商务印书馆,1981:23.

② [法]弗朗索瓦·魁奈. 经济表,西方经济学名著提要 [M]. 吴斐丹,张草纫,译. 南昌:江西人民出版社,1998:74.

师、文人、演员、歌手、仆役等则属于非生产性劳动者。"①

法国庸俗政治经济学的创始人巴蒂斯特·萨伊（Baptiste Say）最早定义了服务的内涵和外延。萨伊认为，物品满足人类需要的性能称为效用。对于生产，他在《政治经济学概论》中将其定义为："所谓生产，不是创造物质，而是创造效用。生产数量不是以产品的长短、大小或轻重估价，而是以产品所提供的效用估价"，因此，他把服务看作生产劳动。萨伊指出："还有另一部分的资本，它生产效用或愉快。因此，它既不属于用在生产有形产品的资本的范畴，也不属于完全不起作用的资本的范畴。这项资本包括住宅、家具、装饰品等物。这些东西只增加生活上的舒适，它们所提供的效用是无形产品"②，无形产品（服务）同样是人类劳动的果实，是资本的产物；医生的意见是用诊费换来的，发表意见就是生产动作，倾听意见就是消费动作，生产和消费是同时发生的，这就是无形产品的特点。

深受萨伊影响的另一位法国经济学家弗雷德里克·巴师夏（Frederic Bastiat）在其名著《和谐经济论》中写道："付出努力以满足他人的需要，就是为他人提供劳务。"并为劳务下了定义："这是一种努力，对于甲来说，劳务是他付出的努力，对于乙来说，劳务则是需要和满足。""劳务必须含有转让的意思，因为劳务不被人接受也就不可能提供，而且劳务意味着努力，但不去判断价值与努力是否成比例。"③巴师夏还认为，服务也是资本，是物。衡量服务有两个尺度：一是提供服务的人的努力和紧张程度；二是获得服务的人摆脱的努力和紧张程度。由此可见，巴师夏"合乎逻辑"地抹杀了商品和服务的界限。

服务经济理论也是马克思经济学的重要组成部分。卡尔·马克思（Karl Marx）指出："服务这个名词，一般地说，不过是指这种劳动所提供的特殊使用价值，就像其他一切商品也提供自己的特殊使用价值一样；但是这种劳动的特殊使用价值在这里得到了'服务'这个特殊名称，是因为劳动不是作为物，而是作为活动提供服务的。""对于提供这些服务的生产者来说，服务就是商品。服务有一定的使用价值和一定的交换价值"。马克思的定义首先肯定了服务具有使用价值，是劳动产品，可以在市场上进行交换；其次说明了服务与其他商品的差别只是形式上的，商品具有实物的形式，而服务则体现为一种活动形式，"服务不留下任何可以捉摸的，同提供这些服务的人分开存在的结果……例如，一个歌唱家为我提供的服务，满足了我的审美的需要；但是我享受的，只是歌唱家本身分不开的活动。她的劳动即歌唱一停止，我的享受也就结束。我所享受的是活动本身，是它引起了我的听觉反应"④。

英国经济学家柯林·克拉克（Colin Clark）在1930年提出"剩余定义法"。他认为服务是除了第一产业和第二产业以外的一切活动，但是对第一产业的认识及划分却有不同的意见，因此这种剩余法定义的服务概念仍是相当模糊的。

（2）第二次世界大战后的服务概念。

第二次世界大战前的服务经济十分落后，对服务的解释还很不成熟。第二次世界大战以后，特别是 20 世纪 60 年代以来，服务经济迅猛发展成为世界经济的一个突出现象，这一现

---

① [英] 亚当·斯密. 国民财富的性质和原因的研究 [M]. 郭大力，王亚南，译. 北京：商务印书馆，1972：303～304.
② [法] 萨伊. 政治经济学概论 [M]. 陈福生，陈振骅，译. 北京：商务印书馆，1997：59，131.
③ [法] 巴师夏. 和谐经济论 [M]. 北京：中国社会科学出版社，1995：74，76，160.
④ 中共中央马克思、恩格斯、列宁、斯大林著作编译局. 马克思恩格斯全集 [M]. 第 26（1）卷. 北京：人民出版社，1972：435，149，436.

象也引起世人的极大关注。从事服务领域理论研究的学者越来越多，对服务含义的理解也越来越多样化。正如英曼（R. Inman）在1985年所指出的："如同美丽一样，服务活动的定义常常取决于观看者的眼睛。"[1]

1960年美国市场营销协会（American marketing association，AMA）把服务定义为："用于出售或者是同产品连在一起进行出售的活动、利益或满足感。"

营销大师科特勒（Philip. Kotler）将服务定义为："一方能够向他方提供在本质上是无形的，不带来任何所有权的某种活动或利益。其生产也许受到物的产品的约束，或不受约束。"关于科特勒的定义有两点需要注意：第一，无形或有形只是形式，而不是本质；第二，所有权（或产权）明确界定是市场交易的基本前提。服务活动会带来所有权的转移，服务的一方是否愿意为被服务的一方提供服务，往往是有条件的。如果服务的一方对服务活动不拥有所有权，服务的商品化、市场化就无从谈起。

服务经济学家富克斯（Victor. R. Fuchs）最早对第二次世界大战后美国的服务经济进行了系统性研究。他指出，服务就在生产的一刹那间消失，它是在消费者在场参与的情况下提供的，它是不能运输、积累和储存的，它缺少实质性。富克斯的定义实际上是一种"特征性"的定义。

1977年，希尔（T. Hill）发表了一篇文章，在文中对服务提出了一个具备一致特征的一般定义，现在的经济学家广泛地采用这个定义。他指出："一项服务生产活动是这样一种活动，即生产者的活动会改善其他一些经济单位的状况。这种改善可以采取消费单位所拥有的一种商品或一些商品的物质变化形式。另一方面，改善也可以关系到某个人或一批人的肉体或精神状态。随便在哪一种情形下服务生产的显著特点是，生产者不是对其商品或本人增加价值，而是对其他某一经济单位的商品或个人增加价值。""服务应向某一经济单位提供，这一点是服务观念所固有的。它和商品生产形成鲜明的对照，在商品生产中，生产者也许没有谁将获得他正在制造的商品的想法。一个农民可能在与其最后雇主完全隔绝的情形下种庄稼，然而一位教师却不能没有学生而从事教学。就服务来说实际生产过程一定要直接触及某一进行消费的经济单位，以便提供一项服务。""不论提供的服务性质如何，贯穿一切种类服务生产的一个共同要素是：服务在其生产时一定要交付。这就成为生产时一定要由消费者获得这个事实，意味着，服务是不能由生产者堆到存货中的。"[1]可见，希尔是从服务生产入手来解释什么是服务的，反对商品和服务不加区别的观点：商品"可被定义为能被占用的物质实体，因此，在经济单位之间可以转移"；而服务必须直接用于需要这种服务的商品或人，所以服务的消费必须与服务的生产同时发生。希尔的定义不仅能应用于生产过程的产品是服务的情况，而且也适用于对公共产品和消费的劳动投入服务的情况。任何服务活动，既可以用于货物商品又可用于人，它们可以是暂时的或长期的，可以是可逆的或不可逆的，可以引起肉体或精神上的变化。他依次分析了每一种分类，并指出合适的区别可能不在于区分货物商品和服务，而是区分对人的服务与对物的服务。特别是对人的服务，他注意到锅炉工的服务是容易度量的，而教师、医生、演员或音乐家等个人的产出常常是不能度量的，这是因为当考虑对人的服务时，由于服务提供者的服务使服务接受者改变的度量是困难的，而且

---

[1] R. Inman. Managing the Service Economy [M]. Cambridge: Cambridge University Press, 1985.

改变的情况随服务接受者的变化而变化。①

美国经济学家鲍莫尔（Baumol）提出了三种广义的服务，即不移动的个人服务（如理发）、移动的个人服务（如电子通信）和渐动的个人服务（前两种的混合服务）。渐动的个人服务如计算机服务，它涉及计算机软件开发（不移动的个人服务）和计算机硬件服务（移动的个人服务）。

20世纪80年代，随着科学技术的发展，有些无形的服务变得"有形化"了，巴格瓦蒂（Bagwhati）、萨姆森（Samson）、斯纳普（Snape）、格鲁伯（Grubel）与沃克（Walker）提出并使用了"物化服务"②的观念。在服务生产活动者改变了一些人或其他人所有商品的状态以后，服务就被认定是"物化"了。这种改变对个人或商品所有者是有价值的。如学生受益于教师的物化服务；医治中的病人受益于医生的物化服务；音乐家的服务体现在唱片中；计算机程序员的服务体现在数据存储盘中；商店里的鞋子体现有运送原料和最终产品的运输服务，体现有鞋子与皮革制造厂的广告、会计人员的服务以及零售商店的服务，鞋子离开商店时，体现有售货员的服务。"物化服务"概念在分析上是重要的，它集中注意在商品生产中服务所起的作用，以及多少商品的有用性质要直接归因于服务的投入，它彻底改变了服务"看不见、摸不着"和不能储存的观念，这是在服务理论分析中做出的最重要的贡献之一。

1980年，苏联经济学家沙洛特科夫在其《非生产领域经济学》中对服务的定义与马克思的定义如出一辙："劳务具有双重定义。第一，劳务可解释为作为活动所耗费的劳动的一种特殊使用价格；第二，如果劳动同收入相交换，劳务可理解为非生产性劳动的形式。"③

兹韦费尔（Zweifel）提出，在希尔定义的基础上，对服务的定义必须附加限制条件，即所受服务的货物要有一致性，其原因在于，在一项服务过程中，货物不能失去其一致性，服务的消费者在生产过程中的任何时候必须能够辨认他的货物。

瑞德尔（D. Riddle）详细考察了20世纪50年代末至80年代美国私人部门经济中，服务、高科技与信息部门之间相互关系的变化，强调新兴服务业是这一关系的核心。他指出："在服务为服务接受者带来一种变化时，它是提供时间、地点和形态效用的经济活动。服务是靠生产者对接受者有所动而产生的；接受者提供一部分劳动和（或）接受者与生产者在相互作用中产生服务。"④

1990年，芬兰服务营销学家格鲁诺斯（Gronroos）在总结前人研究的基础上，对服务定义如下："服务一般是以无形的方式，在顾客与服务职员、有形资源、商品或服务系统之间发生的，可以解决顾客问题的一种或一系列行为。"这个定义是比较有影响的定义之一，指出了服务的无形性特点，同时指出了服务的根本在于解决顾客面临的问题，而且构成服务的因素包括顾客、服务人员、服务产品和有形资源几个方面，在一定意义上概括出了服务营销的一些要素。同年国际标准化组织把服务定义为：为满足顾客的需要，供方与顾客接触的活动和供方内部活动所产生的结果。

---

① T. Hill. On Goods and Services [J]. Review of Income and Wealth Series, 1977 (23).
② 巴格瓦蒂、萨姆森、斯纳普、格鲁伯与沃克均提及"物化服务"。
③ [苏]沙洛特科夫. 非生产领域经济学 [M]. 蒋家俊，等，译. 上海：上海译文出版社，1985：221.
④ D. Riddle. Service-Led Growth: the Role of the Service Sector in World Development [M]. New York: Praeger Publishers, 1986: 12.

从统计的角度看，2002年的《国际服务贸易统计手册》总体上尊重《1993年国民账户体系》对服务一次的用法，它被定义如下："服务不是能够确定所有权的独立实体。它们不能脱离生产单独地进行交易。服务是定做生产的异质产出。它一般是由生产者按照消费者的需要进行的活动，从而实现消费者的需要进行的活动，实现消费单位的状况的变化。到生产完成时，它们必定已经提供给消费者。"①

我国经济学者对服务也有不同的定义，这里不再一一叙述。至此，我们需要对服务的概念做一个总结：服务是个人或社会组织为消费者直接或凭借某种工具、设备、设施、媒体等所做的工作或进行的一种经济活动，是向消费者个人或企业提供的，旨在满足对方某种特定需求的一种活动和好处，其生产可能与物质产品有关，也可能无关，是区别于一般有形商品的、对其他经济单位的个人、商品或服务的增加价值，并主要以活动形式表现的使用价值或效用。

这样，服务首先具有效用，是一种商品，用于自我服务，是非商品服务产品；用于交换，即服务商品；其次，服务产品或服务商品是在消费者参与下生产或提供的，有别于货物的生产、流通和消费过程；最后，服务多于活动形式满足消费者的需要，因而多以无形产品的形式存在。

服务的共性特征：

服务产品的性质是多维度的，既包括内在特性，也包括外在感性特征。同有形的货品相比，服务的被普遍认可的特征具有以下几方面。

（1）服务的无形性（intangibility）是指顾客与服务提供者之间抽象化的、个体化的互动关系。和有形产品不同的是，服务在很大程度上是不可视的和不可感知的。这包括三层含义：第一，服务与实体商品相比较，服务的特质及组成服务的元素，许多情况下都是无形的，让人不能触摸或凭视觉感到，服务提供者通常无法向顾客介绍空间形态确定的服务样品；第二，服务消费者在购买服务之前，往往不能感知服务，在购买之后也只能察觉到服务的结果而不是服务产品本身；第三，消费者在消费服务后所获得的利益很难察觉，或是要经过一段时间后才能感觉出享用利益的存在。

服务的无形性是相对的，它是和有形实体相联系的，但是无形性是主要的，它是服务的核心和本质。随着科学技术的发展，有些无形的服务逐渐变得"有形"化。1989年，加拿大经济学家H·格鲁伯和M·沃克提出物化服务（embodied service）的概念。例如，唱片、光盘、报纸等作为服务的载体，本身的价值相对其提供的整个价值来说，可以忽略不计，其价值主体是服务，这就是"无形"服务的"有形"化，服务的物质化。

（2）服务的不可分离性（inseparability）是指服务的生产与消费同时进行，两者在时空上是不可分离的，例如，教育服务中的教师和学生、医疗服务中的医生和患者、理发服务中的理发师和顾客、旅游服务中的游客和景点。当然，远距离通信系统的发展，使服务的提供者与消费者获得了同时但异地服务的可能；物化服务的出现，使服务提供者与消费者在时间和空间维度上可以分离，这些现象都增加了人们认识服务时空一致性的难度。但是，这只是

---

① United Nations, European Commission, International Monetary Fund, Organization for Economic Cooperation and Development, United Nations Conference on Trade and Development, World Trade Organization, Manual on Statistics of International Trade in Services, 2002 (7).

一种特殊现象，并没有改变服务生产与消费时空一致性的本质。此外，服务的一致性还表现为提供者与消费者之间存在的互动关系。例如，教育过程既需要教师的讲授能力，也需要学生的接受领悟能力。

服务的不可分离性要求服务消费者必须以积极的、合作的态度参与服务生产过程，只有参与才能消费服务。例如，医疗服务，病人接受治疗，只有主动地诉说病情，医生才能做出诊断并对症下药。

（3）服务的异质性（heterogeneity）是指服务的构成成分及质量水平经常变化，难于统一认定的特性。服务的主体和对象均是人，人是服务的中心，而人又具有个性，涉及服务提供方和接受服务的顾客两个方面。商品的消费效果和品质通常是均质的，如同一品牌或厂家生产的服装、家电产品的质量和消费效果基本上没有太大差别，而同一种服务的消费效果和品质则往往存在着显著的差别。这种差别主要来自两个方面：第一，服务提供者的技术水平和服务态度往往因人、因时、因地而异，他们的服务随之发生差异，如两位教师教授同一门课，同一个学生会有不同的评价；第二，服务消费者时常会提出不同的服务要求，造成对服务质量满意程度的差异，即服务会受到顾客本身的个性特点的影响，如同一位教师向同一个班级教授同一门课，不同的学生也会有不同的评价。

所以，服务品质的差异性既由服务人员素质的差异所决定，也受顾客本身的个性特色的影响。不同素质的服务人员会产生不同服务质量效果，同样，同一服务人员为不同素质的顾客服务，也会产生不同的服务质量效果。顾客的知识水平、道德修养、处世经验、社会阅历等基本素质，也直接影响服务质量效果。例如，同是旅游，有人乐而忘返，有人则败兴而归。

由于同一种服务的一般与特殊的差异是经常存在的，统一的服务质量标准只能规定一般要求，难以确定特殊的、个别的需要，于是服务质量就具有很大的弹性和随意性。这种服务质量的差异或者弹性，既为服务行业创造优质服务开辟了广阔空间，也给劣质服务留下了活动的余地。此外，服务的异质性还表现为服务价格的弹性，因为服务的价格多取决于服务消费者的主观效用和意愿支付水平。与能够执行统一标准的商品质量管理相比，服务质量的管理要困难得多，也灵活得多。服务品质的异质性会导致"企业形象"混淆而危及服务的推广。同一企业的若干分店，如果是销售产品，易于统一企业形象；如果是销售服务，则易出现各分店服务质量优劣不等的局面。

（4）服务的不可存储性（perishability）是服务区别于商品的重要特征，是指服务的产生和消费往往同时发生，当生产者完成他的生产活动时，消费者往往在同时完成他的消费过程，即服务活动是需要生产者和消费者同时参与才能得以完成的。商品可以在被生产出来之后和进入消费之前这段时间处于库存状态，这不一定会给商品所有者造成损失，而服务一般不能像商品那样在时间上储存或者在空间上转移。服务如果不能被使用，既不会给购买者带来效用，也不会给提供者带来收益，服务的不及时消费就会造成服务的损失。例如，餐馆、商店、医院、银行等如果没有顾客光临就会带来巨大的经济损失，而汽车、火车、飞机或轮船的空位或空仓也不会产生服务收入。

服务的不可存储性是由其不可感知性和服务的生产与消费的不可分离性决定的。不可存储性表明服务无须存储费用和运输费用，但同时带来的问题是：服务企业必须解决缺乏库存所引致的产品供求不平衡问题。服务的不可存储性也为加速服务产品的生产、扩大服务的规模提出了难题。服务业只有在加大服务促销、推广优质服务示范上积极开发服务资源，才能转化被动服务需求状态。

随着科学技术的发展，无形的服务业出现了可以存储的性能。广义的存储概念包括了空间或（和）时间两种含义。服务的可以存储主要是指时间上的存储，表现为服务或者在购买时消费或者在购买以后某个时候消费。例如，保险的购买就可以在一段时间内消费，这种服务一方面是在购买以后的整个有效期内消费的，如购买后感受到的安全感；另一方面可以在有效期内任何时候的某些情况下消费，如要求得到赔偿。

（5）服务所有权的不可转让性（absence ownership）是指服务的生产和消费过程中不涉及任何东西的所有权的转移。既然服务是无形的且不可储存，服务产品在交易完成后便消失了，消费者并没有实质性地拥有服务产品。以银行取款为例，通过银行的服务，顾客手里拿到了钱，但这并没有引起任何所有权的转移，因为这些钱本来就是顾客自己的，只不过是"借"给银行一段时间而已。服务的这一特征是导致服务风险的根源。由于缺乏所有权的转移，消费者在购买服务时并未获得对某种东西的所有权，往往就会因为感受到购买服务的风险性而造成消费心理的障碍。

服务的品质特征[①]

1970年，美国经济学家F·尼尔森（F. Nelson）将产品品质区分为两大类，即寻找品质和经验品质。寻找品质是指顾客在购买之前就能够确认的产品属性（如颜色、款式、手感、硬度、气味等）及产品价格；经验品质是指只有在购买之后或者在消费过程中才能体会到的产品属性，包括味道、耐用程度、满足程度等。1973年，达比（Darby）和卡内（Cannet）两人又在这种商品品质二分法的基础上增加了信任品质，它是指顾客即使在购买和消费之后也很难做出评价的属性。例如阑尾手术，由于通常不具备足够的医学知识（此病专家患了该病除外），病人即使在接受手术之后，也很难判断手术是否必要或者手术实施是否得当，病人只能相信医生的判断，认为手术确实为自己带来了所期望的利益。

很显然，不同的产品表现出不同的品质特征。像服装、家具、珠宝等有形产品，顾客在购买之前就可以借助其颜色、款式、手感、硬度、价格等对其质量进行评判，因此具有较强的寻找特征；像度假、餐饮等服务产品，其品质只有在顾客度完假和用完餐之后，或者在度假和用餐的过程中才能感知到，因而具有较强的经验特征；其他一些技术性、专业性较强的服务，如汽车修理、电器维修、医疗、法律、咨询等，由于消费者常常缺乏足够的专业知识（这些方面的专家除外），即使在购买和消费之后也很难对其质量做出评价，从而表现出较强的信任特征。如图2－2所示，从有形产品到服务，再到专业性服务，产品的特征逐渐从较强的寻找特征向经验特征和信任特征过渡；伴随着这一过渡，消费者对商品的评价由易变难，同时，消费者在购买或消费时所承担的风险也在逐渐加大。这一变化的根本原因在于服务的无形性和异质性特征。

通常，服务支付价格通常并不与其实际产出相联系（absence of output pricing），这一点十分重要。例如，医疗服务，医疗服务提供者（医院和医生等）本质上是提供健康维护服务的，但具体效果则部分地取决于病人的体征，医疗服务提供者不是基于成功的结果（实际产出）收费，而是将费用收取与中间提供的服务相挂钩（有时病没治好，医院照样收

---

① 陈宪，程大中. 国际服务贸易 [M]. 北京：高等教育出版社，2003：5.

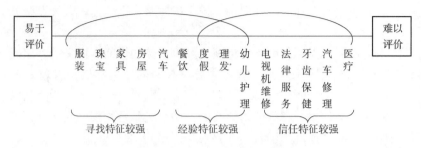

图 2-2 三大类产品特征图

钱)。对于律师服务,服务的结果也是部分的取决于顾客案件的特点,但收费并不是基于成功的结果,而是基于中间提供的服务。另外还有教育服务等。在这些例子中,缺乏与实际产出相联系的定价与定价机制是可以理解的,因为实际产出很难衡量而且不可控制(往往受到消费者道德风险的影响),消费者本身不仅是服务的接受者,同时又是服务生产中的投入要素。

服务与商品的特征差异比较如表 2-1 所示。

表 2-1 服务与商品的特征差异

服务	商品
无形性	有形性
不可分离性	可分离性
异质性	同质性
难以储存	容易储存
所有权不可转让	所有权转让
经验特征和信任特征	寻找特征
服务支付价格通常不与实际产出相联系	价格产出相联系

以上的服务特征中,无形性是最基本的特征,其他的特征都是由这一基本特征派生出来的,但它们都具有极其重要的经济含义,决定了在微观服务生产与消费过程中以下因素的重要性:一是人的因素,不仅包括服务生产者,也包括服务消费者;二是服务消费的外部性问题,即某一服务消费者有时对其他服务消费者获取服务产出(消费服务)产生影响;三是服务产品以及服务生产的标准化与质量问题。

尽管服务与商品在感性形态上存在着差别,但两者之间并不是泾渭分明、毫无联系的。在现代市场经济体系中,服务与商品存在着一定的替代性和统一性。替代性表现在服务可以替代商品,如运输服务可以替代工农业生产者自备运输工具、餐馆服务可以替代消费者自己的炊事活动;反过来,商品也可以替代服务,如消费者自备清洁工具替代家政服务。统一性主要体现在两者的基本一致性上,如人们对服务与商品的需求都是通过货币购买来实现的;服务和商品与货币资产交换的一致性,或许为统一服务和商品提供了某种感性的经验基础。

2.1.2 服务的分类

服务依据不同的划分标准可以进行不同的分类。

1. 按照服务的有形程度划分

服务和产品由交融在一起到彼此分离呈现四种状态：

①纯商品状态（产品本身没有附带服务，如香皂、牙膏、盐等）；

②附有服务的商品状态（附有服务以提高商品的吸引力，如计算机、家电产品等）；

③附有少部分商品的服务状态（如空中旅行的头等舱，除提供服务外，还附有食品和报刊等）；

④纯服务状态（如心理咨询、家政服务等服务提供者直接为顾客提供相关服务）。

服务和商品的区别之一在于有形程度的不同，而从高度无形到高度有形之间存在着一个连续谱，如图2-3所示。

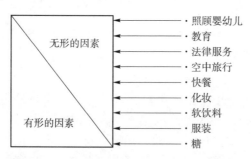

图2-3 服务与产品从无形到有形的连续谱

2. 按照顾客的参与程度划分

按照顾客的参与程度可划分为高接触性服务、中接触性服务、低接触性服务。

（1）高接触性服务。顾客全部参与或大部分参与服务的过程，如电影院、歌舞厅、公共交通、图书馆、学校等提供的服务。

（2）中接触性服务。顾客只是局部地在部分时间内参与其中的活动，如银行、律师事务所、地产中介等所提供的服务。

（3）低接触性服务。在服务的推广过程中顾客与服务的提供者接触较少的服务，其间主要通过仪器设备进行，如信息、邮电业等提供的服务。

这种分类法的优点是便于将高接触性服务从中低接触性服务中分离、凸显出来，以便采取多样化的服务营销策略来满足各种高接触性服务对象的需求；其缺点是过于简单、粗略。

3. 按照服务的实际效用划分

按照服务的实际效用可划分为追加服务和核心服务。

（1）追加服务通常是伴随商品生产和交易所提供的补充服务。对消费者来说，有形产品的实体本身才是核心效用，而服务只是提供了某种追加效用。追加服务同产品的生产与交易密不可分，它本身并不向消费者提供直接的、独立的服务，而是作为产品核心效用的派生效用，如轿车、时装中附加的设计服务等。人们可以明显地感受到，产品中追加服务价值的大小决定了该产品的质量和档次。在现代科技革命的推动下，这种追加服务却往往在很大程度上左右着消费者对所需核心效用的选择。在上游阶段，有先行追加服务的投入，包括可行性研究、风险资本筹集、市场调研、产品构思和设计等服务。在中游阶段，有与商品融为一体的追加服务，包括质量控制与检验、设备租赁、后期供给以及设备保养与维修等；有与有形商品生产平行的追加服务，包括财务会计、人员聘用和培训、情报和图书资料等的搜集整理和应用、不动产管理、法律、保险、通信、卫生安全保障以及职工后勤供应等。在下游阶段，追加服务项目包括广告、运输、商品使用指导、退货索赔保证以及供应替换零件等一系列售后服务。

（2）核心服务通常是与商品的生产和交易无关的，作为消费者单独购买的，作为独立市场交易对象的，能为消费者提供核心效用的服务。核心服务又可细分为面对面服务（face to face service）和远距离服务（long distance service）。前者需要通过服务提供者和服务消费者实际接触才能实现，如旅游服务；后者一般无须服务提供者和服务消费者的实际接触，但要借助一定的媒介，如银行服务可以通过通信、网络等技术实现，没有人员的移动和实际接触。

4. 按照服务的功能特征划分

按照服务的功能特征可划分为集体服务、金融服务、分销服务、专业服务、电信与信息服务、建筑服务及其他服务。

（1）集体服务。政府服务于社会的福利服务等。

（2）金融服务。银行和其他金融机构服务、保险与再保险服务、经纪人服务和信托服务。

（3）分销服务。货物运输与储存、旅客运输以及批发零售服务。

（4）专业服务。会计、法律、广告、翻译和咨询等专业和经济支持服务。

（5）电信与信息服务。电报、电话、电子数据处理服务等。

（6）建筑服务。建筑工程策划、咨询、管理与培训服务等。

（7）其他服务。自动租赁服务，不动产服务，修理、保养与清洁服务，新闻出版与印刷服务，旅馆与娱乐服务，医疗与保健服务，影视艺术服务等。

5. 按照营销管理的战略划分

这种方法吸收了前几种分类法的优点，并重点结合对服务业的营销管理过程进行分类。

（1）按照服务活动的本质分为4类：a. 作用于人的有形服务，如民航、理发服务等；b. 作用于物的有形服务，如航空货运、草坪修剪等；c. 作用于人的无形服务，如教育、广播等；d. 作用于物的无形服务，如咨询、保险等。

（2）按照顾客与服务组织的联系分为4类：a. 连续性的、会员关系的服务，如银行、保险、汽车协会等；b. 连续性的、非正式关系的服务，如广播电台、警察保护等；c. 间断的、会员关系的服务，如电话购买服务、担保、维修等；d. 间断的、非正式关系的服务，如邮购、街头收费电话等。

（3）按照服务方式及满足程度分为4类：a. 标准化服务选择自由度小，难以满足顾客的个性化需求，如公共汽车载客服务等；b. 易于满足需求但服务方式选择自由度小，如电话服务、旅馆服务等；c. 提供者选择余地大，但难以满足个性化需求，如教师授课等；d. 需求能满足且服务提供者有发挥空间，如美容、建筑设计、律师、医疗保健等。

（4）按照服务供求关系分为3类：a. 需求波动小的服务，如保险、银行、法律服务等；b. 需求波动大且能够保证基本供应的服务，如电力、天然气、电话等；c. 需求波动大且会超出供应能力的服务，如交通运输、饭店、宾馆等。

（5）按照服务推广的方法分为6类：a. 在单一服务地点顾客主动接触服务组织，如电影院、烧烤店等；b. 在单一服务地点服务组织主动接触顾客，如出租汽车等；c. 在单一服务地点顾客与服务组织远距离交易,如信用卡公司等;d. 在多个服务地点顾客主动接触服务组织,如汽车维修服务、快餐店等;e. 在多个服务地点服务组织主动接触顾客,如邮寄服务;f. 在多个服务地点顾客和服务组织远距离交易,如广播站、电话公司等。

6. 按照综合因素划分

(1) 按照提供服务工具的不同分为2类:a. 以机器设备为基础的服务,如自动售货机等;b. 以人为基础的服务,如会计服务等。以人为基础的服务,又可分为非技术性服务、技术性服务和专业性服务等。

(2) 按照顾客在服务现场出现必要性的大小分为2类:a. 必须要求顾客亲临现场的服务,如身体检查、理发等;b. 不需要顾客亲临现场的服务,如汽车修理服务。

(3) 根据顾客个人需要和企业需要的不同分为2类:a. 专对个人需要的专一化服务;b. 面对个人需要和企业需要的混合性服务。

(4) 按照服务组织的目的与所有制分为4类:a. 营利性服务,以营利为目的的服务;b. 非营利性服务,以社会公益服务为目的的服务;c. 私人服务,其所有制为私人所有的服务和公共服务;d. 以社会主义全民所有制和集体所有制为主体、面对全社会公益事业的服务等。

这种分类法综合考虑了各类因素,对其客观状态进行了分类,包容性较广,但从服务营销管理角度考虑不够,与对服务业的管理不太协调。

总之,服务内涵的复杂性决定了人们在考察服务时从不同的视点介入,因而导致不同的分类方法。给服务分类是为了认识不同行业、不同部门服务的特征,是制定服务战略的基础。

2.2 服务业

2.2.1 服务业的概念及特征

由于不同经济类型国家的政府、国际组织以及理论界的专家学者对产业分类方法的不同,至今在服务业尚无一个公认的定义,但就服务的内涵或其所包括的内容来看,这种分歧相差不大。

1. 服务业的概念

(1) "服务业"概念最早由英国经济学家柯林·克拉克在1957年提出。在《经济进步的条件》第三版中,克拉克把国民经济结构分为三大部门:第一大部门以农业为主,包括畜牧业等;第二大部门包括制造业、采矿业等;第三大部门是服务业,包括建筑业、运输业、通信业、商业、金融业、专业化服务和个人生活服务、律师事务等。此前国际理论界通常以"第三产业"来称呼"服务业"。"第三产业"概念源于西方经济学,早在17世纪末,威廉·配第就阐述了有关第三产业的思想。

一般来说,服务业是生产或提供各种服务(有形和无形的服务)的经济部门或企业的集合,正如工业和农业是生产各种工业品与农产品的经济组织或企业的集合一样。服务业不但作为中间产业强化农业和工业的结合,而且为工业和自身提供生产资料与消费资料。服务业的发展一方面围绕着实物产品的生产、流通和消费提供服务;另一方面则为提高人民的科学文化素质和生活质量服务。对服务业可以从以下几个方面来理解。

①服务业是一个既抽象又具体的概念。一方面，由于服务业生产的主要是非实物产品，因而相对于农业、工业来说，其概念往往是抽象的；另一方面，服务业所生产的服务产品，不论是何种形式，都能满足人们的需要，因而是具体的社会产品，同样具有使用价值和价值的二重属性。在现代社会，服务业包括的具体行业越来越广泛，既包括农业、工业所需的服务，又包括服务业本身生产所需的服务。

②服务业是一个多层次的概念。服务业是一个大的产业系统，其门类十分繁杂，包含五花八门各种类别的行业，其中的许多行业在产业性质、功能、生产技术及与经济发展的关系等方面都存在很大的差异。服务业所包含的行业数量历来就多于其他行业。

③服务业是一个相对的概念。首先，服务业在形成和发展的时间上有相对性，在不同国家和地区，服务业的形成和发展的时间是不同的，与各自的社会生产力和社会文化发展程度有直接关系；其次，服务业在包含的范围上有相对性。在服务业形成和发展的不同历史阶段，它所包含的范围在质和量上都有很大的区别。

（2）"服务业"与"第三产业"是两个非常相近的概念，但二者是有区别的。

①两者界定的方法不同。第三产业的界定采用剩余法，即将第一产业和第二产业以外的所有经济活动统称为第三产业；事实上，关于第一产业和第二产业涵盖的经济部门也并未形成统一的意见，如建筑业的归属问题，从而使按照剩余法确定的第三产业的范围也不明确。而服务业的界定是以是否提供或生产各种类型的服务为标准，其范围十分明确。

②两者划分的依据不同。三次产业划分的思想基础是经济体系的供给分类，暗含着高阶层次产业的发展单向依赖低层次产业产品的观点，即第二产业依赖于第一产业提供的原料，第三产业又依赖于第二产业和第一产业的产品供给。而服务业与其他经济产业划分是以经济体系的需求分类为思想基础的，强调服务业与其他经济产业之间的相互依赖关系，而不是单向依赖。

③两者的结构内涵不同。第三产业概念的经济结构含义主要是相对于国内经济而言的，针对一国国内经济发展的进程和产业结构的变迁，而服务业概念的经济结构含义是同时面向国内和国际两个市场的。

④服务业概念比第三产业更严谨、更科学、更有规定性。服务业不仅在内涵上有规定性，而且在外延上也有规定性，即其范围只是服务业和服务部门；而第三产业在内涵上则没有规定性，这就为第三产业的部门构成留下了很多不确定性，各国或经济学家可以对某一产业凭自己的看法将其划入第三产业。鉴于这一缺陷，克拉克在1957年修订《经济进步的条件》一书时，便将第三产业改为服务业，并坚持农业、制造业和服务业的产业划分方法。

尽管"服务业"与"第三产业"在许多场合可以交互使用，但无论是从思想方法上还是从理论逻辑上分析，服务业的提法更符合现代经济的特征与要求。

我国对服务业的界定主要是通过统计分类来划分的。我国国家统计局在1994年的《中国统计年鉴》中首次对服务业做出了两级分类：农、林、牧、渔服务业；地质勘探、水利管理业；交通运输、仓储及邮电通信业；批发零售和餐饮业；金融、保险业；房地产业；社会服务业；卫生体育和社会福利业；科学研究和综合技术服务业；国家机关、党政机关和社会服务团体。这些是第一级，另外还包括许多二级部门。

根据中华人民共和国国家统计局2013年官网上发布的信息，我国第三产业的最新界定如下:"第三产业即服务业,是指除了第一、第二产业以外的其他行业。第三产业包括:交通运输,仓储和邮政业,信息传输,计算机服务和软件业,批发和零售业,住宿和餐饮业,金融业,房地产业,租赁和商务贸易业,科学研究、技术服务和地质勘探业,水利、环境和公共设施管理业,居民服务和其他服务业,教育、卫生、社会保障和社会福利业,文化、教育和娱乐业,公共管理和社会组织,国际组织,以及农、林、牧、渔业中的农、林、牧、渔服务业,采矿业中的开采辅助活动,制造业中的金属制品、机械和设备修理业。"

"现代服务业"的提法最早在 1997 年 9 月党的十五大报告中,2000 年中央经济工作会议提出:"既要改造和提高传统服务业,又要发展旅游、信息、会计、咨询、法律服务等新兴服务业"。

根据 2012 年 2 月 22 日中华人民共和国科学技术部发布的第 70 号文件,现代服务业是指以现代科学技术特别是信息网络技术为主要支撑,建立在新的商业模式、服务方式和管理方法基础上的服务产业。它既包括随着技术发展而产生的新兴服务业态,也包括运用现代技术对传统服务业的改造和提升。它有别于商贸、住宿、餐饮、仓储、交通运输等传统服务业,以金融保险业、信息传输和计算机软件业、租赁和商务服务业、科研技术服务和地质勘查业、文化体育和娱乐业、房地产业及居民社区服务业等为代表。

2. 现代服务业的特征

(1) 高技术性是指现代服务业以计算机网络、通信与信息技术为其发展的技术基础和关键特征,具有较高的科技含量。计算机网络和通信与信息技术的发展,特别是以 TCP/IP 协议为基础的互联网络技术在服务业的广泛运用,改变了传统服务业的运营方式,实现了生产过程与消费过程的统一,形成了新的市场形态与经营业态,成为现代服务业发展的技术基础和关键特征。

(2) 高素质性是指现代服务业拥有高素质、高智力的人力资源结构,从业人员普遍具有高人力资本,具有良好的教育背景和专业知识,较高的管理能力与技术技能。现代服务业是一种以运用智力资源为主的服务业,其竞争更多的是专业人员的能力与素质的竞争,高素质的人才是现代服务业生存与发展的重要保证。

(3) 知识密集性是指现代服务业具有较高的知识含量,即为顾客提供知识性服务,实现服务产品的价值增值和高精神享受。现代服务业为消费者提供知识的生产、传播和使用服务,使知识在服务过程中实现价值增值,因而越来越注重人力资源的知识水平和创新能力,注重服务产品的高感性体验和高精神享受。

(4) 集群性是指现代服务业自身或与制造业相互依托形成地理集聚和规模发展的特性。现代服务业的相互关联程度及技术的交互融合程度较高,大多集聚于城市特别是大都市,容易形成空间聚集效应。例如,在纽约、伦敦、东京等国际大都市,拥有诸如国际性咨询、国际金融、网络服务、市场中介组织等数量众多的现代服务型企业。另外,现代服务业在制造业集群发展中发挥着相当重要的作用。一些产业集群的出现起源于服务业,也依托于服务业。由于专业分工的细化发展和高效益协作的需要,物流、金融、保险、信息服务、商业服务、商贸、会展等现代服务业与制造业紧密结合,构成了产业集群的服务支撑体系,推动了产业集群的健康发展,并在提升地区产业集群竞争力方面发挥着更大的作用。

(5) 创新性。现代服务业自主创新能力强,不断推动管理创新、服务创新,通过多种方式推进规模化、品牌化、网络化经营。因此,现代服务业不仅可以使服务过程产生知识的增值,而且可以产生服务的规模效应和各种服务相互融合的聚集效应,引起服务的大幅增值。

(6) 高增值性是指现代服务业知识含量高,集群性强,能够促进专业分工细化和高效协作,产生规模效应和乘数效应,提高地区服务经济的增值幅度。相对于劳动密集型服务业而言,现代服务业可以直接或者间接地节约物质资源和人力资源,在服务过程中实现增值,并对其他行业具有高度渗透性。这些现代服务企业业务交融、相互支持,通过集群的乘数效应,可以带动整个地区服务经济的增长。

(7) 低进入壁垒。服务业的进入壁垒低于制造业,服务产品难以差别于竞争对手的服务。对于现代服务业来说,服务的特殊性导致了其与一般服务业相比资金需求小、成本低,因此进入壁垒相对较低。现代服务业内部结构呈金字塔形分布,存在少数大型的企业和多数小型的企业,大型企业往往为一些大型跨国公司提供服务,小型企业更多为本地市场和小型企业提供服务,出现这种金字塔形分布的原因主要在于现代服务的进入壁垒低,容易进入。一般现代服务业销售额的大部分由少数大型现代服务业产生,小型企业主要解决就业问题。[①]

(8) 具有全局影响。随着生产经营专业化程度的提高和社会分工更为深化,现代服务业已经成为社会化大生产的中间环节,与第一、第二产业各个部门之间的关系更为错综复杂、依赖程度更高。现代服务业就是维系这种错综复杂关系的重要纽带。现代服务业的各个部门可以完成第一、第二产业各个行业成本较高的生产活动,降低它们的生产成本,提高其运行效率,使它们创造出更多的经济效益。

(9) 新兴性是指现代服务业具有新的服务领域和服务业态,在时间上是现代兴起的或从过去演变而来的。例如,计算机服务业和软件业就是现代兴起的,是随着计算机技术和网络技术的发展而发展起来的;而电子商务和第三方物流,则是从传统商业和运输业中衍生出来的新的服务业态,借助现代信息技术的支持,这类产业可以进行更为精细的专业化分工,从而把传统上由企业内部组织进行的服务活动分离出来,提高服务效率、降低交易成本,形成其独特的资源整合与交易成本上的优势,从而分化成为蓬勃发展的新兴产业。

2.2.2 服务业的分类

服务业中的许多行业在产业性质、功能、生产技术、与经济发展的关系等方面都存在着很大的差异,服务业理论中最为人们所质疑的就是该产业所包容的各种类别的行业。因此,服务经济学家们很早就开始试图对服务业进行分类。分类就需要有一个分类标准,不同的标准有不同的分类方法,服务业的分类也不例外。一般来说,对服务业的分类既可以根据各服务业在经济发展阶段的不同特点来分类,也可以根据各服务业的不同功能来分类。诚如布莱逊(Bryson)和达尼尔(Darnill)所说:"有多少服务理论研究者就有多少服务业的分类方法。"

服务业分类的主要目的,一是要揭示服务业内部结构的变化,二是要揭示不同服务业的经济性质,研究各服务业与整体经济增长的关系以及对经济增长的贡献,制定正确和准确的产业政策。

---

① 阴训法,杨超. 浅析现代服务业的特征 [J]. 中国商贸, 2010 (20).

1. 依据经济发展阶段理论的分类

依据罗斯托的经济发展阶段理论以及各服务业在不同经济发展阶段的特点,可将服务业分为传统服务业、补充性服务业和新兴服务业。

传统服务业是指生产方式是"传统"的服务行业,而"传统"的生产方式是指"前资本主义"的生产方式,家仆服务和传统商业是这类服务的代表部门。随着资本主义生产方式的深入发展,传统服务业的重要性也在降低,但它们的发展变化在发达国家和发展中国家的方式是不同的。首先,在发达国家的工业化过程中,一是工业发展所需要的大量劳动力除来自农业转移外,还有从传统服务部门转移出来的;二是服务工作被机器所取代,如家庭劳动被家用电器替代;三是传统服务被现代服务所取代,如现代交通工具取代传统交通工具后,出现了出租车、汽车修理、公共交通服务等新的服务行业;四是家庭服务的外部化,这些现代服务不再具有传统服务的特征,因此在发达国家经济发展过程中的传统服务部门是快速下降的。其次,现代发展中国家的工业化发展事实是从农业和家庭中转移出来的劳动力,被现代工业部门所吸纳的数量越来越少,过剩的劳动力被迫转向"非正式"部门。由于服务业所具有的典型生产特征,服务业成为非正式部门的主要组成产业。因此,在现代发展中国家工业化过程中的服务业就业增长超过了工业就业,而这些服务业又主要是传统服务业。

补充性服务业是相对于制造业而言的,这类服务业是为工业生产和工业文明"服务"的,是工业化过程的"随生物",包括金融、交通、通信和商业,还包括政府部门中与工业化过程有关的制度性安排所引起的服务,如政府部门的法律服务、与微观管制有关的行政性服务等。补充性服务的需求受到经济发展过程中城市化的影响,也受到生产的迂回化即生产分工的影响。因此,伴随着工业化的发展,它们得到快速发展;伴随着工业化的成熟并进入稳定发展阶段,它们的发展也开始稳定,但只要生产的迂回程度加深,这类服务业也可能继续发展。

新兴服务业是指工业产品的大规模消费阶段以后出现加速增长的服务业,包括教育、医疗、娱乐、文化和公共服务。新兴服务业不是"新生"的服务业,因为这些服务业在人类发展史的各个时期都存在,只是在工业化以前,它们是"奢侈"消费品,收入弹性较大,需求被压缩在十分小的范围内;只有在工业化后期,它们才成为具有普遍性消费需求的行业,才出现加速增长的态势。当然,"奢侈"消费品的概念是一个动态的概念,随着价格、收入和收入分配以及社会价值观的变化而变化,如教育和医疗在现代福利国家实际变成了一种"必需品"。

2. 以时间序列为基础的分类

以时间序列为基础,服务业分为传统服务业和现代服务业。

传统服务业是指为人们日常生活所提供各种服务的行业,如餐饮业、旅店业、商业、修理业、理发业、殡葬业、医疗卫生业、洗染业等。而现代服务业是指在工业化比较发达的阶段产生的,主要是依托于信息技术和现代管理理念发展起来的服务业,是信息技术与服务产业结合的产物。现代服务业具体包括两类:一类是直接由信息化及其他科学技术的发展而产生的新兴服务业形态,如计算机和软件服务、移动通信服务、信息咨询服务、健康产业、生态产业、教育培训、会议展览、国际商务、现代物流等;另一类是通过应用信息技术,从传统服务业改造和衍生而来的服务业形态,如银行、证券、信托、保险、租赁等现代金融业,建筑、装饰、物业等房地产业,会计、审计、评估、法律服务等中介服务业。

从广义上来看，现代服务业是一种现代化、信息化意义上的服务业，是指在一国或地区的产业结构中基于新兴服务业成长壮大和传统服务业改造升级而形成的新型服务业体系，体现为整个服务业在国民经济和就业人口中的重要地位以及服务业的高度信息化水平等方面，具有高人力资本含量、高技术含量、高附加值的"三高"特色，发展上呈现新技术、新业态、新方式的"三新"态势，具有资源消耗少、环境污染少的优点，是地区综合竞争力和现代化水平的重要标志。此外，现代服务业也是一个动态的概念，随着经济社会的不断发展，还会拓展新的领域，增加新的内容，此时为现代服务业，彼时则为传统服务业。

3. 现代服务业的分类

（1）按服务对象的分类（三部门分类）：1993年，美国经济学家格鲁伯和沃克在《服务业的增长：原因及影响》中从服务的对象出发，将服务业分为三个部门：为个人服务的消费者服务业、为企业服务的生产者服务业和为社会服务的政府（社会）服务业。

（2）以功能为基础的分类（四部门分类）：经济发展表现为经济资源在部门间的转移，依据经济发展过程中服务业内部结构的变化，经济学家辛格曼使用了一种分类法，将服务业划分为流通服务、生产者服务、社会服务和个人服务，这种分类法的依据主要是基于服务的功能。

流通服务包括交通业、仓储业、通信业、批发业、零售业（不含饮食业）、广告业以及其他销售服务业。流通服务与第一产业和第二产业加起来就是商品从原始自然资源经过提炼、加工、制造、销售最后到消费者的整个生产、流通、消费的完整过程；流通服务随着商品规模的扩大而增长。

生产者服务又称生产性服务，是生产者在市场上购买的中间服务。生产者服务是围绕企业生产活动进行的，包括银行、信托、保险及其他金融业、房地产业、工程和建筑服务业、会计和出版业、法律服务以及其他营业服务。从实际情况看，生产者服务并非完全作为商品生产的中间投入，也有一些是为最终消费者服务的，但其重要性和规模远远不及中间投入；这类部门随着商品生产规模的扩大而发展，也会随着专业化程度的加深和产业组织的复杂化而不断从商品生产企业中"外部化"出来而扩大。

社会服务包括医疗和保健业、医院、教育、福利和宗教服务、非营利机构和政府、邮政及其他专业服务。社会服务具有公共需求的特性，这种需求是物质文明高度发展的产物，它们的实现也必须借助于高度发达的物质生产条件，类似于新型服务业，它们的显著发展出现在工业化后期。

个人服务也称消费者服务或者消费性服务，是指消费者在市场上购买的服务，包括家庭服务、旅馆和饮食业、修理服务、洗衣服务、理发与美容、娱乐和休闲以及其他个人服务。个人服务主要来自最终需求，大多是传统服务业，一般具有规模小、分散经营、人力资本和物质资本投入少、技术含量低等特点。

4. 联合国标准产业的分类

1968年，联合国《国际标准产业分类》（ISIC）按照服务功能将服务业分为4大类14小类；1990年的第三版以功能为主，同时考虑了技术上的一致性，将服务业划分为商业及零售业、酒店旅游业、交通仓储、通信业、金融中介、房地产、租赁和经营活动、公共行政与国防、教育、医疗及相关社会服务、其他社会社区服务、家庭雇佣服务以及国际及跨国组织。

表 2-2 所示为联合国有关组织对三大产业的划分以及对服务业范围的界定。

表 2-2 联合国有关组织对三大产业的分类

产业划分	产业范围
第一产业	农业、畜牧业、林业、渔业、狩猎业
第二产业	制造业、建筑业、自来水、电力、煤气、采掘业和矿业
第三产业	商业、餐饮业、仓储业、运输业、交通业、邮政业、电信业、金融业、保险业、房地产业、租赁业、技术服务业、职业介绍、咨询业、广告业、会计事务、法律事务、旅游业、装修业、娱乐业、美容业、修理业、洗染业、家庭服务业、文化艺术、教育、科学研究、新闻传媒、出版业、体育、医疗卫生、环境卫生、环境保护、宗教、慈善事业、政府机构、军队、警察

5. 世界贸易组织的分类

随着服务业的发展和《服务贸易总协定》的不断完善，对服务业的统计逐渐摆脱了对第三产业数据的依赖。如果从部门的角度看，世界贸易组织在 1995 年列出的服务行业多达 150 个，这些服务行业划分为 12 个部门，每个部门下有行业，每个行业下还有子行业。

(1) 商业服务。

A. 专业服务　　　　　B. 计算机及其相关服务　　　　C. 研究和开发服务

D. 房地产服务　　　　E. 无操作人员的租赁服务（干租服务）　F. 其他商业服务

(2) 通信服务。

A. 邮政服务　　　　　B. 速递服务　　　　　C. 电信服务

D. 视听服务　　　　　E. 其他

(3) 建筑及相关工程服务。

A. 一般建筑物的建造工程　　B. 一般民用工程建设工作　　C. 安装和组装工作

D. 建立和整理工作完成　　　E. 其他

(4) 销售服务。

A. 佣金代理服务　　　B. 批发服务　　　　　C. 零售服务

D. 特许经营　　　　　E. 其他

(5) 教育服务。

A. 小学教育服务　　　B. 中等教育服务　　　C. 高等教育服务

D. 成人教育　　　　　E. 其他教育服务

(6) 环境服务。

A. 排污服务　　　　　B. 固体废物处理服务　　C. 卫生和类似服务

D. 其他

(7) 财经服务。

A. 所有保险及其相关服务　　B. 银行及其他金融服务（不包括保险）

C. 其他

(8) 健康与社会服务。

A. 医院服务　　　　　B. 其他医疗保健服务业

C. 社会服务　　　　　　　　D. 其他

(9) 旅游及相关服务。

A. 饭店和餐馆（包括餐饮业）　B. 旅行社和旅游经营者服务

C. 导游服务　　　　　　　　D. 其他

(10) 娱乐、文化和体育服务。

A. 娱乐服务（包括戏剧、乐队演奏及马戏团服务）

B. 新闻代理服务　　　　　C. 图书馆、档案馆、博物馆和其他文化服务

D. 体育和其他娱乐服务　　E. 其他

(11) 运输服务。

A. 海运服务　　　B. 运输内部水道　　C. 航空运输服务

D. 空间运输　　　E. 铁路运输服务　　F. 公路运输服务

G. 管道运输　　　H. 所有运输方式的辅助服务　　I. 其他运输服务业

(12) 未包括的其他服务。

6. 我国服务业的统计分类

与国外一样，我国迄今为止没有专门的服务业统计分类体系，只用第三产业分类和统计数据。2003 年，国家统计局在《行业划分规定》的通知中明确提出："第三产业是指除了第一、第二产业以外的其他行业。"表明了第三产业的范围主要包括：交通运输、仓储和邮政业，信息传输、计算机服务和软件业，批发和零售业，住宿和餐饮业，金融业，房地产业，租赁和商务服务业，科学研究、技术服务和地质勘查业，水利、环境和公共设施管理业，居民服务和其他服务业，教育，卫生、社会保障和社会福利业，文化、体育和娱乐业，公共管理和社会组织、国际组织。

2012 年，国家质量监督检验检疫总局和国家标准委颁布的《国民经济行业分类》（GB/T 4754—2011），再次对 2003 年的《三次产业划分规定》进行了修订。与 2003 年印发的《三次产业划分规定》相比，此次修订主要在以下方面作出调整：为了规范三次产业、服务业的口径、范围，推动我国服务业发展，将 A 门类"农、林、牧、渔业"中的"05 农、林、牧、渔服务业"，B 门类"采矿业"中的"11 开采辅助活动"，C 门类"制造业"中的"43 金属制品、机械和设备修理业"等三个大类一并调入第三产业。鉴于目前服务业的口径、范围不统一，既不利于服务业统计和服务业核算，也不利于贯彻执行国务院《关于加快发展服务业的若干意见》以及国务院办公厅转发国家统计局《关于加强和完善服务业统计工作的意见》，因此，此次修订三次产业划分规定时，明确第三产业即为服务业。

2.3　服务贸易

2.3.1　服务贸易的概念及特征

由于服务本源的复杂性，人们对服务贸易的认识也有很大差异。加上国际服务贸易属于跨国交易，理论界对国际服务贸易的定义有各种表述，经济文献中也没有统一、标准的权威解释。

1. 服务贸易的概念

我国学者从20世纪90年代开始对服务贸易展开探讨，一些学者就服务贸易的概念曾经明确指出："国际服务贸易在概念上有广义与狭义之分。狭义的国际服务贸易是无形的，是指发生在国家之间的符合严格服务定义的直接服务输出与输入活动。而广义的国际服务贸易既包括有形的劳动力的输出/输入，也包括无形的提供者与使用者在没有实体接触的情况下的交易活动，如卫星传送与传播、专利技术贸易等。"[①]

(1) 服务贸易的传统概念。服务贸易的传统定义是服务定义的延伸，指当一国（或地区）的服务提供者向另一国（或地区）的服务需求者（包括自然人、法人或其他组织等）提供服务时，按照自愿有偿的原则取得外汇收入的过程，即服务的出口。

传统定义从进出口的角度界定服务贸易，涉及国籍、国界、居民、非居民等问题，即人员移动与否、服务过境与否以及异国居民之间的服务交换等。

(2) 统计学家的表述。统计学家从国民收入、国际收支平衡出发，以国境为标准，将服务出口解释为将服务出售给其他国家的居民，将服务进口解释为本国居民从其他国家购买服务。"居民"是指按照所在国法律的规定，基于居住期、居所、总机构或管理机构所在地等负有纳税义务的自然人、法人和其他在税收上视同法人的团体；"贸易"是指销售具有价值的东西给居住在另一国家的人；"服务"是指任何不直接生产制成品的经济活动。

(3) 联合国贸易与发展会议的表述。联合国贸易与发展会议利用过境来阐述服务贸易，将国际服务贸易解释为货物的加工、装配、维修以及货币、人员、信息等生产要素为非本国居民提供服务并取得收入的活动，是一国与他国进行服务交换的活动。狭义的国际服务贸易是指有形的、发生在不同国家之间，符合服务定义的直接的服务输出与输入。广义的国际服务贸易是指既包括有形的服务输出与输入，也包括在服务提供者与消费者没有实体接触情况下发生的无形的国际服务交换。除了特定情况，一般所说的服务贸易是指广义的国际服务贸易。

(4) 《美国和加拿大自由贸易协定》的表述。《美国和加拿大自由贸易协定》是世界上第一个在国家间贸易协议上正式定义服务贸易的法律文件，它将国际服务贸易解释为由国家或代表其他缔约方的一个人，在其境内或进入一缔约方提供所指定的一项服务。"缔约方的一个人"是指法人或自然人。"指定的一项服务"包括：生产、分销、销售、营销及传递一项所指定的服务及其进行的采购活动；进入或使用国内的分销系统；以商业存在形式为分销、营销、传递或促进一项指定的服务；遵照《国际投资法》的规定，任何为提供指定服务的投资及任何为提供指定服务的相关活动，如公司、代理机构、代表处和其他商业经营机构的组织、管理、保养和转让活动，又如各类财产的接受、使用、保护及转让，以及资金的借贷等活动。

(5) 《服务贸易总协定》的表述。《服务贸易总协定》（GATS）按照服务的提供方式，将服务贸易解释为：跨越国界进行服务交易的商业活动，即服务提供者从一国境内向他国境内，通过商业或自然人的商业现场向消费者提供服务并取得外汇报酬的一种交易行为。

GATS的解释是一个权威性的定义，这个定义已为各国普遍接受。该定义包括服务贸易

---

① 王尧田，周汉民. 关税与贸易总协定总论 [M]. 北京：中国对外经贸出版社，1992.

的四种方式：从一成员方的境内向另一成员方的境内提供服务，即跨境提供（cross-border supply），这种服务不构成人员、物资或资金的流动，而是通过电信、邮政或计算机网络实现服务，如视听、金融和信息等；在一成员方的境内向另一成员方的消费者提供服务，即境外消费（consumption abroad），如接待外国游客、提供旅游服务，为国外病人或客户提供医疗服务，接收外国留学生等；一成员方的服务提供者在另一成员方境内设立商业实体提供当地化的服务即商业存在（commerical presence），如投资设立合资、合作和独资服务型企业；由一成员方的自然人在另一成员方境内提供服务，即自然人流动（movement of personnel），如一国的医生、教授或艺术家到另一国从事个体服务。

同时，GATS对服务贸易的判别有四个标准：即服务和交付的过境移动性（cross-border movement of service and payments）、目的具体性（specificity of purpose）、交易连续性（continuity of transactions）、时间有限性（limited duration），可以较为有效地鉴别与理解服务贸易。

（6）国际收支平衡表的定义。在国际收支平衡表（Balance of Payments，BOP）中，一成员方的"居民"通常被理解为在该成员方境内居住一年以上的自然人和设有营业场所或服务的企业法人。BOP经常项目下居民和非居民之间服务的跨境交易即国际服务贸易。

将BOP的定义与GATS的定义进行对比，后者把国际服务贸易由前者的居民和非居民之间的跨境交易扩展到作为东道国居民的外国商业存在与东道国其他居民之间的交易，即居民和居民之间的交易。

以上代表性的表述都采用说明性、非规范性的方式，说明了服务贸易的多样性和复杂性，反映了人们认识的差别和理解的深浅，也体现了人们不同的视角或方位。

2. 服务贸易的特征

我们在前面研究过服务的特征，而服务贸易的特征就是由服务的特征决定的。与实物产品贸易相比，服务贸易作为非实物劳动成果的交易，具有如下特征。

（1）服务标的的无形性。服务贸易的标的是一种看不见、摸不着的生产和消费，在时空上不可分离的活动或行为。这种活动或行为可以由人提供，也可以由物提供，例如，医生提供医疗保健服务、自动取款机提供取款服务等；活动或行为的接受对象可以是人的身体，也可以是人的头脑，还可以是有形物或无形物，如医疗、教育、设备维修、金融服务等。以物为接受对象的服务活动的购买者和最终受益者仍然是物背后的人，包括自然人和法人。作为一种无形产品，大多数的服务产品不能储存、不能运输、不能被包装、不能被反复转让。当然，随着科学技术的进步，一些服务活动已有了自己的物质载体，并使部分服务产品的生产和消费在时空上分离成为可能，使服务产品的储存和运输成为可能，例如，电子图书、光盘等已使图书馆提供的服务得以储存和运输，使图书馆服务的提供和消费在时空上分离成为可能，但从总体上来说，服务标的的无形性特性，是国际服务贸易最基本的特性。

（2）交易过程与生产和消费过程的同步性。服务价值的形成和使用价值的创造过程，与服务价值的实现和使用价值的让渡过程，以及服务使用价值的消费过程往往是在同一时间和地点完成的；在服务再生产过程中，服务交易具有决定性意义，服务交易的完成必需两个主体同存于同一时间和同一地点。例如医疗服务，医师提供服务的过程，就是让渡服务产品的过程；没有病人，医师失去服务对象，也就不存在两个主体间的交易，服务就不能存在。随着科学技术的发展，有些服务活动可以通过有形的介质作为载体，形成一种有形商品，从而使服务产品的提供者和消费者得以分离，如大型国际体育赛事可以通过电视直播和录播的方式，使观众不必来到现场就可以欣赏。当然，即使科学技术高度发达，也仅仅是部分服务贸易可以通过有形商品的形式实现自身的价值。

(3) 贸易主体地位的多重性。由于服务交易过程与生产和消费过程的同步性，服务的卖方往往就是服务的生产者，并作为服务消费过程中的物质要素直接加入服务的消费过程；服务的买方则往往就是服务的消费者，并作为服务生产者的劳动对象直接参与服务产品的生产过程。例如，医师在为病人提供医疗服务的过程中，病人不仅作为医疗服务的消费者，同时又作为医师的直接服务对象和劳动对象参与服务的生产过程。但是，有的国际服务贸易双方当事人的关系比较简单，如国际咨询服务，双方当事人的关系与商品贸易一样简单。即专门机构（咨询方），利用自己的知识、技术、信息和经验，运用科学方法和先进手段进行调查、分析、预测，客观地有偿地为客户（委托方）提供一种或多种可供选择的优化方案。

(4) 服务贸易市场的高度垄断性。国际服务贸易在发达国家和发展中国家的发展严重不平衡，少数发达国家在国际服务贸易中具有绝对垄断优势。服务市场的开放涉及诸如跨国银行、通信工程、航空运输、教育、自然人跨国界流动等直接关系到输入国主权、安全、伦理道德等敏感领域和问题，全球服务贸易壁垒森严、服务贸易障碍林立。因此，国际服务贸易市场的高度垄断性在短期内不可能消失。

(5) 服务贸易所涉及生产要素的跨国界流动性。服务贸易通常不涉及服务所有权的转移，但涉及生产要素的跨国界流动。服务提供活劳动的过程，通常是利用服务提供者的技能和知识完成的，其目的是使服务消费者所处的状况发生某种变化或不发生变化。国际服务贸易进行中价值实体与使用价值分开，即不同时发生转移。服务贸易中生产要素的跨国界流动构成服务贸易存在的重要条件，而不像货物贸易那样仅仅是生产要素移动的替代物，而服务本身不能成为服务贸易的替代物而存在。

(6) 服务贸易涉及法律的复杂性。法律关系的复杂主要是由法律事件所涉及的主体关系、权属关系决定的。由于国际服务贸易涉及的主体比较复杂，权属关系盘根错节，适用于国际服务贸易领域的法律关系就显得尤为复杂，管辖这些法律关系的法律法规体系十分庞杂。例如，在会计服务中，会计师提供的服务不仅涉及服务消费者的利益，而且可能涉及广大投资者的利益，因而存在引发投资者对会计服务的提供者提出法律诉求的可能。在服务贸易中，服务提供者与消费者原则上进行的是所有权和使用权相分离的交易，很容易产生权属转让过程中的法律问题，如知识产权领域的贸易，一般许可方仅仅是转让使用权，而不是所有权。

(7) 贸易保护方式的隐蔽性和灵活性。由于国际服务贸易对象的特殊性，各国的服务贸易活动通常可以绕过海关的监管，较少显示在海关进出口统计中，而是显示在各国的国际收支表中。为适应服务贸易的这种特征，各国主要不是通过海关措施，而是通过国内立法、规章及各种非关税壁垒措施来实行对服务贸易的限制和保护。这使国际服务贸易保护更加隐蔽、灵活，并更具有政治性和政策性。首先，国际服务贸易的保护通常采取非关税壁垒形式。这是因为贸易对象的特殊性，传统的关税壁垒无法起作用，只能转而采取非关税形式。而非关税壁垒的手段多种多样，可以针对某国具体的产品制定规则，如技术标准、资格认证等，所以更具有灵活性。其次，各国对服务贸易的限制通常采取市场准入和国内立法的形式。这使服务贸易涉及各国（地区）复杂的法律法规，而这些法律法规的制定、执行和修订又会涉及该国（地区）现行法律体系等诸多政治、经济和国家主权问题，缺乏透明度，因此这种限制措施相比关税措施更加隐蔽且具有更强的刚性和政治性。最后，国际服务贸易的限制措施涉及许多部门和行业，任何一种行业标准的改变都可能影响服务贸易的发展。

（8）服务贸易市场营销具有更大的难度和复杂性。无论是在国家的宏观管理方面，还是在企业的微观经营方面，国际服务贸易营销管理都具有更大的难度和复杂性。从宏观上讲，国家对服务贸易出口管理，不仅涉及与服务相关的资金与实物的管理，更多的则涉及服务的提供者和消费者的人的管理，其管理包括人员审查签证、劳工政策等一系列更为复杂的问题。某些服务贸易，如金融保险、邮电通信以及影视文化教育等，还直接关系到输入国的国家主权与安全、文化与价值观念、伦理道德等敏感问题。在微观方面，由于服务本身固有的特性，也使企业营销管理过程中的不确定性因素增多，调控难度增大，其突出表现在对服务的质量控制和供需调节这两个企业营销管理中最为重要的问题上。如前所述，服务具有异质性，使服务的质量标准具有不确定性，服务也难以像有形商品一样通过保退保换等方式换回因质量问题造成的损失，从而增大了服务质量管理的难度。

2.3.2 国际服务贸易的分类

服务贯穿了社会经济生活的方方面面，相对应，国际服务贸易也体现出多样性和复杂性。许多经济学家和国际经济组织为了分析方便和研究的需要，从不同的角度对国际服务贸易进行了划分，并未形成统一的分类标准。

1. 以服务参与者"移动"与否来划分

按照服务是否在提供者与消费者之间移动，萨姆森（Samson）和斯纳普（Snape）、斯德恩（Robert M. Stern）和豪克曼（B. M. Hoekman）先后将国际服务贸易划分为分离式服务、消费者所在地服务、提供者所在地服务和流动服务（表2-3）。

表2-3 以"移动"与否对服务贸易进行的分类

		生产者	
		不移动	移动
消费者	不移动	1. 分离式服务（跨境贸易）	2. 消费者所在地服务（商业存在）
	移动	3. 提供者所在地服务（境外消费）	4. 流动服务（自然人流动）

（1）分离式服务是指服务提供者与消费者在国与国之间不需要移动，只是借助于国内信息手段就可以实现的服务，也称为跨国境的远距离服务贸易。国际运输服务是分离式服务的典型例子。

（2）消费者所在地服务是指服务的提供者转移后产生的服务。国际金融服务是消费者所在地服务的典型代表。

（3）提供者所在地服务是指服务的提供者在本国国内为外籍居民提供的服务，一般要求服务消费者跨国接受服务，如国际旅游服务。

（4）流动服务是指服务的提供者与消费者相互移动所提供和接受的服务，要求服务的提供者与消费者存在不同程度的资本和劳动力等生产要素的移动,如设在法国的美国诊所为英国病人提供医疗服务。

以移动与否作为划分国际服务贸易类型的核心,其本质涉及资本和劳动力等生产要素在不同国家间的移动问题。随着技术进步以及政府管制、供求关系、交易成本的因素的变化,国际服务贸易可能从一种类型转变为另一种类型。如放开教育管制后,外资进入东道国兴办教育,消费者不出国就可以接受外国的教育服务,此时的服务贸易就由提供者所在地服务变为消费者所在地服务。

2. 以生产过程为标准来划分

根据服务与生产过程之间的内在联系,国际服务贸易划分为生产前服务、生产中服务和生产后服务。

生产前服务在生产过程开始前完成,涉及市场调研和可行性研究等,对生产规模及制造过程有着重要影响。生产中服务是指在生产或制造过程中为生产过程的顺利进行提供的服务,如企业质量管理、软件开发、人力资源管理等。生产后服务是连接生产者与消费者之间的服务,如广告、营销、运输服务等;通过这种服务,企业与市场进行接触,了解产品是否适销、是否满足消费者需求等。

以生产过程作为划分国际服务贸易的核心,其本质涉及应用高新技术提高生产力的问题,这种划分有利于生产者能够对国际市场的变化迅速做出反应,以改进生产工艺,为消费者提供满意的产品或服务。

3. 以商品为核心来划分

1988 年 6 月 GATT 乌拉圭回合服务贸易谈判期间,谈判小组提出依据服务在商品中的属性为标准来划分,将其分为 4 类。

(1) 以商品形式存在的服务:指以商品或实物形式体现的服务,如电影、电视、书籍、计算机以及专用数据处理与传输装置等。

(2) 对商品实物具有补充作用的服务:指对商品价值的实现具有补充、辅助功能的服务,如商品储运、财务管理、广告宣传等。

(3) 对商品实物形态具有替代功能的服务:指伴随有形商品的移动,但又不是一般的商品贸易,不像商品贸易实现了商品所有权的转移,只是向服务消费者提供服务,如技术贸易中的特许经营、设备和金融租赁及设备的维修等。

(4) 具有商品属性却与其他商品无关联的服务:指具有商品属性,其销售并不需要其他商品补充才能实现的服务,如通信、数据处理、旅游、旅馆和饭店服务等。

依据服务在商品中的属性为标准来划分服务,将服务与商品联系起来,意味着从理论上承认无形服务与有形商品一样,既存在使用价值也存在价值,服务的无形可以在一定形式下以商品形式体现。

4. 以是否伴随有形商品贸易划分

按照服务贸易是否伴随着有形商品贸易的发生,国际服务贸易划分为国际追加服务贸易和国际核心服务贸易。

(1) 国际追加服务贸易指伴随商品贸易而发生的服务贸易。对于消费者而言,商品实体本身是其购买和消费的核心效用,服务则是提供或满足了某种追加的效用;在科技进步对世界经济的影响不断加深的情况下,追加服务对消费者消费行为、特别是所需核心效用的选择具有深远的影响。科技进步对生产的影响也不断扩大着生产要素的内涵和范围，除了资本、劳动力、土地等传统生产要素外，各种名目繁多的追加服务，如知识密集型服务、信息密集型服务、研究与开发型服务引起人们的高度重视，也被广泛应用于有形商品生产的各个阶段。对于生产者和经营者而言，不仅要开展商品的价格竞争和质量竞争，而且服务竞争也日趋激烈，服务成为促进商品销售的重要内容和手段，成为商品非价格竞争的重要因素，服务贸易和商品贸易相辅相成。这类追加服务大致可以分为生产前服务、生产中服务和生产后服务。

在追加服务中，相对较为重要的是国际交通、运输和国际邮电通信。它们对于各国社会分工、改善工业布局与产业结构调整、克服静态比较劣势、促进经济发展是重要因素。特别是不断采用先进的科学技术，促使交通运输和邮电通信发生了巨大的变化，缩短了经济活动的时空距离，消除了许多障碍，为全球经济的增长日益发挥着重要作用，也成为国际服务贸易的重要内容。

（2）国际核心服务贸易指与有形商品的生产和贸易无关，是作为消费者单独所购买的、能为消费者提供核心效用的一种服务贸易。根据服务提供者与消费者是否直接接触，国际核心服务贸易又可分为面对面型国际核心服务和远距离型国际核心服务。

面对面型国际核心服务是指服务提供者与消费者双方实际接触才能实现的服务；实际接触的方式可以是提供者流向消费者，也可以是消费者流向提供者，或是提供者与消费者的双向流动；面对面型国际核心服务伴随着生产要素中的人员和资本的跨国界移动，典型的面对面型国际核心服务包括国际旅游服务、劳务输出等。

远距离型国际核心服务不需要服务提供者与消费者的实际接触，但一般需要通过一定的载体方可实现跨国界服务，如通过通信卫星作为载体传递进行的国际视听服务、数据处理、国际咨询等；在国际资本移动加快的推动下，加之计算机网络、遥控电信技术等应用于银行服务，一个由计算机数据处理、电子信息传递和电子资金转账系统为标志的金融服务体系已经形成，远距离型国际金融服务在国际服务贸易中的所占比重逐渐增大。随着科技与信息产业的发展，国际核心服务贸易的领域不断扩展，日益成为国际服务贸易的主体。

5. 国际货币基金组织的分类

1993年9月，国际货币基金组织（IMF）修改了沿用16年之久的《国际收支手册》（Balance of Payment Manual，BPM）第4版，并在此基础上形成了BPM的第5版，BPM5逐渐成为世界各国编制国际收支统计的模本，并以此为基础建立相应的服务贸易统计。

国际货币基金组织按照国际收支统计将服务贸易分为4类。

（1）民间服务（商业性服务）：指1977年国际货币基金组织编制的《国际收支手册》中的货运、客运、港口服务、旅游、其他民间服务和收益等。

（2）投资收益：国与国之间因资本的借贷或投资等所产生的利息、股息、利润的汇出或汇回所产生的收入和支出。

（3）其他政府服务和收益：指不列入上述各项的涉及政府的服务和收益。

（4）不偿还的转移：指因属单方面的（或片面的）、无对等的收支，即资金在国家间移动后，并不产生归还或偿还的问题。因此，不偿还的转移又称单方面转移，一般指单方面的汇款、年金、赠与等。根据单方面转移的不同接受对象，它又分为私人转移与政府转移两大类。政府转移主要指政府间的无偿经济技术或军事援助、战争赔款、外债的自愿减免、政府对国际机构缴纳的行政费用及赠与等收入与支出。私人转移主要指以下几类：汇款（包括侨民汇款、慈善性质汇款、财产继承款等）；年金（从外国取得或对外国支付的养老金、奖金等）；赠与（教会、教育基金、慈善团体对国外的赠与，以及政府无偿援助等）。

6. 按《服务贸易总协定》的分类

各国已经普遍接受WTO对于服务贸易的分类，采用《服务贸易总协定》项下的分类已成为一种惯例。

乌拉圭回合服务贸易谈判小组在对以商品为中心的服务贸易分类的基础上，结合服务贸易统计和服务贸易部门开放的要求，在征求各谈判方的提案和意见的基础上，提出了以部门为中心的服务贸易分类方法，将服务贸易分为12类。

（1）商业性服务是指在商业活动中涉及的服务交换活动，包括个人消费的服务以及企业和政府消费的服务。服务贸易谈判小组列出以下6类这种服务：

①专业性（包括咨询）服务。专业性服务包括法律服务、工程设计服务、旅游机构提供服务、城市规划与环保服务、公共关系服务等；同时也包括这些服务项目的有关咨询服务活动、安装及装配工程服务（不包括建筑工程服务），除固定建筑物以外的一切设备的维修服务，如成套设备的定期维护、机车的检修、汽车等运输设备的维修等。

②计算机及相关服务。计算机及相关服务包括计算机硬件安装的咨询服务、软件开发与执行服务、数据处理服务、数据库服务及其他。

③研究与开发服务。这类服务包括自然科学、社会科学及交叉科学中的研究与开发服务，边缘学科的研究与开发服务。

④不动产服务。不动产服务指不动产范围内的服务交换，但不包含土地的租赁服务。

⑤设备租赁服务。设备租赁服务主要包括交通运输设备（如汽车、卡车、飞机、船舶等）和非交通运输设备（如计算机、娱乐设备等）的租赁服务。但不包括其中可能涉及的操作人员的雇用或所需人员的培训服务。

⑥其他服务。其他服务指生物工艺学服务，翻译服务，展览管理服务，广告服务，市场研究及公众观点调查服务，管理咨询服务，与人类相关的咨询服务，技术检测及分析服务，与农、林、牧、采掘业、制造业相关的服务，与能源分销相关的服务，人员的安置与提供服务，调查与保安服务，与科技相关的服务，建筑物清洁服务，摄影服务，包装服务，印刷、出版服务，会议服务以及其他服务。

（2）通信服务主要指所有有关信息产品、操作、储存设备和软件功能等服务。通信服务由公共通信部门、信息服务部门、关系密切的企业集团和私人企业间进行信息转接和服务提供。主要包括邮电服务、信使服务、电信服务（其中包含电话、电报、数据传输、电传、传真）、视听服务（包括收音机及电视广播服务）、其他电信服务。

（3）建筑服务主要指工程建筑从设计、选址到施工的整个服务过程。其具体包括选址服务，涉及建筑物的选址；国内工程建筑项目，如桥梁、港口、公路等的地址选择等；建筑物的安装及装配工程；工程项目施工建筑；固定建筑物的维修服务；其他服务。

（4）销售服务指产品销售过程中的服务交换。其主要包括商业销售，主要指批发业务；零售服务；与销售有关的代理费用及佣金等；特许经营服务；其他销售服务。

（5）教育服务指各国间在高等教育、中等教育、初等教育、学前教育、继续教育、特殊教育和其他教育中的服务交往，如互派留学生、访问学者等。

（6）环境服务指污水处理服务、废物处理服务、卫生及相似服务等。

（7）金融服务主要指银行业和保险业及相关的金融服务活动。

①银行及相关的服务：银行存款服务；与金融市场运行管理有关的服务；贷款服务；其他贷款服务；与债券市场有关的服务，主要涉及经纪业、股票发行和注册管理、有价证券管理等；附属于金融中介的其他服务，包括贷款经纪、金融咨询、外汇兑换服务等。

②保险服务：货物运输保险，其中含海运、航空运输及陆路运输中的货物运输保险等；非货物运输保险，具体包括人寿保险、养老金或年金保险、伤残及医疗费用保险、财产保险服务、债务保险服务；附属于保险的服务，如保险经纪业、保险类别咨询、保险统计和数据服务；再保险服务。

③其他金融服务。

（8）健康及社会服务主要指医疗服务、其他与人类健康相关的服务；社会服务等。

（9）旅游及相关服务指旅馆、饭店提供的住宿、餐饮服务、膳食服务及相关服务；旅行社及导游服务。

（10）文化、娱乐及体育服务指不包括广播、电影、电视在内的一切文化、娱乐、新闻、图书馆、体育服务，如文化交流、文艺演出等。

（11）交通运输服务主要包括货物运输服务，如航空运输、海洋运输、铁路运输、管道运输、内河和沿海运输、公路运输服务，也包括航天发射以及运输服务，如卫星发射等；客运服务；船舶服务（包括船员雇用）；附属于交通运输的服务，主要指报关行、货物装卸、仓储、港口服务、起航前查验服务等。

（12）其他服务。

综上所述，无论从何种角度来表述国际服务贸易的定义和分类，国际服务贸易都存在着人员、资本、信息以不同的形式跨国移动，或在一定形式下存在于商品的跨国移动中。但国际服务贸易的复杂性以及与商品贸易的差异，使其表现出自身的特性。

7. 按国际服务贸易的发生方式划分

国际服务贸易按其发生的方式不同，可以分成3种类型：要素服务贸易、追加服务贸易和物化服务贸易。

（1）要素服务贸易指通过提供要素的方式发生的服务贸易。包括：一是以人力资本和知识资本的收入形式表现的服务贸易，如以影片、唱片、计算机软件以及商品形式转让的专利、商标、版权等，这些经济活动的发生所带来的费用交付就属于服务产品的使用报酬，具有明显的服务交易的特征；二是以劳动形式表现的服务贸易，包括工人、技术人员及管理人员的劳务贸易。这种贸易活动主要通过劳动力的流动实现。

（2）追加服务贸易是以商品或人员的流动为依托而发生的，如对已出售的生产资料提供的服务贸易，如由生产厂家进行维修、定期保养等。这种服务贸易对原有的产品提供了某种追加效用，如延长商品的使用年限、提高利用率等。另一种情况是由于人员的流动产生的种种服务，这种服务贸易的表现形式有许多，如商务旅行者、旅游者、学生和病人，他们接受交通运输、旅馆、教育、医疗等方面提供的服务。

（3）物化服务贸易指服务物质化，通过转让服务的载体而发生的贸易行为。例如，人们经常使用的磁带、录像带、软盘等，这些产品自身的物质形态并不昂贵，人们购买它的目的是依附于其上的音乐、图像或其他知识，这就实现了服务的物质化，出现了物化的服务贸易。

8. 以行业为标准的划分

一些经济学家鉴于国民经济各部门的特点，以服务行业各部门的活动为中心，将国际服务贸易分为7类。

（1）银行和金融服务。银行和金融服务是服务贸易中较为重要的部门，具体包括：零星银行业服务，如储蓄、贷款、银行咨询服务等；企业金融服务，如金融管理、财务、会计、审计、追加资本与投资管理等；与保险有关的金融服务；银行间服务，如货币市场交易、清算和结算业务等；国际金融服务，如外汇贸易等。

（2）保险服务。保险服务的职能是为保险单持有者提供特定时期内对特定风险的防范及其相关的服务，如风险分析、损害预测咨询和投资程序。保险服务贸易既包括非确定的保险者，也包括常设保险公司的国际交换。目前，保险服务贸易主要体现为常设保险公司的业务。

（3）国际旅游和旅行服务。国际旅游和旅行服务主要指为国外旅行者提供旅游服务。其包括个人旅游活动，也包括旅游企业的活动，范围涉及旅行社和各种旅游设施及客运、餐饮供应、食品等，与建筑工程承包、保险和数据处理等服务有直接联系，与国际空运的联系极为密切，在国际服务贸易中占的比重较大。

（4）空运和港口运输服务是一种古老的服务贸易项目。一般的货物由班轮、集装箱货轮、定程或定期租轮运输，特殊的商品通过航空、邮购、陆上运输。

（5）建筑和工程服务包括基础研究、工程项目建设、维修和运营过程的服务，以及包括农业工程和矿业工程的基础设施和仪器仪表的生产和服务、专业咨询服务和与劳动力移动有关的服务。建筑和工程服务贸易一般要受到各国国内开业权的限制，并与各国经济、产业政策和投资规划等有着密切关系。建筑和工程服务一般涉及政府基础设施与公共部门投资项目。政府部门是这类服务的主要雇主。

（6）专业（职业）服务。其主要包括律师、医生、会计师、艺术家等自由职业的从业人员提供的服务，以及在工程、咨询和广告业中的专业技术服务。专业服务贸易的层次性较强，在不同层次中交易水平不同，目前主要有：由个人承担的专业服务、由国际专业服务企业承担的专业服务、作为国际多边集团经营的一部分专业服务和发达国家雇用发展中国家的企业承包工程项目的专业服务。

（7）信息、计算机与电信服务。信息服务如数据搜集服务、建立数据库和数据接口服务，并通过数据接口在电信网络中进行数据信息的传输等；计算机服务如数据处理服务，服务提供者使用自己的计算机设备满足使用者的数据处理要求，并向服务者提供通用软件包和专用软件等；电信服务包括基础电信服务和综合业务数据网提供的智能化的电信服务等。电信服务的质量和水平受电信基础设施的影响。电信服务在发达国家中占有绝对优势。

上述分类方法以行业为标准，其本质涉及输出业务的范围和供求双方业务的深度和广度。这与关税与贸易总协定乌拉圭回合服务贸易谈判小组的划分有类似之处。

9. 以生产要素密集度为标准划分

按服务贸易中对资本、技术、劳动力投入要求的密集度，将服务贸易分为3类。资本密集型服务（空运、通信、工程建设服务等）；技术与知识密集型服务（银行、金融、法律、会计、审计、信息服务等）；劳动密集型服务（旅游、建筑、维修、消费服务等）。

这种服务贸易分类方法从生产要素的充分、合理使用及各国以生产要素为中心的竞争力方面进行分析，是有一定价值的。不过，现代科技的发展与资本要素的结合更加紧密，在商品和服务中对生产要素密集程度的分类并不是十分严格，也很难准确无误地区别，更不可能制定一个划分标准。

核心概念

服务　　服务品质　　服务业　　国际服务贸易

复习思考

1. 服务的含义是什么？具有哪些基本特征？
2. 服务业与第三产业有何异同？
3. 试述《服务贸易总协定》对于国际服务贸易的定义。

拓展阅读

一、中国服务业部门划分

改革开放以来，中国服务业的部门划分大致经历了以下 5 个阶段。

第一阶段：以 1984 年颁布的《国民经济行业分类和代码》为基础，我国 1993 年及以前的服务业统计核算的基本分类为交通运输、邮电通信业、商业、饮食业、物质供销和仓储业，金融保险业，房地产业，服务业（为窄口径服务业，包括居民服务业、咨询服务业、农林牧渔服务业、地质勘查业、水利管理业和综合技术服务业），公用事业，科教文卫体育福利事业，国家机关、政党机关和社会团体，其他行业 9 大分部门。

第二阶段：以 1994 年颁布的《国民经济行业分类和代码》为基础，我国 1994 年及以后的服务业统计核算包括 12 大类，即农林牧渔服务业、地质勘查业与水利管理业、交通运输仓储及邮电通信业、批发和零售贸易餐饮业、金融保险业、房地产业、社会服务业、卫生体育和社会福利业、教育文化艺术及广播电影电视业、科学研究和综合技术服务业、国家机关政党机关和社会团体以及其他行业。

第三阶段：2003 年 5 月，中国国家统计局根据《国民经济行业分类》（GB/T 4754—2002）出台新的三次产业划分方法。根据该规定，第三产业包括交通运输、仓储和邮政业，信息传输、计算机服务业和软件业，批发和零售业，住宿和餐饮业，金融业，房地产业，租赁和商务服务业，科学研究、技术服务和地质勘查业，水利、环境和公共设施管理业，居民服务和其他服务业，教育，卫生、社会保障和社会福利业，文化、体育和娱乐业，公共管理和社会组织，国际组织 15 大类。但农林牧渔服务业仍划归第一产业，建筑业归属第二产业。

第四阶段：2012年，根据国家质量监督检验检疫总局和国家标准委颁布的《国民经济行业分类》（GB/T 4754—2011），中国国家统计局再次对2003年《三次产业划分规定》进行了修订。与2003年印发的《三次产业划分规定》相比，此次修订主要在以下方面作出调整：为了规范三次产业、服务业的口径、范围，推动我国服务业发展，将A门类"农、林、牧、渔业"中的"05农、林、牧、渔服务业"，B门类"采矿业"中的"11开采辅助活动"，C门类"制造业"中的"43金属制品、机械和设备修理业"三个大类一并调入第三产业。鉴于目前服务业的口径、范围不统一，既不利于服务业统计和服务业核算，也不利于贯彻执行国务院《关于加快发展服务业的若干意见》以及国务院办公厅转发国家统计局《关于加强和完善服务业统计工作的意见》，因此，此次修订三次产业划分规定时，明确第三产业即为服务业。

第五阶段：《国民经济行业分类》（GB/T 4754—2017）已于2017年10月1日正式实施，2017年版《国民经济行业分类》中，国民经济行业门类仍保持20个，行业大类由96个增加至97个，即增加了"土地管理业"，行类中类由432个增加至473个，调整新增41个，行类小类由1 094个增加至1 380个，调整新增286个。[①]

二、中国服务价格的变化

改革开放以来，中国服务价格的变化大致可以分为以下3个阶段。

第一阶段是1978—1989年。这一阶段又由两个小阶段构成：1979—1984年为前一阶段，以有计划的调整价格为主，兼有放开价格；1984—1989年为后一阶段，以放开价格为主，同时继续调整价格，其中的一项重大措施就是实行价格双轨制。然而，在整个阶段，由于价格改革的关注点仍主要放在物质产品领域，而服务领域则主要采取了下放定价权限、调整不合理价格等措施，结果就造成了这样的局面，即商品零售价格指数上涨略快于服务项目总价格指数的上涨。

第二阶段是1990—2001年。1989年11月9日，党的十三届五中全会通过的《中共中央关于进一步治理整顿和深化改革的决定》提出，要逐步解决生产资料价格"双轨制"问题，变"双轨"为"单轨"，价格改革坚持市场取向。1992年6月16日，中共中央、国务院颁布了《关于加快发展第三产业的决定》（中发[1992]5号），对服务业发展提出了明确方针和具体要求，强调要遵循价值规律，改革价格体系，解决第三产业长期存在的价值补偿不足问题。除少数确实需要由国家制定价格和收费标准的以外，第三产业的大部分价格和服务收费标准要放开，分别情况实行浮动定价、同行议价或自行定价，以形成合力的比价关系。

在上述背景下，服务业价格改革开始迈出重要步伐。长期以来，服务价格过低以及服务供需方面的尖锐矛盾完全暴露，在价格方面突出地表现为服务价格指数快速上升，大大超过了同期商品零售价格指数的上涨速度。然而，仔细观察还可以发现，在整个阶段的前半段时期，服务价格指数上涨相对平缓，而到了后半段时期（即1995年以后），服务价格指数上涨则十分迅速。

[①] 申桂英. 2017年版《国民经济行业分类》中专用化学品制造业分类略有调整 [J]. 精细与专用化学品，2017，25（11）：53.

第三阶段是 2001 年 12 月中国正式加入 WTO 之后，但目前这一阶段则是处于"入世"过渡期。中国加入 WTO 的承诺在许多方面都涉及服务贸易（即服务业的对外开放）。在服务价格方面的承诺集中体现在《中华人民共和国加入议定书》中，该文件中的价格控制表现为两种形式：一是实行"政府定价"，二是实行"政府指导价"。经过谈判，中国保留了对重要的产品及服务实施国家定价和政府指导价的权利。服务业中的邮电服务、旅游景点门票、教育服务是实行"政府定价"的；运输服务、专业服务、服务代理、医疗服务、住宅销售和租用以及银行结算、清算和传输服务则实行"政府指导价"；其他未列出的服务应是实行市场定价的。

 案例专栏

人工智能对服务业的影响

人工智能是当下的热点话题，在服务业中得到越来越多的运用，成为服务创新的主要来源。医疗保健、酒店餐饮、商场银行等随处可见服务机器人的身影。但是，人工智能快速扩张带来就业结构的重塑，更对服务业带来了较大影响。人工智能将通过机械智能、分析智能、直觉智能和移情智能四种形式模拟人类智能。机械智能具有自动执行常规、重复任务的能力，为了模拟人类的自动化，机械智能被设计成具有有限的学习和保持一致性执行能力。分析智能是为解决问题和从中学习而处理信息的能力，是关于信息处理、逻辑推理和数学计算的技能，这些有难度的技能来自认知思维方面的培训、专业知识和专业化。直觉智能是一种创造性思维和有效适应新情况的能力，被认为是基于整体和经验思维的智慧，包括需要洞察力和创造性解决问题的深入思考的专业技能。移情智能是一种识别和理解他人情绪、在情绪上做出适当反应并影响他人情绪的能力，包括人际交往、社交，以及帮助人们对他人情感敏感并与他人合作良好的人际交往技巧。这四种智能可能是有序的，因为有些智能（例如直觉智能和移情智能）更难被人工智能模仿，因此开发成功的人工智能应用程序需要更长的时间。人工智能对服务业的影响是很大的。对于简单机械式的任务，机械智能将能够胜任和替代；对于信息处理、逻辑推理和数学计算式的任务，分析智能将能够胜任和替代；对于一些复杂的、创造性的和情境相关的任务，未来的直觉智能将能够胜任和替代；对于那些要求社交性、情感性，能够识别和理解他人情绪、在情绪上做出适当反应的任务，移情智能将能够胜任和替代。

从国际上看，智能机器人的触角已经伸向了越来越多的服务行业，影响比较大的有这样几个领域：一是家居。智能家居系统为普通消费者提供人性化、主动管家式的服务系统。二是医学。人工智能与医学各个学科和各个专业广泛渗透，相互交叉和跨界融合，极大地推动了基础医学、临床医学、公共卫生等各个学科和专业的科学研究、应用实践和各类创新。三是交通。人工系统主要利用计算机仿真技术，通过监测人们出行的行为计算交通流。人工系统可以模拟交通事故或恶劣天气，以此观测紧急情况造成的道路拥堵情况和对其他路段的影响。比如，当你驾车出门在外，人生地不熟，少不了一款智能导航软件的指引，它会根据实时路况变化，躲避拥堵路段，推荐更快更优的路线，帮你更快到达目的地。四是个人助理。

有的金融机构和服务公司也在尝试利用机器人做客户经理的个人助理，不仅可以与客户互动交流，介绍产品及业务，还可以引导客户到相应的区域办理业务。五是餐饮、宾馆。不少餐饮企业及教育机构也较早地利用起了机器人，比如迎宾接待、点餐送餐、教育陪伴等。

Forrester 公司发布的《2027 年工作的未来：和机器人并肩工作》的调查报告表明，"自动化不会替代所有工作，但会改变劳动力的形式"。有关专家认为，人工智能不是为了取代员工的工作，而是采用人工智能和其他自动化技术增强人力资源，帮助员工更有效地完成工作。人工智能参与服务劳动的阶段性特征。第一阶段，人工智能参与机械任务。机械智能接管标准化和重复性的服务任务，同时具有成本效率和质量一致性优势。面对这种情况，工人们需要提升自己技能的智能水平。第二阶段，人工智能参与机械和分析任务。机械智能和分析智能的相对重要性下降，直觉和移情智能的相对重要性增加。分析技能成为人工智能相对于人类智能的比较优势，分析任务可能由更高级的人工智能直接来完成。面对这种情况，工人可以通过加强直觉技能来确保工作。第三阶段，人工智能参与机械、分析和直觉的任务。①

思考题

1. 人工智能对哪些服务行业的影响比较大？
2. 简要分析未来智能机器人对服务业可能产生的积极影响和消极影响。

---

① 刘文超. 人工智能对服务业的影响 [N]. 吉林日报，2020 - 07 - 06 (004).

第 3 章
国际服务贸易的基础理论

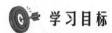 **学习目标**

> 了解国际服务贸易的基础理论，理解不同类型国家在服务贸易领域的比较优势差异；
> 了解传统及现代国际贸易理论对国际服务贸易的适用性及修正；
> 掌握国际服务贸易的比较优势与竞争优势的联系与差别，影响因素及评价标准。

3.1 服务的相关理论

价值理论在古典经济学派中占有重要地位。在商品价值论的基础上研究服务价值理论，以服务价值理论进一步充实和构建服务贸易理论，对促进经济学学科建设和服务业的发展有着深远的意义。

3.1.1 服务价值理论

1. 服务价值的提出

基本由"非物质生产部门"构成的服务业的迅速发展向人们提出了疑问：是否只有"物质生产劳动"才创造价值？由此引发了关于劳动价值论的一系列争论。

(1) 如果只有"物质生产劳动"才创造价值，那么有什么理由把创造当代社会巨额财富的功劳归于投入量仅占 30% 左右的"物质生产劳动"，而无视投入量占 70% 左右的"非物质生产劳动"？

(2) 如果比重占 70% 左右的服务业劳动者不创造价值和社会财富，那么他们只能靠瓜分仅占 30% 比重的工农业劳动者所创造的价值为生，这不是会推论出他们是靠别人创造的价值为生的社会"寄生虫"吗？

(3) 一般认为，服务需求的收入弹性大于 1。因此，随着收入和生活水平的不断提高，人们已越来越普遍地用越来越大比重的货币来购买服务。如果这种消费对象没有价值，那不就等于说，消费者以有价值的东西来交换无价值的东西已成为市场经济中的普遍现象了吗？这不就违反了等价交换原则了吗？

(4) 如果服务有价值，那么难道它也是工农业创造的吗？如果提供了服务劳动的服务业也不创造服务的价值，没有提供服务劳动的工农业反而创造了服务的价值，那么这算什么

"劳动价值论"？

(5) 如果并不只有"物质生产劳动"才创造价值，那么，到底什么样的劳动才能创造价值？对传统劳动价值论应作何新界定和新解释才能够适应形势变化？其"边界"应划到哪里？新的界定会不会背离劳动价值论？

2. 对服务价值的解释

按照劳动价值论，创造价值的劳动有两个条件：一是创造出使用价值；二是用于交换，不论其是实物形式的还是非实物形式的。因此，三大产业的所有劳动，无论是工农业劳动，还是服务劳动，只要它们能创造出用于交换的使用价值，就同时创造了价值。不仅应该承认工农业创造价值，商业、运输、通信等行业也创造价值。劳动结果不体现为某种物的服务业，如教、科、文、卫、体等同样创造价值。服务业也创造价值的观点完全可以根据劳动价值论的基本观点来论证：服务创造价值→服务有价值→服务产品的价值与价值量→服务产品的使用价值与交换价值→非实物劳动成果（服务产品）有价值（图3-1）。

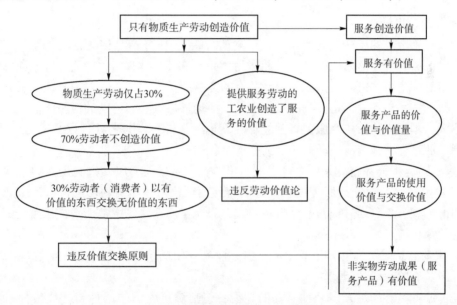

图3-1 服务价值的提出和解释

人类的经济实践已经表明，人类的劳动会产生两类成果：一类是以实物（物品）形式存在的劳动成果即实物劳动成果，或称作实物产品、货物；另一类是不以实物形式存在的劳动成果即非实物劳动成果。后者虽然是能被人们感知的客观存在，但不像实物劳动成果那样具有可以触摸的形体，这些非实物劳动成果被称为服务产品，或称作服务。把服务转化为服务商品加入了商品的世界，作为商品中的一员，它同样具有使用价值和价值。

非实物劳动成果被纳入社会产品范畴的原因可以归结为两点。

(1) 根本原因：非实物劳动成果与实物劳动成果一样，也具有满足人类需要的功能。

(2) 历史原因：服务业飞速发展的事实引起人们的认识发生飞跃，当代社会产品范畴必然要突破实物形态的范围，其应是社会在一定时期内创造的能满足人的需要的实物劳动成果和非实物劳动成果的总和，包括实物产品和服务产品两大类。

社会产品观的更新（图3-2）是产品突破了传统经济学设定的"物质产品"的界限，

打破了以"物质产品"为中心划分生产、交换、分配和消费的一统天下的方法，而以实物产品和服务产品为新的拓展。其中，精神型服务产品，如教育、科研、技术、文艺服务等，以及非精神型服务产品，如医疗、交通、旅游、商业、通信等服务，是由服务业生产的。非精神型实物产品（工农业产品）是由工业和农业生产的。精神型实物产品（如报刊、唱片等），则是由工业和服务业联合生产的。

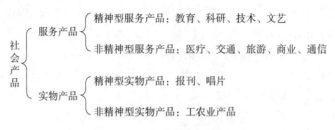

图 3-2 对社会产品的重新认识

3. 服务的使用价值

通过马克思所说的从产品到商品的"经验的一跃"，服务产品转化为服务商品，加入了商品的世界，成为普通商品中的一员。而作为商品，就必然具有使用价值、价值和价值量。

服务商品的使用价值，是指服务商品具有的能够满足人们某种需要的属性。服务商品使用价值的特殊性在于，它不是以物品资格而是以活动资格供给的特别的使用价值，它不采取实物的形式，不作为物而离开服务者独立存在。也就是说，它与劳动过程紧密结合在一起，只能在活动的过程中被消费，从而满足人们的某种需要。

马克思认为："商品首先是一个外界的对象，一个靠自己的属性来满足人的某种需要的物。"① 这里的"物"是包括服务的。服务具有使用价值——非实物使用价值，这是一种不采取实物的形式，与劳动过程紧密结合在一起，只能在活动状态中被消费，从而满足人类某种需求的使用价值。

(1) 服务商品使用价值的一般特征。服务商品的使用价值具有像其他实物商品的使用价值一样所具有的一般功能。

首先，服务具有满足人们某种需要的功能，包括满足人们的某种物质或精神需要的功能。或者说具有能够满足人们某种需要的效用。

其次，服务商品的使用价值也是构成社会财富的重要内容。马克思指出："不论财富的社会形式如何，使用价值总是构成财富的物质内容。"② 人们追求经济利益的目的是获得多样性的使用价值，以满足自己多方面的需要，达到健康、幸福的境界。

再次，服务商品使用价值在市场经济中也是交换价值的物质承担者。马克思说过，"价值本身除了劳动没有别的任何物质"，"对于价值来说，它由什么样的使用价值来承担都是一样的，但是它必须由一种使用价值来承担"。③

只要使用价值具有能满足交换对方某种需要的有用属性，使产品交换顺利完成，它就可以并且实际上充当了交换价值的物质承担者。商品作为使用价值和价值的对立统一体，二者

---

① 马克思. 资本论 [M]. 第 1 卷. 北京：人民出版社，1972：47, 48.
② 马克思，恩格斯. 马克思恩格斯全集 [M]. 第 26 卷 I. 北京：人民出版社，1972：435.
③ 马克思，恩格斯. 马克思恩格斯全集 [M]. 第 26 卷 I. 北京：人民出版社，1972：437.

缺一不可。而服务商品使用价值既然能够实现作为使用价值的职能，因此，它同样可以充当交换价值的物质承担者。所以，服务商品具有和货物商品一样的特征。

服务的使用价值还具有实物使用价值所不能或很少具有的特殊功能。首先表现在对劳动时间的节约上，它为一切消费服务的人们节约生产时间、工作时间。自我服务转变为社会服务的根本原因就在于社会服务比自我服务有更高的劳动效率。劳动时间的节约也就是劳动生产率的提高，因此，服务的使用价值也就是具有提高社会劳动生产率的特殊功能。另外，服务的使用价值还具有密切各部门、各地区经济联系的特殊功能。例如，交通运输服务、商业服务、金融服务、信息服务等构成社会经济循环系统和神经系统的一部分，使各部门、各地区、各企业以及人与人之间互相联系，进而使社会生产顺利进行下去。

（2）服务商品按其使用价值的不同消费功能，可划分为两大类。

①服务型消费品。这是满足消费者生活消费所需的服务商品。它又分为：a. 满足精神需要的服务消费品，即精神型服务消费品，主要包括教育服务消费品、艺术服务消费品、娱乐服务消费品、信息服务消费品、科学服务消费品；b. 满足物质需要的服务消费品，主要包括医疗卫生服务消费品、运输服务消费品、个人生活服务消费品、体育服务消费品、商品服务消费品、金融保险服务消费品。

②服务型生产资料。这是满足人们生产消费需要的服务商品。它又分为：a. 智力服务型生产资料，即满足人们在生产消费过程中智力需要的服务商品，主要包括科研服务型生产资料、信息服务型生产资料、技术服务型生产资料等；b. 非智力服务型生产资料，即满足人们在生产消费过程中除智力以外所需要的服务商品，也就是人们一般所需要的非智力服务型生产资料，主要包括运输服务型生产资料、仓储服务型生产资料、金融保险服务型生产资料、商业服务型生产资料、房地产服务型生产资料。就服务型生产资料而言，某些服务商品使用价值功能的发挥，可以实现其他商品的生产、分配、交换和消费。例如，商业服务商品的使用价值，就具有实现其他商品的流通功能；科研服务商品的使用价值，具有实现其他商品的生产功能。

不管是服务型消费品还是服务型生产资料，其使用价值都具有共同特征。首先，服务商品使用价值具有消费替代性。所谓消费替代性，是指不同商品使用价值因具有相同或相近的消费功能，故可以在生产或生活消费中互相替代的性质。人们消费一种服务商品，就可以同时减少对实物商品的消费，或减少对另外一些服务商品的消费。这里的替代，既包括对服务商品的替代，也包括对部分实物商品的替代。其次，服务商品使用价值还具有消费互补性。消费互补性是指不同的服务商品虽然使用价值的功能不同，但由于其与使用属性具有联系，因而在消费中构成互相依存、互相补充的经济关系。旅游业的发展会引起运输业的增长，旅游和运输两者之间就具有消费互补性，同时对旅游商品的消费会在一定程度上刺激旅游服务的发展。最后，服务商品使用价值还具有消费引致性。消费引致性是指某种产品的使用价值具有这样一种性质，因为它与其他商品在功能上存在着因果的联系，只要消费这种商品，就将引起一系列其他商品的消费。如同购买汽车必然增加对汽油的消费一样，对旅游的消费必然引起交通运输业的发展。

4. 服务的价值

市场经济中的服务具有价值的原因可以归纳为：a. 生产服务产品耗费的劳动凝结在非实物使用价值上形成价值实体；b. 私人劳动和社会劳动的矛盾使生产服务产品的劳动取得

社会形式而表现为价值；c. 服务产品与实务产品不能按异质的使用价值量，而只能按其中凝结的同质的抽象劳动量进行交换，从而以价值为尺度决定其交换比例。

简言之，服务价值是由服务劳动的凝结性、社会性和抽象性、等同性决定的，它的质的规定性就是凝结在服务产品的非实物使用价值上的，得到社会表现的抽象劳动。既然服务价值是服务产品生产者劳动力消耗的单纯凝结，那么它当然是服务业劳动者创造的，并非别的领域转移或"再分配"过来的。

5. 服务商品价值量的决定

货物商品的价值量是由生产该商品所耗费的社会必要劳动时间决定的，服务商品与货物商品具有同样的价值实体——凝聚在商品中无差别的人类劳动。因此，服务商品的价值量也是由衡量劳动的尺度——时间来决定的。服务商品的特殊性，使服务商品价值量的决定分为以下两种情况。

（1）重复型服务商品价值量的决定。重复型服务商品主要指的是需要不断重复生产才能满足人们需要的商品，它的主要特点是可复制性、不可扩散性、独享性，如运输、旅游、医疗、教育、文艺演出等。重复型服务商品的价值量是由生产该项商品所耗费的社会必要劳动时间决定的。根据这类商品的特点，要消费它，必须拥有服务过程，非拥有者不能分享其使用价值。例如，理发服务，不可能 A 理了发，B 也同时享受了这一服务。这就决定了社会有必要重复、大批地生产同类服务商品。但不同生产者生产的重复型服务商品的价值量可能是不同的，这有如下两个方面的原因：一是服务过程中劳动者与接收服务的消费者是有差别的。因为每个人受教育程度、劳动熟练程度有差异，而且即使同一个人也会因时、因地、因人使劳动熟练程度和劳动强度出现差异。因而，从服务劳动的生产者来看，就会出现生产同质等量的非实物使用价值所耗费的劳动时间不同。这说明在服务领域中存在劳动生产率差异的问题，从而出现重复型服务商品价值量的不同。二是服务劳动过程中生产资料的装备水平也是有差异的。拥有现代化技术水平生产资料的服务单位，与仅有落后简陋服务生产资料的单位相比，可大大减少生产同量的服务商品所耗费的劳动时间。

上面因素的存在决定在重复型服务商品的生产中存在个别劳动时间的差异，如同在货物商品的交换中，人们不是以个别劳动时间而是以社会必要劳动时间来衡量价值量一样，重复型服务商品虽然其生产与交换、消费同时进行，但也不能把个别劳动时间直接当作社会必要劳动时间，并用它来衡量价值量，而只能以社会必要劳动时间来衡量。

（2）创新型服务商品价值量的决定。创新型服务商品主要指的是创新的商品，它具有可扩散性、不可重复性和共享性。例如，科学发明、设计、文艺创作等服务具有创新型，它们的成果在于它们的"独创"，在于它们首次反映了人类未知领域的某项客观规律或某种表现形式。创新型商品的价值量是由最先生产出这种商品所耗费的个别劳动时间决定的。创新型服务商品如科研服务，解决的是人类对自然界、人类社会和人类本身的未知领域的事物及其变化和发展规律的认识问题。不同的科研服务人员在研究同一问题时，由于主观或者客观因素的影响，他们所花费的时间是不同的，这和重复型服务商品的生产没有区别。但是，一旦这个问题首先被某个科研人员解决，它就开始以或快或慢的速度向外扩散，最终会成为人类共享的财富。因此，其余科研人员的再研究是没有任何意义的，而且其他科研人员付出的劳动也被作为无效劳动而不会被社会所承认。所以，这种创新型服务商品的价值量是由个别劳动时间来确定的。

6. 服务商品价值的构成

服务商品的价值和货物商品一样，是由 3 个部分，即 $C+V+M$ 构成的。

（1）不变资本（C）——服务生产过程中消耗的燃料、物料或辅助材料的价值，以及服务工具和设施的折旧费。随着社会科学技术的不断进步，服务产品中不变资本所占的比重有不断增长的趋势。

（2）可变资本（V）——服务劳动者必要劳动所创造的价值。

（3）剩余产品价值（M）——服务业乃至整个社会发展的基础。

在服务生产过程中消耗的燃料、物料或辅料的价值，以及服务工具和服务设施的折旧费等，形成 C；服务劳动者的必要劳动所创造的价值，以及维持劳动力生产和再生产所必需的生活资料的价值，形成 V；而劳动者的剩余劳动所创造的价值，形成 M。换句话说，在服务商品的总价值中，C 是原有的服务生产资料价值的转移，$V+M$ 是服务劳动者的活劳动新创造的价值。

服务商品的价值量虽分为 C、V、M 三部分，但并不意味着所有的服务生产者都可以通过出售服务商品而收回同样的价值。例如，重复型服务商品的价值是由社会必要劳动时间决定的，这就存在生产效率的差异问题。生产效率较低的服务商品的生产者就有一部分劳动不能转化为社会劳动，所得到的价值也许还不能弥补 $C+V$ 部分，就会发生亏损。相反，有的效率较高的服务商品生产者除了可以补偿 $C+V$ 部分，甚至可以得到超额的剩余价值。这也是所有生产者不断提高生产率的原因。

传统观点认为服务业的生产率增长慢于工农业。因此，以实物产品为等价形态的服务产品的相对价值量呈增大趋势，服务产品的价值量增幅大于工农业。

7. 服务商品价值量的实现

我们已经知道，服务的价值量的决定分为两种情况。一是重复性服务产品。因服务劳动过程的主客观条件的差别，生产同种服务产品需要各不相同的个别劳动时间，故其价值量由生产这种产品所耗费的社会必要劳动时间决定。二是创新型服务产品。它的非重复生产性、扩散性和共享性，使其价值量由最先生产这种产品所耗费的个别劳动时间决定。

现在再来深入考察社会必要劳动时间对服务商品价值量的实现及制约问题。马克思指出，虽然商品每一部分包含的只是生产这一部分所必要的劳动时间，或者说，虽然所花费的劳动时间的每一部分都是存在总商品的相应部分所必需的，但是，一定生产部门所花费的劳动时间总量对社会所拥有的全部劳动时间的百分比，仍然可能低于或高于应有的比例。从这个观点看，必要劳动时间就有了另外的意义。例如，社会需要 50 万单位的服务商品，生产每单位的服务商品所需要的劳动时间是 3 小时，那么，对服务领域来说，社会必要劳动时间就是 150 万小时。我们再假定社会劳动总量为 2 000 万小时，显然，服务领域的社会必要劳动时间占社会劳动时间的比例应是 7.5%，如果由于某种原因，社会总劳动的 10% 投了服务领域，服务商品的产量达 200 小时，超过了当时的社会需要。因此，如果这些服务商品要是全部出售，就必须以低于它们价值的价格进行，或者其中一部分商品根本无法出售；反之，如果社会只有 5% 的劳动量进行服务商品的生产，就不能满足社会需求，必然使另外一部分劳动转移到服务部门来，最后使该领域的劳动量与所要求的社会必要劳动量相一致。可以看出，社会必要劳动时间自发地调节着服务商品的生产。

3.1.2 服务效用价值理论

效用价值论（Utility Theory of Value）是由门格尔（Anton Menger）、杰文斯（William Stanley Jevons）和瓦尔拉斯（Walras）于1871—1874年先后提出的，后由维塞尔和巴维克继承并加以发展。该理论认为商品的价值决定于边际效用。效用价值论是西方经济学理论中价值论的主流，西方经济学家认为只有从创造效用的角度才能把服务劳动的成果列为社会财富之内，才能把服务经济纳入经济的大系统之中。

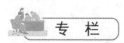

卡尔·门格尔是奥地利经济学派的创始人；威廉姆·斯坦利·杰文斯（1835年9月3日—1882年8月13日），生于利物浦，是英国著名的经济学家和逻辑学家，他在著作《政治经济学理论》中提出了价值的边际效用理论。杰文斯同奥地利的卡尔·门格尔、瑞士的利昂·瓦尔拉斯共同开创了经济学思想的新时代。

1. 效用价值理论

效用是人的劳动所创造的福利。财富是已积累起来的效用，它可以贮存起来以供将来使用，其期限可以超过所有者或受益人的寿命。那么，效用的反面是无效用，无效用也是人的行为的一种结果，它可以使财富减少，从而降低人的福利。效用只有当生产者或所有者在市场上进行交易时，才能变成价值，而无效用只有通过那些必须让渡福利以作为获取价值的条件的人的劳动后，才能变成成本。

效用的表现形式有一个历史的演变过程。在缺乏语言和书写工具的漫长历史岁月里，从一个时期到另一个时期，从一代到另一代传递效用的唯一方法是采取有形的形式。因此，效用的概念很自然地就同有形商品的所有权相联系。随着文字的出现，以及记录和传播思想使用工具的发现与运用，它们本身就变成了财富的来源。例如书本、磁盘等，它们带给人们的效用已大大超过自身的物质价值。因此，在现代经济社会中，服务的生产活动和商品生产活动一样，都可以为人们创造财富，带来福利和效用。

2. 服务的效用价值

服务可以创造效用，如果它可以用价格表示出来并在市场上出售，便产生了价值。服务所产生的总效用与其市场价值之间的关系并不是十分确定的。如果效用被看作所有生产活动的最终目标，那么总效用可以看作市场价值与有效的外部经济的组合效用，即已支付和未支付的效用。例如，知道通过某一景区的道路可能对某个旅行者具有特殊的效用（走近路可以节省时间或体力），但并不产生市场价值。一块面包对一个饥肠辘辘的人是有效用的，而且也有市场价值。从广义来说，这两种效用的形式几乎是一样的，因为两者都产生福利。但从具体情况看，前者包含诸多因素，而不单是像后者一样只是满足一个人的胃口。因此，在对服务进行分析时，必须弄清楚哪些因素是市场价值的主要决定因素，并将其与构成商品市场价值的因素进行比较。

从构成要素看，一般情况下，服务中的人力资本、劳动和实物资本三者所占的比重是不同的，并决定服务的效用，进而决定服务在市场中的价值。服务生产中所使用的诸多要素的特殊结构,不仅依赖于这些要素的可利用性及成本,而且也取决于所提供服务的性质。因此,某些服务从性质上看属于人力资本密集型,另一些服务属于实物资本密集型,还有其他一些服务则属于劳动密集型。

从供给特点看,服务生产的特殊模式有别于商品生产的模式,正是这一点对经济结构之间的关系及社会政治结构产生影响,而这些经济结构在这种社会政治结构中开展各种活动。服务的特殊自然属性一般要求服务的供给者和消费者同时存在并在一个地方进行市场交易,当然还有另一些服务可以通过通信线路进行输送或通过卫星传送出去。因此,不同于商品的"非个性化"生产,服务生产是一种"个性化"的生产。如果某种类型的服务可以对不同消费者产生出或多或少的同样数量的效用,也就是使服务标准化,而非个性化,那么,只有在这种情况下,才有可能使服务生产获得规模经济效益,因为这种规模经济是对大量生产相同单位产品而导致单位成本降低效应的回报。

服务的效用价值由要素的价值(包括知识),以及在不同的经济体制和社会环境中所发挥的功能效用两个部分组成的。服务的功能效用既可以传递到其他服务产品上,也可以传递到有形的财富上去。正如服务产品既可以是中间的,也可以是最终的一样,服务的功能如果用来增强财富的供应,便是中间性的;如果有助于消费者从所购买的商品或其他服务中获得效用,便是最终的。然而,服务产品既可以同其他商品或服务互补,又可以替代它们。服务功能从本质上看是同其他产品互补的,因为没有服务,它们传递到这些产品上的效用便不存在。例如,若没有短信这一业务,则用手机发送短信所创造的效用就不存在。

进入服务生产的诸要素本身也有有形和无形之分。非熟练劳动和实物资本是有形的单位,其在某一市场上的可利用性是可以比较精确地加以测定并受到传统供需理论分析支配的。人力资本则不能这样容易地加以测定,但它却起着越来越大的作用。

3.2　服务业相关理论

伴随着技术状况、收入水平、消费习惯以及生产规模和流通规模等因素的变动,世界上各发达市场经济国家的经济结构在20世纪发生了很大变化。变化的突出特点是服务业在经济结构中的地位迅速上升,这主要表现在服务业产值和就业人数的不断增加上。

3.2.1　配第—克拉克定理

1. 配第—克拉克定理的产生

早在20世纪30年代,经济学家们就注意到了经济结构的这种变化。其中较为充分地概括和总结这一现象的是英国经济学家费希尔。他在其《安全与进步的冲突》一书中,通过对各国经济发展史的深入考察、分析,将产业结构的变动划分为3个阶段,并指出了每个阶段的不同特点。

(1) 第一阶段,农业和畜牧业在国民经济中处于主导地位,无论是从产值上看,还是从就业人数上看,都是社会第一大产业,这个阶段漫长而悠久。

(2) 第二阶段,开始于英国的工业革命,以工业生产大规模发展为标志,纺织、钢铁和其他制造业的商品生产迅速崛起,为就业和投资提供了广泛的机会,目前很多国家正处于这一阶段。

（3）第三阶段，开始于20世纪初期，主要特征是旅游娱乐、文化艺术、卫生保健、教育科研等原来处于落后地位的行业的从业人数和国民收入迅速增加，这些行业统称为服务业。

服务业在社会经济结构中的地位处于不断上升状态，同时其内部各部门也在不断分化，形成各类新兴服务行业。费希尔指出，生产结构的变化表现为各种人力、物力资源将不断地从农业转向工业，再从工业转向服务业。他把产业变动的这一过程归结为由技术变动引发的生产方式变动的自然结果，这一进程是政府干预所无法阻止的。

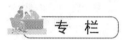

柯林·克拉克（1905—1989），1905年出生于英国汤斯维尔，是一个在英国和澳大利亚生活过的英国籍经济学家和统计学家，开创了研究国民经济的国民生产总值（GNP）的使用。英国经济学家马尔萨斯（1766—1834）认为人类必须控制人口的增长，科林早年在英国的研究工作受到马尔萨斯人口理论的影响，人们拒绝接受他关于降低人口出生率的主张。

在克拉克的学术生涯中，他撰写过许多论著，对各国的国民收入的增长及其统计进行实证性研究，并卓有成效。所以，他被公认为是研究国民收入的世界权威之一；他在从事国民收入统计的同时，对于人口问题也颇为注意，并且也提出了自己的人口理论。克拉克的主要论著有：《国民收入》《英国的经济地位》《经济进步的条件》《人口增长经济学》《世界人口》《地球能养活他的人口》等，其中最有名的是他的《经济进步的条件》一书。①

2. 配第—克拉克定理的补充

配第—克拉克定理存在着一些不足之处：一是选择的国家和地区的数量不够多，数据处理比较简单，因而其典型性和普遍性还不够；二是仅仅使用了单一的劳动力指标，这并不能完全揭示纷繁复杂的产业结构变化的总趋势。正因为如此，后来的经济学家从理论上对该定理做了进一步的补充和论证。

①美国经济学家、统计学家库兹涅茨运用丰富的数据资料进一步证明了克拉克所提出的理论。他指出，如果我们把世界各种不同国家的最新数据加以分析，就不难发现随着人均收入水平的提高，农业就业劳动力的比重会不断下降，前者越高，后者就越低。而在商业和其他服务行业就业的劳动力的比例将不断地、有规律地增长。这种趋势在最近几十年尤为明显。

②法国经济学家富拉斯蒂埃指出，我们所掌握的数据已充分证明了这一演进规律。在150年前，大多数国家农业的劳动就业率都在80%左右，工业劳动力约占8%，服务业的劳动力约占12%。由于技术进步推动了劳动生产率的提高，较少的劳动者就能够生产出全国人口所需要的食物，因而农业人口的比例就会逐年下降。这个演进过程不是无限的，随着农业劳动人数的逐渐减少，农业劳动者绝对数字的下降也会减慢。此外，农业劳动力转移到工业和服务业并不是唯一的，工业的劳动力也向服务业转移，在服务业内部，劳动力也不断从一些行业转向另一些行业。这就是劳动力的产业间转移和产业内转移并存。

---

① MBA智库，https：//wiki.mbalib.com/wiki/Colin_Clark。

③法国经济学家 E·索维也进行了相似的分析，他在 1966 年出版的《一般人口理论》一书中指出，劳动力依次从农业转向工业，再从工业转向服务业，是一个逐步深化的过程。第一次是脱离自然界，第二次是脱离原材料，第三次是在服务业内部脱离一部分人转向另一部分人提供服务。每一次带有升级含义的转移都相应增加了收益。在某种意义上可以认为，劳动力在三次产业之间的依次转移，是一种社会地位的升级。总之，技术进步和社会发展要求劳动力从农业转向制造业，再转向服务业。

专 栏

西蒙·库兹涅茨，1971 年诺贝尔经济学奖获得者，美国的 G.N.P. 之父。1955 年提出了收入分配状况随经济发展过程而变化的曲线——倒 U 曲线（Inverted U Curve），其是发展经济学中重要的概念，又称作"库兹涅茨曲线"。

3.2.2 服务业发展路径学说

1. "内在化"向"外在化"的演进

在服务业尤其是消费者服务业和生产者服务业的发展过程中，存在着一个规律性的趋势，即由"内在化"向"外在化"演进，或是由"非市场化"向"市场化"演进。以前，消费者服务业的活动由服务消费者以"自产自销"的"内在化"或"非市场化"方式来进行。20 世纪 70 年代以后，经济生活中出现了日益增多的提供诸如家政、财会、营销、咨询等服务的专业公司。服务消费者可以通过市场来购买所需的各类服务，包括消费者服务和生产者服务，而无须进行自我服务。服务业这种"内在化"向"外在化"的演进趋势是专业分工逐步细化、市场经济逐步深化的必然结果。它在很大程度上推动了服务业的独立化，扩大了服务业的规模和容量，促进了服务业的国际化进程。这些又反过来推动整个经济向市场化方向发展，从而使市场经济日益深化、成熟。另外，这种演进趋势，除了其经济影响外，还带来了人们思想观念和行为方式的巨大变化。

2. 生产者服务的市场化发展——"订约承包"

目前，生产者服务市场化的术语有好几种。莫米格里安诺和辛尼斯卡尔科称之为"分包"（subcontracting）；奇彻特尔称之为"分类处理"（unbundling）；麦克费特里兹与斯密则称之为"垂直分解"（vertical disintegration）。由于市场化过程的变化与制造业和服务生产中一般意义上的订约承包过程相类似，在此称为"订约承包"（contracting out），其内涵与上述名称没有什么差别。

（1）促进"订约承包"的因素。生产者服务的市场化发展是在诸多促进因素和掣肘因素的共同作用下展开的。促进"订约承包"有以下几个因素。

①企业活动日趋复杂化，导致对雇员的监督日益困难。对经理人员来说，更方便、更廉价的办法是外部供应者谈判，而不是与雇工订约来保证其以最低费用获得所需的服务投入。

②专业化的加强和技术诀窍的变动，使在市场购买某些种类的专门技能比在厂商内部生产更有利。例如，法律、会计与金融等方面的一些专门服务非常专业化，一家厂商往往只是偶尔需要它，极少的需求使企业内部拥有这种专门服务要付出极大成本，同时，也很难发挥

这些服务部门的规模优势和外部效应。在专门技能需要经常更新且投资又有风险的情况下，从外部购买就可以转移或降低成本和风险，这更符合厂商的战略规划。

③信息和交通费用的下降导致服务的市场交易费用下降。这样一来就相应地降低了厂商与雇工订立固定合约的利益。例如，一个小城镇的厂商也许觉得雇佣专业律师是有利的。后来，高效的交通与运输降低了费用。结果，这些厂商可能认为，利用厂外的法律服务更合算，从而关掉了自己的法律部门。如果很多厂商都这样做，那么，市场中的律师服务就会迅速发展，规模越来越大，律师的技能也会越来越精。

④在法律与工会组织的影响下，雇工的非工资费用区域增加。例如，需要给予有偿的假期，做出病假的规定，长时间的解雇通知，支付大量的遣散费，重新安排工作前的磋商，以及许多其他诸如此类的规定，都提高了雇佣工人的总成本。在这种情况下，从外面购买服务比由内部生产（提供）更加有利。

（2）制约"订约承包"的因素。所有事物的发展都是诸多因素共同作用的结果。制约"订约承包"的因素有以下几个。

①商业或生产技术中保密的需要。在许多行业中，产品创新、工艺改良与销售革新的步伐随着电子技术及其他科技的普及而加快。为了保护企业的生产机密和专利发明，通过内部提供而不从外部购买比较容易做到。计算机有关电子设备的最新发展，提高了厂商监督雇员工作的能力，降低了管理成本。例如，打电话的记载就有可能把整天营业通话的数字和性质汇集起来，而以前只有依靠人工监督才能保证对雇员工作努力程度的控制。

②不断扩大的厂商规模与通信及交通运输的低廉费用相结合，使保持内部扩大的职业专业化成为可能。例如，福特汽车公司能在它的加拿大总部雇佣一批具有专门技能的税务、法律或计算机专家，福特在全世界的活动都能使用他们，这主要因为现在与过去相比，电话联系费用较低廉，商务旅行机会更多。

③生产者服务的市场化是在上述各种因素所形成的合理的作用下发展的。从总体上看，经济的发展越来越强调人力资本和知识资本的作用、日益增长的迂回性和专业性分工。因此，生产者服务的市场化是不断向前推进的。从单个企业的角度看，决定生产者服务是企业内部提供还是从市场上购买，需要用 1991 年诺贝尔经济学奖获得者 R·科斯的"交易成本"及其相关理论进行分析。简而言之，如果由企业内部提供所产生的净成本大于从市场购买的净成本，则倾向于市场化，反之则倾向于内部化。因此，服务业的发展是服务贸易的基础，服务业的国际化也会促进服务贸易的扩大与升级。

3.3 服务贸易相关理论

传统的国际贸易理论是建立在货物贸易基础上的。因此，严格地说，服务贸易并未形成自己的理论体系。然而，国际服务贸易发展的客观现实使这种理论研究的"残缺"或"真空"无法存在与延续下去。建立相对完整的服务贸易理论体系，存在两种选择：一是依据国际服务贸易的时间和特点，借鉴相关学科领域的研究成果，发展出相对独立的服务贸易理论；二是将传统的货物贸易理论加以延伸，扩展到服务贸易领域，用相应的逻辑和概念来阐述服务贸易，从而实现货物贸易理论和服务贸易理论的对接。从服务贸易理论的实际发展来看,理论界更多地倾向于第二种选择。这不仅是因为第一种选择存在着实际的困难,而且更重要的是,人们在做第一种选择,试图建立相对独立的服务贸易理论时,无法与传统的货物贸易理论彻底决裂,其结果是不由自主地又回到了第二种选择。

3.3.1 传统贸易理论对服务贸易的阐述

作为一种新兴的国际贸易方式,应用传统理论的相应概念和逻辑来阐述服务贸易时,其产生的原因、福利的大小和政策的选择是否与传统贸易理论相一致,是一个颇具争议的问题,从而成为国外学术研究的重要问题。目前学术界存在三种观点:不适用论、适用论和改进论。

1. 不适用论

不适用论认为服务贸易与货物贸易源于不同的概念范畴,应有不同的理论渊源。

(1) 1979 年,R·迪克和 H·迪克最早尝试对服务贸易进行实证研究,他们运用"显示性比较优势法"(RCA)验证知识密集型服务贸易的现实格局是否遵循比较优势原理,对 18 个经济合作发展组织国家的资料进行了跨部门回归分析,结果是没有证据表明比较优势在服务贸易模式的决定中发挥了作用。尽管这一结论可一部分归因于非关税壁垒的存在,但是他们仍然坚持"如果不考虑贸易扭曲,要素禀赋在服务贸易中没有重要影响。"①

> **专栏**
>
> 比较优势理论(theory of comparative advantage)可以表述为:在两国间,劳动生产率的差距并不是在任何商品上都是相等的。对于处于比较优势的国家,应集中力量生产优势较大的商品,处于劣势的国家,应集中力量生产劣势较小的商品,然后通过国际贸易互相交换,彼此都节省了劳动,都得到了益处。

(2) 1985 年,萨姆森和斯纳普从大部分服务贸易中生产要素在国际流动的特点出发,认为这与比较优势的基本假设"两国生产要素不能流动"相悖,H-O 理论不足以解释服务贸易。② 安·赫尔曼等认为,目前用于解释货物贸易比较优势理论,如要素禀赋论、规模经济学说、技术差距论与产品生命周期论等的适用性都有待讨论。③

(3) 1988 年,美国经济学家 G·菲克特库迪 (G. Feketekuty) 认为,国际贸易传统理论分析服务贸易时的不适用是由于服务有着与商品不同的特点:a. 服务贸易提供劳动活动与货币的交换,而不是物与货币的交换;b. 服务贸易中服务的生产和消费大多是同时发生的,提供的劳动活动一般不可储存;c. 服务贸易在各国海关进出口和国际收支表上没有显示。④

2. 适用论

适用论认为服务贸易与货物贸易无本质差别,传统贸易理论合乎逻辑地适用于服务贸易。比较优势理论作为一种简单的逻辑,对服务贸易具有完全的适用性,因而不存在两套理论。

---

① 赵春明. 国际贸易学 [M]. 北京:石油工业出版社,2003.
② G. Samson, R. Snape. Identifying the Issues in Trade in Services [J]. The World Economy, 1985 (8): 171-182.
③ 卢进勇,等. 国际服务贸易与跨国公司 [M]. 北京:对外经济贸易大学出版社,2002.
④ G. Feketekuty. International Trade in Services: an Overview and Blueprint for Negotiation [M]. Cambridge: Ballinher, 1988.

(1) 1981 年，萨丕尔（A. Sapir）和卢茨（E. Lutz）根据国家间要素禀赋和技术的差异，对货运、客运和其他民间服务做了一系列的实证研究，样本选择了可获得数据的 13～35 个发达国家和发展中国家，发现"传统的贸易理论不仅适用于货物贸易，也适用于服务贸易，要素禀赋在货物贸易和服务贸易模式的决定上都具有重要作用"。萨丕尔还提出服务贸易比较优势的动态性观点，这对发展中国家开展服务贸易的动因提供了较为合理的解释。①

(2) 1984 年，辛德利（Hindley）和史密斯（Smith）分析了影响比较优势规范化理论在服务贸易领域适用性的 3 个原因：a. 政府出于各种目的，对服务业实行特别管理和市场干预；b. 各国对服务业外国直接投资的种种顾虑以及由此引发的限制政策；c. 政府出于保护幼稚产业的需要，拒绝开放国内市场。他们认为在理论和经验分析中，没有必要在概念上严格区分货物和服务，因为比较优势强有力的逻辑超越了这些差别。政府的这些管制措施并非必然采取的，在 GATS 签署的事实之后的今天，这些政策性障碍确实已逐渐得以取消。

(3) 1986 年，拉尔（S. Lall）就海运和技术服务的国际贸易对部分发达国家和发展中国家进行了实证研究，结果也表明比较优势原理适用于服务贸易。②

(4) 此外，美国经济学家理查德·库伯则明确指出，作为一个简单明了的思想，比较优势普遍有效。斯特恩和霍克曼也认为，传统比较优势理论的完全竞争、技术均等化和无经济扭曲等假设在服务业中遇到困难，尽管如此，当充分考虑这些因素后，也没有理由认为需要改变比较优势法则的具体标准；虽然技术移动将产生各种差异，但服务流动与要素移动都将依然符合比较优势法则的要求。

3. 改进论

改进论认为科学技术革命已改变或正在改变传统服务商品的特性，国际贸易原理的合理内涵适用于服务贸易。但由于服务自身客观存在的特性确实使商品贸易理论的解释力不足，存在一定的局限性，因此不能完全套用，需要进行模型的扩展和修正。这种介于前两种观点之间，既肯定国际贸易传统理论对服务贸易的使用，同时也承认具体理论在解释服务贸易方面存在着缺陷的观点，为大多数国际经济学家所认可。事实上，许多学者也在不断对比较优势理论在服务贸易领域的应用进行检验，结果发现服务贸易领域同样存在比较优势的合理内涵，只不过对服务贸易的某些特征不能提供令人满意的答案。这主要是因为许多商品和服务的投入往往交织在一起，比较成本难以获得。从这个角度看，把比较优势应用到服务贸易中，存在明显的度量问题。③

(1) 1985 年，迪尔多夫（A. Deardorff）率先运用赫克歇尔—俄林模型，建立了一个"一种商品、一种服务"的模型来探讨服务贸易的比较优势。他的分析包括三种情况：一是同货物贸易互补的服务贸易；二是要素服务贸易；三是没有物理运动的要素服务贸易。

迪尔多夫成功地利用传统的 H - O 模型探讨了服务贸易的比较优势，指出服务贸易不存在贸易前价格和许多服务贸易涉及要素流动的特点，不会影响比较优势的解释力，而某些服务要素可以由国外提供的特性则会使比较优势原则不成立。琼斯（R. W. Jones）认为，导致这一矛盾的原因在于迪尔多夫隐含地假定两国管理者对两国生产提供的服务质量存在差异。

---

① A. Sapir. Trade in Services：Policy Issues for the Eighties [J]. Columbia Journal of World Business, 1982 (Fall). 77 - 83.
② S. Lall. The Third World and Comparative Advantage in Trade Services [M]. London：Macmillan, 1986：122 - 123.
③ 韶泽. 国际服务贸易的相关理论 [J]. 财贸经济, 1996 (11).

迪尔多夫的解释使贸易两国工资差异没有完全体现技术差异，由此迪尔多夫对标准 H–O 模型中的个别要素做了改变，通过运用比较优势理论分析当"服务"与"管理"要素在不同国家时管理密集型产品的贸易，成功地解释了国际服务贸易。

（2）1985 年，萨姆森和斯纳普利用服务交易矩阵工具，说明了除了服务提供者和服务消费者都不移动的交易外，其他服务贸易在以 H–O 模型解释时，需要放弃生产要素在两国间不能流动的假设。

（3）1987 年，李安（C. Ryan）运用李嘉图模型分析了运输服务贸易所产生的影响。其结论是，运输服务的自由贸易可以大大增加贸易双方的福利，各国应该取消对运输服务贸易的限制，减少导致运输成本上升的各种税收。

（4）1988 年，塔克（K. Tucker）和森德伯格（M. Sundberg）提出，国际贸易理论、厂商理论和消费者理论均适用于对服务贸易的分析，但存在许多局限性，如当服务贸易的生产函数与主要的要素投入相结合时，国际贸易将依赖于需求而不是生产成本；许多服务通常是作为中间投入品出现在贸易与非贸易品的生产过程中的，因而在生产中会出现服务生产函数和实用服务投入的商品生产函数两个阶段的函数等。他们认为，由于存在上述缺陷，传统的比较优势理论不能圆满地解释服务贸易，但是通过分析与服务贸易相关的市场结构和需求特征，可能可以适当地解释服务贸易比较优势。此后的研究中，比较有代表性的当属伯格斯模型了。

（5）1990 年，伯格斯（D. F. Burgess）将服务和技术差异因素引入传统模型用于分享国际服务贸易，以主流贸易理论中的 H–O–S 模型为基础，进行了简单的修正，得到诠释服务贸易的一般模型，认为服务贸易自由化和服务技术出口一般会改变出口国的贸易条件，提高出口国的经济福利水平。

（6）此外，萨格瑞也将技术差异因素引入 H–O–S 模型进行扩展，分析了国家金融服务贸易。克莱维、巴格瓦蒂等人通过两要素一般均衡模型解释服务价格的国际差异，以分析服务贸易发生的基础，认为各国要素禀赋不同导致的服务价格差异可能是服务贸易产生的坚实基础之一。总的来说，改进论之所以得到国内外学术界较多的认可，在于商品和服务之间存在着一个连续谱。在所有的商务活动中，服务和制造具有高度的相关性和互补性，因而可以认为服务贸易，特别是附带着有形商品的服务贸易在很大程度上是受货物贸易的决定因素影响的。

3.3.2 现代贸易理论对服务贸易的阐述

现代国际贸易理论的一个基本特征是突破传统理论关于完全竞争和规模报酬不变的不现实假定，探讨在不完全竞争和规模经济条件下国际贸易决定问题。第二次世界大战后，国际贸易出现了传统的 H–O–S 模型无法预示和解释的格局，国际贸易领域出现了两个全新的理论分析框架：新贸易理论和竞争优势理论。两者的理论前提和目标相同，所不同的是对政府作用的认识，前者强调政府的积极干预作用，后者则把政府看作辅助因素。

1. 新贸易理论与服务贸易

（1）1986 年，马库森以生产者服务贸易为例分析了规模经济对于服务贸易的影响。他指出，在服务贸易中，由于规模经济的作用，首先进入服务产业的厂商成本较低，可以阻止后来者的进入，导致其福利水平的下降，尤其是使小国的福利损失严重。因此，政府应该给予生产者以生产补贴和无代价的公共投入，以使福利最大化。

（2）1987 年，基尔兹克斯基运用寡头垄断模型，解释了取消国内服务业管制的国际影响。与马库森借助的观点相反,他认为取消国内管制可以促使厂商为获取规模经济效益而进行国际竞争。因此,政府最好的政策是创造自由的国内市场。

(3) 1988年,琼斯(R. W. Jones)和基尔兹克斯基运用"服务链"来探讨规模经济条件下服务贸易的作用。他们认为,在规模经济的作用下,生产过程更加复杂,需要更多的"服务链"。由于比较优势的存在,服务链可以促进生产的国际化,从而使服务贸易可以大大促进货物贸易。

(4) 1988年,马库森借助垄断竞争理论,对熟练劳动力的服务贸易问题进行了专门研究。其结论是:a. 即使单纯发挥要素禀赋的作用也能从贸易中获利;b. 由于多种熟练劳动投入能够提高该部门的最终产出,小国比大国竞争对物获利更多;c. 由于一些专业化受到限制,仅有货物贸易并不能实现生产的帕累托最优,而引入服务贸易则可以实现最大限度的专业化和帕累托最优;d. 即使存在垄断力量,关税也不一定提高一国的福利水平,而且因削弱了全球的专业化潜力而使福利水平降低。

(5) 1989年,马库森建立了一个两部门的一般均衡模型来探讨具有规模经济的生产性服务和其他专业服务的国际贸易。其分析结果是,允许生产性服务等特殊中间投入品贸易优于最终产品的贸易,中间投入品的自由贸易可以保证贸易双方的福利同时增加,但是,马库森把这一分析延伸到跨国公司内部进行的生产性服务贸易时,发现跨国公司的生产性服务优势将在东道国商品生产中造成垄断,从而可能使东道国的福利减少。

2. 竞争优势理论与服务贸易

(1) 竞争优势理论介绍。竞争优势理论最早可以追溯到古典经济学派,是在古典学派同重商主义学说论战中逐渐形成的。亚当·斯密是古典经济学派代表人之一。经济人的假定、"看不见的手"的理论以及自由竞争概念都成为以后竞争理论发展的基础。马克思在《资本论》中也重点考察了竞争的两种基本形式,即同一部门内部的竞争和不同部门之间的竞争,指出竞争在价值形成与实现过程中以及剩余价值的生产与分配过程中所起的作用。他在承认竞争推动资本主义经济发展的同时,也揭示出竞争加剧了资本主义社会的基本矛盾。近代的竞争理论包括均衡竞争理论、博弈竞争理论和创新竞争理论,是在19世纪后期和20世纪50年代出现和形成的。20世纪中叶以后,尤其是80年代以后,迈克尔·波特(Michael Porter)的三部曲把国家竞争优势理论推到竞争理论的主导地位。他在《国家竞争优势》一书中指出:"1980年的《竞争战略》(Competitive Strategy)主要谈的是产业的结构调整,以及产业间如何选择最有力的竞争地位。1985年的《竞争优势》(Competitive Advantage)提出了一个可以了解企业竞争优势来源的架构,并讨论如何提升企业的竞争优势。1990年的《国家竞争优势》(The Competitive Advantage of Nations)力图解释在现代全球化经济下,一国经济持续繁荣的源泉。"波特对比较优势理论提出挑战,认为生产要素的比较优势理论不能解释当今世界丰富多元的贸易形态。比较优势理论在18世纪、19世纪和20世纪上半叶之所以流行,与当时的产业结构粗糙,生产的形态以劳动密集型而非技术密集型为主有关。但随着技术变迁、资源条件逐渐普及和经济全球化导致世界产业与贸易多元化,以生产要素为基础的比较优势理论出现局限性。波特以廉价劳动力为例说明:"以生产要素作为比较优势的弱点在于,更低成本的生产环境会不断出现,今天以廉价劳动力看好的国家,明天可能就会被新的廉价劳动力国家所代替。"他主张用国家竞争优势取代比较优势理论。

波特的国家竞争优势理论是在其"钻石"模型基础上构建的,该理论将国家和产业的竞争优势归结到四大因素：生产要素（包括人力资源、天然资源、知识资源、资本资源、基础设施）；需求条件（主要是本国市场的需求）；相关及支持产业（这些产业和相关上游产业是否有国际竞争力）；企业战略、结构和同业竞争，外加机会和政府因素，共同构成了"钻石"模型（图3-3）。在宏观方面，该理论强调了政府在创设有利于竞争的环境，形成产业集群，以及提高生产要素质量的培训等方面所发挥的不可或缺的作用。在微观方面，该理论认为，国家的竞争力受该国企业的敬业者目标、经营者和员工的责任感等方面影响。

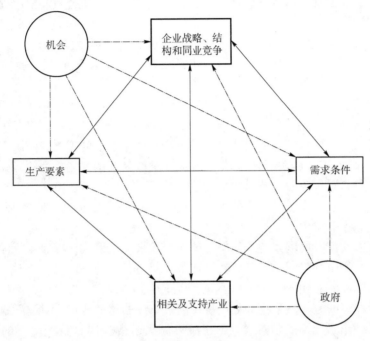

图3-3 波特的"钻石"模型

（1）竞争优势理论对服务贸易的适用。波特的竞争优势理论无疑也适用于服务贸易。波特的国家竞争优势理论能较为全面地解释服务贸易竞争格局，因此将这一理论引入国际服务贸易研究领域，分析服务贸易与国家竞争优势的内在联系，指出服务贸易将给厂商甚至贸易国带来强大的竞争力。波特对比较优势理论局限性的分析也讨论到在当前多变的贸易发展环境下，比较优势理论在解释国家贸易方面的不足。竞争优势理论也从动态的角度解释了竞争优势的发展和转化过程，强调各要素对竞争优势的决定作用。竞争优势理论强调要确立一个国家竞争优势，而这种竞争优势建立在相关行业发展的基础上。取得竞争优势本身就意味着在国家贸易中获得占优地位，获得更多的经济利益。服务贸易竞争优势最终是要体现在一个国家的服务贸易进出口上。一个国家服务贸易盈利能力的大小，可以反映出该国在服务贸易上的竞争优势状况。服务贸易竞争力第二个层面的界定就是反映一个国家服务贸易的竞争优势，以及从长期考察保持这种优势能力的大小。

（2）竞争优势的6个基本要素。波特等人从不同的角度对国际服务贸易与国家竞争力的关系，给予了深入的理论分析和数据论证。他们认为获得低成本优势和寻求产品的差异性，是服务贸易自由化、提高厂商乃至国家经济竞争力的基础。在此基础上，服务贸易提供给厂商或国家竞争力的基本要素可分解为以下6个。

①服务技术要素。通过服务贸易，或依靠服务技术基础设施，或借助物理载体和其他高技术方式来实现，厂商及时采用各种最新信息技术以获取成本优势和产品差异，提高竞争力。

②服务资源要素。高昂的初始投资产生的服务贸易对象如数据库、网络信息、软件、音像制品、专利技术、文艺作品或其他知识产权产品等，构成国家服务资源的基本要素之一。与自身开发服务资源相比，服务贸易使厂商能够获得相对低成本的服务资源而取得竞争优势。

③服务管理要素。现代服务商品多属于技术与管理密集型产品，服务贸易过程既是实施服务管理的过程，又是提高服务管理技术和质量的过程。国际服务贸易能够提高厂商的服务管理效率。

④服务市场要素。国际服务贸易为国内厂商提供了一条利用国际服务市场的可能途径。外国服务厂商进入国内市场将加剧国内服务市场竞争，导致服务价格下降和服务质量提高，从而给外向型厂商提供了低成本参与国际竞争的外部条件，提高了本国厂商的国际竞争力。

⑤服务资本（投资）要素。国际服务贸易往往与对外直接投资活动紧密联系在一起。国际服务贸易带来外国直接投资，而外国资本的持续流入需要各种跨国服务来支持，这既是跨国公司内部贸易和产业内贸易的需要，也是市场全球化发展的需要。外国资本的持续流入将不断提高本国市场的开放度，而本国市场开放度被认为是国家竞争力的指标之一。

⑥服务商品要素。国际服务贸易内含的服务技术、资源管理、市场和投资诸要素的有形或无形跨国流动，必然促成服务商品的生产和销售，从而促进国家产业结构升级和服务业规模的扩大，提高国家竞争力。

将上述6要素与波特的国家竞争优势理论组合起来，就形成了国家竞争优势理论下的国际服务贸易模型。竞争优势理论充分反映国际服务贸易竞争的丰富内含，对竞争优势来源的分析包括细分市场、差异化产品、技术差异、规模经济、管理、特色、新产品创新和成本优势等，特别值得注意的是，竞争优势理论重视需求条件的这一特点，对国际服务贸易的研究具有特别重要的理论指导与启示意义。由于服务商品通常是"量身定制"的，即根据消费者的不同要求提供质量不同的服务商品，同时对服务商品的质量管理无法像对有形商品质量管理那样，形成统一的衡量标准，因此无论从理论研究还是实际管理来看，服务商品的需求比服务商品的供给更为重要。而以往的国际（服务）贸易理论多侧重于供给角度，如技术差异、资源禀赋差异、规模经济与企业组织结构等方面探讨国际服务贸易的产生原因和贸易格局，波特的竞争优势理论无疑为国际服务贸易研究提供了一个全新的视角。

3. 服务贸易竞争优势及竞争力的测度

瑞士洛桑国际管理发展学院（International Institute for Management and Development，IMD）长期以来致力于对国际竞争力的研究，对国际竞争力的概念与研究方法的丰富与发展发挥了自己独特的作用。

洛桑国际管理发展学院，是全球顶尖商业管理学院，坐落于瑞士西部城市洛桑，比邻美丽的日内瓦湖，距离国际组织和跨国公司云集的日内瓦仅有40分钟的路程。洛桑国际管理发展学院成立于1990年，是两所商学院合并的总称，其前身是1946年阿尔坎（Alcan）先生在日内瓦创立的国际管理学院（IMI）和1957年那斯蒂（Nesti）先生在洛桑创立的国际经济管理与发展学院（IMEDE）。洛桑国际管理发展学院是一所世界著名的企业经营管理培训学院，拥有50余年的教育和研究经验，为大中型国际商业社团及家族公司培训了大批经营管理人才。①

---

① MBA智库，https://wiki.mbalib.com/wiki/IMD.

如表 3-1 所示，在 IMD 所构造的国际竞争力指标项目中，"国内经济"用于测度一国宏观层次上的经济实力基础；"国际化程度"用于测度一国参与国际贸易和资本流动的程度；"政府管理"用于测度政府政策对国家竞争优势培育的有利程度；"金融体系"用于测度股票市场与金融服务的绩效；"基础设施"用于测度资源与基础设施体系对国内企业基本需求的满足程度；"企业管理"用于测度有创新精神的、可盈利的与有效管理企业的能力；"科学与技术"用于测度一国在基础研究和应用研究中取得的成就与运用科学技术的能力；"国民素质"用于测度一国人力资源的质量。

表 3-1 IMD 国家竞争优势指标（分指标）项目

指标	指标构成项目	指标	指标构成项目
1. 国内经济	附加值 资本形成 个人消费 生活成本 经济部门 经济发展	5. 基础设施	能源自给度 科技建设 运输建设 环境
2. 国际化程度	贸易效应 商品与服务的出口 商品与服务的进口 国家保护政策 外国直接投资 文化开放度	6. 企业管理	生产力 劳动成本与报酬水平 企业效益 管理效率
3. 政府管理	国家债务 支付支出 政府干预经济的程度 财政政策 社会政治稳定程度	7. 科学与技术	研究与开发 资源 科学研究 专利 科技管理
4. 金融体系	资本成本与投资回报率 获得资金的难易程度 股票市场 金融市场	8. 国民素质	人口素质 劳动力素质 就业 失业 教育机构 生活水平 工作态度

资料来源：王粤. 服务贸易：自由化与竞争力 [M]. 北京：中国人民大学出版社，2002.

综合 IMD 测度各国国家竞争优势的各项指标与分指标，可以发现，用于测度服务业与服务贸易竞争优势的中小指标包括：国际化程度（服务总体进出口状况、衡量服务市场的开放度）、金融体系、基础设施（设计、运输、能源、环境等服务部门）、科学与技术（包括研究与开发等服务活动）与国民素质（教育与文化服务业在国民素质培养与提高方面具有举足轻重的地位）。因此，服务业与服务贸易竞争优势（特别是生产者服务的竞争优势）直接构成并能显著提升一国的国家竞争优势。由于服务贸易广泛涉及国家政治、文化和安全利益，所以服务贸易竞争优势的作用途径是多维度、全方位的。总之，竞争优势已经逐渐加强对技术创新的依赖程度，而不以传统理论认为纯粹由要素禀赋和低成本决定比较优势。

国内学者近几年提出了针对中国服务贸易国际竞争力研究的一些方法，具体衡量指标归纳如下。

①服务贸易总量，包括进出口总额、出口额、进口额以及各自增长率和在世界的排序。这是一个国家服务贸易国际竞争力的直接体现。

②国际市场占有率，是一国服务贸易出口在世界市场上的占有份额及国际市场占有率。这是衡量一国国际服务贸易的国际地位的重要指标。其计算公式为：

$$一国国际市场占有率 = \frac{该国出口额}{世界出口额} \times 100\%$$

③进出口行业结构。进出口行业结构是否合理是影响国际竞争力的重要指标。发达国家是服务进出口的主要国家，它们都在致力于改善国际贸易的进出口结构，主要表现为提高知识、技术密集型服务的比重。

④竞争优势指数（TC 指数）。国际贸易竞争优势指数分析是行业结构国际竞争力分析的一种工具，总体上能够反映出计算对象的竞争优势状况。TC 指数又称为国际贸易专业化系数（TSC），是指一国进出口贸易的差额占进出口贸易总额的比重。其计算公式为：

$$TC = \frac{出口 - 进口}{出口 + 进口}$$

其取值范围为 [-1, 1]。从图 3-4 中可以看出，其值接近 0 时，竞争优势接近平均水平；其值大于 0 时，竞争优势大；其值越接近 1，竞争力越强；反之，则竞争力小。其值如果等于 -1，则说明该服务只有进口没有出口；如果等于 1，则说明该服务只有出口没有进口。

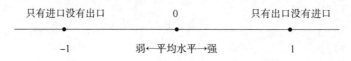

图 3-4 一国服务贸易竞争优势取值的含义

⑤劳动生产率。劳动生产效率是反映一国竞争力强弱的重要指标之一。为了考察我国服务部门的生产效率，一些学者专门设计了一项新的指标——服务业就业的出口效应（Export Effect, EE），这一指标是表示服务出口收入对服务业就业的弹性系数。若用 EY 和 QS 分别表示服务出口收入和服务业就业人数，其计算公式为：

$$EE = \frac{\Delta EY/EY}{\Delta QS/QS}$$

⑥服务贸易对外开放度（SO）。服务贸易的全球化、自由化是世界经济发展的必然趋势，但由于各国服务产业发展水平与阶段不同，对服务贸易的开放和控制程度是不同的。国际货币基金组织提供了与异国服务贸易开放度相关的计算公式，其中 SX 和 SI 分别表示服务贸易的出口总额和进口额，GDP 是国内生产总值。

$$SO = \frac{SX + SI}{GDP}$$

显示性比较优势（RCA）指数，又称相对出口绩效（REP）指数，可以定义为：一个经济体某种商品或服务出口的比率对于该经济体总出口占世界总出口的比率之比。在 $n(j = 1 - n)$ 个经济体、$m(i = 1 - m)$ 种出口商品或服务中，一经济体的显示性比较优势指数为：

$$\mathrm{RCA}_{ij} = \left(\frac{X_{ij}}{\sum_{j=1}^{n} X_{ij}} \Big/ \frac{\sum_{i=1}^{m} X_{ij}}{\sum_{i=1}^{n} \sum_{i=1}^{m} X_{ij}} \right) \times 100$$

其中，RCA_{ij} 表示 j 经济体在服务 i 上的显示性比较优势指数；X_{ij} 表示 j 经济体在服务 i 上的出口；$\sum_{i=1}^{n} X_{ij}$ 表示 n 个经济体在服务 i 上的总出口；$\sum_{i=1}^{m} X_{ij}$ 表示 i 经济体 m 种服务的总出口；$\sum_{i=1}^{n} \sum_{i=1}^{m} X_{ij}$ 表示 n 个经济体 m 种服务的总出口。

如图 3-5 所示，若一经济体的 RCA 指数达到 100，则其在该商品或服务上就拥有显示性比较优势；相反，若一经济体的 RCA 指数小于 100，则其处于非比较优势地位。更细的分析认为，若 RCA 指数大于 250，则表明该经济体的该商品或服务具有极强的国际竞争力；若 RCA 指数小于 250 而大于 125，则表明该经济体的该商品或服务具有较强的国际竞争力；若 RCA 指数小于 80，则表明该经济体的该商品或服务的国际竞争力较弱。

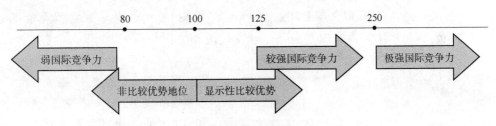

图 3-5　显示性比较优势指数取值的含义

核心概念

服务价值　服务的使用价值　服务的效用价值　配第—克拉克定理

复习思考

1. 怎样理解服务的价值？服务产品的价值量如何衡量？
2. 什么是服务的效用价值？它由哪些部分构成？
3. 如何才能将服务贸易的比较优势转化为竞争优势？

拓展阅读

1. 联合国贸易和发展会议

联合国贸易和发展会议（简称贸发会议，英文是 United Nations Conference on Trade and Development，UNCTAD），建立于 1964 年，是一个永久性的政府间组织，是联合国大会在贸易和发展领域的一个主要机构。它是联合国系统内综合处理贸易、金融、技术、投资和持续发展领域的发展和相互间关系问题的中心机构。它在联合国系统内对48个最不发达国家负有特别的责任,支持持续发展委员会在贸易和环境领域的工作。

联合国贸易和发展会议的目标是最大限度地扩大发展中国家的贸易、投资和发展机遇,帮助它们面对全球化带来的挑战,在平等的基础上使它们融入世界经济。联合国贸易和发展会议的成员包括188个国家。许多政府间和非政府组织,包括商贸协会,有观察地位,并积极参与其工作。联合国贸易和发展会议位于日内瓦,有大约400个工作人员。其每年大约5 000万美元的经费来自联合国的正常预算。此外,每年它有大约2 400万美元的技术合作活动,从预算外的资源中开支。

联合国贸易和发展会议的任务与世界范围的商务领域有着直接的关系,因为其中心目的是给发展中国家和向市场经济过渡的前社会主义国家一些工具,使它们能成功地融入国际贸易和经济体系。这些工具包括从规范的标准制定活动,如环境会计这样的新领域,到旨在加快货物流通的实际工程;从有关投资趋向与政策的分析研究和数据收集,到推动中小型企业和企业职权。它为政府和企业提供竞争法律和政策咨询。同时,它从世界资本市场为微观金融计划创造新的渠道,加强发展中国家利用电子商务的能力。

联合国贸易和发展会议每年主要的出版物:贸易和发展报告、世界投资报告和最不发达国家报告,在它们各自领域起着权威性作用。这些报告提供最新的资料,分析全球趋势,制定政府和私营部门有用的实用政策建议。联合国贸易和发展会议的中心工作是提供地方和跨国企业得以繁荣的最佳政策框架,以此培养发展中国家固有的能力。但是能力的培养还有其他越来越重要的方面,如官员和企业行政人员在国际贸易和投资问题方面的培训。联合国贸易和发展会议在非洲和俄罗斯主持石油工业会议;与美国企业一道推动俄罗斯科技产品;帮助发展中国家建立股票市场和商品交换市场。企业可通过下列途径直接和间接参与联合国贸易和发展会议的工作。首先,作为政府间会议的观察员或小组成员,这些会议有专家会议;联合国贸易和发展会议三个委员会(货物、服务和商品贸易委员会,投资、技术和相关金融问题委员会,企业、企业促进和发展委员会);每年一度的贸易和发展委员会;四年一次的大会。其次,各公司可与秘书处合作参与对发展有影响的、共同感兴趣的项目。①

2. 国际服务贸易发展相关指数

①贸易竞争力指数(TC):贸易竞争力指数是指某国某一产业或某种贸易产品的进出口差额与其进出口总额之比,该指标是衡量一个国家或地区产业国际竞争力优势的重要指标。用公式表示就是 $TC_j = (X_j - M_j)/(X_j + M_j)$,其中 TC_j 是一国 j 产品的贸易竞争力指数,X_j 是一国某时期 j 产品的出口额,M_j 是该国同时期 j 产品的进口额。通常贸易竞争力指数的取值范围为 $[-1, 1]$。

---

① MBA智库,https://wiki.mbalib.com/wiki/%E8%81%94%E5%90%88%E5%9B%BD%E8%B4%B8%E6%98%93%E5%92%8C%E5%8F%91%E5%B1%95%E4%BC%9A%E8%AE%AE。

②显示性比较优势指数（RCA）：显示性比较优势指数是指一个国家某种商品出口额占其出口总值的份额与世界出口总额中该类商品出口额所占份额的比率。它是衡量一国产品或产业在国际市场竞争力最具说服力的指标。它旨在定量地描述一个国家内各个行业（产品组）相对出口的表现。通过 RCA 指数可以判定一国的哪些产业更具出口竞争力，从而揭示一国在国际贸易中的比较优势。用公式表示就是：$RCA_{ij} = (X_{ij}/X_{it})/(X_{wj}/X_{wt})$，其中 RCA_{ij} 是 i 国 j 产品的显示性比较优势指数，X_{ij} 是 i 国 j 产品的出口额，X_{it} 是 i 国出口总额，X_{wj} 是世界 j 产品的出口总额，X_{wt} 是世界总出口额。

③显示性竞争比较优势指数（CA）：显示性竞争比较优势指数指从一国某一产业出口的比较优势中减去该国该产业的进口比较优势，反映了该国该产业的实际竞争优势。用公式表示就是：$CA_{ij} = RCA - (X_{ij}/X_i)/(X_{wj}/X_w)$。其中 CA_{ij} 是 i 国 j 产品的显示性竞争比较优势指数，X_{ij} 是 i 国 j 产品的进口额，X_i 是 i 国全部产品的进口额，X_{wj} 是世界 j 产品的进口总额，X_w 是世界总进口额。

④服务贸易开放度指数（STO）：服务贸易开放度指数是用来衡量一国服务贸易开放程度的具体指标，反映了一国服务贸易的发展水平对本国国内生产总值的贡献程度，用公式来表示即为：$STO = (SX + SM)/GDP$，其中 STO 表示一国服务贸易开放度，SX 表示一国服务贸易的出口，SM 表示一国服务贸易的进口。

各指数具体的取值范围及含义说明如表 3-2 所示。[①]

表 3-2 指数取值范围及其含义说明

指数	取值范围	含义
TC 指数	-1	只有进口没有出口
	-1~0	出口小于进口，竞争力弱
	0	比较优势接近平均水平
	0~1	出口大于进口，竞争力强
	1	只有出口没有进口
RCA 指数	小于 0.8	竞争力极弱
	0.8~1.25	竞争力一般
	1.25~2.5	竞争力较强
	大于 2.5	竞争力极强
CA 指数	大于 0	竞争力较强
	小于 0	竞争力较弱
STO 指数	数值越高	开放度越高

---

① 刘宏，梁文化. 北京市服务贸易竞争力指数比较及影响因素的实证研究 [J]. 国际商务（对外经济贸易大学学报），2017（1）：51-62.

案例专栏

【案例1】中美服务贸易的国际竞争力对比

（一）中国服务贸易的发展特点

（1）服务贸易快速增长。随着我国信息技术快速发展，可贸易商品迅速增加，我国服务贸易保持了良好的发展势头。2005年我国服务贸易进出口额为1 624.40亿美元，2017年增长到6 846.79亿美元。目前我国成了服务贸易大国，出口额居世界第5，进口额世界第二。2019年上半年，由于全球经济复苏和我国深化服务贸易创新发展试点推行，我国服务贸易总额达到26 124.6亿元，逆差下降了10.5%，知识密集型服务成为出口亮点。

（2）服务贸易占全球的比重不断上升。2005年，我国服务贸易进出口额位居世界第5位，占世界贸易的比重为4%。2017年为4.5%，在美国、德国和英国之后，位居世界第4位。

（3）服务贸易长期逆差。长期以来我国服务贸易进口增长快于出口增长，贸易逆差不断扩大。我国商务部指出，服务贸易逆差是我国产业转型升级过程中不可避免的发展结果。2010年我国服务贸易逆差为55.02亿美元，2015年为150.03亿美元，2017年为2 394.99亿美元。旅游贸易是服务贸易的第一大逆差来源。

（4）进出口市场主要集中在发达国家和地区。中国服务贸易出口来源前三为：中国香港、美国和欧盟；进口来源前三为：中国香港、欧盟和美国。

（二）美国服务贸易的发展特点

（1）美国服务贸易具有总额大、顺差多、增长速度快的特点。美国服务贸易总额多年来一直居于世界第一，长期与其他国家保持着巨额顺差。美国货物贸易长期逆差，而服务贸易顺差大大弥补了货物贸易赤字，在平衡经常账户方面贡献不菲。

（2）美国服务贸易结构合理。美国服务贸易出口部门广阔，出口主要集中在旅游、运输、金融、教育培训、商务服务、通信、设备安装维修、娱乐业、信息和医疗保健等部门。

（3）服务贸易伙伴多元化。欧盟、日本是美国最主要的服务贸易伙伴，分别占其服务出口额的3%和11%，进口额的8%和8%。近年来美国加大了对新兴工业化和发展中国家的出口。

（三）中美服务贸易的内部结构比较（表3-3）

1. 美国服务贸易持续多年保持绝对顺差

2017年，美国服务贸易出口额为7 808.75亿美元，进口额为5 381.10亿美元，顺差为2 427.65亿美元，它在平衡国际收支方面起了不可低估的作用；中国服务贸易一直处于逆差状态，但中国服务贸易持续增长，发展速度较快，发展态势好转。2005年美国服务贸易出口规模是中国的4.77倍，2017年缩小为3.42倍。

表3-3 中美服务贸易进出口额　　　　百万美元

国家	进出口额	年份			
		2005	2010	2015	2017
中国	服务贸易出口额	78 469	178 339	218 634	228 090
	服务贸易进口额	83 971	193 401	435 541	456 589
	服务贸易差额	-5 502	-15 063	-216 907	-239 499

续表

国家	进出口额	2005	2010	2015	2017
美国	服务贸易出口额	374 601	563 333	753 150	780 875
	服务贸易进口额	304 448	409 313	491 740	538 110
	服务贸易差额	70 153	154 020	261 410	242 765

数据来源：UNCTAD 数据库。

2. 中美服务贸易主要类别的比重情况（表3－4）

表3－4　中美服务贸易主要部门的比重　　　　　　　　　　　　　　%

国家	部门	2005	2010	2015	2017
中国	运输	19.7	19.2	17.7	16.3
	旅游	37.3	25.7	20.6	17.0
	其他服务贸易	26.0	41.0	50.8	56.2
美国	运输	14.0	12.7	11.6	11.1
	旅游	27.1	24.3	27.3	26.1
	其他服务贸易	56.8	60.4	58.0	59.5

数据来源：UNCTAD 数据库。

从上表看出，中国服务贸易主要集中在旅游、运输、建筑部门，保险、金融和专利与特许权等新兴服务贸易部门所占比重较小；美国服务贸易中现代服务贸易部门所占比重较大，主要集中在金融和专利与特许权等新型产业部门；从传统服务与现代服务的比重看，2005年中国运输、旅游、其他服务贸易的出口比重为25:35:31；2005年美国三者的比重为14:28:58；2017年中美服务贸易内部结构发生了很大变化，中国为20:23:57；而美国为12:28:60，中国和美国运输部门贸易额均出口比重下降，而其他服务贸易贸易比重均上升。

3. 中美服务贸易的国际市场占有率（表3－5）

2010—2016年，中国服务贸易国际市场占有率一直排徊在4.5%左右，2016年降低到4.27%，而美国服务贸易国际市场占有率在15%左右，说明中国服务贸易国际市场份额较小，竞争力还很弱，与美国相比差距巨大。

表3－5　中美服务贸易的世界比重　　　　　　　　　　　　　　%

年份	中国	美国
2010	4.55	14.38
2011	4.57	14.25
2012	4.45	14.49
2013	4.29	14.56

续表

年份	中国	美国
2014	2.25	14.42
2015	4.48	15.44
2016	4.27	15.42

数据来源：UNCTAD 数据库。

4. 中美服务贸易的显性比较优势指数（表3-6）

表3-6　中美服务贸易的 RCA 指数

年份	中国	美国
2005	0.521	1.457
2010	0.459	1.508
2015	0.399	1.678
2017	0.433	1.794

数据来源：根据 UNCTAD 数据库统计数据计算而得。

从指数的变化上看，中国服务贸易 RCA 指数始终在 0.5 左右波动，表明服务贸易的竞争力非常弱小。美国服务贸易 RCA 指数均大于 1，表明美国的服务贸易具有较强的竞争力，并且近年来有不断增强的趋势。

5. 中美服务贸易各部门的 TC 指数（表3-7）

表3-7　2016 年中美服务贸易各部门的 TC 指数

部门	中国	美国
运输	-0.41	-0.17
旅游	-0.71	0.17
建筑服务	0.20	0.50
保险服务	-0.52	-0.71
金融服务	0.24	0.62
计算机信息	0.34	0.57
知识产权使用费	-0.91	0.41
其他商业服务	0.15	0.18
个人、文化和娱乐服务	-0.49	0.92

数据来源：根据 UNCTAD 数据库统计数据计算而得。

中国计算机信息、金融服务、建筑服务和其他商业服务部门的 TC 指数为正数，说明这些行业具有明显的竞争优势，是我国服务贸易的净出口部门；而美国服务贸易除了运输和保险服务以外，其他部门的 TC 指数始终为正值，说明美国多数部门均具有较强的竞争力。[1]

---

[1] 王秀兰，罗中华，王玉，等. 中美服务贸易比较与我国贸易多样性思考 [J]. 现代商业，2020 (3)：28-29.

思考题

1. 简要总结中美服务贸易在发展特点、内部结构及竞争优势方面的差异？
2. 参考图表数据，试分析中国如何有效提升服务贸易竞争力？

【案例2】 金砖五国的服务贸易现状

在国际贸易中，现代服务贸易结构分为四大类：

(1) 基础服务：通信服务、信息服务。
(2) 生产和市场服务：金融、物流、中介和咨询等。
(3) 个人消费服务：教育、医疗保健、餐饮、旅游、商品零售等。
(4) 公共服务：基础教育、政府公共管理服务、医疗等。

现代服务贸易结构包括传统的服务贸易和其他商业服务贸易（计算机信息服务）。发达国家的服务贸易后者所占比例更高，金砖五国服务贸易出口结构则前者比重大（表3-8）。

表3-8 金砖五国出口贸易结构比较年份　　　　　　　　　　%

年份		2014	2015	2016	2017	2018
传统服务贸易占比	中国	90.9	92.7	92.9	90.8	92.1
	印度	51.9	50.7	50.7	50.2	52.3
	南非	84.5	84.3	85.0	84.5	84.7
	巴西	85.0	87.1	86.1	86.6	85.5
	俄罗斯	75.0	76.8	76.0	75.7	75.9
计算机占比	中国	16.9	15.3	15.3	17.5	14.6
	印度	40.0	42.4	41.5	40.8	40.6
	南非	10.4	9.2	9.5	9.5	9.7
	巴西	4.2	6.0	5.8	4.2	4.9
	俄罗斯	19.0	20.0	20.0	19.3	18.1

数据来源：UNCTAD 数据库。

从以上表格可以看出，计算机信息服务贸易占比中印度最大，中国则在传统服务业中比占最大，其他金砖三国现代服务贸易竞争力都不强。[①]

思考题

1. 简要总结金砖五国的服务贸易发展现状。
2. 参考案例资料，试分析金砖不同国家在贸易结构方面的特点及原因。

---

① 彭扬，李仁仁. 金砖五国现代服务贸易竞争力比较研究 [J]. 荆楚学术，2020 (3).

第 4 章

国际服务贸易政策

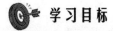 **学习目标**

了解国际服务贸易政策的演变;理解不同类型国家在服务贸易领域的政策取向;
了解自由贸易政策的经济福利效应及对发达国家和发展中国家各自安全的影响;
理解保护贸易政策的微观经济学解释及经济福利效应;
掌握服务贸易壁垒的概念、特点、种类及服务贸易保护程度的衡量标准。

4.1 国际服务贸易政策的演变

在当今世界市场上,国际服务贸易在国际贸易和世界经济中的地位越来越突出。国际服务贸易的发展对各国经济发展的影响也日渐加深。因此,世界各国都非常重视本国对外服务贸易的政策取向,服务贸易政策已经成为各国对外经济政策的重要组成部分。与国际商品贸易类似,在国际服务贸易领域中,也存在着自由与保护两种基本的观点,反映在政策层面上,就表现为自由贸易政策和保护贸易政策两个方面。然而,由于服务贸易与商品贸易标的物不同,服务贸易领域中的自由与保护的具体体现与商品贸易有很大差异。因此,关于自由与保护效果的分析方法也就有所不同。

本质上讲,国际服务贸易也是一种国际"交换",是一国对另一国的市场占有,那些因市场侵占而带来的常规影响以及人们对它们的看法,在国际服务贸易领域也同样存在,甚至更加复杂。因此,人们依然难以回避关于自由和保护的争论,依然存在着服务业的贸易保护和自由化的问题。但与国际商品贸易不同,国际服务贸易的内容包括的范围更广、情况更复杂。所以关于国际服务贸易的政策理论基础以及政策措施也都呈现出显著的复杂性。

贸易理论是制定贸易政策的依据,然而从理论层面看,对服务贸易无论采取自由态度还是保护态度,其效果判断截至目前尚不完全清晰。理论上的模糊自然会给一个国家服务贸易领域的政策取向带来不确定性。因此,实践中人们对服务贸易自由化的追求仍然是以货物贸易自由化的逻辑为思想基础的。另外,从服务贸易与商品贸易的关系看,一个国家究竟采取服务贸易自由化还是实施保护措施,也带有明显的摇摆性,尤其是对国际追加服务的贸易更是如此。

尽管如此，从历史过程看，服务贸易政策的演变还是有一定规律可循的。服务贸易政策的演变存在着两个基本规律：一是自由思想及其措施与保护思想及其措施交替出现；二是一个国家的服务业竞争力越强，它越主张市场开放。我们可以从服务贸易发展的历史脉络中感受到这些规律的存在。

1. 服务贸易的萌芽阶段

萌芽阶段就是地理大发现之前的一段时间。在这一历史时期，服务贸易随着各国经济特别是商品贸易的发展而发展，它与商品贸易相辅相成，在大多数情况下对商品贸易起到补充与辅助作用。15 世纪末的地理大发现逐渐让各国看见了一个完整的世界，同时也暗示着一个巨大世界市场的诞生。

2. 服务贸易的早期发展阶段

这个阶段酝酿于 17 世纪，发生于 18 世纪的金融和运输服务领域的革命成为第一次产业革命的基础之一。一个更加复杂、更富活力和互相联系的服务基础设施与工业部门的进步和工业国家的发展携手并进地开始发展起来。随着商品贸易的扩大、服务贸易种类的增多和规模的扩大，进入 19 世纪中叶以后，服务业已经成为社会再生产的必要组成部分。

3. 自由贸易的黄金时代

从 19 世纪中期开始，伴随着商品贸易自由化的出现，服务贸易也出现了自由化趋势。从世界范围来看，1860—1880 年这 20 年间，是自由贸易蓬勃发展的时期。各国政府面对服务贸易的发展，急切希望从中获取自己的利益，特别是当时经济发展水平较高的国家，出台各种促进贸易自由化的政策来迎合服务贸易自由化的趋势。但是，早期的国际服务贸易规模较小，而且项目单一，传统服务贸易占绝对优势地位。在全部服务贸易收入中，运输服务和侨汇等相关的银行服务就占 70% 以上。新的服务贸易内容，如电信、计算机软件，甚至是信息高速公路、多媒体技术、知识产权类服务及其他与现代生活相关的服务，是在第二次世界大战后才出现的。因此，在贸易政策上，早期的服务贸易限制较少，再加上当时的世界政治经济体系主要由少数几个工业发达国家操纵。因此，在全球范围内基本上采取的是服务贸易自由化政策。

4. 保护贸易苗头显露，以商业利益为导向的发展阶段

第二次世界大战后，西方国家为了恢复经济，从国外大量引进技术转让、金融服务及服务人员，于是，服务贸易进入了有组织的商业利益驱动的发展阶段。这一阶段，美国作为世界经济的"霸主"，通过"马歇尔计划"和"道奇计划"，分别对西欧和日本进行"援助"，伴随着货物输出，大量的资金和技术等服务业输往境外，并取得了巨额的服务收入。在该阶段，发达国家总体上服务贸易壁垒较少。然而，发展中国家由于自身经济发展水平的制约，对服务贸易采取了回避和否定的态度。实践中往往表现为给服务贸易设置各种障碍，限制境外服务的输入。当然，后者由于在世界服务贸易总额中占比不高，其服务贸易政策取向对世界服务贸易的影响并不大。

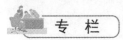

专　栏

"马歇尔计划"即欧洲复兴计划，是第二次世界大战后美国对被战争破坏的西欧各国进行经济援助、协助重建的计划，对欧洲国家的发展和世界政治格局产生了深远的影响。"马歇尔计划"的翻版"道奇计划"是第二次世界大战后初期，美国占领军当局为稳定日本经济、平衡财政预算、抑制通货膨胀而制订的计划。因1949年由占领军财政顾问、美国底特律银行总裁道奇提出而得名。

不过，在服务贸易自由化的总体背景下，保护贸易的一些苗头也渐渐有所显露。20世纪60年代以后，随着世界各国医治战争创伤的结束，经济迅速发展，大家普遍意识到服务外汇收入是一项不可忽视的外汇来源。同时，基于国家安全、领土完整、民族文化与信仰、社会稳定等政治、文化及军事目标，各国均对服务的输出和输入制定了各种政策和措施，其中不乏鼓励性的，但更多的是限制性的，再加上传统的限制性经营惯例，从而极大地限制了国际服务贸易的发展。之后由于各国关注的对象主要是货物贸易的自由化问题，所以服务贸易基本上是各国各行其是，使服务贸易自由化进程严重滞后于货物贸易。在该阶段，发展中国家对服务贸易的限制尤为显著。例如，秘鲁在1972年曾做出一项规定，秘鲁企业不得再从外国购买本国可以制造的船舶；任何外国船舶的采购必须经秘鲁国家工业委员会的推荐，确认对本国造船业无害后才可以得到批准。同时，在该时期，发展中国家经常联合起来抵制发达国家文化、娱乐产业对各自国家的影响，并为此召开一系列的国际会议，如1973年的阿尔及尔会议、1980年的贝尔格莱德会议等。

5. 服务贸易的迅速发展阶段

20世纪80年代以后，服务业部门出现了分化，一些新的现代化服务部门纷纷涌现，服务贸易得到了迅速发展。由于国际服务贸易对一国经济发展有巨大推动作用，加之经济全球化的影响，各国政府，尤其是发展中国家政府，开始逐步开放服务贸易领域，推行服务贸易自由化政策。尤其是在乌拉圭回合及以后的服务谈判中，发展中国家大多在服务贸易领域做出了实质性的开放承诺。不少发展中国家还对本国的有关法规进行了修改或废除，使其服务贸易市场出现了自由化趋势。

但是，由于服务贸易项目繁杂、方式多样，且对一国经济、政治、文化和安全有着巨大的影响。因此，规范它的政策和法规也就层出不穷。加上各国基于自身发展水平的差异，又实施不同的管理手段，所以更加重了服务贸易政策的复杂性。如果说服务贸易自由化更多地体现于一些鼓励性的措施与法规的话，服务贸易的保护则一般是依靠一国政府的各种法规和行政管理措施等非关税壁垒来实现的，很难对其加以数量化的分析。由于在壁垒和"合法"保护之间存在着许多"灰色区域"，所以，服务贸易自由化目标的实现比商品贸易要困难得多，其中充满着不确定性和主观随意性。

总的来说，发达市场经济国家因其国内服务业竞争力较强，一般主张服务贸易的自由化，要求发展中国家开放服务市场，以便它们具有优势的服务业进入发展中国家的服务市场。服务业比较落后和在某些服务部门不具备优势的发展中国家则不得不进行保护，对发达国家的服务业进入本国服务市场做出各种限制性规定。但有时为了引进外资和先进的服务及管理经验，会开放某些服务项目，还常常以税收减免等优惠鼓励外国的服务业进入本国市场。

4.2 服务贸易自由化政策

服务贸易自由化本应囊括所有服务贸易形式，但以美国为首的发达国家最为关心的，则是国际服务贸易中增长最快的领域——生产者服务贸易的自由化。如银行、保险、电信、咨询、会计、计算机软件和数据处理，以及其他专业性服务的贸易自由化。这种关心不仅反映在"乌拉圭回合"多边服务贸易谈判中，也体现在理论研究的重点上。可以这样说，各国专注于服务贸易自由化的领域或行业，就是其认为具有较强竞争实力的领域或行业。在经济全球化背景下，谁都不愿意将其比较劣势或较为虚弱的服务行业暴露于动荡不安的国际经济形势中。因此，在国际服务贸易领域就形成了这样的一种局面，即各国都对其强势服务部门实行自由化政策，对弱势服务部门则实施保护。由于各国服务业的发展水平不一，各国的政策偏好相左，所以，很难找到一个"服务贸易自由化"的"交集"，使之同时满足于发达国家和发展中国家。于是一场旷日持久的有关服务贸易自由化的谈判就不可避免。更为有趣的是，至今还没有人能够从理论上证明服务贸易自由化是"双赢"的，这恐怕也成为各国尤其是发展中国家强调保护国内市场重要性的理论依据之一。

4.2.1 自由贸易与经济效率

自由贸易最为引人入胜之处，在于它能促进国际分工，提高劳动生产率，使经济富有效率。这在古典贸易理论那里是早已被证实的结论。经济有效率实质上是描绘这样的一种状态：一个行业以最小社会成本生产一定质量的产品。该行业产品的价格与将其提供给消费者而导致的社会成本之间近似无差异，即生产者与消费者共同使他们的福利实现帕累托最优，以至于不可能改善其中一个经济成员的福利而不损害其他经济成员的利益。从某种意义上说，经济有效率要求经济成员选择休闲而非工作，或选择商品和服务的动机没有被扭曲，这意味着商品和服务的相对价格及休闲的机会成本，能比较准确地反映商品与服务及工作相对于整体社会的价值。

然而，经济有效率并不要求所有国家都采用最先进的生产技术。考虑到不同国家不同的要素价格，经济有效率要求各国对生产技术的选择应该反映其要素禀赋的稀缺程度。经济无效率可以指未达到最优的投入产出组合，例如，不发达国家盲目投资资本技术密集型设备有可能导致低效率，因为缺乏训练有素的操作人员和充裕的资本。更重要的是，投资之后由于生产成本较高，为了维持下去，要么以高价方式，要么以亏本方式把产品卖出去，在前一种情况下，只能导致竞争力的下降；在后一种情况下，生产只能是亏本运营。两种情况归结为一点，就是经济效率的完全丧失。分配无效率也可能发生在最终商品和服务的消费与生产中，例如，某种商品的价格享受补贴，尽管它们的稀缺性要求以更高的价格出售，但相对于其他商品而言，这种商品被过量地生产和消费。动态地看，无效率可能表现为资源未以最优方式在消费与生产之间进行分配，即储蓄与投资的动机被扭曲了。

从理论上说，提高经济效率的努力可以激发每个市场主体的潜力，但更重要的是，可能创造出得益者和受害者。尽管得益者的利可能补偿受害者的失而有余，从而改善总体福利状况，但为实现这种补偿而采取的政策往往因其复杂性和争议性而成本高昂。因此，政府一般也不愿意制定和实施那些通过改善经济效率而在中长期才会出现的经济收益，但政治代价却马上显现的政策。换句话说，一些干预政策的制定在实践中往往不是基于国家的利益，而是受到各种利益集团的影响。最终制定出来并付诸实施的政策，往往变成一种偏向政治上影响力大的利益集团的再分配政策。因此，即使从纯经济角度看，自由贸易并不一定总是最好的政策，但如果政策的制定是受不同利益集团影响的，那还是无偏向的自由贸易为好。

经济效率与经济政策的发展目标密切相关，发展目标是社会成员提高其今后商品和服务支配能力的努力方向，它们不一定与经济效率目标相抵触。生产率增长是经济发展的一项重要指标，生产率是指每单位投入或投入组合的产出水平，所以，在静态意义上与技术效率指标一致。衡量所有生产要素的生产率称为全要素生产率（Total Factor of Production，TFP）。全要素生产率的增加幅度可用产出增长率与投入增长率之差来表示，当产出比投入增长更快时，全要素生产率就会提高。这在图4-1中表现为某技术无效率厂商的生产从 B 点移至最优生产边界上的 A 点。同样，也可能通过技术创新将最优生产边界即厂商的目标位置向右下方移动，这样，就可以通过较少的投入生产同等水平的产品。在图4-1中，假设一成本最小化厂商生产一定数量的产品 Y，由此需要两种进口的生产资料 x_1 和 x_2。等产量曲线 $Y=f(x_1, x_2)$ 代表最有效率地生产 Y 数量产品需要 x_1 和 x_2 的不同组合，等产量线上任何一点都是技术有效率点。然而，B 点相对于生产 Y 水平产品而言是有技术效率的，且 B 点的相对技术效率可以表示为 $\frac{OB}{OA}$。图4-1中相对价格线 PP' 切等产量线于 A 点，A 点既有技术效率，又具有分配效率。分配效率是以生产要素的组合为出发点，理论上生产要素的最优组合由这些要素的相对价格决定。所以，分配效率反映了要素的相对稀缺性。据此可以断定图中的 C 点只有技术效率而无分配效率。需要指出的是，分配效率和技术效率的提高没有直接的联系。在图4-1中，从 C 点移至 A 点使分配效率得以提高，并降低生产成本，但并没有导致技术效率的任何提高。同样，对于 PP' 价格线而言，从 C 点移至新的位于最优生产边界且代表更有效率的 D 点可以提高生产率，但并不意味着分配效率得到改善。因此，可以认为，强迫厂商面对国际价格的贸易改革与生产率的变化之间没有直接联系。

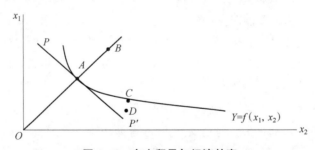

图4-1　自由贸易与经济效率

一般地，贸易自由化可以排除阻碍新的合格生产者进入市场的壁垒，刺激那些有能力提供优质服务的厂商扩大生产，同时迫使那些能力有限的厂商退出市场，所以贸易自由化是实现规模经济、提高经济效率的途径之一。需要强调的是，将竞争引入严格管制下的行业，并不意味着没有管制的竞争是服务的最优生产方式，贸易自由化的核心问题是如何求得管理与竞争的最佳组合，从而保证消费者可以获得物美价廉的服务。

通常认为贸易自由化与生产率增长之间呈正相关关系，但也有人对贸易政策与全要素生产率增长的关系表示怀疑。这些争论主要表现在三个方面：其一，生产率的提高与自由化的联系。这种联系有多种解释：a.贸易壁垒的拆除使厂商直接暴露在竞争中，迫使其更加努力提高劳动生产率；b.自由化允许厂商参与更为广泛的国际市场竞争，如果这些厂商规模报酬递增且自由化导致厂商或行业产出增长,那么,平均成本将会下降,生产率得以提高;c. 将宏观经济稳定性与自由化效应结合起来。一个稳定的宏观经济环境可以创造健康的投资环境并引发技术革新和增长,伴随更高的投资水平,出现更快的资本替代率和更高的生产增长率。通过社会稳定计划,某些贸易政策的变革可以导致更加稳定的宏观经济环境。现实中有一些事例证实了实现自由化后劳动生产率和全要素生产率都有所提高。例如,1971—1981 年,智利实行贸易政策改革后,制造业平均劳动生产率提高幅度由 2% 增加到 4%;20 世纪 80 年代中期,加拿大经济学家 R·哈里斯和 D·考克斯对美加实现自由贸易后,加拿大的得益进行了数量分析,他们的结论认为,实现自由贸易后,加拿大的实际收入将提高 8.6%,这比一般不计量规模经济的估算高出 2 倍。很明显,总体上收入的提高与生产率的提高是密切相关的。其二,新增长理论。贸易自由化改变了厂商经营的市场条件,包括可用技术和投资(R&D. research and development)的动机等,促进了创新和技术变革,因为自由贸易比保护贸易提供更多的学习和创新的机会。这对企业家学习和创造新技术、新方法,为出口或进口竞争等都提供了更大的激励。新增长理论强调提高生产率的四个内生变量:提高专业化程度带来的收益、人力资本存量增大带来的收益、"干中学"带来的收益以及投资 R&D 带来的收益。在这四个内生变量中,正的外部性导致更高的生产率增长率。其三,服务的相关理论。尽管许多理论试图找到生产率增长与贸易自由化之间的联系,但没有一种理论是令人信服的。另外,发展中国家实行贸易自由化后,厂商和产业的经验事实与许多现行理论相互冲突。新增长理论所强调的内生技术革新的结论,也只是在某些情况下符合这一联系,并且,这种分析大多针对制造业而不是服务业,相比之下,有关国际服务贸易自由化效应的讨论显得不足。然而,有理由相信,服务业通过自由化不仅可以提高分配效率,而且可以提高生产增长率,因为许多服务投入直接有利于新技术的创新和吸收。更为重要的是,国际服务贸易经常涉及生产要素而非产品的移动,它们更可能体现生产率增长的跨境外溢效应。因此,服务贸易自由化对促使生产率提高的技术创新的刺激,很可能比没有要素移动的商品贸易自由化的直接效应来得大。

4.2.2 服务贸易自由化的福利分析及政策选择

1. 服务贸易自由化的福利分析

福利效应分析是国际贸易纯理论的一项重要内容。基于商品贸易的传统国际贸易理论认为,自由贸易在理论状态下能够带来经济福利的增加。服务贸易自由化的福利影响要比商品贸易自由化复杂。

(1) 基本模型分析。

①前提假定。a. 假设世界上有许多商品、要素、可贸易服务和国家,没有任何贸易或要素移动壁垒,市场完全竞争;b. 有关要素的移动都是暂时性,不涉及国籍的变化;c. 若用 X、S 和 Q 分别表示商品、服务和既定要素禀赋的最大产出,则 i 国的生产可能性集合(production possibility set)为 $F_i = (X, S, Q)$;d. 假设该国的生产规模报酬不变,C 和 U 分别表示本国消费的商品和服务,K 表示本国产出中要素服务的使用量。若开放贸易则每一类别净出口的贸易向量(差额)为 $T = X - C$,$V = S - U$,$D = Q - K$;e. 假设 p^j、q^j 和 $r^j (j = a, f)$ 分别表示封闭情形或自由贸易情形时的 X、S 和 Q 的价格。

②主要内容与基本结论。在封闭情形下有:

$$p^a C^a = p^a X^a; \quad q^a U^a = q^a S^a; \quad r^a K^a = r^a Q \tag{4-1}$$

由于生产都是有效率的，对于既定的封闭价格 p^a、q^a 和 r^a，在封闭情形下，生产达到价值最大化，即对于每一个 $(X, S, Q) \in F$，$Q = k^a$，有：

$$p^a X^a + q^a S^a - r^a k^a \geqslant p^a X + q^a s - r^a k \qquad (4-2)$$

所以，有：

$$p^f C^a + q^f U^a - r^f Q = p^f X^a + q^f S^a - r^f k^a \leqslant p^f C^f + q^f U^f - r^f Q \qquad (4-3)$$

借助该结论与显示性偏好弱定理，可知：

$$p^a C + q^a U^f - r^a Q \geqslant p^a C^a + q^a U^a - r^a Q \qquad (4-4)$$

所以：

$$p^a T^f + q^a V^f + r^a D^f \leqslant 0 \qquad (4-5)$$

这表明，如果没有贸易和要素移动壁垒，各国都倾向于出口封闭状态下相对价格最低的那种商品、服务产出和要素服务，因为这样可以实现潜在的贸易利益。服务贸易自由化进一步加强了服务专业化，有助于使国民收入不断提高。即使一个国家在某些服务领域不具有比较优势，从进一步加强生产活动的分散化方面看，自由化也会产生正面影响。上述模型只是从整体经济出发说明商品、服务和要素贸易均要实现自由化。模型虽没有对服务贸易做单独讨论，但至少给予了这样的启示，即研究服务贸易利益有必要从商品、服务及要素移动的整体角度进行。

③服务贸易自由化的福利效应特点。

这里以信息服务贸易为例，并将其与商品贸易相比较，探讨服务贸易自由化福利效应的基本特点。假定 H-O 模型的基本假设条件都成立，有一点例外，即有关在信息贸易中要素在国内可以自由流动，在国家间不能流动的假设不能成立，因为作为信息服务贸易要素的信息虽不存在物理性质上的跨国流动情形，但与事实上的跨国流动的影响是一样的。由此构造两个国家 A 和 B，两种产品 X 和 S 的信息贸易模型。A 国是现代信息产品 X 禀赋丰富的国家，而现代信息服务禀赋 S 相对稀缺，B 国情况正好相反。若实现自由贸易，A 国向 B 国出口信息产品 X 以换取信息服务 S，B 国向 A 国出口信息服务 S 以支付进口的信息产品 X。假设信息服务和信息产品均不存在"二级市场"，即购买者就是最终消费者，不存在再次被潜在消费者分享或被消费者盗版而出现二手销售市场的可能，这样就符合 H-O 模型要求。在图 4-2 中 $T_A T_A'$ 和 $T_B T_B'$ 分别表示 A、B 两国的信息生产可能性线，A 国向 B 国出口信息产品 $Q_A A$，进口信息服务 AC；B 国则出口信息服务 $Q_B B$ 以进口 A 国信息产品 BC。当然，信息服务和信息产品的数量和价值并非一一对应的。由于不存在"二级市场"，故 A 国贸易三角 $\triangle Q_A AC$ 与 B 国贸易三角 $\triangle Q_B BC$ 相等。C 点位于两国信息生产可能性曲线之外，信息自由贸易使两国福利都有所增加。

由于信息商品生产成本与使用规模无关，信息厂商一旦生产出信息商品后就能够以非常低的边际成本销售高附加值的信息商品，从而为信息厂商持续开拓信息市场提供可能。因此，相对于生产或经销商品的厂商，信息厂商更重视信息市场特别是国际信息市场的开发。信息服务产品在被信息厂商自身销售中形成了二级信息市场，这一特征特别有利于开拓国际市场，因为信息服务的跨国界流动既可以是有形的生产要素的物理移动，也可以是无形的非要素、非物理的移动，前者如美国信息服务公司前往中国开设分支机构提供信息服务，但其提供的信息服务规模与美国数据库公司数据库生产成本无关。另外，信息服务提供者生产成本与信息服务消费者的消费规模无关的特征，构成同等贸易条件下信息服务贸易福利收益大

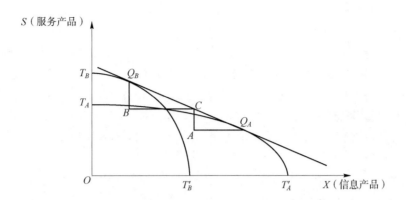

图 4-2 信息服务贸易自由化的效应分析

于商品贸易福利收益的基础。如果信息服务可以形成二级信息市场，那么，B 国信息生产可能性曲线将不会收缩，只会维持不变，即使 B 国部分信息要素实际上已流到 A 国。A 国生产可能性曲线将会像信息服务不形成二级市场的情形那样向外扩张。这样，B 国生产点基本维持不变，消费点则移至 C 点，A 国生产点将沿着雷布钦斯基线移动，消费点高于 C 点。

比较上述两种情形，可知在后一种情形中，A 国在不损失本国信息生产可能组合的情况下使 B 国信息生产可能组合发生变化，且两国福利均得到实际提高。由此得出的结论与推论如下：a. 在同等贸易条件下，贸易国从信息服务贸易中获得的福利大于或至少不小于从同等规模的商品贸易中获得的福利。由此导出的推论是，在同等规模的贸易中，贸易国在信息服务贸易中具有的比较优势所带来的竞争力高于或至少不低于在商品贸易中具有的比较优势所带来的竞争力；b. 在同等贸易条件下，信息服务贸易比商品贸易更能同时提高贸易双方的福利水平，但信息服务出口国从出口中获得贸易收益高于同等规模商品出口获得的贸易收益，信息服务进口国从服务进口中获得的贸易收益不低于同等规模商品进口获得的贸易收益。由此导出的推论为，当具有信息服务比较优势的贸易国与具有商品比较优势的贸易国发生贸易时，前者从贸易中获得的收益高于或至少不低于后者。如果贸易双方都开放本国市场，前者允许先进技术等信息服务自由出口，允许商品自由进口，后者允许信息服务自由进口和商品自由出口，那么，在同等贸易规模条件下，前者在信息服务贸易中获得的贸易顺差足以抵销商品贸易逆差，后者在商品贸易中的顺差则不足以弥补在信息服务贸易中的逆差，除非后者扩大商品贸易出口规模。

（2）服务贸易自由化的特例分析。

①生产者服务贸易自由化。这里以马库森理论为基础，讨论生产者服务贸易自由化的福利效应。此处考虑仅存在商品自由贸易的情形。若用 C_Y 和 C_X 分别表示 Y 和 X 两种商品的消费量，P 表示价格，下角标 g 和 a 分别表示商品自由贸易和封闭状况两种情形。根据一般的偏好标准，一国从贸易中得益的条件为：

$$C_{Y_g} + P_g C_{X_g} \geq C_{Y_a} + P_g C_{X_a} \tag{4-6}$$

封闭情况下的市场出清方程和自由贸易的国际收支平衡方程分别为：

$$C_{Y_a} = Y_a, \quad C_{X_a} = X_a \tag{4-7}$$

$$C_{Y_g} + P_g C_{X_g} = Y_g + P_g X_g \tag{4-8}$$

将式（4-7）和式（4-8）代入式（4-6），得：

$$Y_g + P_g X_g \geq Y_a + P_g X_a \qquad (4-9)$$

将式（4-9）两边同时减去以自由贸易价格计算的要素成本，假定 K 为 Y 部门的单位要素收益，则：

$$(Y_g - W_g L_{Y_g} - K_g K) + (P_g X_g - W_g L_{X_g}) \geq (Y_a - W_g L_{Y_a} - K_g K) + (P_g X_a - W_g L_{X_a}) \quad (4-10)$$

由于在市场均衡时，两行业的利润为零，故式（4-10）左边等于零，右边第一项必为非正数，因为在封闭状态下，要素比例（K/L_{Y_a}）一定不是生产 Y_a 的最有效率的方式，考虑到 Y_a 的价格将是自由贸易时的价格，其利润一定为负。因此，如果 $L_{X_a}/X_a \geq L_{X_g}/X_g$，产生贸易利益的充分条件为：

$$P_g - X_a - W_g L_{X_a} = P_g - W_g (L_{X_g}/X_a) \leq 0 \qquad (4-11)$$

这一结果表明 $P_g - W_g (L_{X_g}/X_g) = 0$，即为零利润条件。由于 X 只投入劳动，且 $X = n^{1/B} S$，L_X/X 随 X 的上升而下降，当且仅当 $X_g \geq X_a$ 时，式（4-11）成立。所以，$X_g \geq X_a$ 是贸易利益为正的充分条件。

但这个充分条件被马库森和密尔文证明不一定成立，如图 4-3 所示。一个小国 H（本国）相对于大国 F（外国）处于成本劣势，因为存在价格 P 和边际转换率（Marginal Rate of Transformation，MRT）的扭曲。两国在达到自由贸易均衡时分别在 Q_h、Q_f 处生产，在 C_h、C_f 处消费，这样，相对于闭关自守状态下的均衡 A_h 和 A_f，小国 H 的福利不但没有得到改善反而恶化了。

因此，可以认为：a. 相对于封闭状态，服务贸易自由化可以改善福利，而且更趋于帕累托最优，但是仅靠商品自由贸易无法完全实现自由贸易得益；b. 以全球视角看，由于商品和要素价格均等化，投入呈规模报酬递增，世界在服务——要素贸易下的收入要高于纯粹商品贸易，服务自由贸易比商品自由贸易将获得更多的收益。或者说，某国要素贸易均衡下的要素总产量必然超过纯粹商品贸易均衡下的要素总产量，这样，全世界的消费状况在服务贸易均衡下比在商品贸易均衡下更优，但这并不意味着每个贸易国的福利都可以在服务贸易自由化中得以改善。这也就说明，一方面，生产者服务贸易自由化可以给贸易国带来超过纯商品贸易自由化的收益；另一方面，生产者服务贸易自由化也可能会损害服务进口国的利益。下面可以做进一步分析。

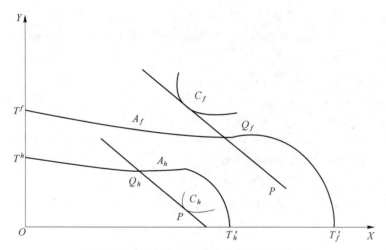

图 4-3　大国与小国的成本比较与福利分析

假设在商品贸易自由化之后，在服务贸易自由化之前，本国专门生产商品1，外国专门生产商品2，如图4-4所示。每个国家都拥有两个行业，即生产最终产品用于本国消费或出口的商品生产行业和满足本国商品生产行业需要的服务行业，A点为商品自由贸易条件下的最初均衡点。假设本国用Y_1^0交换外国的Y_2^0，最初两国都在C点消费。市场竞争和要素的自由移动使各国都采用最有效的生产技术，但贸易壁垒使服务价格无法相等。TT曲线代表两国生产的最终产品的组合，即表明一国的服务可以被另一国厂商利用时的所有可能的生产组合。过A点的直线斜率表示外国生产商品2和本国生产商品1所使用的服务边际产品量之比。如果消费所有服务产品贸易壁垒，那么，由于TT线上A点切线的斜率大于UU线上A点的斜率，故本国将出口服务直到新的贸易平衡点B。本国商品1的生产将会收缩，因为一些基本生产要素直接或间接地流出商品1部门进入服务部门以满足服务出口。相反，外国商品2生产部门将会扩大，因为比其自身禀赋要多的基本要素被直接或间接地用于商品2的生产。这样，服务贸易自由化后，服务进口国的贸易条件将恶化。服务进口国出口商品价格的恶化是服务贸易自由化的成本之一。要判断服务进口国的福利是上升还是下降，应该把其商品相对价格的恶化与从国外获取更廉价的服务而产生的收益相比较。图中从A点到B点的移动显示了服务贸易自由化引起世界性效率的增加，但不能保证贸易双方都能分享这一收益。服务进口国的福利因服务贸易自由化而恶化的情形，究其原因在于本国服务生产者以出口服务的边际产品替代本国服务的边际产品，B点的斜率代表在新的均衡中出口服务边际产品与本国服务边际产品的比率。本国的禀赋点由Y_1^0移至D点后，本国通过出口服务放弃$(Y_1^0-Y_1^1)$单位的商品1，换得DY_2^0单位的商品2。同时，通过进口服务，外国获取额外的EY_2^0单位的商品2，这里，$EY_2^0=(Y_2^1-Y_2^0)-DY_2^1$。这样，本国和外国的预算线分别穿过$D$点和$E$点，其斜率分别与$B$点商品价格比相等。结果，本国消费从$C$点上升到$H$点，福利得到改善；外国则从$C$点下降到$F$点，福利反而下降。由此可见，服务贸易自由化对于服务进口国来说未必是一件好事。另外，服务贸易不仅可以通过服务部门产出跨国流动的形式来实现，而且还可以通过服务部门技术交易或转让的形式来实现。但当本国具有服务技术优势并向外国免费转让技术时，外国仍可能会受到损害。

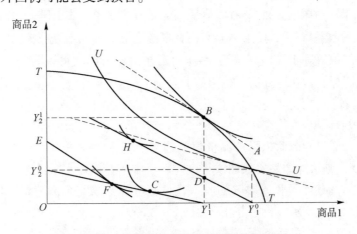

图4-4　服务贸易自由化的福利效应

②服务要素贸易自由化。在许多情况下，由于服务的生产与消费必须同时进行，所以，

服务产品往往是不可贸易的。如果假设服务要素可贸易，那么，要素贸易自由化不一定要求在消费国开业，有时只需要国内外服务生产要素的相互配合。如果假定影响服务产品贸易的壁垒属技术性壁垒，服务要素贸易壁垒属政策性壁垒，那么，消除后者可以使各国服务要素报酬趋于一致并间接影响服务产品价格。由于服务产品价格由国内市场而非国际市场的供求所决定，服务要素流入将增加国内市场供给，使服务产品价格下降，也可能使生产要素从商品部门流向服务业。如果没有要素跨国移动的障碍，服务要素自由贸易将导致商品部门生产要素的流入或流出。鉴于商品和服务要素可以是互补的，也可以是替代的，服务贸易自由化将因对商品生产要素的管制（如税制）而发生扭曲，即产生隐含的收益或成本，从而使东道国可能成为受益者，也可能成为受害者。

现假设一国经济存在两个部门——商品生产部门和服务生产部门；商品市场和服务市场都处于完全竞争状态；商品和服务生产规模报酬不变，均使用两种要素，即整个经济中具有固定供给总量的跨部门流动要素——劳动和每个部门所需要的特定生产要素——资本或技术。从短期看，后者的供给是固定的，但从长期看，若没有贸易壁垒，这种要素将可以跨国流动，从而其供给是可变的。生产技术分别用两个单位成本函数 $C^1(w, r_g)$ 和 $C^2(w, r_s)$ 表示，w，r_g 和 r_s，分别指工资率、商品和服务要素租金率；若 P_g 和 P_s 分别表示商品和服务价格，因市场处于完全竞争状态，且没有扭曲，则

$$C^1(w, r) = P$$
$$C^2(w, r) = P$$

假设当服务要素租金为 r_s^* 时，来自国外的服务生产要素的供给完全有弹性，但管制壁垒阻碍了服务要素贸易实现均衡。在没有税收和其他扭曲的情况下，一个小国若消除服务要素贸易管制壁垒，则其福利可以得到改善，并且 r_s 下降到 r_s^*。但是，由于假定税收使商品生产部门的私人成本与社会成本不等，为避免双重征税，投资母国通常对投资者给予税收减免，以 t_s^* 表示，t^* 的最大值为东道国的税率。实际上，一种次优方法是将东道国税率降至 t^* 以下，因为商品生产要素的实际社会成本是生产要素税后收入，即 $r_g^*(1-t^*)$。为使要素壁垒消除后服务要素的流入大于流出，必须有 $r_s > r_g^*$。然而，需要知道是谁能获得（$r_s - r_g^*$）的差额。如果东道国将开业权拍卖给最高竞价者，那么，外国服务要素所有者将获得税前收益 r_s 和税后收益（$1-t^*$）r_s，而它们在资源国最后的收益选择是（$1-t^*$）r_s，在东道国获得开业权的价值等于（$1-t^*$）（$r_s - r_g^*$），东道国可以获得税收收入 $t^* r_s$。所以，东道国允许一单位服务要素从国外流入的直接收益为 $t^* r_s + (1-t^*)(r_s - r_g^*)$。

如果东道国按照"先到先得"原则给予投资者开业权，那么，它的直接收益只是 $t^* r_s$。如果没有税收，W_0 为均衡工资率，本国服务产品市场最初在价格 P_0 和就业水平 L_0 处出清，此时，服务部门的劳动边际产品价值就等于工资率，即 $P_0 \text{MPL} = W_0$。当服务要素流入后，若 P_0 不变，则边际产品价值曲线将会左转，服务业就业水平从 L_0 上升到 $L_0\phi$。但由于本国不可能全部占有外国服务要素的收入，也不可能要求它全部消费在服务产品上，所以，服务产品出现供大于求，价格将下降到 P_1。在新均衡点上，服务业产出肯定上升，但服务就业量可能上升，也可能下降。图 4-5 中，服务部门就业水平上升，商品部门则下降，即服务要素的流入导致商品生产要素的流出。如果相对于商品生产来说，服务生产是劳动密集型的，那么，除非对外国服务要素收入所征税赋高于商品要素收入而足以弥补要素密集度

的差别,否则,本国福利将因自由化而遭受损失。

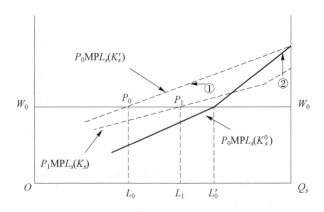

图 4-5 服务生产及要素流

图 4-6 和图 4-7 有助于说明服务要素贸易自由化影响国民福利的各种因素。图 4-6 的左边表示零利润条件下 r_s 和 P 的关系,右边是服务产品的供给和需求曲线。在服务贸易自由化之前,东道国处于 A 和 A' 上。如果 r_s^* 是国际服务要素价格,那么,开放服务业后,东道国服务要素价格将从 r_s^0 降至 r_s^*,服务产品价格从 P_0 降至 P',市场均衡点从 A 移至 B。同时,服务要素供给的增加使服务产品供给曲线向右平移并与需求曲线交于 B'。由于假定外国服务要素的收入没有被用于购买服务产品,故图 4-6 中服务产品的需求量上升,但需求曲线保持不变;由此可见,消费者受益于服务价格下降,但国内服务要素所有者受到损失,阴影部分表示服务贸易自由化的净收益。值得注意的是,这一结论是在税收没被扭曲的情况下导出的。当税率为 t^* 时,私人要素成本通常是社会成本的 $(1+t^*)$ 倍,而商品部门劳动工资则低于劳动的实际社会成本。在图 4-7 中,服务要素的流入使劳动边际产品价值曲线向左移动,如箭头①所示,但市场出清时价格下降又使新的劳动边际产品价值向下移动,如箭头②所示。如果净影响只是从商品生产部门抽取劳动力投入服务业,那么,阴影部分就是服务贸易自由化的一个间接损失,它代表商品生产要素流出造成的税收损失。很明显,难以比较图 4-7 中的间接福利、损失与图 4-6 中的净收益的大小。这也就是说,无法获得一国经济结构的具体信息来确定服务贸易自由化是改善还是恶化福利水平,因为源于比较优势的传统收益可能部分地或全部地被经济中各种扭曲造成的损失所抵消。

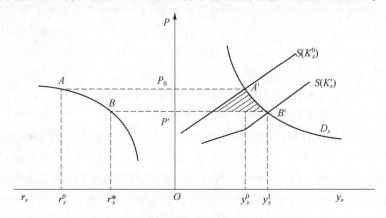

图 4-6 服务要素贸易自由化的福利效应

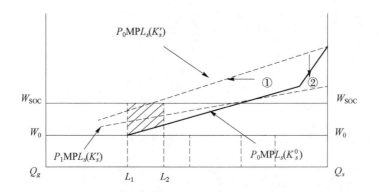

图 4-7 商品生产、服务生产与服务要素流动

2. 服务贸易自由化的政策选择

从前面对服务贸易自由化的福利分析中可知,作为各种实际影响因素之一的自由化政策的不同选择,在很大程度上会给贸易国带来不同的福利收益和成本。

(1) 服务贸易自由化的宏观影响。这里从国家整体角度探讨这一影响:

无论对发达国家还是对发展中国家,服务贸易都是一把双刃剑,它既可能危及国家安全和主权,也可能因为能够提高国家竞争力,而又最终维护国家安全。前已证明,服务贸易自由化给贸易国带来的福利收益大于同等条件下商品贸易自由化的福利收益,然而,服务贸易自由化进程需与国家竞争力和商品贸易自由化发展相适应,否则,将导致国家福利损失。

服务贸易自由化与国家安全。服务贸易自由化进程中一个最为敏感的问题就是国家安全问题。国家安全涉及五种基本的国家利益,即政治利益、经济利益、军事利益、外交利益和文化利益。服务贸易比商品贸易更多地涉及国家安全问题。

对于发达国家,服务贸易自由化主要从以下几方面影响国家安全:

a. 可能削弱、动摇或威胁国家现有的技术领先优势,提高竞争对手的国家竞争实力; b. 可能潜在地威胁国家的战略利益,特别是潜在地威胁国家的长远军事利益,因为服务优势有助于国家在未来的信息战中取得军事上的比较优势或绝对优势; c. 可能造成高技术的扩散而给国家安全造成潜在威胁,因为服务贸易中包含大量的高技术要素或信息,一旦这些要素或信息扩散到其他国家或被恐怖组织掌握,则可能危及国家安全或民族利益; d. 可能危及本国所在的国际政治与经济联盟的长远利益。基于这些理由,发达国家或技术领先国家认为,有必要长期保持其在国际市场中的技术领先地位,以此获得最大的国家政治、经济和外交利益,并期望通过限制先进技术等服务的出口长期保持对技术落后国的信息优势。于是,发达国家之间或内部就出台了各种限制服务出口的政策措施。

对于广大发展中国家,尽管他们迫切需要进口包含大量先进技术信息的现代服务,但又不能不考虑进口服务带来的各种可能危及国家安全的负面影响。印度学者 V·潘查姆斯基将服务贸易自由化对发展中国家的影响概括为 9 个方面:

a. 使发展中国家丧失其对经济政策的自主选择权,发展中国家目前许多通行的管制是为了加强对国内服务部门的控制,发展服务业以使出口多样化; b. 将进一步加深发展中国家对发达国家的经济依赖,使其几乎丧失执行符合本国利益的国内政策的空间; c. 使发达国家金融机构凭借其在金融服务和国际货币发行领域的优势,削弱发展中国家政府在金融货币管理领域发挥积极的管理作用; d. 由于发展中国家与发达国家在商品与服务生产率上的差距日益扩大，服务贸易自由化将永远使发展中国家在服务领域依赖发达国家，并使发展中国家服务业的国际化程度缩小；e. 发展中国家一旦放弃服务贸易的控制权，它们的新兴服务业，如银行、保险、电信、航运和航空等将直接暴露于发达国家厂商的激烈竞争中；f. 使作为最大服务进口者的发展中国家短期内可能以两种方式影响其国际收支，首先，可能导致在国内市场上国内服务供应商被国外服务供应商所取代；其次，可能形成以进口服务替代国内服务使进口需求增加的局面；g. 可能从多方面影响国内就业。研究表明，低收入国家服务使用的劳动力超过发达国家服务部门使用劳动力的两倍。服务贸易自由化对发展中国家就业的影响要大大超过发达国家；h. 信息服务跨国流动不仅导致一种依赖，而且可能损害国家主权。信息服务贸易自由化的严重影响有二：其一，信息服务业包括信息传输网、网络终端、计算机服务和信息基础设施等高度集中于发达国家，由于电信成本下降，许多发展中国家的公司将会发现，通过海外信息服务业拥有其自身的设计、计算和加工数据库将更为经济且方便，这种信息的大量外流造成国家信息资源严重损失；其二，信息服务贸易依赖性使发展中国家更易受外国的压制，因为那些对于发展中国家经济发展意义重大的核心信息资料，可能由于政治、经济或其他原因而受到外国政府的控制；i. 服务贸易自由化可能会损害发展中国家的国家利益和消费者利益。

发展中国家对服务进行管制，一是为了国家安全，保护文化价值和减少依赖程度；二是为了保护消费者利益。概括起来，服务自由化主要从以下几方面影响发展中国家的国家安全：a. 可能对其幼稚服务业造成毁灭性打击，不利于保护本国民族服务业，影响本国就业，动摇国家经济独立性的基础；b. 由于要取消对外国投资的某些限制，从而对本国金融服务市场稳定和安全构成潜在威胁，进而可能影响国家政权的稳定；c. 由于服务大量进口诱使外汇外流，不利于发展中国家实现国际收支平衡目标，从而可能弱化国家的总体经济目标；d. 可能影响本国电信服务市场的正常发展，这不仅可能弱化对国家政治、军事和经济机密的保护，而且可能侵犯国家主权；e. 可能威胁本国文化市场的安全，威胁本国民族文化的独特性和创造性，从而影响本国精神文化的正常发展。基于这些原因，发展中国家制定各种非关税壁垒限制外国服务的进口，以此实现本国经济发展目标，或抵御外国文化入侵，防止"服务帝国主义"。

然而，需要指出的是，以国家安全或其他理由对本国服务贸易进行出口控制或进口限制的保护政策，都将面临一定的保护成本。所以，无论是发达国家，还是发展中国家，都面临在国家利益、国家安全利益与服务贸易利益三者之间进行权衡或抉择的问题。在不同时期，三种利益的权重对于政府决策者来说可能不同，但国家利益应随着经济规模的扩大而不断扩散和增长，国家安全利益与服务贸易利益之间的利益分割线有可能是一条随时间而波动的曲线。

（2）服务贸易自由化与国家竞争力。由图 4-8 可知，国家安全利益与服务贸易利益之间的利益分割线是一条波动曲线，其原因在于服务贸易将给贸易国带来强有力的竞争力。前面分析已经表明，服务贸易自由化推动服务部门专业化的发展，而服务部门专业化一方面产生规模经济效益；另一方面导致服务部门技术标准化和服务综合化。这些均构成一国服务部门竞争力的基础。政府在权衡国家安全利益和服务贸易利益时将随着时间而波动，有时可能更多地强调国家安全利益，有时则更多地考虑维护或提高竞争力。例如，军用信息技术往往领先于民用信息技术，一旦前者转化为后者将会极大地推动工业、服务业，特别是服务贸易的发展，但当国家安全的要求特别强烈时，不仅限制军民两用信息技术出口，而且还限制这种转化，最终可能损害国家经济竞争力。

图 4-8 所示的形状是建立在服务贸易自由化可以提高竞争力的假设基础上的，这种假设先后被 M·波特等经济学家从不同角度给予理论分析和数据论证。获得低成本优势和寻求产品差异性，是服务贸易自由化提高厂商乃至国家经济竞争力的基础。在此基础上，服务贸易给予厂商或国家竞争优势的基本要素可分解为六个：a. 服务技术（高技术）要素。服务贸易或依靠服务技术基础设施，或借助物理载体和其他高技术方式来实现，从而促使厂商及时采用各种最新信息技术以获取成本优势和产品差异，提高竞争力；b. 服务资源要素。高昂的初始投资产生的服务贸易对象如数据库、网络信息、软件、音像制品、专利技术、文艺作品或其他知识产权产品等，构成国家服务资源的基本要素之一。与自身开发服务资源相比，服务贸易使厂商能够获得相对低成本的服务资源而取得竞争优势；c. 服务管理要素。现代服务产品多属于技术与管理密集型产品，服务贸易过程既是实施服务管理的过程，又是提高服务管理技术和质量的过程。服务贸易提高厂商的服务管理效率；d. 服务市场要素。服务贸易自由化为国内厂商提供了一条利用国际服务市场的可能途径，外国服务厂商进入国内市场将加剧国内服务市场竞争，导致服务价格下降和服务质量提高，从而给外向型厂商提供了低成本参与国际竞争的外部条件，提高了本国厂商的国际竞争力。这四种要素不仅给厂商带来竞争优势，而且也给政府带来管理效率，这无疑间接地提高了国家的竞争优势；e. 服务资本（投资）要素。前面已指出，服务贸易往往与对外直接投资活动紧密联系在一起。服务贸易带来外国直接投资，而外国资本的持续流入需要各种跨国服务来支持，这既是跨国公司产业内贸易的需要，也是市场全球化发展的需要。外国资本的持续流入将不断提高本国市场的开放度，而本国市场开放度被认为是国家竞争力的指标之一；f. 服务产品要素。服务贸易内含的服务技术、资源、管理、市场和投资诸要素的有形或无形跨国流动，必然促进服务产品的生产和销售，从而促进国家产业升级和服务产业规模发展，提高国家整体竞争力。

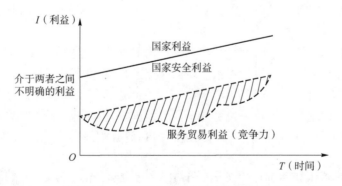

图 4-8 国家利益、国家安全利益与服务贸易利益之间的关系

如果将上述 6 要素与波特的国家竞争优势组合理论结合起来，就形成如图 4-9 的形式。波特认为，需求条件、生产因素、相关与辅助产业、厂商策略（企业结构和行业竞争）、机会和政府构成一国竞争力的基本因素。在这些因素形成的钻石体系的演变过程中，波特指出，国家经济竞争力的提高一般经历 4 个阶段：第一阶段为生产要素主导阶段，如农业生产优势依赖于基本生产要素；第二阶段为投资因素主导阶段，国家竞争优势主要表现为政府和

企业积极投资，生产因素、厂商决策和竞争环境持续改善；第三阶段为创新主导阶段，该阶段的竞争产业建立在较为完整的竞争力钻石体系上，企业向着国际化和全球化方向发展；第四阶段为丰裕主导阶段，该阶段竞争力来自前三阶段财富与创新技能的积累。如果说波特理论在一定程度上反映国家竞争力变化过程的话，那么，服务贸易将对除第一阶段外的其他三个阶段的发展产生影响，而且这种影响随着经济竞争力水平的提高而不断加深。

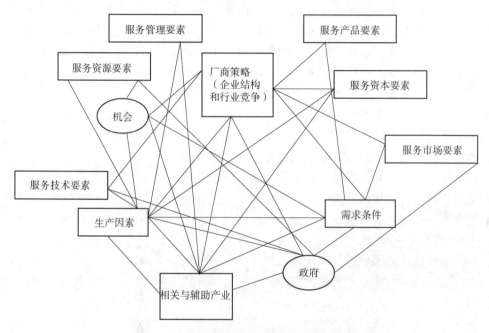

图4-9 服务贸易与国家竞争优势的内在联系

总之，服务贸易自由化既与一些敏感性问题，如国家安全，特别是经济安全和文化安全密切相关，又对国家经济竞争力的提高发挥着越来越强烈和越来越广泛的影响。正因为如此，目前还没有一个国家愿意完全开放本国服务市场，也没有一个国家倾向于执行严格的服务进口替代政策。

发达国家服务贸易自由化的政策取向：在服务贸易方面，特别是在占有优势的行业中，发达国家发展较早，而且比较成熟，在服务贸易自由化进程中担当着重要角色，对相关政策具有较大的自主选择权。发达国家对处于不同发展程度的国家采取差异性的政策，对发展中国家的要求是以服务换商品，即发达国家以开放其商品市场作为交换条件要求发展中国家开放其服务市场；对于同等发达国家或地区，则要求相互开放本国服务市场，这就是所谓的"服务贸易补偿论"。

由于发达国家在服务领域的领先地位，政策选择上更加自主，因此在服务贸易自由化中显得更加积极。他们对于自身占有比较优势的服务行业，在服务贸易政策选择上会针对性地主张自由贸易，并对不同国家采取不同的战略，但同时，这些国家也会以维护国家安全和竞争优势为借口，强调有必要对本国服务出口采取管制政策。发达国家借助自身政治、经济等优势力量强迫其他国家开放服务市场，或者限制本国涉及敏感性问题的服务出口，都是以他们自身的利益为出发点。对此，在服务领域落后的发展中国家必须采取相应的对策，在贸易自由化中获取贸易利益的同时，也要保护本国的国家安全。

我们不能简单地得出结论，服务贸易自由化是否符合发展中国家的利益。然而，在服务贸易自由化大趋势下，发展中国家能否从中获利，在很大程度上取决于自身的政策取向。

发展中国家为保护国家经济安全和文化遗产，甚至为捍卫国家主权，对外国服务进出口采取种种限制乃至完全禁止的政策是可以理解的。在现阶段完全开放本国服务市场，特别是金融服务市场，对于发展中国家是不现实的自由化理想，至少对于本国经济安全来说是危险的，特别是对那些经济规模较小的发展中国家。然而，如果完全封闭本国服务市场，这既难以有效做到，又会带来一些保护成本。因此，发展中国家既难以选择传统的保护战略，特别是像工业那样选择传统的进口替代战略，又不能选择一步到位的完全自由化战略，于是，混合型、逐步自由化的服务贸易发展战略就成为发展中国家的备选方案。

发展中国家在服务贸易自由化进程中，应注意两点：一是开放的基本步骤和顺序；二是每个基本步骤和顺序中涉及哪些服务部门或服务领域，它们对于开放服务市场的影响如何。按照这样的思路，发展中国家开放本国服务市场可以按照以下5个步骤进行。

①逐步放松国内服务市场的管制。对于大多数发展中国家来说，放松对本国内服务市场的管制是服务贸易自由化的首要步骤。在该阶段，发展中国家面临的主要问题是，如何在放松管制与允许外国服务企业进入之间做出选择以提高本国福利。对于发展中国家来说，服务贸易自由化应该是一个渐进的过程，不可操之过急。那些推进本国服务市场特别是金融服务市场自由化步伐过快的国家，如泰国等，正在接受现代服务市场开放过度所带来的重大金融挑战。本国经济容量较小，经济增长放慢，服务市场开放度超越商品贸易和服务贸易自由化进程，成为1997年下半年东南亚金融危机的部分内因。东南亚金融危机从一个侧面说明，保持本国服务市场的适度开放，特别是与商品贸易和服务的开放度相互适应，对于那些期望借助服务贸易提高经济竞争力的发展中国家来说，不仅重要，而且必要。

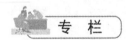

专　栏

所谓幼稚产业是指某一产业处于发展初期，基础和竞争力薄弱但经过适度保护能够发展成为具有潜在比较优势的新兴产业。在保护幼稚产业上，如何界定和选择幼稚产业是一个关键，选择不好就可能导致保护落后，保护需要大量的投入，付出一定的代价。

穆勒标准

如果某个产业由于缺乏技术方面的经验，生产率低下，生产成本高于国际市场价格而无法与外国企业竞争，在一定时期的保护下，该产业能够提高效率，在自由贸易条件下存在下去，并取得利润，该产业即为幼稚产业。概括为如下：①正当的保护只限于对从外国引进的产业的学习掌握过程，过了这个期限就应取消保护。②保护只应限于那些被保护的产业，在不久之后，没有保护也能生存的产业。③最初为比较劣势的产业，经过一段时间保护后，有可能变为比较优势产业。

巴斯塔布尔标准

受保护的产业在一定的保护期后能够成长自立，为保护、扶植幼稚产业所需要的社会成本不能超过该产业未来利润的现值总和，符合条件的即为幼稚产业。概括为如下：①受保护的产业在一定时期以后，能够成长自立。②受保护产业将来所能产生的利益，必须超过现在因为实行保护而必然受到的损失。

肯普标准

除了前两个标准的内容外，应考虑产业在被保护时期的外部效应，如具有外部性，该技术可以为其他产业所获得因而使得本产业的利润无法增加，将来利润无法补偿投资成本，国家应该予以保护。只有先行企业在学习过程中取得的成果具有对国内其他企业也有好处的外部经济效果时，这种保护才是正当的。因为开创一种新的幼稚产业，先行企业本身的投资大、成本高，要冒很大的风险，而成功之后很容易被其他企业模仿，后来进入该产业的企业也可享用最早的幼稚工业所开发的知识与经验，导致市场竞争激烈，原先的先行企业无法获得超额利润以补偿学习期间所付出的代价。对于这种幼稚产业，政府应当采取保护措施，否则企业就不愿投资于这种具有外部经济效果的产业。

小岛清的标准

应根据要素禀赋比率和比较成本的动态变化，选择一国经济发展中应予保护的幼稚产业。只要是有利于国民经济发展的幼稚产业，即使不符合巴斯塔布尔或肯普准则，也是值得保护的。至于怎样确定这种幼稚产业，则要从一国要素禀赋状况及其变化，从幼稚产业发展的客观条件方面来考察这一问题。概括为如下几点：①所保护的幼稚产业要有利于对潜在资源的利用。②对幼稚产业的保护要有利于国民经济结构的动态变化。③保护幼稚产业，要有利于要素利用率的提高。①

---

②逐步开放本国商品贸易市场，降低商品关税水平。开放本国商品贸易市场是开放服务市场的充要条件，或者说，只有先在本国商品贸易上逐步实现自由化，方能谈得上服务贸易自由化问题，至少说，服务贸易自由化步伐不能快于商品贸易自由化进程。原因在于，前面的理论分析已经表明，如果本国商品贸易被关税扭曲的话，允许本国服务贸易自由化将比在闭关自守情形下的损失更大，小国的损失比大国更大。现代信息服务贸易是服务贸易的核心领域。现代信息服务贸易自由化更应当与现代信息产品贸易自由化相互适应。目前，发达国家已大幅度削减其在信息产品上的关税水平，部分新兴工业化国家和地区也对信息产品贸易采取了低关税政策，为这些国家和地区推行信息服务贸易自由化做好了准备。然而，大多数发展中国家在信息产品上的关税水平依然较高，如果要求这些发展中国家也像发达国家或部分新兴工业化国家和地区那样开放本国信息服务市场，其结果对发展中国家来说将是灾难性的，至少本国因此而获得的福利收益不会比不这样做更好。这都说明，发展中国家甚至多数新兴工业化国家和地区在服务贸易自由化方面还要走很长的路。事实上，即使是发达国家，也会由于它们在服务产品领域竞争力的差异而对服务贸易自由化表现出不同的态度。

③逐步开放服务产品市场，减少服务产品领域非关税壁垒。理论研究表明，一国开放服务产品市场与开放服务要素市场的顺序将会给国家带来不同的福利影响，不同顺序的政策选择带来的收益又会因不同的环境限制而有所不同。在服务贸易领域，由于服务对于国家安全的重要性，将其放在商品市场的开放之后是合适和稳健的政策选择。目前，在服务产品方面处于优势地位的发达国家也没有完全对外国服务提供者开放本国服务产品市场。由此看来，多数发展中国家距离开放本国服务市场所要求具备的条件和环境依然十分遥远，在开放之前需要更加谨慎地开放本国的服务产品市场。

---

① MBA 智库，https://wiki.mbalib.com/wiki/%E5%B9%BC%E7%A8%9A%E4%BA%A7%E4%B8%9A。

④逐步开放服务要素市场，减少有形服务贸易的关税和非关税壁垒。服务要素主要包括技术、资本和管理等，开放服务要素市场的基础来自国内服务竞争力的增强，当国内服务行业竞争力达到世界领先地位的时候，服务的自由化也自然水到渠成。一旦发展中国家开放本国服务要素市场，就离实现服务贸易自由化的目标不远了，开放服务要素市场意味着国内服务竞争力的增强。事实上，目前即使是发达国家也没有充足的信息完全开放本国服务要素市场，限制劳动力跨国提供服务的措施依然大量存在，特别是在欧盟成员国中。逐步减少和拆除服务产品贸易上的各种壁垒，逐步开放服务要素市场，是发展中国家服务贸易自由化进程中的一项重要内容。

⑤逐步推行服务贸易自由化。实现服务贸易完全自由化在理论上是可行的，而且会给贸易国带来比商品贸易自由化更高的贸易收益，对于世界福利是最优的方式，但在现实环境中却很难实现，至少难以被多数国家接受。由于各国在服务领域具有不同的文化等特色，考虑到各国政治、经济等利益，必然是有约束的自由化，必定存在政府的干预和管制。因此，在自由化的条件成熟时，推行自由化依然要逐步进行。在推行过程中，发展中国家政府政策安排得当，才能使其在服务贸易自由化中获得更大的收益。

综上所述，只有提高经济竞争力，才能从根本上维护国家安全，特别是经济安全，而只有维护基本的国家经济安全，才可能谈得上提高经济竞争力。无论是服务贸易发达的国家，还是服务贸易相对落后的发展中国家，推动服务贸易自由化的政策都带有明显的管理贸易色彩。所有国家在选择自由化的政策时，都将面临保护成本和贸易利益之间的选择，都将在国家利益与贸易利益之间进行权衡和抉择，而处于不同时期的国家，这些利益之间的权重也各不相同，政策的选择也将不断改变和修正。总而言之，出于国家安全和竞争力的考虑，服务贸易既不可能出现古典式的纯粹自由贸易，也不可能出现传统工业进口替代那样的保护贸易，最有可能成为各国服务贸易发展目标的将会是有管理的服务贸易自由化，但这也需要经历一个漫长的过程。

4.3 服务贸易保护政策

随着服务贸易在全球贸易中地位的日益突出，对服务贸易的保护越来越为各国政府所重视。对商品贸易的保护，人们很容易用关税和非关税壁垒来加以概括，但对服务贸易的保护却不那么直观、简单，无论在形式上还是在内容上，都远比商品贸易复杂、严厉。《服务贸易总协定》的签署，标志着服务贸易将成为今后世界贸易组织多边贸易谈判的重点。那么，如何正确认识各国的服务贸易保护，通过谈判逐步开放各国的服务市场，实现服务贸易自由化，就成为迫切需要解决的问题。

4.3.1 服务贸易壁垒

1. 服务贸易壁垒产生的原因

对商品贸易的保护，我们常常用关税和非关税壁垒来加以概括，但是对服务贸易的保护，却不像对商品贸易那样直观和简单，无论从形式上还是内容上，都更加复杂和丰富。尽管乌拉圭回合谈判达成了《服务贸易总协定》，参与国在很多方面取得了一致，但服务贸易壁垒在各国依然普遍存在。导致这种现象的原因有以下几个方面。

（1）保护国内幼稚服务业的建立和发展。随着科学技术的发展和应用，发达国家服务贸易已经从运输、建筑工程等传统领域向知识、技术、数据处理等新兴领域转变，它们在高端服务领域如金融、保险、咨询、信息等行业具有绝对的优势。而广大发展中国家的大多数服务业仍处于幼稚时期，其优势仅体现在旅游、劳务输出等传统行业。在国际服务贸易竞争日益激烈的环境下，两者若按自由开放的原则进行贸易，势必导致发达国家获得贸易的大部分利益，而使发展中国家服务业更加落后。因此，发展中国家不得不采取严厉的保护政策对一些新兴的、幼稚服务产业进行保护。

（2）维护国家经济利益和经济安全。由于比较优势理论的作用，发展中国家担心服务贸易自由化的好处将主要由占比较优势的发达国家获得，而服务贸易自由化将把世界各国的注意力从发展中国家占有比较优势的货物贸易上转移，从而使发展中国家的经济贸易利益受到损害。此外，专业化分工固然可以给各国带来一定的经济利益，但在一国的国民经济结构中，有些部门是必不可少的，缺少了这些部门，国家的经济独立性就会受到极大的威胁，如果国家经济的基础产业和主导产业被外国控制，则其经济结构将在很大程度上取决于外国经济的需要，这就会导致"依附经济"的产生，从而失去经济的独立性。

（3）维护本国的民族文化和社会利益。一国的教育、娱乐、影视等文化服务部门虽然不是国家的命脉，却属于意识形态领域。随着社会的发展，人们在物质生活得到满足之后，对文化的需求越来越大，文化的功能也日益扩大，从而对社会生活产生多方面的影响。例如，伴随着全球化的发展，西方文化的传播、扩散，不仅深刻地侵蚀着发展中国家的民族文化，而且潜移默化地影响着这些国家的生活方式、消费方式、生产方式以及人们的社会心理。为保持本国在政治、文化上的独立性，防止外国文化的大量入侵，各国都会对诸如娱乐、影视、广告业等部门进行保护。

（4）维持国际收支平衡。一国的国际收支平衡反映着其对外贸易经济关系的利益及稳定，因此一国往往会基于该项考虑，对外国服务的输入及其引起的相应的外汇支出进行限制，对服务资本的境内外流动以及外国金融机构在本国的活动进行管制。由于发展中国家在服务贸易国际收支中的脆弱地位，所以该因素经常为发展中国家所考虑。

（5）减轻国内就业压力。增加本国国民的就业机会，充分保护国内劳动力市场，对于维护一国经济和政局的稳定具有直接的影响。如果一国开放国内劳动力市场，势必会带来境外移民的增加，尤其是发展中国家的廉价劳动力必定会给工业化国家某些产业部门的就业工人造成巨大压力，减少当地国民的就业机会。因此，该因素常为各国（尤其是发达国家）所考虑。

专　栏

关税及贸易总协定（General Agreement on Tariffs and Trade，GATT）（以下简称"关贸总协定"）和世界贸易组织（WTO）的重要职能之一是进行多边贸易谈判，通过谈判来要求成员削减贸易壁垒，逐步实现贸易自由化。从1984年关贸总协定成立开始的第一轮多边贸易谈判起，至乌拉圭回合谈判，关贸总协定共有过7轮关税贸易谈判。其中，第1轮至第5轮谈判主要是关税减让谈判，第6轮谈判涉及议题关税和反倾销措施；第7轮谈判主要是关税、非关税措施和"框架"协议，也称东京回合。

2. 服务贸易壁垒的概念

提供国际服务贸易自由化框架的《服务贸易总协定》并未明确定义服务贸易壁垒，只有第1款和第3款提到提高"各成员影响服务贸易的措施"，包括"中央、地区或地方政府和主管机关所采取的措施"，或"由中央、地区或地方主管机关授权行使权利的非政府机构采取的措施"。Hoekman据此把服务贸易壁垒定义为"一成员实施的影响来源于其他成员服务消费的措施"。由于服务有别于商品的特殊性，最为主要的，服务生产与消费同时发生，服务贸易的实现也远比商品贸易复杂，其中，通过外国直接投资以商业存在形式实现的服务贸易地位特殊。Hardin和Holmes因此特别关注了对外直接投资（FDI）壁垒，把它定义为"……任何扭曲有关在哪里和以何种方式投资的决策的政府政策措施……诸如外国投资水平限制之类的政策，或要求通过代价高昂又费时的审查程序以使当局相信FDI是个符合国家利益的项目"。事实上，限制服务贸易的不仅包括上述"人为"壁垒，更多的受自然壁垒限制（如运输、通信和信息技术，文化、语言等）（Hoekman）；不仅涉及公共政策，私人的反竞争手段也会限制贸易（OECD）。

所谓服务贸易壁垒，一般指一国政府对外国服务生产者或提供者的服务提供或销售所设置的有障碍作用的政策措施，即凡直接或间接地使外国服务生产者或提供者增加生产或销售成本的政策措施，都有可能被外国服务厂商认为属于贸易壁垒。服务贸易壁垒当然也包括出口限制。服务贸易壁垒的目的：一方面在于保护本国服务市场、扶植本国服务部门，增强其竞争力；另一方面旨在抵御外国服务进入，削弱外国服务的竞争力。

服务贸易壁垒以增加国外服务生产者的成本达到限制贸易扩大的目的。这种壁垒可以是通过对进口的服务征收歧视性的关税形式，也可以是通过法规的形式使国外的服务生产者增加不必要的费用。例如，对想要出国旅行的人征收人头税，这实际上是增加了旅游服务进口的成本。再如，国内的相关法规仅仅对本国开展业务的外国保险公司要求配备所有领域的保险专家，但又不允许该公司承担所有的这些领域的业务，这种做法明显地增加该公司的负担并带有一定的歧视性。

服务贸易壁垒还可以采取与商品贸易中的数量限制相同的形式，控制外国公司提供的服务数量，甚至禁止外国公司提供某些领域的服务。例如，加拿大对在加拿大开业的外国银行的存款和贷款数额有严格的上限控制，而韩国要求在韩国的外国公司禁止提供或承担有关人寿保险、火灾保险和汽车保险等的服务业务。

但是，并不是一切限制服务进口的法规都是服务贸易壁垒。例如，一国政府对本国生产者和外国生产者采取不同的规章制度，进行区别管理来实现其某些国内经济目标，达到限制服务进入的目的。举例来讲，政府为了保护保险服务的购买者，而对保险公司的财务状况进行必要的定期审计，而对于在外国注册的保险公司的财务是很难开展有效审计的。所以，政府便规定在外国注册的保险公司，必须在当地银行有一定数额的存款来加以管理。在这种情况下，政府对外国和本国的企业采取不同的规章，但其不是为了歧视，而是为了达到国内政治经济目标所必须做的，所以，这种措施尽管限制了服务进入，仍不应视为服务贸易壁垒。相反，在某些情况下，对外国和本国厂商采取相同的法规，却具有高度的歧视性，这种措施反而应该被视为服务贸易壁垒。例如，外汇管制对本国服务提供者和外国服务提供者表面上都一样适用，可是，事实上都足以阻止外国服务提供者进入本国市场。再如，德国曾提出对于外国在其境内设立的金融机构的总经理要求有很深的德文造诣，显然这样的要求对于德国金融机构中的德籍总经理们来讲是不成问题的，但是，对于外国金融机构中的外籍总经理们来讲那就是个大问题了。

限制外国公司的经营业务范围是另一种服务贸易壁垒。例如，很多国家规定外国服务提供者不能开展某些服务业务，或者如果打算开展某些服务业务时要具备比本国企业高得多的条件才行。服务贸易壁垒也将外国服务公司的开业和营业限制经常联系在一起，有些贸易专家认为，对外国公司投资的当地厂家在销售服务时的一些限制，通常应该视为投资壁垒，而不是服务贸易壁垒。事实上，投资壁垒自然而然地会对商业存在形式的服务产生限制作用。因为贸易和投资一般是密不可分的，所以，投资壁垒经常在一定程度上也会是服务贸易壁垒。

政府对信息、人员、资本以及携带信息的商品的移动所实施的限制措施其实也是一种服务贸易壁垒，因为它限制了服务在国际国内的自由移动。例如，资本、货币自由移动的限制就阻碍了国家间银行、保险服务贸易的开展，而对信息移动的限制则阻碍了信息处理服务和信息使用服务的国际贸易。对人员移动的限制则阻碍了旅游服务、教育和专业性服务的发展以及国家间的贸易。这几个方面的限制都会对国际服务贸易产生巨大的阻碍作用。

有别于有形的货物贸易，服务贸易标的的无形性、不可存储性、生产与消费的同步性等特点，决定了服务贸易壁垒主要有以下几方面特点：a. 以国内政策为主；b. 较多对"人"（自然人、法人及其他经济组织）的资格与活动的限制；c. 由国内各不同部门掌握制定，庞杂复杂、缺乏统一协调；d. 更具刚性和隐蔽性、选择性和保护力强，并与投资壁垒、政府管制联系更为密切，政策保护的目标也更为广泛；e. 除了商业贸易的利益外，还强调国家的安全与主权利益等作为政策目标。

OECD指出了服务的一些特性，如无形性、普遍实行制度干预、要求生产者与消费者接近等，这些特性决定了服务贸易的限制大多表现为非关税壁垒，典型的是市场准入限制，即限制外国服务和服务提供者进入本国市场。布瑞恩和阿迪亚认为，服务业普遍存在非关税壁垒，服务贸易自由化的过程相当复杂。非关税壁垒普遍存在的一个主要原因，是由于服务行业的市场不完善。服务行业的许多贸易壁垒是有法律意图的国内政策带来的副作用。迪伊和芬德利提到服务贸易不同于货物贸易的性质，决定了服务贸易壁垒表现形式不同于传统货物贸易壁垒，其无形性使各国主要是通过制定有关市场准入或竞争的限制性法规，以及签订双边或区域保护协定来保护服务贸易；服务贸易缺乏"独立性"使各国许多非贸易性国内措施也会严重阻碍服务贸易。

3. 服务贸易壁垒的特点

（1）隐蔽性强。由于服务贸易的标的——服务比较复杂，使各国对本国服务业的保护无法采取关税壁垒的方式，只能采取在市场准入方面予以限制和在进入市场后不给予国民待遇等非关税壁垒方式。由于非关税壁垒相对于关税壁垒来说具有较大的不透明性，这使国际服务贸易壁垒也具有很强的隐蔽性，使人很难在带有歧视性的贸易壁垒与对服务业的正常管理措施之间做出明确认定。

（2）保护性强。由于各国（尤其是发展中国家和发达国家之间）服务业的发展程度存在相当的差别。同时，服务业涉及一国的国家经济安全和政治利益，所以各国设置的服务贸易壁垒保护性普遍较强。在高强度的保护措施下，外国服务提供者或者不能进入本国市场，或者虽然能够进入本国市场，但是仍在国内立法方面设置重重壁垒，提高服务生产者生产服务的成本，削弱其竞争力，直至其自动退出本国市场。

（3）灵活性强。由于服务贸易壁垒具有很强的隐蔽性，既可以表现为一国的法律性措施，也可以表现为一国的政策性措施或行政性措施，或表现为一国的消极怠慢行为。这些措施既可以针对外国服务对本国的市场准入，也可以针对外国服务进入本国市场后采取的经营管理形式和方法，因此选择性很广，一国可根据自己的需要，灵活选择使用适当的壁垒形式。例如，对于外国的信息服务，一国既可以不允许其进入本国市场，也可以在允许其进入本国市场后，要求其必须接受本国对其内容的审查，并必须使用本国的传输服务等。

（4）与投资壁垒联系密切。由于消费服务的当地化倾向，服务贸易与投资通常密不可分，因而服务贸易壁垒也往往与投资壁垒交织在一起并通过投资壁垒实现。无论是发达国家还是发展中国家，服务业的投资活动都受到比其他产业更严格的限制。服务业的直接投资不仅受制于东道国的投资政策，而且还受到国家安全战略乃至社会文化政策的约束。各种投资的壁垒在一定程度上就是服务贸易壁垒。

（5）关联性强。在国际服务贸易所涉及的服务各要素中，只要对其中的一种要素设置障碍，就可能会影响其他要素的流动，进而影响到整个服务贸易。例如，由于服务投资要靠人来管理和经营。因此，如果只允许资本流动（即允许以商业存在的形式进行服务业的投资），但不允许有关经营管理人员流动进入东道国，就会使整个投资所追求的结果无法实现；反之，如果只允许自然人流动，而不允许资本流动，就无法实现在东道国的规模化服务贸易，并给人员提供服务带来场地、媒介、设施等方面的困难。如果限制信息的流动，就会使大量的赖于信息传递的服务无法实现，这时，即使人员、资本、货物能够流动，这种流动也已经不具有服务贸易的意义。这种情形在国际信息贸易中表现得尤为突出。

4. 服务贸易壁垒的分类

据关贸总协定统计，目前国际服务贸易壁垒多达 2 000 多种。与商品贸易相似，服务贸易壁垒也大体划分为关税壁垒与非关税壁垒两大类；与商品贸易不同，非关税壁垒在服务贸易理论分析中占有更重要的位置。有关服务贸易壁垒分类的讨论有许多，下面介绍几种。

GATS 将服务贸易壁垒大体分为两类：限制企业在一个部门建立和运营的市场准入壁垒；对国民待遇加以限制，阻碍外国企业在一个部门建立和运营。前者一般是非歧视性的，后者则是歧视性的。市场准入壁垒在电信部门很明显，国民待遇限制在金融服务领域很明显。

根据 GATS 定义的 4 种服务贸易供应模式，1995 年，特比尔科克（M. J. Trebilcock）和豪斯（R. Howse）把服务贸易壁垒分为四类：a. 直接且明显的歧视性壁垒，即直接针对服务业的明显的贸易壁垒，如电视广播中对国内内容的管制、外国人建立和拥有金融机构的限制；b. 间接且明显的歧视性壁垒，即不是专门针对服务业但明显歧视外国人或要素在国家间流动的贸易壁垒，如对移民以工作为目的的暂时入境的限制，向国外付款和支付的限制等；c. 直接且明显中性的贸易壁垒，即对国内外单位和个人都限制的服务业管制，如电路和电信的管制；d. 间接且明显中性的壁垒，即并非针对服务业，也并非针对外国人的壁垒，如国内标准、职业服务的许可证、文凭或凭证规定。

豪克曼和布来格（Braga）将服务贸易壁垒的主要形式分为以下几类。

第一类是基于数量的限制，如引入配额或其他形式的数量限制。这些限制更偏向于加给服务提供者而不是服务本身，如当地含量要求或双边领空协议。最终端的例子就是完全禁止引入服务。

第二类是加在服务价格上的限制。在一些部门，政府会指派监管人员对价格进行控制。当能够判别公司所属国时，政府普遍采用这种约束方法作为贸易壁垒。虽然大部分服务贸易壁垒都是非关税方法，有时候也会采取一些关税方法。一些征收费用的方法就表现出关税的特点，如游客入境签证费和歧视性的飞机着陆费。

第三类限制更多的涉及政府的参与。不管是国内还是国外的工人，必须从指定的机构取得执照或证书才有权提供服务。如果政府支持国内服务人员，就会对外国工人提出歧视性的限制条件。这种类型的限制在医疗服务部门尤其常见，也经常应用于法律和金融服务部门。在政府采购方面，法规往往是歧视外国公司的，政府采购常以有利价格甚至完全禁止的方式照顾本国服务及商品提供者。

第四类是限制服务进口商进入分销网络。如果服务提供者依赖于当地分销网络消化他们的产品，对他们任何形式的歧视都会大大削弱他们的竞争力。这种壁垒在运输和通信服务部门最突出。

这种分类按具体表现形式把服务贸易壁垒分为：a. 配额、当地含量和完全禁止；b. 基于价格的手段，如签证费、出入境税、歧视性的飞机着陆费和港口税等；c. 从业标准、许可和政府采购；d. 分销网络使用上的歧视等。虽然该分类很有说服力，但有一定的局限。他们所考虑的壁垒是将服务进口商和国内供应商不公平对待的歧视性壁垒。芬德雷（Findlay）和沃伦（Warren）指出了非歧视性壁垒的重要性，如同等对待国内和国外服务供应商的壁垒。这种壁垒需要在比较跨国服务贸易时加以注意。

R·鲍德文将主要贸易壁垒分为12种，美国经济学家S·本茨将其中的11种分成两大类别应用于服务业。

第一类是投资/所有权问题，包括以下几种：a. 限制利润、服务费和版税汇回母国；b. 限制外国分支机构的股权全部或部分由当地人持有或控制，这基本上等同于完全禁止外国公司进入当地市场；c. 劳工的限制，如要求雇佣当地劳工，专业人员须经认证以及取得签证和工作许可证等；d. 歧视性税收，如额外地对外国公司收入、利润或版税征收不平等税赋等；e. 对知识产权、商标、版权和技术转移等信息贸易活动缺乏足够保护。

第二类是贸易/投资问题，包括以下几种：a. 政府补偿当地企业并协助它们参与当地或第三国市场的竞争；b. 政府控制的机构频繁地执行一些非营利性目标，以限制外国生产者的竞争优势；c. 烦琐的或歧视性许可证规定、收费或税赋；d. 对外国企业某些必要的进口物质征收过高的关税，或直接进行数量限制，甚至禁止进口；e. 不按国际标准和惯例生产服务；f. 限制性或歧视性政府采购规定。

上述服务贸易壁垒的分类较为零散，不便于理论分析。于是人们选择了一种比较合适的分类方法，即把服务交易模式与影响服务提供和消费的壁垒结合起来进行分类，从而将服务贸易壁垒划分为产品移动、资本移动、人员移动和开业权壁垒4种形式。

（1）产品移动壁垒包括数量限制、当地成分或本地要求、补贴、政府采购、歧视性技术标准和税收制度，以及落后的知识产权保护体系等。数量限制如不允许外国航空公司利用本国航空公司的预定系统，或给予一定的服务进口配额；当地成分如服务厂商被要求在当地购买设备，使用当地的销售网或只能租赁而不能全部购买等；本地要求如德国、加拿大和瑞士等国禁止在东道国以外处理的数据在国内使用；政府补贴本国服务厂商也能有效地组织外国竞争者，改变补贴可能改变某个厂商在本国服务贸易上的竞争优势，如英国政府改变在英国学习的外国留学生的补贴，由此使学费高到足以禁止留学的程度；政府采购如规定公共领域的服务只能向本国厂商购买，或政府以亏本出售方式对市场进行垄断，从而直接或间接地排斥外国竞争者；歧视性的技术标准和税收制度，如对外国服务厂商使用设备的型号、大小和各类专业证书等的限制，外国服务厂商可能比国内厂商要缴纳更多的交易附加税、经营所得税和使用设备（如机场）的附加税；缺乏保护知识产权的法规或保护知识产权不力，都可能有效地阻碍外国服务厂商的进入，因为知识产权既是服务贸易的条件，也构成服务贸易的内容和形式。美国政府估计，每年外国盗版影视片使美娱乐业出口损失约 10 亿美元，大约 80% 的影片不能从影剧院的票房收入中收回成本，即使加上出口，仍有大约 60% 不能收回成本。

（2）资本移动壁垒的主要形式有外汇管制、浮动汇率和投资收益汇出的限制等。外汇管制主要是指政府对外汇在本国境内的持有、流通和兑换，以及外汇的限制等。外汇限制主要是指政府对外汇在本国境内的持有、流通和兑换，以及外汇的出入境所采取的各种控制措施。外汇管制将影响到除外汇收入贸易外的大多数外向型经济领域，不利的汇率将严重削弱服务竞争优势，它不仅增加厂商经营成本，而且会削弱消费者的购买力。对投资者投资收益汇回母国的限制，如限制外国服务厂商将利润、版税、管理费汇回母国，或限制外国资本抽离回国，或限制汇回利润的额度等措施，也在相当程度上限制了服务贸易的发展。这类措施大量存在于建筑业、计算机服务业和娱乐业中。

（3）人员移动壁垒。作为生产要素的劳动力的跨国移动是服务贸易的主要途径之一，也自然构成各国政府限制服务提供者进入本国或进入本国后从事经营的主要手段之一。种种移民限制和出入境烦琐手续，以及由此造成的长时间等待等，都构成人员移动的壁垒形式。在一些专业服务如管理咨询服务中，能否有效地提供高质量服务通常取决于能否雇佣到技术熟练的人员。例如，在美国与加拿大之间存在工作许可证制度，某个美国公司在加拿大的分公司需要维修设备，技术人员就在 1 千米之外的美国境内，但他们却不能进入加拿大境内开展维修业务，而是从更远的地方，或用更多的等待时间雇佣加拿大维修人员来工作。又如，印度尼西亚通过大幅度提高机场启程税的方式，限制为购物而前往新加坡的本国居民数量。

（4）开业权壁垒又称生产者创业壁垒。据调查，2/3 以上的美国服务业厂商都认为开业权限制是其开展服务贸易的最主要壁垒。在与被调查厂商保持贸易关系的 29 个国家中都有这类壁垒，即从禁止服务进入的法令到东道国对本地成分的规定等。例如，1985 年以前澳大利亚禁止外国银行设立分支机构，1985 年后首次允许外资银行进入，但仅从众多申请机构中选择了 16 家银行，其选择标准是互惠性考虑和公司对金融制度的潜在贡献。加拿大规定外国银行在国内开业银行中的数量不得超过预定比例等。一般地，即使外国厂商能够在东道国开设分支机构，其人员构成也受到诸多限制。除移民限制外，政府有多重办法限制外国服务厂商自由选择雇员，如通过就业法规定本地劳工比例或职位等。美国民权法、马来西亚定额制度、欧洲就业许可证制度、巴西本地雇员比例法令等，都具有这类性质。有些国家还规定专业人员开业必须接受当地教育或培训。对在外国注册或取得的医生、律师执业资格的歧视也较普遍，因而限制了外国医生、律师等在本国开业。此外，许多国家不允许国外经营者在本国开办旅行社、广告公司、零售和批发商业网点等服务经营实体。

值得注意的是，随着服务贸易自由化的逐步推进，以开业权限制等为表现形式的绝对的进入壁垒正面临越来越大的国际压力,对经营的限制成为国际服务贸易的一种重要的壁垒形式。经营限制是通过对外国服务实体在本国的活动权限进行规定,以限制其经营范围、经营方式等,甚至干预其具体的经营决策。例如,对外资金融保险机构,禁止其经营某些业务;对外国银行,限制其只能在低储蓄率的地区开业;或通过信用额度限制、储备金要求、资本控制等手段进行调控以确保国内货币政策的顺利执行以及本国国际收支的安全和国内资本市场的健康发育;对外国咨询公司,要求其必须与本国相应的机构合作经营业务等。对具体经营权限的限制则既体现了适度的对外开放,又往往能有的放矢地削弱外国服务经营者在本国的竞争力和获利能力。并且,这还是一种"可调性"较强的壁垒,各种经营限制的内容及限制的程度、方式等,均可依照本国社会经济及产业发展的要求和国际服务贸易自由化推进的要求,不断做出相应的变化和调整。

Hardin 和 Holmes 在讨论影响 FDI 的贸易壁垒时,将 FDI 壁垒定义为"……影响投资地点和方式的政府政策及措施。""……可以按壁垒对投资的哪方面影响最大将其分类:建立、所有、控股以及运作。"他们还提供了其他一些最常用的 FDI 壁垒的信息,这些壁垒在亚太经合组织经济体中尤为常见,共同点包括:对国外投资者造成不同程度负担的注册申请或审查程序;有关外国所有权比重的限制,尤其是在私有化方面;通常以国家利益为标准,广泛使用逐案裁决;广泛地使用所有权和控制权方面的限制(如对董事会成员的限制),尤其是在电信、广播和银行业;在服务业投入控制方面相对较少地使用绩效要求。

表 4-1 为联合国贸发会议确定的 FDI 壁垒的主要类别。

表 4-1 联合国贸发会议确定的 FDI 壁垒

市场准入限制	特定部门禁止国外投资 数量箱子(如一些部门 25% 的外国所有权限制) 审查和许可(有时包含国家利益或经济净收益检验) 外国企业合法存在形式的限制 最低资本要求 连续投资的条件选址的条件 进入税
所有权和控股权限制	必须与国内投资者合资 限制的外国董事会成员数量,政府指定董事会成员 特定决策需要政府 许可外国股东权利限制 在特定时间内(如 15 年)将一些所有权强制转移给当地
运营限制	绩效要求(如出口要求) 本地限制 劳动力、资本、原材料的进口限制 运营许可或执照 版税的最高限制 资本和利润返回国内的限制

资料来源:联合国贸易和发展会议(1996)。

如果按照"乌拉圭回合"谈判采纳的方案，服务贸易壁垒又可分为两大类：影响市场准入的措施和影响国民待遇的措施。虽存在某些无法归入以上两大类的其他措施，如知识产权等，但人们认为现在应集中探讨市场准入和国民待遇问题。将贸易壁垒以影响市场准入和国民待遇为原则进行划分，也是较为有效的分类方法。原因在于：首先，它便于对贸易自由化进行理论分析。现有国际贸易理论一般从外国厂商的市场准入和直接投资环境两大角度，分析贸易自由化的影响；其次，它便于分析影响服务贸易自由化的政策手段。

市场准入措施是指那些限制或禁止外国企业进入国内市场，从而抑制国内市场竞争的措施。市场准入限制措施主要包括以下几类：a. 对交通运输、广播电视、大众传媒、电信等对国家安全、领土主权、宣传舆论和文化等具有重大影响的服务部门或企业，禁止或完全禁止外国直接投资的进入；b. 有偏向性地限制某类投资方式。如禁止或限制采用企业吞并、兼并手段的条款，防止外国服务企业兼并国内相关企业。再如中国近海石油服务、地下勘测服务，仅限于少数国家的企业合资或合作；c. 对服务业外来投资规定其在企业中的最高所有权比例。如中国的海运代理服务，仅限于设立合资企业形式，外资股权比例不得超过49%；电影院服务外资不得超过49%；d. 对服务业投资地域和企业数量的限制。如中国在2001年"入世"时承诺在五年内分批增加允许外资银行经营人民币业务的城市，直至2006年全部开放。由于服务部门对国家政治、经济、军事、外交和文化利益影响的重要性，各国对承诺服务部门的市场准入都非常谨慎，虽然国际上对服务贸易自由化的呼声较高，但即使是发达国家，也在千方百计地制定各种基于本国利益的服务贸易限制性壁垒。

国民待遇限制措施是指有利于本国企业，但歧视外国企业的措施，包括为国内生产者提供成本优势，或增加外国生产者进入本国市场的成本。一般来讲，国民待遇原则是国际贸易通行的原则，但是，GATS却没有将它作为一项普遍义务而是作为一项特殊义务规定下来，因此各国可以根据本国具体情况做出不同的规定。一国的国民待遇措施中很多是影响跨国服务企业进行海外投资的关键因素。目前各国在国际服务贸易中的国民待遇原则方面存在的主要限制措施如下：a. 对经营范围和介入当地金融市场的限制，例如法国限制投资业务只能占自由资金的10%，日本和加拿大不允许外国银行进行工商业投资；b. 对企业经营业绩的要求主要有：当地成分、出口、技术转让、国内采购、贸易平衡、就业人事和培训要求，且该要求主要集中在就业和技术转让两个方面；c. 对外汇管理的规定，这主要涉及对外汇款和利润汇回，如巴西对非生产性服务业的利润汇出规定不得超过注册资本的8%；d. 对服务提供者人事资格的限制，如我国规定，外国律师事务所在华代表处不得雇佣中国国家注册律师。

为帮助进一步了解服务贸易壁垒主要种类及其在各行业的表现，表4-2和表4-3列出了常见的服务贸易壁垒种类及内容，从中可以知其概貌。

表4-2 国际服务贸易壁垒简表

项目	运输		电信	数据处理	银行	保险	工程建筑	广告	影视	会计	法律	软件	旅馆
	空运	水运											
数量/质量限制	√					√		√	√	√			
补贴	√			√			√		√				
政府采购	√	√					√	√					

续表

项目	运输		电信	数据处理	银行	保险	工程建筑	广告	影视	会计	法律	软件	旅馆
	空运	水运											
技术标准	√		√				√						
进口许可		√	√			√		√	√				
海关估价			√									√	
货币控制及交易限制			√		√	√	√						
特殊就业条件					√	√				√	√		√
开业权限制					√	√				√			
歧视性税收	√				√	√				√			√
股权限制	√	√			√			√	√				

注："√"表示该项壁垒存在于该行业中。
资料来源：戴超平. 国际服务贸易概论 [M]. 北京：中国金融出版社，1997.

表4-3 世界主要服务业贸易壁垒内容概要

行业	内容概要
1. 航空业	主要涉及国家垄断和补贴问题。世界各国政府一般都给本国航空公司提供优惠待遇，如把空运的货源和航线保留给国内航空公司；为本国飞机提供机构的优先使用权；要求国内用户接受本国航空公司的服务；对国内航空公司给予税收优惠。目前，国际航空服务贸易都是通过对等原则的双边协议进行的
2. 广告业	对外来广告企业要求本国参股权及政府在广告业的竞争中偏袒本国企业是普遍现象。如外国广告企业在设立电视台经营电视广告是受严格限制的。另外，即使这种限制对国内企业一视同仁，但限制的目的也不是保护制造业，而是排斥外国电视广播
3. 银行与保险	主要是开业权和国民待遇问题。对于开业权，许多国家禁止外国银行在本国设立任何形式的机构，有些国家虽允许设立分支机构，但这样的分支机构必须与母行中断业务上的直接联系。对外国银行的非国民待遇还表现在仅提供低储蓄地区（开业）、高税收和限制财产经营范围。对于外国保险公司，一般还要求绝对控股权，以及禁止经营某些保险业务
4. 工程建筑	主要是开业权、移民限制和国民待遇问题。此类服务业是发展中国家的优势所在。对此，一些发达国家都不愿提供开业权。美国在开业权上就有较多的限制，日、美、西欧都坚持不放宽移民限制。大多数的国家都禁止外国公司承建某些工程，而且工程招标中偏袒本国公司
5. 咨询服务业	许多国家对设在本国的外国咨询机构都要求参与权。如印度要求外国咨询公司必须在本国相应的机构合作经营业务。而且，咨询程序上的不透明也阻碍外国机构的活动
6. 教育服务	教育服务与思想意识的传播关系密切，移民限制和歧视外国文凭是国际交流教育服务的主要障碍
7. 医疗服务	主要问题是歧视外国医生的开业资格和对外国医疗设备的进口设立技术障碍

续表

行业	内容概要
8. 电信和信息服务	常遇到国家垄断和控制。另外,还有知识产权保护、"幼稚产业"保护、技术标准和不公平税收等
9. 影视服务业	许多国家对本国影视直接拨款或通过税收优惠进行补贴,而对外国影视业则通过要求参与权、版权保护、进口的国家垄断、限制播放等加以抵制
10. 零售商业	主要涉及各国国内零售规则的透明度不够,不动产所有权、外国雇员的移民限制、利润汇返等
11. 旅游业	与航空客运关系密切,诸如出入境限制、外汇管制、旅游设施所有权、开办旅行社和旅游购物等,都存在贸易壁垒问题
12. 海运业	主要涉及国家特许经营与垄断、为本国海运公司保留货源、倾销性运价等问题

资料来源:江林,王玉平. 关贸总协定法律体系运用指南 [M]. 上海:华东师范大学出版社,1993.

5. 服务贸易壁垒的衡量

专业人士很早就已经开始从量的方面对于非关税壁垒(Non-Tariff Barrier, NTBs)的影响进行衡量。安德森和温科普调查并批评了有关模型化和量化贸易成本的文献。费兰蒂诺对讨论量化货物贸易非关税壁垒的文献做了详细的回顾。

量化服务贸易非关税壁垒以及随之产生的关税等值有三种最常用的方法:频度指数法、价格方法和数量方法。这些方法对于货物贸易和服务贸易都适用,但目前为止,大部分文献都在讨论前者。

服务壁垒频度指数度量服务贸易限制的数量与程度,其本质上就是将国内现有的服务贸易壁垒罗列出来,作为考察一个国家政策立场的工具,这些壁垒的实施情况可以从该国的GATS承诺时间表中得到。赫克曼是最早一批构建频度指数的学者。用该指数计算关税等值的方法是给这个部门中保护主义最强的国家指定一个关税等值作为基准。其他国家的关税等值就是将它们(承诺)的覆盖率与该基准相比的比值。具体方法如下。

首先,使用"三类加权法"(three-category weighting method)将GATS承诺表涉及的每个服务部门的每种提供模式的市场准入或国民待遇承诺加以数量化。a. 如果一成员方没有提出任何警告而做出承诺,或者对于特定模式由于缺乏技术可行性而不做承诺(如果其他模式是不加限制的,如建筑及相关工程服务的跨境提供),则赋予的权数为1;b. 如果一成员方保留特定限制而做出承诺,则赋予的权数为0.5。如果除水平承诺中内容外不做承诺,也被赋予0.5的权数。这通常针对关于自然人流动承诺的情形,在该种情况下的移民限制继续适用;c. 如果一成员方没有做出任何承诺,则赋予的权数为0,赫克曼将这些权重称为开放/限制因子。按照赫克曼的计算,GATS分类表中总共有155个服务部门和分部门、4种提供模式,这样对于每个经济体来说,其市场准入和国民待遇方面的总承诺数为 $155 \times 4 \times 2 = 1\ 240$,即每个方面为620个。

其次,根据上述权重或因子,赫克曼计算出三种部门覆盖指数(或称为Hoekman指数、频率指数或比率)。第一种指数为一国在其GATS列表中做出的承诺数除以部门总数620。这类似于货物贸易领域中用来衡量非关税壁垒(NTBs)的频率比率(frequency ratio),即等于受到NTBs影响的产品数除以产品总数。第二种指数被赫克曼称为"平均覆盖"(average coverage），即等于所列部门/模式数比例，再以开放/限制因子进行加权。这类似于用来衡量受 NTBs 影响的进口值的进口覆盖比率（import coverage ratio），即等于受到 NTBs 影响的产品进口值除以该类产品的总进口。第三种指数为"无限制"承诺在一国总承诺或 155 个部门中所占的比重。

最后，赫克曼使用该指数近似地反映不同国家和不同服务部门的服务贸易市场准入壁垒的相对限制程度。例如，如果一国在其 620 个部门/模式中做了 10% 的承诺，那么，采用第一种 Hoekman 指数则可以得到 0.9 的限制度（restrictiveness score），即意味着有 90% 的部门/模式是不开放的。另外，赫克曼还使用覆盖指数，就每个服务部门设立一套关税等值标准（benchmark tariff equivalents），来反映相应部门在市场准入方面的受限程度。基准关税等值的范围位于最高的 200% 到最低的 20% ~ 50%，最高的表示相应服务部门的市场准入是被禁止的，如内河航运、空运、邮政服务、声讯服务和寿险等，最低的则意味着相应服务部门的市场准入是受到较少限制的。据此，求得每个国家和部门的基准关税等值，再乘以频率比率。例如，假定邮政服务的基准关税等值为 200%，反映市场准入承诺的频率比率为 50%，则该部门的关税等值就为 100%。

这种方法有较大的局限性，最主要的就是对保护主义最强的成员方的关税等值的估计有一定的主观性和武断性。另外，相同的服务贸易壁垒对不同国家不同部门的影响也不同（Whalley），而且，指数是基于 GATS 的分类而不是基于实际政策。尽管有这些不足，赫克曼的估测方法还是被学者和研究人员广泛使用。

有些学者想出了别的方法来改进频度指数以更好地反映实际壁垒，如 Hardin 和 Holmes。他们指出，赫克曼的计算方法存在一些缺陷，可能产生误导或偏差，因为他假定如果没有在承诺表中做出"肯定承诺"（positive commitments），那么将被视为存在限制，但事实可能未必如此。而且，不同的限制被赋予同一权重，没有根据其经济效应加以区分。最后，他仅仅考虑了市场准入限制。Hardin 和 Holmes 试图改进 Hoekman 方法，他们的目标是建立针对 FDI 限制的指数（an index of FDI restrictions），而且该指数可以转换成关税等值或税收等值（tax equivalent）。他们确认 5 种类型的外国投资壁垒，即对所有公司的外国股权限制、对现存公司的外国股权限制（但不包括绿地投资）、政府审查与许可、控制与管理限制、投入与运营限制，并通过确定不同权重来反映不同壁垒的限制程度。例如，一个完全排除外国公司进入的政策被赋予的权重，要高于允许外国股权以高于 50% 但低于 100% 比重进入的政策的权重（表 4-4）。

表 4-4 外国直接投资限制度指数的组成

限制种类	权重
对所有公司的外国股权限制	
禁止外国股权	1.000
允许少于 50% 的外国股权	0.500
允许多于 50% 少于 100% 的外国股权	0.250
对现存公司、非新建公司的外国股权限制	
禁止外国股权	0.500

续表

限制种类	权重
允许少于50%的外国股权	0.250
允许多于50%少于100%的外国股权	0.125
审查和许可	
投资者需要证明存在经济净收益	0.100
若无悖于国家利益则通过	0.075
通告（事前或事后）	0.050
控制和管理限制	
所有公司	0.200
现存、非新建公司	0.100
投入和运营限制	
所有公司	0.200
现存、非新建公司	0.100

资料来源：A Handbook of International Trade in Services，Oxford University Press，p188.

4.3.2　服务贸易保护政策的效应分析

服务贸易保护政策由关税和非关税措施构成，下面从这两个方面分析服务贸易保护政策的效应。

1. 关税效应分析

服务贸易的关税效应具有特殊性，这种特殊性主要表现在：在考虑服务市场本身的关税效应的同时，还要考虑与之相联系的商品贸易市场的关税效应。只要商品贸易被关税扭曲，推行服务贸易的自由化将对一国福利造成损失。

（1）关税的一般效应：与商品贸易的比较。这里将分别讨论一国 H 国为小国和大国两种情形。图 4-10 为世界总资本和总劳动在两国间进行分配的埃奇沃斯方框图。K_h 和 L_h 分别表示 H 国以 Q_x 为原点的资本禀赋和劳动禀赋。H 国的 K 禀赋相对丰裕，且 Y 为 K 的相对密集型商品。在图 4-11 中，$T_h T_h'$ 和 $T_f T_f'$ 分别为 H 国和 F 国的生产可能性曲线。商品自由贸易时两国分别在 C_h 和 C_f 点消费。当 F 国具有同样的贸易三角时，H 国在 C_h 点消费是因为出口 $Q_h B$ 的 Y，进口 BC_h 的 X。由于假定消费相似，包含在两国消费向量中的 K 和 L 要素必位于对角线 $Q_X Q_Y$ 上，且各国生产价值必等于消费价值，故包含于产品中的要素价值等于包含在消费中的要素价值。这样，经过 E 点且以均衡要素价格比率为斜率的直线，将给出在对角线上 C 点处包含要素的两国消费。在图 4-10 中，K_Y 和 K_X 分别表示产业 Y 和 X 的资本——劳动率比率，它们分别对应于图 4-11 中 Q_h 和 Q_f 点上的均衡生产。通过画出与 K_Y 平行的 EL 线和与 K_X 平行的 LC 线，就可确定包含于商品贸易中的生产要素：EL 线和 LC 线分别给出图 4-11 中生产 $Q_h B$ 和 BC_h 所需的要素。所以，图 4-10 中的要素流三角 ELC 决定图 4-11 中包含在商品贸易三角中的要素流动。

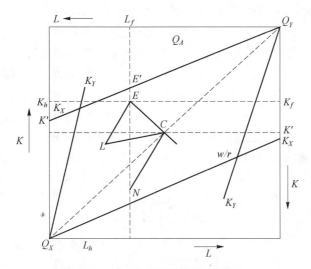

图 4-10　资源配置与国际贸易

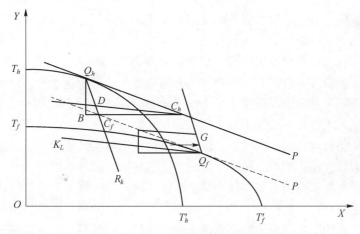

图 4-11　关税的一般效应

① 假定 H 国为小国。首先分析 X 为可贸易商品情况下的关税效应。如果 H 国自由贸易，它在国内将部分 K 要素服务提供给外国人，以获得商品 X 的某些收益。当对 X 征收关税时，K 所有者获得 X 的数量将减少，而且与提供这种服务给外国生产者之前相比，他们的可得利润相对减少了，于是重新对要素服务进行配置，并将其撤回至国内，使国内的 K 比以前更充裕，P_X/P_Y 和 w/r 的值都变大了。由此可得出：若进口商品使用密集型不变要素，则在服务贸易中关税将产生一般的商品价格效应。接下来讨论 Y 为可贸易商品的情况。提供资本服务给外国厂商的本国获得一定单位的 Y 商品的收益。当对 Y 征关税时，国内 K 的所有者发现，在国外获取要素服务的价格下降了，因而将更多的要素服务配置回本国，增加了 K 的供给，P_X/P_Y 和 w/r 值上升。因此，如果进口商品使用密集型可变要素服务，那么，关税将降低进口的相对价格。上述两种情况表明，当资本为可变要素时，无论进口何种商品，关税都将提高劳动密集型商品的价格。另外，关税还影响国内要素的收支。无论对 X 还是对 Y 征收关税，K 的收益都将下降，而不变要素 L 的收益将上升，即劳动力都将得益于关税。在贸易自由化情况下，无论进口哪种商品，可变要素资本所有者的境况都会改善。

②假定 H 国为大国。如果贸易条件不变，关税将减小图 4-13 中 H 国的贸易三角，而且，相对于进口价格，K 的国内价格将上升，从而使国内消费者福利有所增加，并有可能超过自由贸易时的水平，这样一般存在最优关税率。根据勒纳对称性原理，对资本服务出口征税与对进口品征税的影响一样。当进口要素服务时，关税则起到对汇回的服务收入征税的作用。这就说明：第一，对外国人获取的资本服务收入征收比国内资本服务收入更高税额的行为，都是变相地征收关税，服务贸易自由化要求减少这种额外税收；第二，如果与服务出口国进行关税战，那么，拥有大量服务进口商的国家可能会对来源于外国的收入保留差别税。这也就是说，国内税收制度可以在一定程度上发挥贸易政策的作用。在交换一种商品以获取一种要素服务的模型中，关税等于对进口商品征收的消费税加上对资本服务征收的国内要素收入税。很明显，要素收入税对贸易流有重要影响。

(2) 关税的道德风险效应：格罗斯曼—豪恩模型。关税的积极一面是保护国内幼稚服务业，使之尽快发展，集聚优势，与外国竞争者相抗衡；它的消极一面则是约束了国内消费者自由选择服务厂商，受到保护的国内服务厂商形成了一种惰性，必然会凭借私人信息的隐蔽性提供低成本、低质量的服务，或者缺乏创新动力，躺在保护伞下睡大觉。

格罗斯曼和豪恩通过一个完全竞争的局部均衡模型，分析关税和信息不对称导致的信息壁垒，对服务部门产生道德风险行为的影响。假设一经济竞争过程分两个阶段，只销售和消费一种经验商品。在第一阶段，国内服务消费者必须在国内和国外服务厂商之间进行选择。第一阶段开始时，消费者了解现有厂商销售的外国服务产品的质量水平，但是，如果国内服务产品的质量高于某个最低临界质量水平，国内消费者就难以区分出哪个是国内服务产品。这样，本国的市场进入者将不会提供低于这个最低临界质量水平的服务产品。本国厂商提供高质量服务产品的动机与其成本相联系，低成本厂商试图提供高质量服务，以此提高服务声誉而获得长期利润最大化；相反，高成本厂商可使其在第一阶段利润最大化，因为它们有动机选择提供低质量服务和向消费者提供不满意服务。这类厂商属于低信誉厂商，其信息一旦被消费者识破，它们在第二阶段的市场上将处于不利地位。然而，需要指出的是，在第一阶段中，国内服务厂商的服务质量一般不为消费者所了解。这样，在服务市场上就会出现阿克洛夫"次品市场"（lemons market），模型中讨论的逆向选择（adverse selection）结果，即低质量服务驱逐高质量服务，使服务质量与价格的关系被扭曲。

格罗斯曼—豪恩模型进一步讨论了四种情形下关税的福利效应。a. 没有私人投资时暂时性关税保护的情形。由于在第一阶段关税不能甄别国内高质量与低质量服务厂商，因此，关税保护将降低国内服务市场的福利。另外，关税保护不仅难以避免服务厂商的道德风险问题，而且还会诱使服务厂商采取道德风险行动，因为关税不能对服务厂商提供高质量服务给以刺激。相反，它加剧了服务厂商的逆向选择。也就是说，虽然关税保护改善了国内服务厂商进入市场的条件，但不能校正由信息不完全导致的各种贸易扭曲。由于关税在第一阶段提高的价格对国内服务厂商产生同等收益，但这种收益与它们选择提供的服务质量的价格对国内服务厂商产生同等收益，但这种收益与它们选择提供的服务质量无关，所以，关税不能激励服务厂商提高服务质量，相反却刺激了服务厂商采取道德风险行动。这是国内受关税保护厂商出现道德风险行为的内在基础；b. 没有私人投资时永久性关税保护的情形。永久性保护可能提高国内福利，因为在第二阶段中，关税只给名誉好的厂商带来收益，这样可以有效地减少国内受保护厂商的道德风险行为，但不一定能减少逆向选择。在较低的均衡价格即低质量水平条件下，第二阶段的关税保护将促使更多的厂商进入服务市场，但所有新进入者都缺乏应有的效率。因此，即使新进入者都像声誉好的厂商那样经营，国内的服务质量也将因它们的进入而下降；c. 有私人投资时暂时性关税保护的情形。与各种质量信号并存的暂时性关税保护可能导致更差的福利收益，因为像第一种情形那样，关税保护与纠正因逆向选择和道德风险而出现的市场失灵之间没有内在联系。另外，暂时性关税保护增加了服务厂商提供服务质量信号的社会成本，这额外的服务投资成本抵消了包含在关税中的补贴效应，因此，进入市场的国内厂商数量与没有政府干预时相同；d. 有私人投资时永久性关税保护的情形。在局部均衡条件下，当政府实施永久性关税保护政策时，国内服务市场的福利可能更糟，因为这种政策导致对服务业的投资过剩，并刺激其他低效率厂商进入服务市场。

总之，如果国内厂商不能有效地对其服务质量发出信号，那么，暂时性的关税保护难以对国内厂商提高服务质量产生刺激，由这种关税引发的边际进入（marginal entry）将减少消费者剩余。如果厂商能够对其高质量服务发出信号，永久性关税保护同样降低国内福利，因为对信号的投资提高了额外资本投资水平。

2. 非关税效应分析

前面已提及，非关税壁垒种类繁多，花样翻新，但它们产生的总体效应则基本相仿。这里主要讨论政府管制、补贴、配额和许可证制度四种最为常见的服务贸易非关税壁垒。

（1）政府管制。以保险市场政府管制为例进行讨论。假定该服务市场是受政府保护的保险市场，P_e 代表政府管制的保险费率，P_E 为均衡保护费率，I_e 代表保险服务销售量，I_E 为保险政策的均衡数量；保险公司的租金为 $(W+X)$，三角形 Y 为福利损失。这表明，不同政策对国家福利的影响，来自它对保险市场各种因素的影响。如果允许外国保险公司进入并分享一定的市场份额，而且政府通过对保险费率的管制继续对保险市场进行保护，那么，$(Y+X)$ 将是该国总的福利损失，其中，X 为外国保险公司所获。由此可见，当既允许外国服务厂商进入，又对本国服务价格进行管制时，国家福利可能变得更差。如果政府放松对国内保险服务市场的控制，允许更多的竞争厂商进入，那么，保险公司在管制条件下获得的租金将流入购买者即投保人手中，增加竞争将获得更多的福利收益 Y。此外，在竞争性保险市场上，国内保险公司将萌发向外国同行学习的强烈动力和愿望，从而使国内保险公司不断提高技术水平，进行制度创新和管理创新。这些将使国内总供给曲线 S（国内外供给之和）移到 S'，此时的国家福利为 $(Y+Z+部分 Z')$，显然大于没有外国厂商进入时国内管制的福利收益 Y。这就说明，政府管制虽保护了国内服务市场，但却因抑制竞争而导致福利损失。

（2）补贴。借助于生产者补贴等值（PSE）可较好地评估政府补贴的效果。在服务贸易领域，生产者补贴等值可定义为政府的各种政策转移给服务提供者的总价值与服务总价值之比，服务总价值等于服务的市场价值加上政府的直接支付，即：

$$\text{PSE} = \frac{\text{政府政策转移的总价值}}{\text{服务的总价值}} = \frac{Q \times (P_d - P_w \times X) + D + I}{Q \times P_d + D} \tag{4-12}$$

式中，Q 是服务供给量，P_d 是以国内货币表示的服务价格，P_w 是以世界货币表示的服务价格，X 是汇率换算系数，D 是政府的直接支付，I 是政府通过补贴投入、市场支持、汇率扭曲等方式给予服务提供者的间接转移。

PSE 的大小取决于上述若干变量。政府政策的变化可改变 PSE 的大小；政府政策不变，只要世界市场的参考价格、汇率和服务供给量任何一个变量改变了，PSE 值就会改变。一个国家可通过将政府间接转移变成直接支付来降低 PSE 值，也可通过将直接支付变成间接转移来提高 PSE 值。当 $I > Q \times (P_w \times X)$ 时，即当政府间接转移价值超过以自由贸易价格计算的国内服务生产价值时，PSE 就会大于 100%，因为根据上式 PSE 可变成下列形式：

$$\text{PSE} = \frac{(Q \times P_d + D) + (I - Q \times P_w \times X)}{Q \times P_d + D} = 1 + \frac{I - Q \times (P_w \times X)}{Q \times P_d + D} \quad (4-13)$$

所以，只要 $I > Q \times (P_w \times X)$，则 PSE > 100%。

许多经济学家都试图将 PSE 方法用于服务贸易保护效应的分析，印度经济学家 N·穆可赫吉对美国海运服务业的研究就是一例。美国的大部分进出口货物都是通过海洋运输服务进行的，运输工具包括各种船舶，如班轮、租轮、油轮等，这些船舶通常分为两类：美国旗船队和外国旗船队。美国对海运服务实施的各种非关税措施包括七个类别：财政补贴、信贷优惠、市场保护、资本限制、劳工限制、技术标准和其他措施等。下面借助 PSE 方法，分析美国政府对海运进行补贴的政策效应。

首先，计算美国和外国商船每千吨货物的平均收益。假定美国商船运送的货物总吨位为其海运服务业的可贸易产出量，这些产量的平均收益可以通过美国商船运送进出口货物的总价值除以进出口货物的总吨位取得。据此，可以求得美国商船运送每千吨货物的平均价格。实际上，平均价格取决于货物性质、加工深度、商船类型、运输线路等诸多因素。所以，任何一种平均价格都将是不准确的。在这种情况下，可以根据海运服务业的总收益与美国商船和外国商船的总吨位，分别从出口与进口角度计算出每千吨货物的平均收益。表 4-5 列出了 1980—1987 年美国海运服务贸易中美国商船和外国商船运输每千吨货物的平均收益。

其次，估算政策转移的总价值。转移给海运服务业的总价值包括美国海洋管理局因实施各种政策而支出的直接和间接费用，以及计划给予美国海运服务业的各种支持，包括维护与保管费用、直接补贴（如营业差价补贴、造船差价补贴和海运费用差价补贴等）、管理支出、研究与开发费用，以及给予海运学校的财政支持等。

最后，计算 PSE 百分比。由于海运服务业既包括出口又包括进口。因此，进出口因素都必须包括在计算 PSE 百分比的公式中。这样，PSE 公式就变为：

$$\text{PSE} = \frac{Q_{dx} - (P_{dx} - P_{fx}) + Q_{dm}(P_{dm} - P_{fm}) + D + I}{(Q_{dx} + Q_{dm}) + D} \quad (4-14)$$

其中，Q_{dx} 和 Q_{dm} 分别表示美国商船运送的出口与进口货物量，两者之和为美国海运服务业的产出量；P_{dx} 和 P_{fx} 分别表示美国商船和外国商船承运出口货物的平均收益；P_{dm} 和 P_{fm} 分别表示美国商船和外国商船承运进口货物的平均收益。据此，可计算出美国海运服务贸易 PSE 百分比，见表 4-6。

表 4-5 美国商船和外国商船的平均收益　　　　　　　　　　　　　　　　　　　　美元

年份	美国商船的平均收益		外国商船的平均收益	
	出口	进口	出口	进口
1980	1 375.38	1 621.3	360.4	396.8
1981	1 462.7	1 337.5	373.2	448.8

续表

年份	美国商船的平均收益		外国商船的平均收益	
	出口	进口	出口	进口
1982	1 414.7	1 384.8	351.2	481.3
1983	1 261.6	1 147.8	343.2	499.0
1984	1 157.1	1 721.3	328.0	548.2
1985	1 004.9	2 236.4	314.5	626.8
1986	942.1	2 332.0	328.6	575.8
1987	842.2	2 137.4	344.9	610.7

表 4-6 美国海运服务贸易的 PSE 百分比

年份	美国商船承运货物总吨位/千吨		转移的总价值/百万美元	直接补贴/百万美元	PSE/%
	出口	进口			
1980	1 269	1 534	630.3	319.7	83.4
1981	1 258	2 142	517.0	333.3	75.2
1982	1 183	1 924	584.9	358.0	76.2
1983	1 120	2 523	441.6	309.9	67.2
1984	1 117	1 833	454.6	361.6	73.4
1985	1 190	1 542	426.1	338.0	87.1
1986	1 238	1 599	364.3	308.7	75.7
1987	1 286	1 595	386.2	252.6	73.1
1988	—	—	321.4	261.9	—
1989	—	—	396.2	264.2	—

表 4-6 反映了美国政府对其海运服务贸易的干预与支持程度。美国政府对海运服务贸易的保护程度随年度不同而不同，呈现较大的波动，这与各年度政策调整和政策执行情况，以及其他变量的影响有关。保护程度最高的年份分别是 1980 年和 1985 年，PSE 百分比分别达到 83.4% 和 87.1%。PSE 百分比的升高，往往与美国政府对海运服务业的支持有关。

（3）配额。在服务贸易领域，配额这种非关税壁垒往往出现在政府制定的各种劳动力限制措施中，它与签证、居留权、工作许可（营业执照）制度、劳工标准和个人汇款等限制措施，共同构成影响劳动力移动的主要政策手段。

当一国劳动力禀赋稀缺，国内市场出现进口劳动力需求时，为保护本国劳动力市场，政府通常使用配额有限制地进口劳动力资源。美国和瑞士都是劳动力禀赋相对稀缺的国家，但它们都成功地借助移民制度进口劳动力以满足国内需求。特别是瑞士的临时性移民制度，严格建立在综合考虑职业、居留期和就业地的劳动力进口配额基础上。这里主要讨论瑞士政府临时性劳务进口配额措施及其产生的效应。

瑞士政府的临时性劳务进口配额，由瑞士联邦政府和地方共同管理，联邦政府每年确定不同类别的临时性移民的配额总量，然后由联邦政府和地方政府支配。配额的发放遵循一定的程序。只有当瑞士雇主不能在本国市场上雇佣到合适的劳动力时，政府才会给予其外国劳动力的进口配额，条件是在此之前雇主必须向政府提出进口劳动力配额的申请，并证明他们已经因为在国内市场上寻找合适的雇员而付出了各种努力，空缺职位已上报劳工部门，而劳工部门又不能在短期内为其寻找到国内劳动者填补空缺职位，或者国内劳动市场上可雇佣的劳动力在一定时期内，不可能具备工作岗位要求的职业素质或训练。配额一般给四类临时入境的劳工以工作许可权：年度许可（或 B 类许可）、短期许可、季节性工作许可（或 A 类许可）和越境许可。年度许可一般给予那些在国家或地方重要工程或厂商中工作的高级专家，被在瑞士的外国大学或研究机构临时聘用的外国专家；接受雇主培训的跨国公司的经理或高级专家；参加技术合作项目专业培训的发展中国家的国民；1991 年，瑞士共发放了 1.7 万个年度许可配额，其中，0.5 万个配额由联邦政府支配，余下的由 26 个地方政府分配。短期许可一般给予那些进入期限最高为 12 个月且符合下述条件的申请者：短期职业或学术培训人员，设备工人，建筑队，在教育机构或科研机构受聘的高级专家、宗教使团人员等。地方政府可向外国人发放 6 个月的短期工作许可证和 18 个月的短期许可证，但后者须是在外国受过教育且期望进一步提高技能的交流保健职员，或是受瑞士政府资助、在瑞士接受教育课程的中、东欧国家的国民。季节性工作许可一般给予每年受季节影响明显，或 1 年中出现 1~2 次明显雇佣高潮的行业部门的劳工。地方政府的劳动力市场部门确定每个厂商的季节持续时间（最长不超过 9 个月），且季节性许可只能给予欧盟和欧洲自由贸易区成员国的国民。联邦政府可以给予被地方建筑公司雇佣的工人（公司总部人员除外）、国家项目聘请的工人或可能解决地方劳动市场区域不平衡问题的工人以季节性许可配额。越境许可只发放给那些在瑞士边境地区工作且每天返回其住所的外国国民，后者只有在瑞士边境外居住超过 6 个月才有资格获此许可。越境许可证有效期 1 年，每年更换 1 次。1991 年 9 月，瑞士共发放 182 641 个越境许可配额。瑞士政府还根据本国经济增长情况调整劳动力需求，大约每两年定期调整一次配额及其分配比例。不同种类的短期签证与配额体系使瑞士政府在没有大量永久性移民前提下，成功地借助进口劳动力满足了国内需求。

在美国，传统上主张吸引大批永久性移民，但也建立起一套临时性移民制度。这套制度基于对本国劳动力市场的计量和透明遴选规则，以及申请人的职业与本国该行业劳动市场的状况。1990 年修订的移民法引入配额来限制超过本国劳动力市场需求的职业人士的年进入量。20 世纪 90 年代初，每年大约有 60 万新的临时性外国职员被允许进入美国，这还不包括已获准临时进入的外国学生（其中许多人有权在美国工作）和持有长期签证的临时进入职员的配偶和子女，每年 250 万短期商务旅行者，以及每日来往的过境劳工（尤其是墨西哥劳工）。这些临时性劳工的流入，不仅在一定程度上缓解了美国劳动市场的压力，而且给美国经济带来了许多长远利益。

（4）许可证。在国际服务贸易中，许可证制度多出现在生产者服务或专业服务领域，如通信、金融、运输、建筑工程、教育、医疗、会计、法律、咨询、数据处理和专业技术服务等部门中。

服务贸易中的许可证制度与商品贸易中的许可证制度一样，是构成各国限制其他国家服务提供者进入本国市场的常见的非关税壁垒之一。然而，服务贸易中的许可证制度含义比商品贸易中的许可证制度更加多样和复杂,其中的一个原因是,到目前,人们依然没能对服务贸易许可证制度的范围达成共识。在国际服务贸易中,尽管有关开业权或建立权是否属于许可证制度范围的问题仍在争论之中,但从实际效果看,开业权或建立权与许可证制度的效果大致相同。就金融服务贸易来说,开业权或建立权是目前许可证制度下或类似规则下最重要的贸易制度安排,如东道国对外国金融机构提出创建代表或代办处、代理人、分支机构和附属机构的开业权限制等措施。由此可见,在劳动力流动与投资活动中的开业权,几乎发挥着与商品贸易中的许可证相同的作用和影响。例如,在欧盟内部两大地区性集团之间,欧洲经济区成员国内部在开业权上享有国民待遇,人员可自由流动。在欧洲协议国家中,某些部门(如银行业)10年内在开业权上不能享有国民待遇。

4.3.3 服务贸易保护政策的比较与选择

1. 关税、补贴和配额

在商品贸易领域中,关税、出口补贴和进口配额的区别是这样的:关税能给政府带来收入,出口补贴却要增加政府的支出。另外,从时间角度看,每一届政府的任期都是有限的。因此,他们总是更乐意选择可以增加即期政府收益的关税政策,把只能在将来才会有收益的出口补贴政策置于其政策篮子的最底层。关税一般优于进口配额。如果一国要使用进口配额政策,那么为了减少这一保护政策的经济扭曲程度,就应当坚定不移地实施进口许可证的拍卖制度,以防止寻租行为的发生。

在服务贸易领域,情况有些不同。从服务进口国角度看,作为一种扩大进口竞争产业产出规模的手段,对服务业产出的补贴一般优于关税。因为,一般认为,在服务领域为本国厂商提供成本优势的政策将优于外国厂商面对成本劣势的政策。关于关税与配额的关系,尽管评估各种数量限制措施非常困难,我们依然可以找出决定其社会成本的两个主要变量,即租金目标和受影响产业的竞争态势。如果国内厂商获取配额租金,且所有受影响的市场完全竞争,那么,关税和配额在静态和效率意义上相同。如果配额租金流向外国厂商,那么,与关税相比,配额在进口竞争产业中其成本则是十分高昂的。

从上面的分析中,可以得出结论:从经济成本角度衡量,如果定义 $X > Y$,则 X 的成本小于 Y,那么,使进口竞争产业的产出规模扩大的政策选择次序应该是:

$$\text{对产出的补贴} > \text{关税} \geqslant \text{配额}$$

这里,关税效应等于配额效应时,需要具备相同的约束条件,但要达到这样的约束条件,配额的成本可能比关税高得多。

2. 进口限制、开业障碍和管制

(1) 进口限制(restriction on imports)。目前尚难找到限制服务贸易的典型案例,但在实际经济中却存在着这样的大量事实。可以认为,如果政策目标是使本国进口竞争产业的规模大于没有实施任何政策时的规模,那么,最低成本的方法就是给国内服务生产者以补贴。美国政府对本国服务供应商提供的各种行业性补贴或政策性补贴,使其服务厂商具备强大的成本竞争优势,这足以说明补贴可以很好地达到限制服务进口的目的。可以想象得出,由于部门利益,与执行对本国厂商直接补贴的政策相比,许多财政部门更加愿意看到政府执行对外国厂商和本国消费者征税的政策,然而,这又不利于本国总体福利的提高,因为前已述及,在征税与补贴之间,选择后者更有利于本国服务厂商的竞争。

(2) 开业障碍 (impediment to establishment)。开业权常常涉及政治上的敏感问题，但从经济角度看，则是一种简单的服务销售的进口选择方式。通过开业实体，服务生产者将服务进口问题转变为服务销售问题。如果要达到支持本国进口竞争产业的政策目标，最优方式则是对这些产业进行补贴，次优方式是对在当地开业或通过贸易提供服务的外国服务提供者征税。妨碍外国服务提供者竞争效率的措施（这类措施往往不会给政府带来财政收益）与商品贸易领域不同，对开业权的禁令和数量限制，无论从经济效率角度，还是从财政收益角度，都将难以长期维持下去。

(3) 管制 (regulation)。政府管制能够使国内服务消费者获得公平的经济利益，或在一定程度上保护消费者利益免受国内服务厂商低质量服务的侵害。理论和实践都表明，这种原本为了保护本国服务消费者（即改善了消费者的逆向选择境况），限制本国服务提供者道德风险的措施，客观上对外国服务提供者的竞争起到了抑制作用。因此，政府必须明确，选择管制目标不仅是基于服务消费者的利益，而且也基于服务提供者的利益。

在上述三者之间，使进口竞争产业产出规模扩大的政策选择顺序是：

管制 > 进口限制 ≥ 开业权

当开业权的选择采取"先来先得"或投标原则来确定时，进口限制与开业权的成本几乎一样，而当开业权以政府行政指令形式确定时，开业权成本大于进口限制。

综上所述，各种保护政策交织在一起形成了一个政策选择菜单。在现实经济中，选择和执行何种保护政策并非轻而易举之事。这要求权衡各种保护政策的成本与收益。一般地，选择对本国服务产业进行补贴以提高其成本优势的措施，可能比抑制外国竞争者以削弱其成本优势的政策更有利于本国服务厂商的竞争。在服务贸易日益成为国际竞争新领域和新焦点的时代，采取直接补贴与各种适时的管制措施相结合的服务贸易保护政策体系，可能成为各国政府的理性选择。

服务贸易自由化　服务贸易壁垒　名义保护率　有效保护率　生产者补贴等值

1. 服务贸易自由化对国家安全的影响有哪些？
2. 简要分析一国实施服务贸易保护政策的必要性及可行性。
3. 衡量服务贸易政策保护程度的指标有哪些？

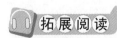

一、现实中的服务贸易壁垒

WTO 参照《联合国中心产品分类系统》，将服务贸易划分为 12 个部门，并在此基础上又进一步分出了 160 多个分部门或独立的服务活动。由于每个 WTO 成员服务贸易市场的开放均是以其在服务贸易减让表中的具体承诺为基础的,所以各成员服务贸易市场的开放程度并不一致。即便是在承诺开放的服务部门,也可能存在经谈判达成的各种准入、经营条件等方面的限制。

服务贸易方面的壁垒主要是指 WTO 成员方未能履行其在服务贸易减让表中的具体承诺及不符合《服务贸易总协定》(GATS) 有关规定的各种做法或措施。实践中,造成阻碍国外服务或服务供应商进入本国市场的壁垒措施可能有:

(1) 准入条件过于严格或缺乏透明度。例如,某国规定,通常情况不允许由外国建筑公司承建公共工程项目,除非本国公司不能承担;外国公司只能通过与本国合资的形式参与建筑设计;外国建筑师不得在该国获得从业执照。

(2) 冗长的审批程序。例如,某国制定了极为繁杂的审批条件和程序,要求国外服务供应商提供过于复杂的资质证明和其他文件,并以其他各种理由拖延审批时间。

(3) 对服务供应商的服务经营设置各种形式的限制,或增加其经营负担。例如,根据某国规定,在申请各种基础电信设施的使用许可(如广播和通用波段电台的许可证)时,外资电信运营商的申请条件比国内电信运营商的申请条件更加严格;某国关于飞机湿租(即全机租赁,包括机组人员、维修和保险)的规定,禁止本国航空公司租赁任何未在该国注册的飞机,从而使外国注册的飞机不能进入湿租市场。

(4) 外国服务供应商所面临的不公平竞争。例如,某国禁止外国旅游服务经营商在该国做境外旅游的广告;外国旅游服务经营商还可能遭到意料不到的税收调查。

二、"一带一路"跨境服务贸易中的增值税政策

随着我国经济发展以及开放型经济的健全与完善,跨境服务贸易成为促进经济发展以及进一步推动对外开放的新动能。自"一带一路"的提出以及数字经济的到来,我国 2018 年服务贸易进出口数额达到新的增长高度,成为世界第二大服务贸易进出口大国。全球进出口服务贸易的迅猛增长也导致了增值税制度在国家之间的影响加重,由于增值税制度尚未形成同一规则实践中双重征税和税收漏洞的情形不在少数。

跨境服务贸易的增值税政策,在结合我国国情的基础上,有必要吸收借鉴国外先进经验,将我国政策与国际接轨,加强我国进出口服务贸易企业在国际贸易中的竞争力,从而有助于打造公平营商环境。服务贸易的发展,必然导致产品多元化、灵活化,各国在征收增值税时考量的角度不同,致使征收地的确认不尽相同,这也是导致重复征税与征税漏洞的一大主要问题。针对这一问题,国际上积极采取协调措施,从国际规则与国内立法多方面入手,降低征收地规则的确认为跨境服务贸易带来的矛盾。

增值税在生产各个环节征收,对于中间环节中允许抵扣的部分,增值税则由消费者最终买单,而与生产过程无关。当发生跨境贸易时,为了避免重复征税,国际上有"来源地原则"和"目的地原则"两种征税方式。采取"来源地原则"的,增值税在商品出口地征收,对出口商品征收增值税,对进口商品不征收增值税。对于"目的地原则",出口商品在消费地按照本地税收规则征收。两者最大区别在于征税权在出口国还是进口国。若国际上无法形成统一征税规则,会导致重复征税或者征税漏洞。

如果各国的税率是一致的,那么无论是"目的地原则"还是"来源地原则",并不会对经济效率有不同。反之,"来源地原则"将导致低税率国家出口的商品相较于高税率国家更加具有价格上的优势;而"目的地原则"更为公平。实践中,我们并不能使所有国家的税率完全一致,那么采取"目的地原则",将所有的进口产品都按照本国的税收规则征收增值税,更有利于维护税收的中性、维护交易相对的公平。不过,税收规则的采纳是需要国际上各个国家相互协调的,否则仍会导致税收漏洞与重复征税的问题。所以,目前各国普遍采用了"目的地原则"。"目的地原则"下实行的出口退税也被世界贸易组织(WTO)认可,与出口补贴相区别。

以货物商品为例,货物运输贸易中的目的地通常与消费地是一致的,征税地便于确认,而且货物贸易制度设计已经较为完善,因此货物大多数在经过海关时进行扣税与退税。但是服务商品的无形性,致使其不能通过海关来确认征收地,必须依靠特定的规则(如前文所述两种征收地确认规则)。以苹果手机与华为手机下载 App 为例,iPhone App Store 的注册地在国外,根据"目的地原则",中国税务部门有权对于下载软件所获收入征收增值税,但由于服务提供方在中国境内没有经营机构,根据税法的规定,由服务接受方,也就是消费者代为缴税。然而我国目前对于个人履行代扣代缴制度不完善,且消费者作为增值税抵扣终端,该税款无须作为自己的进项税抵扣,因此导致在 iPhone App Store 中购买软件无须缴纳增值税,但是在华为应用商店中购买软件,由于华为注册地在境内,需要缴纳增值税,并向消费者转移。在当前信息网络服务全球覆盖下,类似问题并不是个例。"一带一路"只有各国加强合作,共商跨境服务贸易增值税的征收管理问题,才能建立可行的公平税收制度,营造公平竞争环境,促进经济发展。

目前,增值税普遍适用于跨境服务贸易,但是各个国家采用的征税规则并不完全相同,这里以新西兰、澳大利亚和日本为例。

第一,新西兰。新西兰非居民提供者的征税地推定为境外,除非该服务在新西兰履行或消费者是新西兰居民,消费者是终端且有税务登记,还同意的,视为新西兰境内。居民企业或者个人提供服务的,征税地为本国,除非出口产品是法定零税率的服务,如国际运输、知识产权或者在境外实施的服务。2016 年起,新西兰对终端为本国居民消费者的,由境外服务提供者提供的服务,征收增值说。

第二,澳大利亚。在澳大利亚,当交易"与澳大利亚存在联系"时,通过服务提供商来征收增值税。"交易与澳大利亚存在联系"包括终端消费者是澳大利亚居民、服务提供者是澳大利亚居民企业或者个人。澳大利亚为了避免重复征税或莫名征税,在 2017 年对于增值税征收规定进行了修改,非居民企业或者个人提供的服务终端为澳大利亚居民的,认为"交易与澳大利亚存在联系",使用澳大利亚税收规则征收增值税,除非可以证明符合法定零税率服务。

第三,日本。日本对于跨境服务贸易采用目的地原则,境外企业为境内提供服务时,应当根据日本税收规则交纳增值税,这样可以确保国内外企业公平竞争,而针对日本居民企业提供出口服务的,日本立法中对于零税率服务采用了列举式规定,这样既避免了重复征税,也限制了零税率服务范围。从其他国家实践经验可知,在国际上跨境服务贸易大多采纳目的地原则。就我国跨境服务贸易增值税征收而言,随着"营改增"的实施与深化，我国对于跨境服务征收增值税已有了初步规定，但对比"指南（2015）"，对于跨境交易征收增值税，特别是对企业与消费者之间的跨境交易征收，是一个非常重要的问题。将国内营改增制度与国际接轨仍是我们的一项重要任务。

根据《财政部、国家税务总局关于全面推开营业税改征增值税试点的通知》（财税〔2016〕36号）及附件4的相关规定，该通知及附件中对于我国的服务进出口税收政策概括为两个方面：一是在服务出口方面，我国对以下服务出口实行零税率：a. 国际运输以及相关服务；b. 航天运输以及相关服务；c. 向境外单位提供的完全在境外消费的研发服务、合同能源管理服务、设计服务、广播影视节目的制作和发行服务、软件服务、电路设计及测试服务、信息系统服务、业务流程管理服务、离岸服务外包业务以及转让技术。我国采取了列举式的规定，从一定程度上限制了零税率的服务范围。二是在服务进口方面，对在中国境内提供服务或者无形商品的应当征收增值税；境外单位或个人为服务提供者的并且同时符合服务行为发生地在中国境内以及在国内没有营业场所的，以买方为扣缴义务人。

随着"营改增"的全面深化，我国跨境服务贸易征收增值税已有了初步规定，但仍存在很多不足。这里结合国际经验与我国实际情况，从法律规则体系方面提出一些建议：

首先，应明确规定跨境服务贸易的服务提供主体所在地和购买服务主体所在地的不同适用原则的适用范围：第一，虽然根据购买主体所在地征税原则，境外企业或自然人对我国境内企业或自然人人提供服务也可被认定为是从我国境内提供的服务，应当缴纳增值税，但是我国法律没有规定该原则的具体适用范围是跨境服务贸易还是国内，会对我国境内的服务提供者重复征税。第二，依据销售主体所在地规则，我国居民企业或个人在出口时缴纳增值税，而在其他国家，大多实施出口退税制度，这种差异使得我国居民企业被重复征税，不利于境内服务产业在国际市场上的竞争。

其次，我国关于跨境服务贸易增值税征收立法在不断完善，吸收了国际规则的相关规定，如"消费者所在地"的概念，以及不动产所在地涉及的特殊规则，但是仍然没有明确指出我国在征税地确认中采取"目的地原则"，这可能会使很多应该纳入免税范围的跨境服务没有纳入。因此，需要有原则性的基本规则来指引。只有明确了基本原则，才能更好地依据基本原则制定具体的实施规则。

总之，对于我国而言，只有建立健全跨境服务贸易增值税征收规则及管理制度体系，才有利于我国服务贸易的发展以及在国际贸易中的双向交流。随着数字经济的到来，全球趋势更为明显，只有加强国际合作，才可以促进经济发展。

资料来源：严敏."一带一路"跨境服务贸易中增值税征管政策研究[J]. 时代金融, 2019（35）：3-4+11.

 案例专栏

航空贸易战的硝烟

2008年，欧盟表决通过了将航空业纳入欧盟碳排放权交易体系的草案。2011年，中国、美国、俄罗斯及印度等26个国家在斯德里签署了有关反对欧盟碳排放权交易体系的联合宣言。2012年2月6日，国务院授权中国民航局发布指令称，未经政府有关部门批准，禁止各航空公司参与欧盟碳排放权交易体系，并禁止以此为由提高运价。同一天，美国参议院也通过了一项航空法案，禁止美国的航空公司加入欧盟碳排放权交易体系，美国将动用一切外交、法律途径确保欧盟碳排放权交易体系不对美国航班征收碳排放费。

世界各国反对欧盟将航空业纳入碳排放权交易体系的立场越来越坚定，但仍没改变欧盟在此问题上的强硬态度。2012年1月1日起，欧盟航空业碳排放权交易机制如约生效。根据欧盟的规定，2013年4月起经营欧洲航线的各国航空公司必须缴纳2012年的碳排放费。对于各国而言，这个法律难题应该通过何种途径解决，成为横在欧盟以外各国面前的棘手问题，且留给这些国家的时间已经不多。

《华尔街日报》援引航空业智库——亚太航空中心董事长皮特·哈比森的话，"发生航空贸易战的风险似乎进一步增强。欧盟针对航空业征收碳排放税只是一个开始，欧盟还计划将碳排放税延伸至航空业，以环保为名的服务贸易壁垒将持续扩大"。对于中国，欧盟此举不仅涉嫌违反《京都议定书》"共同但有区别的原则"，而且还涉嫌违反世界贸易组织的《服务贸易总协定》。

近年来，国际服务贸易的增长速度远远超过了货物贸易的增长速度，对各国经济的重要性日益增强，而种类繁多的服务贸易壁垒也因此层出不穷。

思考题

低碳经济背景下，以环保为名的国际服务贸易壁垒演化趋势是什么？中国应如何应对？

第 5 章
国际服务贸易的规则体系

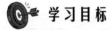 学习目标

了解国际服务贸易多边谈判的过程及结果；
理解《服务贸易总协定》签署的背景、基本框架及历史意义；
了解全球主要的区域贸易协定签署背景及最新进展；
理解区域性贸易规则与多边贸易规则的关系。

5.1 国际服务贸易的多边谈判

当前，全球服务贸易总体上是依照WTO框架下的服务贸易总协定展开的，这是世界服务贸易正常进行的基石和保障，是全球服务贸易体系赖以运行的规则基础。同时，各国也在进行着不同地区的区域贸易谈判，越来越多的涉及服务贸易领域。

5.1.1 国际服务贸易谈判的背景

（1）国际服务贸易的迅猛发展。

第二次世界大战后，特别是20世纪60年代后，随着科学技术的发展，国际经济和贸易发展出现了新的变化，世界经济结构从以货物贸易为主演变为以服务贸易为主，服务跨国流动的规模和形式不断增加。服务业在各国国民经济中的地位逐步上升，发达国家尤其如此，1970年发达国家整体服务业产值占到GDP比重的60%左右。服务贸易日渐成为世界各国获取外汇收入、改善本国在国际经济贸易中的地位、降低资源和能源消耗、减少污染、提高经济效率和效益的重要途径。服务贸易在很大程度上决定了一国国际贸易的水平，进而决定一国在国家竞争中的地位。

另外，随着世界服务贸易规模的迅速扩大，在该领域中的利益冲突也日趋加剧，出现了各种各样的服务贸易壁垒，其中大部分属于非关税壁垒，而且国际贸易壁垒的种类、形式仍处于不断发展、变化之中。关贸总协定前7个回合的谈判已使国际上的关税壁垒大幅减少，甚至在一些方面达到了零关税。但非关税壁垒仍然繁多，这是因为非关税壁垒多是政府的行政措施，其产生、变化和调整有极大的灵活性，因而具有不确定性，加之本身不透明，难以

监督和控制，所以在一定程度上限制了贸易的自由化及其进一步发展。尽管有一些双边和区域性的经济协定对服务贸易有所涉及，但是这些协定所适用的国家有限，难以规范世界范围的服务贸易活动。另外一些涉及服务贸易的行业性国际组织，涵盖服务贸易范围小，仍然无法解决服务贸易领域的全部问题。所以，建立一个国际性的协定，用来规范、管理、协调各国的服务贸易行为就成为许多国家，尤其是服务业发达的国家的一致要求。正是在这种背景下，在关贸总协定新一轮回合谈判中，要将服务贸易纳入谈判范围。

(2) 发达国家的积极推动。

1) 美国。①到20世纪70年代，服务业已成为美国经济的支柱产业，美国在金融、保险、数据处理、专业服务、电信、广告、影视娱乐等服务贸易诸多领域中都具有明显的优势。1972—1982年经济危机后，美国经济增长缓慢，作为世界最大服务贸易出口国的美国急切希望打开其他国家的服务贸易市场，用服务贸易顺差弥补其巨大的货物贸易逆差，推动经济增长。然而，由于来自各方面的对服务贸易的限制，构成了对美国服务的出口，尤其是高技术服务出口的严重威胁，成为通向世界服务贸易自由化道路难以逾越的障碍。美国国会在其《1974年贸易法》中授权总统就服务贸易问题与别国进行多边谈判以寻求"更公平的贸易"。美国鼓吹说服务贸易的自由化将和商品贸易的自由化一样，对所有国家都有好处，从而对全世界都有好处。这种论述对美国来说确实如此，即服务贸易自由化符合美国的利益，这主要表现在以下几个方面。

服务贸易在美国的国际收支中占有极重要的地位。如1984年美国的商品贸易有1 140亿美元的逆差，而服务贸易却有140亿美元的顺差。

②服务业在美国的经济中占有极重要的位置。在20世纪70年代，美国新增加的2 000万人员的就业机会中，有1 700万人员在服务业中，服务业已成为美国的主导产业。

③美国的国内服务业市场已实现了对外开放，美国强烈要求他国也开放自己的国内市场，而美国在服务业上又具有相当大的比较优势，开放别国市场、实现服务贸易自由化对美国经济恢复其竞争能力和霸主地位至关重要。

④服务贸易自由化符合美国跨国公司的利益。跨国公司是国际服务贸易的主角，而美国跨国公司在全世界又占有领先地位。

基于在国际服务业中的领先地位，美国从20世纪70年代中后期就开始致力于将服务贸易纳入多边贸易谈判的轨道。在关贸总协定的东京回合中，在美国的坚持下，在非关税协议部分加入了有关服务贸易的内容，但有关服务贸易条款的规定相对来说是很有限的，属非约束性的义务承诺，而且也只在跟商品贸易有关联时才有效。在东京回合期间，美国政府继续进行有关服务贸易的研究，而在里根入主白宫后，就给予服务贸易以优先重视。里根政府成立了"服务咨询委员会"来协调政府和产业界在有关服务贸易方面的立场。美国于1980年发起了一场公关运动以推动国际社会就服务贸易进行谈判以达成一项"国际公约"，并力图将其纳入关贸总协定的范围之内，为此举办了一些高层次的研讨会、学术研究，并在经合组织中为服务业问题制订了一个工作计划。继而，美国国会在1984年的《贸易与关税法》中授权政府就服务贸易、投资和知识产权进行谈判，并授权对不在这些问题上同美国妥协的国家进行报复。

东京回合是指关贸总协定第7轮多边贸易谈判，1973年9月始于日本东京，后改在瑞士日内瓦举行，1979年4月结束，99国（含29个非缔约国）参加。因由美国总统尼克松与欧共体和日本多次协商后提议召开，故一度也称"尼克松回合"。这轮以全面削减方式进行的削减关税谈判的结果，使进口关税水平下降了35%，9个主要工业市场制成品加权平均关税率由7%降为4.7%，其中欧共体为5%，美国为4%，日本为3%，涉及包括部分农产品在内的3 000多亿美元的贸易额。

2) 欧共体。欧共体起初对美国的提议也颇具戒心，但经过对自己12国的服务业的调查，发现欧共体的服务出口是美国的3倍，是服务贸易的"超级大国"，许多项目的出口都居世界首位。而且，研究结果还显示，随着国际服务贸易的自由化，信息、技术、广告和咨询，这些欧共体的主要服务产品还将进一步增长。所以，欧共体也成为国际服务贸易自由化的积极倡导者。

3) 日本。日本从一开始就积极支持美国的服务贸易自由化主张，很大程度上是因为日本对美国和欧共体一直存在巨大的商品贸易顺差，日本希望能以此举缓解美欧的政治压力。此外，虽然日本长期以来在服务贸易方面存在逆差，但日本正在着力提高其在服务业上的竞争能力，尤其是在金融和人力资源方面。出于这样的考虑，在1982年5月的经济部长会议上，日本决定积极推进服务贸易的国际章程的制定，随后与美国共同提出在1984年6月发达国家首脑会议上开始进行包括服务贸易自由化在内的新的洽谈，并积极为之斡旋。此外，日美经济小组在1981年10月的第二次报告中提出：第一，日美之间将要发生贸易摩擦的领域除了金融服务业外，还有保险、电子计算机软件及信息处理和国际运输等行业；第二，由于竞争激化和两国政策的差别，在上述领域的问题可能不断激化和尖锐；第三，由于上述两方面原因，两国应限制政府对服务贸易的干预，努力制定引向公正国际竞争的国际章程；第四，两国应该把其他国家民间服务业以"本国国民待遇"作为服务贸易的政策目标。

(3) 发展中国家态度的转变。

当美国开始提出服务贸易问题时，绝大多数发展中国家都坚决反对进行服务贸易多边谈判。理由如下：首先，服务业中的许多部门，如银行、保险、通信、信息、咨询、法律事务、数据处理等，都是资本—知识密集型行业，在发展中国家中，这些行业是非常薄弱的，不具备竞争优势；其次，发展中国家的服务部门尚未成熟，经不起发达国家激烈竞争的冲击，过早地实行服务贸易自由化会毁坏和断送其服务业的前程，因此它们坚决主张在其本国的"幼稚工业"没有获得竞争力以前，绝不会开放其服务市场；最后，有些服务行业还涉及国家主权、机密和安全，而且由于服务贸易不可避免地要涉及服务投资问题，也直接关系到一个国家的主权与安全，如果就电信、金融、运输及与之相关的投资领域进行谈判，无异于就国家控制其经济发展的战略以及保卫其国家安全的能力进行讨价还价，这是绝大多数发展中国家所不能接受的。因此，发展中国家总的立场是不愿意考虑服务贸易自由化问题。

随着美国不断施加压力以及发达国家在进行服务贸易谈判问题上认识的逐渐统一，发展中国家不愿谈判的立场也有了改变。首先，一些新兴的发展中国家和地区因在某些服务行业已取得相当的优势，如韩国的建筑承包就具有相当强的国际竞争力，新加坡的航空运输也不仅在资本上有一定的优势,而且在成本和服务质量上也具有明显的优势。这些国家和地区的态度是希望通过谈判来扩大本国优势服务的出口;其次,大部分发展中国家,一方面迫于来自发达国家的压力,另一方面也认识到如果不积极参与服务贸易的谈判,将会形成由发达国家决定服务贸易的全部规则的局面,这甚至会损害已取得的货物贸易利益。因此,其他发展中国家也先后表示愿意参加服务贸易谈判。

1986年9月,关贸总协定成员部长们在埃斯特角城的特别成员大会上,正式将服务贸易列为新一轮多边贸易谈判的谈判议题,服务贸易谈判正式启动。

专　栏

1986年9月在乌拉圭的埃斯特角城举行了关贸总协定部长级会议,决定进行一场旨在全面改革多边贸易体制的新一轮谈判,故命名为"乌拉圭回合谈判"。这是迄今为止最大的一次贸易谈判,历时七年半,于1994年4月在摩洛哥的马拉喀什结束。谈判几乎涉及所有贸易,从牙刷到游艇,从银行到电信,从野生水稻基因到艾滋病治疗。参加方从最初的103个增至谈判结束时的125个。乌拉圭回合是关贸总协定主持下的第8轮多边谈判,也是关贸总协定的最后一轮谈判。此次多边谈判的主要成果:一是强化了多边体制,特别是将农产品和纺织品纳入自由化的轨道,并加强了争端解决机制。二是进一步改善了货物和服务业市场准入的条件,关税水平进一步下降,通过这轮谈判发达国家和发展中国家平均降税1/3,发达国家制成品平均关税税率降为3.5%左右。同时通过谈判达成了服务贸易总协定,与有关的措施和有关的知识产权协议。三是建立了世界贸易组织。

(4) 乌拉圭回合谈判的三个阶段。

第一阶段(1986年10月—1988年12月)。在开展服务贸易多边贸易谈判之前的主要问题是是否有必要就服务贸易问题进行谈判,或是否有必要将服务贸易纳入关贸总协定框架。妥协的结果是将服务贸易置于关贸总协定框架外进行多边贸易谈判。

当多边贸易谈判开始后,首先发生分歧的议题是有关谈判的程序问题:第一,谈判是在原有关贸总协定基础上再增加一个服务贸易协定,还是形成一个单独的服务贸易规则性协定;第二,服务贸易谈判是按照关贸总协定规则,由缔约方全体主持,还是另外组织,或者与货物贸易谈判并行起来进行。

各国立场如下。

①美国立场。美国认为,服务贸易和货物贸易一样,都涉及生产要素的转移,两者是合二为一的,货物离不开服务,且货物总是服务的最终产品。因此美国主张确立以货物贸易谈判及其原则和服务贸易谈判合并起来的"单轨制"谈判方式。

②发展中国家的立场。在发展中国家中,除韩国、新加坡等新兴工业化国家和地区在某些领域具有一定的比较优势外,大多数国家和地区在服务贸易市场上不具备竞争实力。而且,多数服务行业还处于"婴幼儿期",因此,发展中国家一致主张保护民族服务产业和有限开放国内服务市场。巴西、印度等10个发展中国家针对美国的立场,提出在关贸总协定框架之外就服务贸易进行单独谈判,即服务贸易与货物贸易的谈判相互独立,实行"双轨制"谈判。

③欧共体的立场。欧共体基于其自身的利益,既不完全赞成美国的全面自由化主张,也

不完全赞成发展中国家的立场。一方面，欧共体担心服务贸易自由化后，自己将失去由于历史原因在发展中国家服务市场上已经占有的优势；此外，还考虑到不久欧洲实现统一市场后将失去的有效保护。另一方面，欧共体在国际服务市场上具有较为明显的比较优势，欧共体各国在国际服务市场都占有相当的份额，不愿意完全失去对相关市场的继续占领和扩充。因此，欧共体认为服务贸易应实现"渐进的全面自由化"，主张在关贸总协定框架内设立一个专门谈判委员会主持服务贸易谈判。在谈判内容上，可以先征询各国谈判的具体立场和观点，并审查各国的服务贸易法规，识别歧视规定。在此基础上，最后综合各国意见和现行法规来确定谈判内容。

在经过多次正式和非正式磋商后，各参加方达成一致意见：即服务贸易谈判按照货物贸易与服务贸易分离的"双轨制"谈判方式进行。1987年1月28日，服务贸易谈判组终于制定了谈判的初步安排，并就以下五点内容进行谈判：服务贸易的定义和统计问题；服务贸易原则与规则的概念；服务贸易多边框架的范围；现行国际法规与规则；促进或限制服务贸易发展的措施与做法。经过近两年的谈判，各方没有能够就上述要点达成协议，在讨论这些要点的顺序和重点等问题上也是各抒己见。发展中国家和地区试图将讨论集中在定义、统计、适用范围及发展等问题上，发达国家则更为关心主要概念和阻碍服务贸易的壁垒。有关上述方面的争论一直延续到1988年蒙特利尔部长级中期审议会议前夕，由于各方观点分歧过大，谈判没有取得进展。

第二阶段（1988年12月—1990年6月）。谈判开始进入实质性阶段，发展中国家为获取美国等发达国家在货物贸易上的让步，同意采用"双轨制"谈判方式将服务贸易作为与货物贸易并列的议题。

1988年12月，在加拿大的蒙特利尔举行了中期部长级会议。为加速谈判，各国在一定程度上摆脱了对服务贸易定义的纠缠，而将谈判重点集中在透明度、逐步自由化、国民待遇、最惠国待遇、市场准入、发展中国家的更多参与、例外和保障条款以及国内规章等原则在服务部门的运用方面。1989年4月，服务贸易工作组举行会议，决定开始对电信和建筑部门进行审查，然后又审查运输、旅游、金融和专业服务部门，进入了"部门测试"过程。与此同时，各国代表同意采纳一套服务贸易的准则，以消除服务贸易谈判中的诸多障碍。各国分别提出自己的方案，阐述了自己的立场和观点。

1990年5月，中国、印度、喀麦隆、埃及、肯尼亚、尼日利亚和坦桑尼亚七个亚非国家向服务贸易谈判组提交了"服务贸易多边框架原则与规则"提案（简称"亚非提案"），对最惠国待遇、透明度、发展中国家的更多参与等一般义务与市场准入、国民待遇等特定义务做了区分。后来《服务贸易总协定》文本结构采纳了"亚非提案"的主张，并承认成员方发展水平差异，对发展中国家做出了很多保留和例外，这在很大程度上反映了发展中国家的利益和要求。

第三阶段（1990年7月—1993年12月）。这一阶段，发达国家与发展中国家在各国开放和不开放服务部门的列举方式上出现了"肯定列表"和"否定列表"之争。美、加等发达国家提出"否定列表"方式，要求各国在提交初步减让表时，只将本国不愿在市场准入纪律和国民待遇原则方面做出减让的服务部门或分部门列入清单，把这些服务部门或分部门作为例外处理。部门清单一经提出，便不能增加，并承诺在一定时期内逐渐减少列入清单中的服务部门或分部门数量。发展中国家则提出"肯定列表"方式，即各国将同意在市场准入纪律和国民待遇原则方面做出减让的服务部门或分部门列入清单,并可以根据本国国内服务业发展水平逐步增加可减让的服务部门或分部门。

最后,《服务贸易总协定》文本采纳了发展中国家的主张,对市场准入和国民待遇等特定义务按"肯定列表"法确定,使发展中国家避免了使用"否定列表"方式可能带来的不可预见的后果。

1991年12月20日,关贸总协定总干事邓克尔提交了一份《实施乌拉圭回合多边贸易谈判成果的最终方案(草案)》,即著名的《邓克尔方案》,从而形成了《服务贸易总协定》草案。该草案包括6个部分、35个条款和5个附录,基本确定了协定的结构。草案由参加谈判的代表团带回各自国内进行讨论。如果各国认为基本可以接受,就将该草案作为进一步谈判的基础;如果各国不同意该草案的主要规定,那么谈判就此结束。倘若如此,将意味着"乌拉圭回合"整体谈判的完结,建立新的多边贸易体系的努力化为乌有。结果是,尽管各国都对草案存有或多或少的不同意见,但都不愿承担导致"乌拉圭回合"谈判失败的责任,因此都表示可以进一步考虑,于是进入了关于服务市场开放具体承诺的双边谈判阶段。

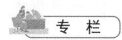

专栏

阿瑟·邓克尔(Arthur Dunkel)(1932年8月23日—2005年6月5日),瑞士人,1980—1993年任关税与贸易总协定总干事,积极推动各国间的自由贸易,1991年年尾开始草拟乌拉圭会谈的内容,奠定了1994年乌拉圭会谈的基础,成功促使超过120个国家参与成立世界贸易组织。

经过各国的继续磋商、谈判,协议草案得到了进一步修改。最后,各谈判方在1994年4月15日于摩洛哥马拉喀什正式签署了《服务贸易总协定》(General Agreement on Trade in Services,GATS)。该文本在总体结构和主要内容上对原框架协议草案并无重大变更,只在部分具体规范上有所调整。该协定作为"乌拉圭回合"一揽子协议的组成部分和世界贸易组织对国际服务贸易秩序的管辖依据之一,于1995年1月日与世界贸易组织同时生效。至此,近八年的乌拉圭回合谈判终于结束。GATS与各个成员的服务贸易减让表,构成了乌拉圭回合谈判在服务贸易领域的最终成果。这是多边贸易体制下第一部规范国际服务贸易的框架性法律文件,标志着服务贸易自由化进入一个新的阶段。我国政府代表参加了乌拉圭回合服务贸易各项谈判,并在GATS上签字承诺自己的义务,同其他各成员方就服务贸易市场准入减让问题进行谈判,并于1994年9月提交了正式的服务贸易市场准入减让表。

5.1.2 WTO体制的特点及后续谈判

(1)WTO体制的特点。

①制度安排的正式性。WTO体制在法律上实现了临时适用性向正式适用性的转变;有一套完整的组织机构,包括WTO本身,下属权力、行政、"司法"和监察等机构;作为正式的国际组织,WTO是国际法主体。

②协定内容的广泛性。协定内容既包括GATT体制有关商品贸易的关税和非关税措施的规则,也包括原"乌拉圭回合"新设定的议题规则(服务贸易总协定、关于知识产权的协定、有关贸易的投资措施),同时还设立了有关其成员贸易政策的定期审议机制和所有协议

的争端解决机制。

③体制本身的统一性。各成员国在加入 WTO 的同时也一并加入 WTO 的所有协议，即所谓的"一揽子加入"（single undertaking）。

从 1995 年 1 月开始，在服务贸易理事会指导下，服务贸易谈判主要集中在两个领域：一是在金融服务、基础电信服务、海上运输服务、自然人流动等领域的改善市场准入谈判；二是通过在保障措施、补贴和政府采购等方面的谈判及对国内管制约束适时解释等完善框架协议。

（2）WTO 体制下国际服务贸易谈判的重点。

第一，改善市场准入的谈判。

①金融服务谈判。

金融服务贸易领域中的许多市场准入承诺，都包含相应的保留限制，如在支付、转移、资本流动、经济需求认定、外国参与者最高所有权和外国银行许可数量等方面的限制，其中最主要的限制则是这些承诺都是暂时性的，随时都可能改变。由于美国缺席，所以金融服务贸易谈判的关键是要达成一项包括美国在内的、真正基于最惠国待遇的协议，并确立起多边体系的信誉。总体来说，有关金融服务市场准入的承诺反映了当今世界金融服务贸易自由化的趋势。

②基础电讯服务谈判。

基础电讯服务谈判与金融服务谈判类似，也是美国从中作梗。美国认为国家垄断经营的基础电讯服务，在自由化的市场上具有不公正的竞争优势，而美国的市场则是非垄断的，它要坚持互惠原则，以期保护国内电讯市场免受国外潜在竞争者的竞争威胁。

电讯服务最后阶段的谈判大多是非正式进行的，主要在美国、日本、欧盟和加拿大之间进行。主要是以下问题导致谈判破裂：约束国际通信网络"搭便车"的方法，国际通信线路的租用条件，卫星线路和电缆线路的通信连接、许可要求和费率等。此外，还有一些亟待解决的棘手问题：与竞争政策有关的事项，总体规则与特定规则的协调，管理机构与服务提供者的关系，反倾销规则与竞争规则的协调等。

③海运服务谈判。

根据"海运服务贸易谈判部长决议"和"海运服务谈判补充决议"，成员国在 1994 年 4 月至 1996 年 6 月 28 日期间进行了一系列谈判，其目标是就国际海运、海运辅助服务、港口设施使用、在约定期间取消限制等问题达成协议。1996 年 6 月 28 日，海运服务谈判组决定中止谈判，并根据 GATS 第十四条的规定在适当时候以现有承诺或进一步承诺为基础重开谈判。谈判中断期间，各谈判方将行使基于"海运服务谈判补充文件"第三款的权利，对其先前做出的承诺不做任何补偿地全部或部分修改或撤回，并就最惠国待遇的例外事项做出最后决断。上述"决议"还达成了"维持现状"的谅解，即为了维护和提高海运服务贸易自由化，各方均不得采取任何新的措施来限制海运服务贸易或改善其谈判地位，但为对付其他国家的不当措施而采取的行动除外。

一些谈判方对暂缓执行 GATS 第二条表示批评，认为这意味着在下轮谈判结束之前将不可能在海运服务领域运用最惠国待遇。在决定中断谈判时，仅有 24 个国家和地区提交了有条件的承诺。海运服务谈判之所以未能成功，主要还是因为美国拒绝做出任何承诺，美国认为有关各方所做出的承诺，未能有效地体现最起码的自由度，并强调唯一可接受的承诺是经合组织成员国所提出的"不保护任何运输行业"的方案。

④有关自然人流动的谈判。

在"乌拉圭回合"承诺时间表中，作为第四类供给方式的自然人流动主要限于两种类型：a. 作为"主要职员"的公司内部调动，如与东道国商业存在相联系的经理和技术人员的流动；b. 商务访问者，他们作为短期访问者，一般不被东道国雇佣。自然人流动谈判小组成立于1994年5月，其目的是主持有关谈判，以改进有关承诺，使独立的访问供应商在没有商业存在的前提下能够在海外工作。有关谈判工作在1995年7月28日结束。奥地利、加拿大、欧盟及其成员国、印度、挪威和瑞士6个成员方提交了有关自然人流动的更高水平的承诺。它们旨在确保合格专业人士、计算机专家和其他各种类型专家的市场准入，允许他们以个人身份接受暂时性合约，能够在海外工作，不与东道国的任何商业存在发生联系。

第二，完善框架协议的谈判。

①服务业紧急保障问题。GATS第十条第一款规定："基于无歧视原则的紧急保障措施问题需以多边谈判方式进行。谈判结果应在世界贸易组织协定生效后不迟于3年内付诸实施。"该条第二款还规定，"上述谈判结果生效3年以后各方可以修改或撤回承诺，并向理事会报告。"

对于保障条款的确立问题，争议颇多。持肯定态度的人认为：制定保障条款将会激励有关各方做出更积极、更务实的有关服务贸易自由化的承诺。例如，在自然人跨国流动方面取消"经济需求认定要求"、允许更多的服务部门入境开业、减少市场准入和国民待遇上的限制等。客观地讲，因有关承诺造成产业损害，采取临时性保障措施有时也是不无裨益的。例如，对于发展中国家，服务贸易自由化对其的影响是不可想象的，有了保障条款，发展中国家就有了一定的回旋余地，从而可以促使其十分放心地做出进一步的承诺。

对保障条款的确立持怀疑观点的人认为：第一，确立保障条款纯属多此一举，因为各方对《服务贸易总协定》所做出的具体承诺中都已含有保障因素，又如，只就有限的服务部门做出承诺、限制性的服务市场准入等；第二，确立保障条款不仅不利于服务贸易自由化，相反，将为贸易保护主义提供契机和借口，因为保障条款的引入意味着承诺的可变性和贸易政策的不确定性。大多数发展中国家和地区则强调，这种保障措施在运用于服务贸易领域时存在一定困难，这些困难包括服务贸易得以进行的方式的多样性、国内服务业遭受损害程度的判定以及服务进口方政府当局处置权的随意性等。现在的问题是，制定保障条款是否有必要，如果没有必要，就无须讨论、无须谈判了；如果有必要，那么什么样的保障条款是可取的。这些都是无法回避的实际问题。

下一步有关紧急保障问题谈判的重点，将是对可以实施保障措施的各种情况加以具体界定。发展中国家和地区要求对以下两种情况做出界定：第一，因履行GATS所规定的开放义务而导致服务进口的大量增加，结果使国内有关服务提供者要求采取保障行为以补救所遭受的损害，即出现了第十四条所界定的情况；第二，政府为了达到某些政策目标，采取的维护国内服务业生存的行动，即对国内服务业保持最低控制的政府行为。

缺乏有效的有关服务的生产、贸易和投资方面的统计数据，是造成GATS未能确立紧急保障机制的一个主因。实际上，有关"产业损害"的认定标准，包括进口规模和市场份额、生产能力、盈亏状况、就业情况等，既能适用于货物生产者，也同样能适用于服务提供者。

服务业遭受损害毫无疑问地会延缓其发展。"损害"认定中还有一项困难，就是如何对待境内服务业中的外国所有或控制的服务企业，例如，导致服务进口增加的原因，可能是本国服务企业被国外机构所收购，也可能是外国所有或控制的服务企业市场占有率迅速提高，或国外服务提供者入境数量剧增等。

②服务业补贴问题。GATS第十五条规定："成员方认识到，在某种情况下补贴对服务贸易可能会引出不正常的结果。鉴于要制定一项必要的多边纪律以避免这类曲解对服务贸易的影响，成员方应举行多边谈判。这类谈判也应提出适当的反补贴程序。谈判应认识到补贴对发展中国家发展计划的作用，并重视成员方，特别是发展中国家成员方在这一领域中所需的灵活性。谈判的目的，即所有成员方应交换由其提供给本国服务提供者有关服务补贴的所有资料。任何成员方如认为另一成员方的补贴使其受到损害时，可就此事要求与该成员方进行磋商，这种要求应给予同情并考虑。"

区别不同的服务业补贴非常重要。一般的服务业补贴是包括地区补助和少数民族补助在内的，旨在实现各项社会目标的宏观性补贴，缓和市场衰弱的补贴，确保某些服务行业或服务提供者的商业优势的补贴等。现实表明，各国政府实施的服务业补贴措施有扩张的趋势，特别是在高技术服务领域、区域平衡发展方面、运输和通信服务领域等。实施补贴的政策工具日趋多样化，包括生产要素的使用优惠、税收减免、利率补贴信贷、信贷担保和国有资产投入等。实施补贴的具体政策目标包括加强基础设施建设、确立竞争能力、提高服务质量、促进新型服务业的建立、援助呈衰弱迹象的服务业、平衡地区间的经济发展机会、改善国际收支状况、增加就业和转移收入等。

在"乌拉圭回合"服务贸易谈判过程中，各国对补贴措施的实施，以及对补贴的约束问题争论不休。一些发展中国家和地区要求发达国家在服务业补贴方面"维持现状""逐步退回"。美国和欧盟则要求取消所有对别国的服务贸易利益形成严重损害或损害威胁的补贴措施。对于服务业补贴的约束，发展中国家要求参照商品贸易的做法，即发展中国家以较大的灵活性来使用补贴，提高其国内服务供应能力，对发达国家的服务业补贴措施则应给予严格的纪律约束；发达国家强调服务业补贴问题的复杂性，特别是反映在补贴的界定和补贴量的衡量方面，从而使对服务业补贴的约束变得极为困难。

如何解决服务业补贴问题？确实存在一定的困难。第一，缺乏分类统计数据。对于相当多的服务行业，要想获得有关市场份额、价格、单位产品和单位成本等方面的充分信息是很难的。第二，在认定服务的"原产地"、区分国内服务供应和国外服务供应方面也存在较大的信息障碍。第三，服务行业繁多，服务贸易方式多样化。这就意味着同样的补贴措施会因服务贸易方式的不同而出现差异或出现不同的解释。例如，对外资机构提供税收优惠，可以被认定为服务出口补贴；母公司所在国对母公司的补贴，会加强其海外子公司竞争优势；为购买本国服务的消费者提供特定的优惠，也可能会起到出口补贴的作用。

针对计算因补贴而产生的价格差异和认定对服务业损害方面的困难，一些国家和地区建议运用争端解决程序或竞争法规来制约服务贸易倾销，不赞成采取单方面的反补贴行动。在存在贸易扭曲性补贴的情况下，多边监督机构应根据有关各方的可比数据和有关补贴的公认定义，运用统一的计算标准来审议服务业补贴与反补贴问题。

③政府服务采购问题。GATS第十三条第一款规定："本协议第二条（最惠国待遇）、第

十六条（市场准入）、第十七条（国民待遇）的规定，不适用于作为政治目的为政府服务机构采购使用的法律、法规和规程，且购买该项服务不是为了商业转销或提供服务用作商业销售的目的。"

国际服务贸易中政府采购问题的焦点在于各方为攫取一己之利都倾向于保留并利用上述例外。由此引发出了诸多问题：GATS 的例外能否与政府采购多边协议一样有效？或者是否要采取"削足适履"的做法修改政府采购多边协议的规则，以达到与 GATS 的例外规定相一致的目的？在后一种情况下，政府采购协议的签约方是将有关利益按照最惠国待遇的原则给予所有签约方，还是构筑双重承诺结构？能否确立同时适用于商品贸易和服务贸易的政府采购多边规则？如何确保与政府采购有关的所有法律和程序的充分透明？

（3）下一阶段的服务贸易谈判。在 WTO 体制下一阶段的服务贸易谈判中，对于发展中国家而言，可能有两个因素妨碍其有效加入服务贸易后续谈判：一是其缺乏有关服务生产和贸易方面的统计数据，难以对利益所在做出评判；二是发展中国家大都对其他国家的法律比较陌生，难以界定对其服务出口形成障碍的贸易壁垒。

另外，后续的服务贸易谈判可能会在以下两个方面受到某些发达国家要求的影响：一是要求修改服务贸易总协定，以"否定承诺方式"取代"肯定承诺方式"；二是要求在 GATS 框架内达成多边投资协议并制定该条款。

5.2 《服务贸易总协定》

GATS 的宗旨是通过建立服务贸易多边规则，在透明和逐步自由化的条件下扩大全球的服务贸易。该协定兼顾了各成员间服务贸易发展的不平衡，鼓励发展中国家成员提高国内服务部门的效率和竞争力。

5.2.1 《服务贸易总协定》的基本框架

GATS 由三大部分组成，包括主体规范 29 个条款、8 个附件和 WTO 成员的具体承诺表。

1. 序言

GATS 序言说明了缔结该协定的宗旨、目的和总原则。具体表现在：

鉴于国际贸易对世界经济发展日益增长的重要性，谈判各方希望在透明度和逐步自由化的条件下，建立一个有关服务贸易的原则和规则的多边框架，以促进贸易各方的经济增长和发展中国家的经济与社会发展。

在尊重各国政策目标的前提下，本着在互利的基础上提高各参与方利益的目的和确保各方权利和义务的宗旨，希望能通过多轮多边谈判以促进服务贸易自由化的早日实现。

希望能通过增强其国内服务业能力、效率和竞争性来促进发展中国家在国际服务贸易中的更多参与和服务出口的增长。

对最不发达国家在经济、发展、贸易和财政需求方面的特殊困难予以充分的考虑。序言用较多的篇幅和文字强调了发展中国家的积极参与和其自身的特殊情况。发展中国家成员应努力在今后服务贸易的部门开放谈判中充分利用《服务贸易总协定》的基本原则以争取对自身有利的谈判结果，从根本上改变此序言仅仅是象征性而非实质性地促进各成员，特别是发展中国家成员服务水平和经济发展。

2. 第一部分　范围和定义
第一条　范围和定义

首先，说明了 GATS 适用于成员影响服务贸易的各种措施，并确定了 GATS 适用于"服务部门参考清单"所列 12 种服务部门的服务贸易，即说明了该协定的适用范围。其次，界定了服务贸易的内含。最后，对"各国的措施"和"服务"做了解释性说明。

GATS 认为"服务贸易"定义如下：服务贸易包括：a. 从一成员境内向另一成员境内提供服务。b. 在一成员境内向另一成员的服务消费者提供服务。c. 一成员的服务提供者，在任何其他成员境内通过商业存在提供服务。d. 一成员的服务提供者在另一成员领土内通过自然人存在提供服务。

由这个定义可以看出，它是发展中国家和发达国家提案的妥协。首先，它是较广义的定义，不但包括了发展中国家倾向的"跨越国境的可贸易型服务"（Cross-border Tradeable Services），而且包括了一国在别国的商业存在所提供的服务；其次，此定义又试图把投资和移民排除在服务贸易之外。但总体来说，这个定义是广泛意义上的服务贸易。对此，发展中国家应有足够的警惕和重视，防止此概念的广泛化，以免在以后的部门谈判中陷入困境。

3. 第二部分　普遍义务与原则

这是 GATS 的核心部分之一，包括第二条到第十五条的内容。规定了各成员必须遵守的普遍义务与原则，本部分条款是各方一旦签约就必须普遍遵守的。下面对其中的主要条款逐一予以评述。

第二条　最惠国待遇

GATS 的最惠国待遇与 GATT 第一条最惠国待遇类似，原则上也是无条件最惠国待遇，而对某些国际协议予以例外处理。如 GATS 规定本条不适用于有关税收、投资保护和司法或管理协助的国际协议；也暂时不适用于 GATS 附则中没列入的，而由其他国际协议管辖的具体部门。

无条件最惠国待遇原则在服务贸易中实施，从理论上讲是正确的。但是，由于存在部门谈判的压力，这种无条件最惠国待遇的执行是不可能的。而 GATS 附则中的各具体部门是在同一个 GATS 的框架之下，而不是相互毫不关联的，故它导致了有可能出现部门间的妥协、部门间的相互补偿或跨部门的报复。这将为以后最惠国待遇的具体执行带来潜在的障碍。而 GATS 对其他有关服务业的国际协议的尊重也会使这条的作用大打折扣。

在国际贸易的实践中，该最惠国待遇条款更有可能作为具体承诺，而不是普遍义务得到执行，即将会与具体部门的谈判联系在一起。这可以防止双边贸易利益不平衡的出现，也是合情合理的，但应防止对无条件最惠国待遇的不合理的背离，防止有的国家利用例外歧视其他成员。

第三条　透明度

GATS 在第三条中规定"任何成员除非在紧急情况下应立即并最迟在其生效前，公布所有有关或影响本协定执行的相关措施。本协定成员也应公布其签署参加的有关或影响服务贸易的国际协定"。

此条还规定应至少一年一度地对本国新法规，或现存法规的修改做出说明介绍，规定对其他成员的询问做出迅速的答复；任何成员都可以向他方通知另一成员所采取的影响 GATS 执行的任何措施；绝密信息可以不加以透露。

"透明度"条款的宗旨是各成员所采取的任何服务贸易或 GATS 的执行的措施都应让其他成员尽可能方便地、快速地获知。这一宗旨是正确的，它是确保国际服务贸易正常进行，尤其是确保公平竞争的必要手段。但在国际贸易实践中，这一条款能否执行得令人满意还很难说。实际上，有些国家对其有些措施总是有意或无意地予以掩盖，尤其在一些贸易管制的国家。因此，我们认为此条款的执行将会遇到较大的阻力，更何况"绝密信息"又没有一个严格的定义，"紧急情况"的例外规定也极易被随意引用。

第四条　发展中国家的更多参与

此条款有三层含义：a. 有关成员应做出具体承诺以促进发展中国家国内服务能力、效率和竞争性的增强；促进其对技术的有关信息的获取；增加产品在市场准入方面的自由度。b. 发达国家应在 GATS 生效后的 2 年内建立"联系点"以使发展中国家的服务提供者更易获取有关服务供给的商业和技术方面的信息；有关登记、认可和获取专业认证方面的信息；服务技术的供给方面的信息。c. 对最不发达国家予以特殊优惠，准许这些国家不必做出具体的开放服务市场方面的承诺，直到其国内服务业具有竞争力。

该条款在 GATS 中明确列出具有积极的意义，这是发展中国家争取的结果。虽然此条款对发展中国家的更多参与没有具体的规定，仅是做了笼统的表示（最不发达国家情况例外），故并无太多的实质性意义。但发展中国家可以充分地利用这一原则在部门开放谈判中谋求好处。尤其是这一原则使发展中国家增强其服务能力的措施成为合法，如要求外国的服务提供者转让技术，甚至对本国的一些服务行业实施补贴等；而且发展中国家还可以利用这一原则保护本国服务业，如发展中国家在向发达国家开放其服务市场时，可以附加一些限制条件对外国的商业存在类型做出限制和要求，对其征收不同的税率，要求外商企业吸收当地服务成分，要求对方提供一些管理技术，等等。

同样，发展中国家还可以根据这一原则要求发达国家更多地开放市场。尤其是发展中国家服务出口的增长依赖于其劳务出口，发展中国家应促使发达国家在这方面更多地开放边境，使发展中国家的各种各样的劳务，从熟练工人、半熟练工人、不熟练工人到技术人员能够更自由地输出，使发展中国家的驻外机构可以从本国招聘劳务人员，而不是只能在东道国当地招聘劳务人员。

总之，发展中国家应充分地利用这一原则，在以后的部门开放谈判中谋求发达国家的让步。

第五条　经济一体化

"经济一体化"条款的主要内容是：不阻止各成员参加有关服务协议，不阻碍服务贸易自由化的推进；而对发展中国家之间的有关协议采取较为灵活的政策，允许其按发展水平达成某些协议；但是参加有关协议的各方对该协议外的国家不应采取提高壁垒的措施；任何成员决定加入某一协议或对某一协议做重大修改时，都应迅速通知各成员，而各成员应组成工作组对其检查；如果某一成员认为某个协议损害了自己的利益，则按 GATS 第二十一条的程序办理。

此款的设立是合情合理的，但应对各种类型的地区性服务贸易优惠协议加以较严格的限制，以及必要的检查。因为这肯定会对其他国家造成一定程度的不利影响，减少开放市场的范围，进而严重削弱 GATS 的多边性质。不过，在地区经济一体化日益发展的今天，各种类型的区域性协议的出现在所难免，但这一趋势绝对不应当鼓励，它将使封闭市场越来越扩大，而缩小开放市场，不利于服务贸易自由化在全球的推进，应当严格监视与审议。

第六条 国内规章

本条共有 5 款，首先表示对国内规定的尊重，赋予各国以一定的权利，其中包括当局引进新规定以管理服务的权利，并对发展中国家做了优惠安排。准许发展中国家设立新的规定，其中包括可以在某些部门为了实现国家政策目标而采取垄断性的授权（The Granting of Exclusive Right）；允许各成员对服务和服务的提供者提出要求以使其满足某些规定，但这类要求必须是建立在合理、客观的和非歧视的基础之上的，不能给国际服务贸易带来负担和阻碍。其次，对各成员当局提出了一些义务要求。如要求各方建立起司法、仲裁、管理机构和程序，以便对服务消费者和提供者的要求迅速做出反应；并要求各成员对服务提供授权的申请迅速做出决定；成员不应利用移民限制措施来阻碍 GATS 的实施，涉及人员移动的有关具体承诺在 GATS 下达成，则应允许这种人员的移动、暂时居留和工作。

第七条 认可（资格/许可）

本条的宗旨是有关服务的规定、标准和要求应达成一致和相互认可。本条认为一成员可以与其他成员就某些有关服务提供的准则达成协议以促进国际服务贸易的进行。而这些协议应该可以允许别的成员加入，其执行也应建立在合理、客观和公正的基础上。另外，协议的参加方应在协议生效之后的 13 个月之内就其协议内容通知各成员并允许别国加入，而有关协议的任何重大修改也应及时通知各成员。有的成员还提出在以后采用一种国际统一的标准来处理有关部门的服务。

本条款的主要目的在于促进国际有关服务提供的标准的一致性，即国际标准化问题。这条的作用在于鼓励服务标准从局部到全世界的标准化，即从地区或局部的标准化推广到各成员全体的标准化。这一思路是可取的，有关服务提供的准则化，由于各国规定的巨大差异和发展水平的不同，这将是一个长期的过程，GATS 可以设立一个工作小组来指导和推进这一过程，但应对各国的国内法规予以足够的重视和尊重。

第八条 垄断和专营服务提供者

这条与美国提议中的相应条款类似。要求一个垄断的服务提供者在有关市场上提供垄断服务时，其行为不能够损害其他成员的服务提供者按 GATS 的第二条、第十六条、第十七条所享有的权利；还规定当一个行业的垄断服务商在其垄断权范围之外的行业与其他服务提供者直接或间接的竞争时，不能利用其垄断地位竞争。而当一成员认为别国的垄断服务提供者损害了本国服务提供者的正当权益时，举证的责任在申诉一方，但不要求其提供有关绝密的信息。本条还对垄断服务提供者的概念下了定义，包括寡头性质的垄断形式，但本条款对垄断服务这种形式未做褒贬评论。

这条主要是针对发展中国家的，由于服务业发展水平低的缘故，发展中国家的重要的服务行业都采用国家垄断的形式。这给其他国家的服务提供者在这个国家的竞争带来了巨大的不利，故美国等发达国家竭力主张加入此条款以保障本国服务业在国际上的竞争。相应地，第九条"商业措施"则是发展中国家对发达国家某些有垄断地位的私营企业限制的条款。

第九条 商业惯例

本条要求限制某些企业在服务市场上实施影响竞争的做法，包括一些有关服务出口的反竞争性限制做法，一成员在其他成员提出要求时，应与有关当局磋商以便取消这些做法。

第十条 紧急保障措施

本条款与 GATT 第十九条"对某种产品的进口的紧急措施的原则是一致的,它准许某一缔约国在由于没有预见到的变化或由于某一具体承诺而使某一服务的进口数量太大以至于对本国内的服务提供者造成了严重损害或威胁时,此一缔约国可以部分地或全部地中止此承诺以弥补这一损害"。而任何成员要采取这种"紧急保障措施"应在之前或之后立即向成员全体通知这种措施并提供有关数据,且应与有关各方充分磋商;所有这种紧急措施都应受成员全体的监督,且受影响的其他成员可采取相应的措施。

第十一条 支付和转移

本条规定,除非出现第十二条的情形,那么 GATS 下有关服务贸易的具体承诺的执行不能因受到支付和货币转移方面的限制而遭到阻碍,且规定 GATS 的任何条款都不能影响国际货币基金组织成员国在"基金协议条款"(the articles of agreement of the fund)下的权利和义务。

第十二条 确保国际收支平衡的限制措施

该条准许一成员在其成员国际收支和金融地位严重恶化的情况下,就其作为具体承诺的服务贸易采取限制性的措施,或对于这种交易有关的支付和货币转移做出限制,尤其是金融地位比较脆弱的发展中国家为实现发展目标而维持其外汇储备的要求应予以考虑。本条还规定这种限制性措施要迅速通知各成员且不应超过必要的程度,不对各成员采取歧视性措施,不给其他成员带来不必要的商业和经济损失。还规定,采取限制性措施的成员应立即就其限制性措施同各成员磋商,且应用国际货币基金组织提供的有关数据资料做出判断和评价。

第十三条 政府采购

本条规定 GATS 的第二条、第十六条和第十七条不适用于政府采购法规下的采购。但第二款要求在《世界贸易组织协定》生效 2 年内,应就政府采购问题举行谈判。

第十四条 普遍例外

本条款规定只要符合一定的条件,那么在一些特定的情况下,成员可以采取一些与 GATS 不一致的措施。这些条件是:a. 不得在情况相似的国家之间采取武断和不公平的歧视;b. 不得借机为国际服务贸易设置限制"特定的情况"是:出于保护公共安全、公共卫生、环境、文化、资源等;为了维护国内法律和制止欺诈行为,采取的措施要及时向各成员通知。

本条还规定《服务贸易总协定》对各成员的以下方面没有制约作用:a. 有关国家安全的情报;b. 有关军事、放射性物质和战争时期等所采取的行动;c. 未执行联合国宪章而采取的行动,但各成员应尽可能得到通知。

第十五条 补贴

本条规定在某些情况下,补贴会给服务贸易带来扭曲性的影响,故各成员应进行多边谈判并制定必要的多边规则以避免这种扭曲。谈判还应提出合适的反补贴程序并对发展中国家的补贴方面的需要予以灵活处理,而各成员应相互通报各自服务提供者的补贴问题,以便谈判。还规定受到某成员补贴影响的另一成员可要求就此同该成员磋商解决。

国际贸易的实践证明,补贴问题是一个很难解决的问题,在货物贸易,尤其是初级产品、农产品贸易问题中表现突出。其原因之一就是补贴同国内政策甚至国内政治联系在一起,而其本身又没有一个统一的标准来衡量,故各国扯皮不休,没有结论。而服务业补贴问题则更复杂，服务业更紧密地同国内的政策、投资优惠安排、研究与开发的政府资助联系在一起，然而发展中国家又有充分的理由（增强自身服务能力等）补贴某些行业，故预计就补贴而进行的谈判将非常复杂。我们认为应对补贴首先做出明确的定义，列举出各种各样的实际做法，然后就各种做法逐一谈判，对发展中国家的灵活和优惠做出明确的规定，对最有可能消除的补贴首先达成协议；因为笼统地反对和取消所有补贴是不可能的，也是不现实的。同时对单方面的反补贴措施要加以限制，因为这种单方的反补贴做法易引起不良的连锁反应，严重阻碍国际贸易的发展，这在货物贸易中已得到充分证明。

以上是第二部分普遍义务和原则的第十四条，是 GATS 赖以存在的基础和支柱。这些原则基本上体现了 WTO 的宗旨，对发展中国家的需要也有相应的保障。

4. 第三部分　具体承诺

第十六条　市场准入

本条规定有关那些在本协定第 1 条认可的方式提供的市场准入问题，各成员应给予其他成员的服务和服务提供者以不低于其在细目表上已同意提供的待遇。若在一成员的细目表上给出了不止一种的有关服务提供的准入途径，那么别的成员的服务提供者可以自由选择其所乐意的那一种。该条款要求，在承担市场准入义务的部门中，原则上不能采取数量限制的措施阻碍服务贸易发展。

第十七条　国民待遇

本条规定在不违反本协定的有关规定，而且在其细目表上的条件和要求相一致的条件下，一成员应该在所有影响服务供给的措施给予别国的服务和服务提供者，以不低于其所给予的国内服务或服务提供者的待遇。

第三部分具体承诺中的市场准入和国民待遇条款是 GATS 的最重要条款，是各方争论的焦点。GATS 在结构上的一个重要特征就是将市场准入和国民待遇不是作为普遍义务，而是作为具体承诺与各个部门或分部门开放联系在一起。这样可以使分歧较小的部门早日达成协议。而发展中国家在谈判中则应以发展中国家的更多参与这一原则作为先决条件，并且发展中国家可以把互惠不局限在发达国家占优势的部门，可以谋求部门间的妥协来获取在自己较愿意开放的部门中达成有利的协议。同时应在发达国家坚持资本在国际间流动自由时坚持劳动力的流动自由，以利于自己劳动力优势的发挥。我们认为各国在部门开放谈判时，应充分考虑到各国发展水平的不同和实际情况，各国竞争优势的不同，本着"利益互惠"的原则来达成市场准入方面的具体承诺。而"利益互惠"不是一种绝对数量上的"对等互惠"，而应该是一种"相互优惠"，这样才符合发展水平不同国家的需要。对于部门开放谈判，发展中国家可以在其自愿的部门开放市场的谈判，但不应强迫某些国家开放它们难以开放的市场，不能加重发展中国家在服务贸易和国际收支方面的负担，更不能损害发展中国家的主权，否则违反了 GATS 的宗旨与目的。

第十八条　附加承诺

该条规定各成员可以就不包括在第十六条、第十七条下的影响服务贸易的措施进行谈判。

5. 第四部分　逐步自由化

这部分共 3 条，就进一步扩大服务贸易自由化的谈判原则、适用范围、具体承诺的细目表以及细目表的修改做出了规定。

第十九条 具体承诺的谈判

首先，本条规定，本着进一步提高服务贸易自由化的目标，各成员应举行多轮谈判，最晚从《世界贸易组织协定》生效后 5 年开始，并在此后定期谈判。这些谈判的目的是减少和消除对服务贸易产生不良影响的措施，以实现有效的市场准入途径。谈判过程应本着在互惠的基础上给各方带来利益和各方权利和义务平衡。最不发达国家可以从本协定下的任何减让中获取好处。

其次，本条认为应充分尊重各国政府的政策目标和各国的发展水平。对某些发展中国家应允许有一定的灵活性，允许其有选择地开放部门和交易类型，并考虑到发展中的发展目标。

本条还规定了谈判时应遵守的准则和程序，而准则的确立应考虑以下因素：前一阶段谈判结果的评估、发展中国家的更多参与、自愿原则、最不发达国家的特殊困难。

最后，本条规定谈判的范围是：a. 就某些部门、分部门达成新的市场准入方面的承诺；b. 就某些部门、分部门达成新的国民待遇承诺；c. 将那些已有协议的部门和分部门中的对市场准入方面的限制全部或部分地撤销；d. 将那些已有协议的部门和分部门中的对国民待遇方面的限制全部或部分地撤销。

这一部分实际上是第三部分规则的延伸。"具体承诺义务的谈判"中"义务"主要就是市场准入和国民待遇，主要是为具体部门的谈判规定原则、程序、范围、目标和一些特殊例外。目的是促进第三部分具体承诺的落实，类似于第三部分具体承诺的这一部分的原则和程序又与各方切身利益紧密相关，其重要性是不言而喻的。它所采用的原则和准则与 GATS 的总的原则和义务是一致的，可视为普遍原则的具体体现。这一部分的执行在部门开放谈判中得到体现，本条的规定较广泛，发展中国家应利用此条中对发展中国家有利的内容，力争达成与自己有利的部门开放的协议。

第二十条 具体承诺减让表

本条规定各成员应与其他成员达成的有关承诺列在其细目表中，且应指明达成协议的部门和分部门。另外还应包含以下内容：a. 有关市场准入的任何限制和条件；b. 有关国民待遇的任何卸职和条件；c. 任何未就市场准入和国民待遇达成协议的支付方式；d. 可能的话，列出承诺执行的时间表；e. 任何实现市场准入的其他措施；f. 承诺生效的时期；g. 规定了有关协议的细目表应附在 GATS 之后，使之成为 GATS 的一部分。

这条主要处理本协定附录中各部门开放谈判的承诺细目表的构成，对各分部门开放谈判的进行和达成具有一定指导作用。

第二十一条 减让表的修改

本条对成员修改和撤回自己的承诺做了规定。规定修改和撤回承诺只能在其承诺生效 3 年之后，并且应在一定的时间内与影响的其他成员达成补偿性协议，并通告服务贸易理事会。其他成员在受到影响后，有权自行采取补偿性的措施对其承诺做出相应的修改或撤回，但是都需通知服务贸易理事会。

6. 第五部分 组织机构条款

第五部分是组织机构条款，主要规定了 GATS 的争端解决机制及组织机构，共 5 条（第二十二条至第二十六条）。

第二十二条 磋商

本条规定，任何成员都有权对其认为会有损于它利益的做法，在本协定原则下向另一成员提出磋商。第二十二条第一款规定当任何成员对影响本协定执行的任何事项向另一成员提出磋商请求时，另一成员应给予同情的考虑，并做出积极的反应，要主动给予适当的机会予以充分的磋商。该条第二款还规定当某成员要求提出的磋商没能达成圆满的结果时，服务贸易理事会可与另一成员（指当事另一成员）或其他成员进行磋商解决有关问题。第三款允许各成员在非歧视原则基础上实施避免双重征税的措施等协定，并可将引起的争端提交仲裁。

第二十三条　争端解决和执行

第二十二条、第二十三条是 GATS 关于服务贸易引起争端时，所规定的争端解决机制，是建立在 GATT 第二十二条和第二十三条基础上的。尽管第二十三条规定了争端解决机制，并且协定本身认为它应该是不寻求 GATS 以外的争端解决机制而存在的。"乌拉圭回合"谈判中很重要的议题之一，就是各成员都努力寻求能建立一个能解决商品贸易争端又能解决与贸易有关的知识产权、投资措施、非关税壁垒等各方面（包括服务贸易在内）的"综合性的争端解决机制"，并将这种争端解决机制认为是"乌拉圭回合"谈判成果的集中体现——WTO 的极其重要的组成部分。也许正是基于这种认识，目前，很多成员都认为"乌拉圭回合"10 多个议题所达成的有关协议其中可含有该协议自身的争端解决机制。但是，这种争端解决机制应该从属于"综合性争端解决机制"。甚至有的谈判方认为每个议题的有关争端解决机制条款可删除，统一归属于《世界贸易组织协定》内容的"综合性争端解决机制"，以避免因某一领域的特殊规定产生的混乱，这种处理办法是积极可取的。

第二十三条各谈判方基本达成共识的有三款。第一款认为本协定的任一成员认为依协定项下应得的利益另一成员没有能够实现，或未能履行其应尽义务时，由此使某一成员在协定项下的利益正在丧失或正在受到损害，受损害的成员有权向另一成员或其他有关各成员提出书面请求或建议，并都应给予同情的考虑，以期达到双方都满意的结果，妥善地解决该争端。当受损害的成员认为该争端在合理的一段时间内没能达成满意的结果，或当事方认为磋商结果不尽如人意时，第二十三条第二款认为可将此争端提交"争端解决机构"。该款要求"争端解决机构"应对此着手加以研究解决，并向它们认为有关的各方提出合适的建议，或者可对争端酌情做出裁决。如果"争端解决机构"认为必要时，也可以同该争端有关的各方或有关联的任何政府间组织进行必要的磋商，甚至授权受损害方中止其义务和具体承诺。第二十三条第三款规定当任何成员认为由于任何与本协定各项规定并无冲突的措施的实施，导致其在合理理由期望的本协定第三部分的利益受损害时，它可以诉诸争端解决谅解，并按第二十一条要求进行义务调整，如果不能达成满意的协议，可以适用争端解决谅解第二十二条。第三款对维护各成员的合法利益至关重要，尤其对发展中国家有重大利益的减少没能得到如实履行时，对发展中国家的发展是极其不利的，发展中国家可以借此维护自身利益。因为乌拉圭回合中关于"综合性争端解决机制"的程序包括了服务部门之间、服务与商品贸易之间，甚至更为广泛的交叉报复机制。

第二十四条　服务贸易理事会

第二十四条共三款。第一款规定服务贸易理事会是为了有利于实施本协定和促进实现本协定所期望达到的目标而设立。代表理事会的职能是：a. 监督《服务贸易总协定》的实施以促进实现其目标；b. 设立附属机构以有效地分散其职能。第二款规定所有成员都有权向代表理事会及附属机构派驻代表。第三款认为代表理事会将选出代表理事会主席并制定自己的工作原则和程序，理事会主席一经选出，他本身不能代表他所在成员行使其职权。

第二十五条 技术合作

第二十五条共两款。要求发达国家成员和其他工业化国家成员应尽量为其他成员的服务提供者，特别是来自发展中国家或地区的服务提供者，提供服务方面的技术援助。并由"服务贸易理事会"做出决定，由权威的秘书处在多边水平基础上提供。

第二十六条 与其他国际组织的关系

第二十六条规定"服务贸易理事会"应将不断地做出适当的安排，与联合国及其专门组织机构和其他政府间有关服务方面的组织进行磋商和合作。

7. 第六部分 最后条款

第六部分共三条（第二十七条至第二十九条），规定了 GATS 中的利益的否定、术语的定义、附录。下面做简要介绍。

第二十七条 利益的否定

第二十七条规定各成员可以拒绝给予那些"源于"不是 GATS 的成员，或不适用本协定的另一成员的服务或服务提供者 GATS 项下的利益。"源于"（originate from）与货物贸易中判断商品原产地类似，是判定服务及服务提供者的"产地"的依据。根据《世界贸易组织协定》在两个成员之间互不使用 GATS 时，其服务提供者也不享受本协定利益。

第二十八条 术语的定义

第二十八条对一些术语做了解释性说明和定义。这些术语的定义介绍如下：

①"措施"（measure）：包括由各成员所采取的任何措施，而不论是采取法律、条例、行政管理行为、规则、程序、决定或任何其他形式。

②"一项服务的供给"（supply of service）：包括服务的生产、分销、营销、销售及运输。

③"各成员影响服务供给的措施"（measures by members affecting the supply of a service）：包括有关①服务的采购、支付与使用的措施。②涉及服务供给的分销和运输系统以及公共电信输送网络的进入和使用的措施。③某成员的自然人和法人的商业存在在另一成员领土内提供服务的措施。

④"另一成员的自然人"（natural person of another member）：指按那个成员的法律成为某一成员境内的任何自然人，或在某一成员在那个成员领土内拥有永久居住权的自然人。

⑤"一成员的服务消费者"（service consumer of a member）：指接受或使用服务的某一成员的任何自然人或法人。

⑥"商业存在"（commercial presence）：指以提供服务为目的，在某一成员领土内的任何形式的商业或职业存在，无论是通过合并（incorporation）、现存企业的收购、创办独资的子公司或部分所有的子公司、合资企业、分公司、代表处或其他。

第二十九条 附件

第二十九条声明本协定的附件是本协定的有机组成部分。GATS 的附录有不同目的。通信与劳动力移动附件定义了供应服务的模式；金融服务的附件结合该部门的特点，比较谨慎地做出减让安排；空运附件则规定了《芝加哥条约》中有关交通权利对最惠国待遇条款的免责。

GATS 是自关贸总协定成立以来在推动国际贸易自由化发展问题上的一个重大突破。它的重要贡献在于首次将服务贸易和知识产权列入国际贸易的范围，扩展了国际贸易的内含和外延，也标志着多边贸易体制的逐渐完善。GATS 对世界服务贸易发展的促进作用是毋庸置疑的。

表 5-1 为 GATS 的框架结构。

表 5-1　GATS 的框架结构

GATS 的框架协议	内　　容
第一部分　范围和定义	第一条　范围和定义
第二部分　普遍义务与原则	第二条　最惠国待遇
	第三条　透明度
	第三条之二　机密信息的披露
	第四条　发展中国家的更多参与
	第五条　经济一体化
	第五条之二　劳动力市场一体化协定
	第六条　国内规章
	第七条　认可（资格/许可）
	第八条　垄断和专营服务提供者
	第九条　商业惯例
	第十条　紧急保障措施
	第十一条　支付和转移
	第十二条　保障国际收支的限制措施
	第十三条　政府采购
	第十四条　普通例外
	第十四条之二　安全例外
	第十五条　补贴
第三部分　具体承诺	第十六条　市场准入
	第十七条　国民待遇
	第十八条　附加承诺
第四部分　逐步自由化	第十九条　具体承诺的谈判
	第二十条　具体承诺减让表
	第二十一条　减让表的修改
第五部分　组织机构条款	第二十二条　磋商
	第二十三条　争端解决和执行
	第二十四条　服务贸易理事会
	第二十五条　技术合作
	第二十六条　与其他国际组织的关系

续表

GATS 的框架协议	内　　容
第六部分　最后条款	第二十七条　利益的否定
	第二十八条　术语的定义
	第二十九条　附件
附件	第1项　关于第2条豁免的附件
	第2项　根据本协议自然人提供服务活动的附件
	第3项　空运服务的附件
	第4项　金融服务的附件
	第5项　金融服务的第二附件
	第6项　海运服务谈判的附件
	第7项　电信服务的附件
	第8项　基础电信谈判的附件
初步自由化承诺的各国承诺表	
关于服务贸易自由化的九项有关决议	(1) 服务贸易总协定中机构安排的决议
	(2) 对服务贸易总协定中某些争端处理程序的决议
	(3) 有关服务贸易和环境的决议
	(4) 关于自然人流动问题谈判的决议
	(5) 关于金融服务的决议
	(6) 关于海运服务谈判的决议
	(7) 对基础电讯谈判的决议
	(8) 有关专家服务的决议
	(9) 有关金融服务承诺的谅解书协议
后续谈判过程中所达成的三项协议	(1) 全球金融服务协议
	(2) 全球基础电信协议
	(3) 信息技术协议

资料来源：WTO《服务贸易总协定》。

5.2.2　《服务贸易总协定》的评述

GATS 是第一个多边的、具有约束力的国际服务贸易协定，它改变了几十年来服务贸易仅存在于少数几个国家制定的法律框架内而游离于世界多边贸易法律框架之外的状态，是贸易自由化和贸易保护主义长期斗争与妥协的结果。

1. GATS 的积极意义

从总体上看，GATS 总协定明确了今后国际服务贸易的发展方向和必须遵循的共同规则，为国际服务贸易的进一步发展奠定了良好的基础；从法律结构上看，总协定具有十分显著的体制特征,就是将承诺义务和一般义务加以严格区分,这无疑是由其独特的规范对象的性质所决定的。如果说,一般义务具有多边指导意义,从而构成各成员诸多权利和义务的基础,那么承诺义务则是构成服务行业具体开放的前提条件和核心所在。因为市场准入谈判实际上制约着成员是否开放其国内服务领域,而国民待遇承诺则制约着成员如何开放其境内服务市场。因为 GATS 不仅始终追求权利和义务的平衡,同时还规定了两者必要的豁免和例外。此外,GATS 的产生使 WTO 更加完善,真正成为一个包含货物贸易、技术贸易和服务贸易的世界性贸易组织。因此,GATS 对统一规范全球服务贸易具有无法估量的影响。

(1) GATS 是代表最广泛的、专门性的服务贸易多边协定。GATS 是《WTO 协定》不可分割的一部分。根据《WTO 协定》关于一揽子接受的规定,所有 WTO 的成员自动成为 GATS 的成员,这一规定使 GATS 的成员最多、代表性最广泛。它包含了发达国家、发展中国家、最不发达国家与一些独立的关税领土,所含的服务贸易量占世界服务贸易总量的 90% 以上。在 GATS 缔结之前,国际服务贸易的协调主要依靠两种形式:a. 双边或区域协调。许多国家和地区之间订立双边贸易协定,在服务贸易上相互给予最惠国待遇,如《美国—加拿大自由贸易协定》;b. 行业协调。在这种协调形式下的服务贸易规则的谈判通常都是在诸如国际电讯协会、国际民航组织、国际海事咨询组织等国际性行业组织主持下进行的,如《国际民航公约》。不论单项的服务贸易协定还是双边或区域性的多边贸易协定,就代表性与专门性的程度都无法和 GATS 相提并论。

(2) GATS 是一个综合性的、涉及对象广泛的、具有法律强制力的多边贸易协定。从涉及面来看,它包括了现有的服务部门、服务提供方式和影响服务贸易的措施。它不但包括了现有的服务部门,而且对尚未出现,但随着技术革命的发展可能出现的新生服务业部门有着重大影响;它不但包括了过境贸易的服务提供方式,而且包括了商业存在、自然人流动等服务提供方式;它不但包括了国际追加服务,而且包括了国际核心服务;它不但包括了各国中央政府所实行的影响服务贸易的措施,而且包括了地方政府甚至代表地方政府行使职能的民间机构所实施的影响服务贸易的措施。从法律地位看,它初步形成了制定规则、组织谈判、解决争端三位一体的服务贸易国际规则体系。它以国际公法的权威形式,建立一套管理全球服务贸易的原则框架,对特定服务部门的开放承诺谈判做出体制上的安排,并且依靠磋商制度和争端解决程序来分别处理实施过程中的各种问题。它将 GATT 在有形商品贸易领域谈判中取得的全部经验都延伸至服务贸易中,从而使服务贸易的规则、内容、条款与组织机构得以完整建立,使个体成员有了一个共同认可的可供遵循的国际规则体系。它所提供的这种切实有效的运行机制,势必极大地增强 WTO 经济协调功能,为全球服务贸易开辟广阔的发展前景。

(3) GATS 的产生顺应了各国经济发展的时代潮流,积极推动了国际服务贸易自由化进程,并有利于促进国民生产在世界范围内的分工协作和要素流动。

服务贸易自由化进程中最大的障碍之一就是各国出于保护自己国内市场的目的而采取的一系列"奖出限入"的非关税壁垒。而 GATS 的基本精神是服务贸易自由化,即要求各国和地区在遵守一般义务和原则的前提下,做出开放本国或地区相关服务部门的具体承诺,然后在框架协议生效后,就上述具体承诺举行多边谈判,以逐步实现相互间的服务贸易自由化。因此它在促进自由化的同时,也必然推动服务贸易的增长。由于全球服务贸易的发展和世界产业结构的调整有着密切的内在关联,可以预期:随着要素自由流动障碍的逐渐消除,一方面,无论是新兴的服务领域还是传统的服务项目都将获得不同程度的高速增长;另一方面,服务的可贸易性在相当程度上取决于货物生产的要素投入，因此服务贸易的深入拓展将带动货物贸易的持续增长。进而，经济全球化所产生的贸易创造和贸易转移及其扩大效应，将使现行的国际分工体系得以深化，在资源优化配置的基础上实现比较利益，刺激国际直接投资和资本扩张，实现服务贸易与货物贸易良性互动的增长格局。

（4）GATS 的各项基本原则都具有国际法主体资格，为发展中国家服务贸易发展走上法制化和国际化轨道起到积极的促进作用。

GATS 确立的基本原则，诸如最惠国待遇、国民待遇、透明度和市场准入原则等具有独立的国际法主体资格，这些基本原则目前已经为世界上大多数国家所接受和遵循。发展中国家至少能从 GATS 中的两方面受益。一方面，由于 GATS 对发展中国家做了许多保留和例外，特别是允许其在最惠国待遇、国民待遇、透明度、市场准入等方面逐步自由化，并在对发展中国家经济技术援助方面予以很大优惠，发展中国家可以充分利用这些机会扩大本国具有比较优势的服务业的出口；另一方面，GATS 的实施虽然要求发展中国家为服务贸易的逐步自由化做出贡献，对本国服务业市场实行适度开放，但也允许发展中国家在特定条件下采取适当的措施保护其落后的服务业。这样，发展中国家既可以为保护国内幼稚服务业或民族服务业的发展而采取一定的限制措施，也可以在适度开放的过程中，学习到发达国家在服务业方面先进技术和管理方式，并可以在开放过程中引入竞争，促进国内服务业的发展。

当然，我们还应该认识到 GATS 的产生与实施，在加快经济全球化进程、促进发展中国家逐步实现服务贸易自由化的同时，也极有可能成为加剧国际社会日益严重的非均衡发展的直接诱因。

2. GATS 存在的问题

GATS 作为一个相对年轻的框架体系，不可避免地存在着局限性与不足，主要表现为以下几个方面。

（1）适用范围较为模糊不清。总体来说，GATS 的普遍义务与原则适用于大多数的服务部门与服务提供方式，但是市场准入和国民待遇这两个最重要的方面没有写进协议的普遍义务和原则，而是作为个别的义务和原则只适用于成员经过谈判而特别列举在具体"承诺细目表"中的服务部门和服务提供方式；在考虑到最惠国待遇义务的免除条款方面，GATS 的实际适用范围模糊不清。表现在：a. GATS 将政府为实现政府职能而提供的服务排除在调整约束范围之外。由于政府行使职能时提供的服务的范围难以界定，造成 GATS 的实际使用范围不清晰；b. "承诺细目表"的肯定式列举方式进一步缩小了 GATS 的范围，没有进入"承诺细目表"的服务部门一律不适用市场准入和国民待遇条款；c. 即便列举进"承诺细目表"的服务部门，各成员仍然可以通过对四种服务提供方式的具体细节分别列举保留和限制来缩小 GATS 的适用范围；d. 无论是否列入"承诺细目表"，成员都可根据某种理由就某个服务部门或服务提供方式申请最惠国待遇义务的免除。综上所述，经过 4 层肯定式的筛选和否定式的排除，GATS 实际适用的服务部门与服务提供方式异常复杂，各成员所承担的义务也难以辨析，这种立法方式容易造成协定使用上的复杂性、狭隘性和不稳定性。

（2）市场准入与国民待遇不具普遍约束力，容易引发争端。作为发达国家与发展中国家妥协的产物，市场准入和国民待遇不作为普遍性的原则义务，而只是在"肯定式列举清单"范围之内，在考虑了特殊的限制和保留基础上，对成员方具有一定的约束力。这种部分约束力导致市场准入和国民待遇条款在实行的过程中，就其适用的具体范围、条件以及对条款的解释，各方必定从自身利益出发，互不相让。例如，国民待遇条款规定在本国的服务和服务提供者与其他成员国的服务和服务提供者之间可采用相同或不同的待遇，只要竞争条件和实质性效果相同即视为符合国民待遇原则，也就是重效果不重形式的认定原则。但是，协定对所谓的"相同的竞争条件"和"实质性效果"缺乏一个具体的规定与判定，从而各成员有可能根据自己的立场与理解进行解释，为将来的争执留下隐患。总之，与 GATT 相比，GATS 具有普遍约束力的原则与义务方面的规定较少，这就使 GATS 在实行过程中，更多地以各成员的"承诺细目表"及其对各个具体条款的个别解释出现，实行中各种争端就可能不断产生。

（3）最惠国待遇义务的免除存在被滥用的可能。最惠国待遇作为 GATS 的普遍性原则和义务适用于所有的服务部门和服务提供方式，但是协定同时又做出了根据情况可申请免除该项义务的规定。这是由于一些发达国家认为，如果最惠国待遇作为一项无条件的具有普遍约束力的条款，则可能产生一些服务业市场开放程度较低的国家"搭便车"的现象，从而影响权利与义务的总体平衡。从理论上看，最惠国待遇义务的免除条款可以保持成员间权利与义务的平衡，但是由于对可能任意提出的豁免没有规定具体限制条件，对寻求豁免的合法性缺乏多边商定的具体标准，这意味着在实际操作中各国可能滥用享有豁免的无限可能性。并且关于豁免的终止也缺乏严格的规定，附件第 6 段指出："原则上，这类豁免不应超过 10年。无论如何应在随后的各轮贸易自由化谈判中商谈。"这表明 10 年并非固定的期限，可以延长。最惠国待遇是一切贸易协定最重要的基础，过多地援用最惠国待遇义务免除条款必将大大损害 GATS 的宗旨。

（4）政府采购与补贴等议题的不明确影响了协定内容的完整性。根据 GATS 关于政府采购的第十三条第一款，最惠国待遇、市场准入和国民待遇等原则与义务不适用于政府机构为政府目的而进行采购的法律、法规或要求。而政府采购作为服务消费市场的一个重要方面，在很大程度上影响到一国服务贸易市场的开放水平，GATS 对政府采购没有制定相应的约束条款，无疑构成了其内容的缺失。对服务业进行补贴是世界各国普遍的做法，特别是发展中国家，由于服务业发展水平较低，为抵御国际服务贸易的强大冲击，通常对本国发展较晚的服务业实行一定的政府补贴，对发展中国家运用补贴政策的灵活性，GATS 给予了充分考虑。但是毕竟补贴作为一项贸易保护措施，将改变自由竞争的条件，产生可能的扭曲影响，这又与 WTO 推行贸易自由化的宗旨相左，因此对于补贴更加灵活和复杂，作用更加隐蔽的服务贸易领域，补贴与反补贴问题是一项重要议题，更彰显出在这方面达成多边规则的必要性与紧迫性。然而迄今为止，关于服务贸易领域补贴与反补贴问题的多边谈判尚无实质性成果。GATS 只是初步形成了制定规则、组织谈判、解决争端三位一体的服务贸易国际规则体系，对许多具体议题仍需要在今后的多边谈判中不断充实完整其内容。

（5）争端解决机制需要进一步完善与强化。由于各成员服务部门的开放都是通过"承诺细目表"进行的，且在表中又列举出各种限制和保留，所以在认定列入"承诺细目表"的某项限制措施是否违反有关原则与义务时，各方必定存在较大分歧；而且各部门下各种服务提供方式的限制措施种类繁多、千差万别，对每一部门、每一种提供方式的每一项限制措施是否符合有关原则与义务的判定工作提出了很高要求，难度十分大，而进一步判断服务部门因上述限制措施受损害的程度就更非易事了。GATS 与 GATT 的争端解决机制基本一致，在受理争端的程序方面有严格的时间规定，在执行争端裁决、对裁决的上诉、对不执行最终裁决的报复等方面均有较为详细的规定。然而，与货物贸易相比，服务贸易更加复杂多变，对其争端的裁决面临的困难也更大，相当程度上依靠争端解决机构对各个具体问题的个别解释，必然影响对争端的裁决以及裁决的执行，因此，GATS 的争端解决机制在完整性、严密性、系统性与整体约束力方面仍有待于进一步完善与强化。

5.3 区域性服务贸易规则

20 世纪 80 年代以来，全球范围的区域经济一体化迅速发展。WTO 的每个成员均至少参加了一个区域贸易一体化组织，多者甚至达到 30 个以上，区域贸易一体化遍布各大洲和地区。目前，区域性服务贸易规则通常是作为有关区域经济一体化的一个部分而存在的。

5.3.1 服务贸易区域规则与多边规则的关系

1. 区域性服务贸易规则对多边贸易体制具有积极的影响

区域性服务贸易规则同样以服务贸易自由化为目标，一定程度上对多边贸易体制起补充作用。服务的自由贸易可以使全世界的经济福利达到最大化，而区域性的服务贸易自由化至少在区域成员国之间取消彼此间的服务贸易体制，虽然对外实行较严格的贸易保护主义，也不失为贸易自由化的一种"次优"选择。

区域性服务贸易规则可以实现将已取得的区域内服务贸易自由安排制度化，抵制区域内某些成员国内部利益集团的贸易保护主义。国际服务贸易规则大多存在于各国国内法层面，对国际服务贸易提供者及其所提供的服务产生最直接、最广泛的影响。国内立法者的贸易政策取向较容易受到相关利益集团的影响，一定程度上阻碍了国际服务贸易自由化的发展。通过区域性服务贸易规则，借国际条约的力量抵制某些成员国内部利益集团的贸易保护主义，防止各国立场的倒退，并以此为基础进一步推进多边服务贸易自由化。

区域性服务贸易自由化规则的制定及实施，为多边服务贸易规则起到了"试验田"的作用。在 GATS 产生之前，欧盟、北美自由贸易区、澳新自由贸易区等区域性经济一体化组织已就服务贸易自由化做出了大量细致的规定，这有助于加深人们对服务贸易自由化的认识，为多边规则的达成和实施提供一定的思想认识基础。同时，区域性服务贸易规则尤其是《北美自由贸易协定》的相关规定，为多边服务贸易规则提供了可供借鉴的先例。

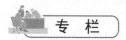

专　栏

北美自由贸易协议（The North American Free Trade Agreement，NAFTA）：由美国、加拿大、墨西哥三国组成，经过几年协商，在 1994 年 1 月 1 日正式生效。协议规定三个国家在 15 年内须排除所有贸易障碍，让这个人口 3.6 亿的地区成为世界第二大的自由贸易区（free trade area），仅次于欧盟的 3.7 亿人口。自由贸易区内的国家，货物可以互相流通并免关税，同时也要合力排除其他的非关税障碍（non-tariff barriers），如配额（quota）、外汇管制（foreign exchange control）、进口许可证（import license）、进口保证金（import deposit）等。但对贸易区以外的国家，则可以维持关税及障碍。

2. 区域性服务贸易规则对多边贸易体制也有消极的影响

区域经济一体化作为贸易自由化的次优选择，无法实现资源的最优配置，在信息化时代背景下服务贸易领域尤为突出。目前，随着经济一体化程度的加深，"块状"的区域性市场及相应的一体化规则人为地将无边界的技术区域化，对全球及各国的经济发展都会带来消极影响。

区域经济一体化协议中的服务原产地规则在一定程度上侵蚀了多边贸易体制，尤其是多边体制下的最惠国待遇原则。区域性服务贸易规则中都有严格的原产地规则。这些原产地规则除了产生贸易限制外，其在管理上也会增加行政负担以及带来额外的取证及举证成本。服务贸易的歧视待遇，不仅出现在市场准入方面，而且存在于产品进入后的国民待遇中。所以说，原产地规则对服务贸易的贸易限制比货物贸易要大。因而，服务原产地规则容易被区域经济一体化成员利用作为一种贸易保护工具，背离了多边体制下的最惠国待遇原则。另外，区域性经济一体化协定中的争端解决条款将与世贸组织的管辖权发生冲突。

区域性服务贸易自由化将拉大发展中国家与发达国家在世界服务贸易格局中的差距。区域型经济一体化协议数量剧增的原因除提高地区经济效益与加强合作以外，更重要的原因在于在竞争日益剧烈的国际市场上发挥地区优势以保护地区利益。在服务贸易领域，发达国家与发展中国家的实力不能同日而语，而就服务贸易自由化达成的区域性安排也主要是在发达国家之间。这些区域性服务贸易规则进一步增强了发达国家在国际服务贸易市场上的竞争力，而发展中国家更处于劣势地位。

综合以上分析，区域性服务贸易自由化对多边贸易体制可谓利弊兼具。无论是目前还是将来，世界经济中的集团化和全球化并不是两种完全对立的趋势，而是两种趋势并存、共同发展。基于国际社会的现实，在区域贸易协议与多边贸易体制（包括GATS）的关系上，WTO确认了区域性贸易体制与多边贸易体制的相容性，同时确立了多边贸易体制的首要的和主导的地位，将区域贸易协议的发展置于多边贸易体制的框架之中。区域性服务贸易规则作为国际服务贸易法的重要组成部分，是多边服务贸易规则必要和有益的补充，但不能取代多边服务贸易规则。

专栏

多边贸易体制即WTO所管理的体制。世界贸易组织（WTO）是多边经济体系中的三大国际机构之一，也是世界上唯一处理国与国之间贸易规则的国际组织。在WTO事务中，"多边"是相对于区域或其他数量较少的国家集团所进行的活动而言的。大多数国家，包括世界上主要的贸易国，都是该体制的成员，但仍有一些国家不是，因此使用"多边（multilateral）"一词，而不用"全球（global）"或"世界（world）"等词。多边贸易体制最重要的目的是在不产生不良负面影响的情况下，使贸易尽可能自由地流动。区域贸易协定是指两个或两个以上的国家，或者不同关税地区之间，为了消除成员间的各种贸易壁垒，规范彼此之间贸易合作关系而缔结的国际条约。

5.3.2 主要的服务贸易区域规则

1. 欧盟的服务贸易规则

欧盟服务贸易的发展面临两大问题：一是为形成内部统一大市场，各成员国之间服务市场彼此开放的问题；二是如何以整体力量占领国际服务贸易市场的问题。这两大问题的实质就是欧盟服务贸易的内部自由化和外部自由化问题。于是，有关服务贸易的协议主要涉及两方面内容：一是成员国间在各服务部门的互相开放和规则的统一；二是欧盟作为整体对其他国家开放服务市场以及利益协调。

欧盟服务贸易协议的总体目标。欧盟内部统一大市场的建立就是为了使商品、人员、服务和资本得以在成员国间自由流通。服务市场的内部自由化是建设统一大市场的重要方面。早在 20 世纪 60 年代末，欧共体就已取消了成员国之间的关税，为商品的自由流通打下了基础。但在服务的自由流通方面步伐缓慢，直到 1985 年欧共体执委会在建立内部市场的白皮书中重申要取消阻碍 4 大流通的限制时，服务贸易市场的一体化建设才再次启动，总体目标是实现服务的自由流通，在成员国之间适用服务相互承认与统一化原则。

应当指出的是，欧盟服务贸易内部市场统一化是一个过程，情况殊异的各国为调整和适应大市场而付出的代价也各不相同，要实现利益与义务的均衡并非易事。然而，通过成员国之间相互开放服务市场，并在管理和监督机制上实现一体化，欧盟服务也经过协调和重组，在世界服务贸易中的整体优势会得到加强。

有关协议的主要内容。作为欧盟赖以存在的基本条约——《罗马条约》，以"各成员国之间废除阻止人员、服务和资本的流通各种障碍"为其宗旨之一（第三条第三款），是欧盟规范区域服务贸易的最重要的法律文件。

①第三部分"共同体政策"中专门有"服务"一章。

《罗马条约》第六十条明确规定："通常以取得报酬为对等条件而提供的服务应认为是服务，但不以受关于商品、资本和人员自由流动的规定所管辖者为限。"该条款有以下特点：

以行业为分类标准，列举了具有工业、商业、手工业特性以及自由职业性质的活动，但并未穷尽。有些服务（例如视听领域的活动、商业广告、旅游、金融从业人员就证券交易提供的服务）是否构成《罗马条约》项下的服务，则由欧盟法院做出司法解释；而且欧盟法院的判例法对什么是"商品"、什么是"服务"也已做出了某些阐明，特别是在视听部门的服务。运输领域的服务另行规定，不适用该章的相关规定。尽管 GATS 依据服务的提供方式将服务分为四类，但并未划清商品和服务的界限，就有可能在服务的界定上出现困难。在美国与欧盟关于欧盟限制播放非欧洲电视节目（又称视听领域）规则的争论中，美国指出这些规则违反 GATT 的规定，而欧盟则认为出口电视节目是服务，因此不属于 GATT 的管辖范围。

将服务限定为"以获取报酬而提供的服务"，即在雇佣合同下提供的服务，而将免费服务排除在外。在条约实践中，欧盟法院倾向于对"免费服务"这一例外做扩大解释，将与体育、艺术相关的带有一定公益性质的服务也包括在内。相比较而言，GATS"服务"的界定更为宽泛：政府提供的无报酬服务以及与非政府提供者竞争的服务（如教育）都在 GATS 所规定的服务范围之内，但不属于欧共体条约有关服务条款规定的范围。

《罗马条约》有关服务的规定不适用于与行使官方权利有关，哪怕是偶尔有关的活动。相类似的是，GATS 第一条第三款（b）项也将由政府提供的服务排除在外。

以"服务"不受有关商品、资本和人员自由流通的规定所管辖者为限。尤其是服务贸易自由化与从业人员的自由流动、开业自由密不可分。从法律的角度区分的意义在于：条约针对不同类型的活动制定了不同的规则。事实上，提供服务的自由，包括了服务提供者有权进入并居留于服务提供者境内（如为了接受医疗服务）；也有可能是，提供一项服务（如广播、电视节目的传送），无须人员实际进入并居留于接受者境内。相比较而言，无论是为进行自由职业活动或者为提供其他服务而享有的开业权，都意味着与经营活动所在国更密切、更持久的联系。服务提供者在习惯居所地设有常设机构提供服务，就适用"开业自由"的相关规定，否则适用"服务自由"的相关规定。从条约的整个体例安排来看，有关服务自由的原则实际上是作为开业自由的补充。与 GATS 有关服务的定义相比，《罗马条约》有关服务的自由事实上包括了跨境提供、境外消费和自然人流动，而开业自由类似于"商业存在"这一方式。由于《罗马条约》自签订之时起就着眼于高度一体化，因而对一体化程度更高的开业自由较之服务自由更为侧重。事实上，两者适用的原则和规则总体上相似。为了全面与 GATS 规定相比较，下文的论述并不将欧共体法中有关开业自由的规定排除在外。

②非歧视性原则。非歧视性原则是适用于欧共体内部成员间贸易的一项基本原则，《罗马条约》第六条总括性地规定禁止基于国籍不同实行歧视。此外，对开业自由和提供服务的自由，条约对各成员国规定了更具体的禁止歧视义务。《罗马条约》第五十二条规定，在下述范围内，对一成员国国民在另一成员国领土上自由开业施加的限制，应在过渡期内分阶段逐步废止。这种逐步废止也适用于对已在一成员国领土上开业的任何成员国的国民在建立代办机构、分支机构或附属机构时给予的限制。开业自由包括根据所在国家对其国民规定的条件，从事或谋求作为自我雇佣人员的活动的权利以及设立及经营企业，尤其是第五十八条第二小节意义内的公司与商号的权利，但需服从有关"资本"一章的规定。据《罗马条约》第五十八条规定，根据一成员国法律成立且其登记地、管理中心或主要业务所在地在共同体境内的公司或其他形式的企业，为本章的目的应受到如同作为成员国国民的自然人那样的待遇。

从条约规定及欧共体法院的判例、解释可以看出，尽管条约未提及市场准入和国民待遇的概念，但非歧视原则无论其适用于开业自由还是提供服务，都涵盖了 GATS 项下这两个概念，并作为服务贸易自由化的一般性原则而适用；而 GATS 的市场准入和国民待遇原则仅适用于成员国具体承诺的部门。最惠国待遇原则是自由化的基本层次，《罗马条约》并没有提及这一概念，除了将其包括在第七条的一般性规定外。就服务自由来讲，《罗马条约》第六十五条特别强调："只要仍存有未废除的对服务自由的限制措施，成员国对依条约提供服务者不得以国籍或住所为依据进行歧视。" GATS 将最惠国待遇作为一般性原则，而将国民待遇作为成员国针对具体承诺部门承担的特定义务，体现了多边服务贸易谈判中缔约方谈判分歧较大，只能分部门地逐步实施自由化。而《罗马条约》将最惠国待遇原则和国民待遇原则总括为条约的一般性原则，体现了较高的一体化共识。

③专业资格的相互承认。如前所述，开业自由部分是对自雇职业者而言的。自雇职业者分为两类：一类是从事工商经营的一般自雇职业者，如一般企业和公司的老板等；另一类是专业自雇职业者，如医师、律师、建筑师和会计师等。对于自雇职业者开业，各国通常都规定了一定的资格要求，如一定的文凭、证书或其他证明材料，就势必对其他成员国有关人员的开业自由构成了障碍。为了消除此类障碍，《罗马条约》第五十七条第一款规定，为了便于有关人员作为自雇职业人员从事或继续其活动，共同体部长理事会应根据该条约第一百八十九条规定的程序发布指令，以相互承认文凭、证书和其他正式的资格证明。而且，欧盟部

长理事会已于 1989 年制定了第 89/48 号指令，以实施《罗马条约》的上述规定。

④透明度原则。《罗马条约》第六十四条的规定体现了透明度原则的一个方面："在一个成员国整体经济情况和有关部门的情况许可的范围内，成员国除依据第六十三条第三款所制定的指令接触有关的服务限制措施外，还应将其余拟解除的服务限制措施进行公布。"这一规定并未要求成员国公布所有现存的与条约实施有关的法律、法规、行政命令等，而只是要求公布拟将执行的消除服务限制的措施，并且是除指令规定必须执行的措施以外的新措施。这一点与 GATS 的规定不同。GATS 不但要求每一成员将其预备采用的对协定具体义务有重要影响的任何新的法律、法规、行政命令，或对现有的法律做出的任何修改通知 WTO 全体成员，还必须承担公布所有既存的影响协定实施的有关法律、法规、行政命令及所有的其他决定、规则、习惯做法甚至其签署参加的国际协定的义务。这是因为区域性协定与多边协定相比，缔约国数量较少，各国之间获得信息较容易。更重要的原因在于，在欧共体法律体系中，共同体立法引导着成员国立法，在经济领域已形成自上而下较相近的法律规则；而在多边领域，并不存在超国家的立法机构。

⑤服务原产地规则。《罗马条约》第五十八条规定，根据一成员国的法律组成并在共同体内拥有注册办公机构、中心管理机构或主要营业场所的公司与商号，应受到如同作为成员国国民的自然人那样的对待。在一成员国境内的非共同体内企业在另一成员国境内设立企业（即"二次开业"）或者该企业提供跨境服务时要享受共同体企业的同等待遇，需符合第五十八条规定的条件，而且与该成员国存在持续有效的联系。若"初次设立"即非欧共体成员国的公司在欧共体一成员国境内设立子公司时，除非存在允许共同体以外国家进入内部统一大市场的相关规定，否则只适用该成员国的法律，而不能享有共同体内部企业的开业自由。这同样适用于非欧共体成员国的公司开设分支机构的情形。至于消费者的跨境消费及自然人的开业自由，条约并没有具体的服务原产地原则，若要适用条约的相关规定，消费者或提供服务的自然人需具有欧共体一成员国的国籍及住所。

⑥保障措施。《罗马条约》包括了一系列一般性保障条款。如，第三十六条允许成员国对进口国加以限制，以维护公共政策、安全、健康，也为保护国家财产或商业财富；第一百零八条和第一百零九条是有关保障收支平衡的措施；第一百一十五条规定，当实施共同商业政策导致经济危机时，允许委员会授权成员国采取保护措施；第二百二十六条规定，在条约过渡期内，在某一部门或领域出现持续性的经济危机时，允许成员国申请授权采取保护性措施；最后，共同商业政策允许对第三方适用 GATT 紧急贸易政策；反倾销、反补贴及 GATT 第二十四条类型的紧急保障措施。除了第三十六条、第一百零八条和第一百零九条外，这些条款适用于货物贸易。《罗马条约》仅有一条专门针对服务贸易的保障措施条款。该条款规定，当共同运输政策将严重影响某些领域运输企业的就业时，欧共体成员国有权行使否决权。

⑦补贴和政府援助。根据《罗马条约》第二十九条规定，由一成员国发放，或经由不论任何形式的国家财源给予的任何援助，凡以优待某些企业或某些商品生产而扭曲或威胁扭曲竞争者，只要影响到成员国间的贸易，均是与共同体市场相抵触的。这一规定也同时适用于服务贸易领域。

⑧政府采购。根据《罗马条约》，欧共体公布了一系列指令，以协调各公共部门政府采购的程序。这些指令以下述三项原则为指导：必须在整个欧共体范围内招标，使所有成员国

的企业均有机会投标；禁止以歧视潜在的外国投资者而规定的特定技术要求；在招标和评标时须采用客观标准。

⑨例外和保留。《罗马条约》允许成员国以公共政策、公共安全或公众健康为由，限制开业自由以及提供服务的自由。为防止这些限制性措施扭曲共同体内部市场的竞争条件，欧共体委员会及所涉及的成员国可进行审查并对其进行调整，以适应条约的要求。

⑩争端解决机制。成员国之间、欧共体委员会与成员国之间、服务提供者与某一成员国或欧共体之间都有可能发生诉讼。服务提供者与某一成员国或欧共体之间的诉讼可以在成员国法院、欧盟初审法院及欧洲法院进行。

2. 北美（美洲）自由贸易区的服务贸易规则

美国、加拿大和墨西哥三国签署的《北美自由贸易协定》（NAFTA）于1994年1月1日起全面生效。该协定的目的是通过在自由贸易区内扩大贸易及投资机会，来促进美国、加拿大、墨西哥三国的就业机会和经济增长，增强三国在全球市场的竞争力。美国、加拿大、墨西哥三国在谈判时，就尽可能地将服务贸易作为一个整体考虑，所以NAFTA包含了较全面的服务贸易自由化措施。自协定生效之日起，三国在15年的过渡期内全部取消商品、服务及投资领域的所有关税及非关税壁垒。NAFTA是《美加自由贸易协定》的进一步扩大，突破了贸易自由化的传统领域，纳入了服务贸易，使自由化的步伐迈得更大了一些，而且在一定程度上成为乌拉圭回合谈判《服务贸易总协定》的范本。

NAFTA有关服务贸易的规则的主要内容如下：

（1）服务的范围。就服务部门而言，协定覆盖的服务部门相当广泛，其建立旨在实现跨境服务贸易自由化的规则和原则框架。协定采用列举"否定清单"方式来规定其适用的服务部门的范围，即如果一个服务部门没有被明确排除在协定调整范围之外，那么该服务部门就会自动地使用。该章明确规定不适用于下列服务和活动：a. 金融服务、与能源或基础石油化工有关的服务；b. 航空服务及其支持服务（除航空器维修服务和特种航空服务之外）；c. 跨境劳工贸易、政府采购、政府补贴、成员国政府所进行的与法律执行、收入保障、社会福利和国家安全有关的活动。至于其他部门，允许各成员方做出不同程度或全部或部分的保留。此外，其他章节和附录还分别就电信服务、金融服务、陆地运输、专业服务性专门规定。通过列举"否定清单"的方式，NAFTA使北美形成一个较为开放的服务贸易市场，在许多复杂和高度控制的服务部门取得了较大的自由化，其服务贸易市场的自由化程度超过了国际多边服务贸易谈判所能达到的程度。在美国、加拿大、墨西哥三国中，美国、加拿大做出的服务贸易自由化承诺多一些，而墨西哥的情况不同。墨西哥在对许多服务部门做出服务贸易自由化承诺的同时，又提出许多保留，其不受约束的保留部门主要有基础电信、空运和海运、政府服务等。

（2）国民待遇和最惠国待遇。各成员国在协定生效或生效后的一段时间内，要消除与国民待遇原则和最惠国待遇原则相抵触的限制服务贸易自由化的措施。

（3）市场准入。国民待遇原则可以说是协定的核心原则之一，保证了来自另一成员国的服务提供者与所在成员国的服务提供者享受同等待遇。这一规定使服务提供者在进入另一国服务市场时，对服务提供方式有更多的选择。

（4）透明度原则。区域内大多数的服务领域（做出保留者除外）均受协定的相关章节约束，因此，成员国不可能像在GATS体制下那样不列出某一部门，即可隐藏其限制性措施。而且，协定还有一个总体性要求（第一千八百零二条）：每一成员方须保证其与协定相关的法律、法规、程序及行政规章及时出版或以其他方式公布。此外，与 GATS 第三条和第四条的义务类似，第一千八百零一条也有"联络点（contact points）"的要求。

（5）许可及证书。NAFTA 第十二章宣称，一成员国对其他成员国国民的许可和证书要求，不应构成对服务贸易不必要的壁垒。成员国对许可和证书的要求及核准应基于客观、透明的标准，以能够保证提供服务的质量为限，而不应增加不必要的负担，从而构成对所涉及服务的限制。一成员国并没有义务对另一成员国颁发的许可证予以承认。一旦成员国同意此种承认，该成员国即应给予其他成员国的服务提供者以出示证书的机会。此外，协定还专门引入一个附件，对专业服务提供者（特别是律师和民用建筑业者）的许可和证书做出规定，该附件规定了许可证和证书的申请过程，并对建立共同接受的专业标准和临时许可进行规范，放开对外国法律咨询服务许可以及对外国工程人员的临时限制。对此，协定还规定，对于外国的专业服务提供者只有取得东道国国籍或永久居留权，才能被颁发许可证和证明这一措施，成员国必须在协定实施后的两年内予以取消，否则另一成员国可保留或设置相应的要求和规定。

（6）利益的拒绝。如果缔约方证实一项服务是由另一缔约方的一个企业提供的，但该企业为非缔约方国民所有或所控制，且在任一缔约方的领域内都没有进行实质性经营活动，那么，该缔约方就可以拒绝对该企业给予协定第十一章、第十二章中的利益。至于"实质性经营活动"之判断标准则依个案而定。该条款一方面防止了所谓的"壳公司"利用协定机制获益，另一方面使各成员国自助形式外交政策上的权益，对非建交国或经济批准机制的受审国所属企业拒绝给予协定项下的利益。例如对于未在成员国注册的船舶所提供的运输服务，该成员国即可拒绝给予上述利益。

（7）垄断性行业的服务提供者。对于垄断及国有企业的服务提供者，协定规定：a. 不得采取与协定义务不一致的措施；b. 在购买或提供垄断性服务时，必须仅仅依据商业考虑行事；c. 对于其他缔约方的服务提供者不得给予歧视；d. 不得滥用垄断优势直接或间接（通过其母公司、子公司或其他关联企业）在非垄断性市场上采取不正当竞争手段。这些规定较 GATS 第八条更为严格。

（8）政府采购。NAFTA 对每一成员国的联邦政府部门、机构及联邦政府企业所从事的采购规定了具体的约束纪律，为另一成员国的服务提供者打开了一成员国大部分政府采购市场。受政府采购规则约束的服务部门范围得到扩大，包括了一些在过境服务贸易中无法控制的服务部门，如计算机服务、工程咨询和建筑业等。

（9）争端解决机制。NAFTA 没有特别的服务贸易争端解决机制，服务贸易争端适用与其他类别一样的争端解决机制。协定的中心机构是由各国任命的部长或内阁级官员组成的贸易委员会，负责管理协定的执行，解决因协定适用和解释产生的任何纠纷。解决争议的途径有协商，贸易委员会的调停、调节或其他方法，发起小组诉讼等。与 GATS 不同的是，所解决的争端不仅包括缔约国之间的争端，还包括投资者或服务提供者与缔约国之间的争端。值得注意的是，当争议可以同时在 GATT 和 NAFTA 机构得到解决时，NAFTA 规定控诉国可以择其一。如果第三个成员国想将同一诉讼提交另一机构，则两个诉讼国可以协商，寻求选择同一个机构。如果达不成协定，争议的审理通常由协定小组承担。

2018 年 9 月 30 日，美国与加拿大在最后期限前宣布，双方就更新《北美自由贸易协定》达成一致意见。在此之前，美国与墨西哥已于 8 月 24 日达成了双边贸易协定。2018 年 10 月 1 日，美国与加拿大发表联合声明，宣布加拿大加入此前美国与墨西哥达成的贸易协定，北美自贸协定（NAFTA）更新为美墨加协定（USMCA）。美墨加协定（USMCA）在服务贸易规则邻域较之前有了较大的突破。

USMCA 有关服务贸易规则的新突破如下：

（1）"数字贸易"代替"电子商务"并纳入新的规则。

USMCA 首次以"数字贸易"取代"电子商务"作为数字贸易相关章节的标题，进一步明确了数字贸易的内涵，避免陷入"以网络交易平台为支撑的在线交易"的误解。同时，以数字贸易为核心，在与服务贸易相关章节中设定纪律或条款，改善了原有规则无法适应数字贸易的现状。USMCA 在涵盖此前所有高水平数字贸易纪律的基础上，新增了以下内容以进一步约束政府行为、确保公平竞争，并保护服务提供者的利益。

①新增"网络安全""公开政府数据"以及"交互式计算服务"条款。"网络安全"条款鼓励各方共同应对网络威胁带来的问题，确保对数字贸易的信心。"公开政府数据"要求各方在最大限度上公开政府数据，鼓励各方政府以电子形式提升行政透明度。"交互式计算服务"条款则要求"任何缔约方在确定信息存储、处理、传输、分配或由该服务造成的损害责任时，不得采取或维持任何措施将交互式计算机服务的提供者或使用者视为信息内容提供者，除非该信息完全或部分由该提供者或使用者创建或开发"。

②新增"提供增值服务条件"条款。该条款规定，如一缔约方直接对增值电信服务进行规制，那么在没有适当考虑合法公共政策目标和技术可行性的情况下，不得对增值电信服务提供者提出与公共电信服务提供者同样的要求，且有关的资格、许可、注册、通知程序等都是透明和非歧视的，并且不得提出诸如对公众普遍提供等要求。

③在跨境服务贸易的定义中，以脚注的形式明确了跨境服务贸易的纪律也适用于"采用电子手段"生产、分销、营销、销售或交付的服务，实现已有规则的数字化升级。尽管美国赌博案的专家组早已支持了这一观点，但这是第一次以文字的形式在协定中予以明确。

（2）切实增强规则纪律并着重提升执行力。

USMCA 规则在更加务实的基础上，对已有纪律加以扩展或加强，以确保协定条款的执行力。

①在跨境服务贸易"国民待遇"和"最惠国待遇"的定义条款中，对政府层级做了明确性补充，将"地方政府"列出，并规定"地方政府采取的措施应当是不得低于同类情况下的最好待遇"；对于"不符措施条款"，如果一方认为其他成员的措施对其跨境服务造成实质性损害，可进行磋商，不论该措施是地方政府还是中央政府层面。

②新增跨境金融服务贸易"停止"（standstill）条款，为后续市场准入设定明确的起点，即以 NAFTA 达成时各方保留的限制为基准点。而且与一般 PTAs 跨境金融服务的正面清单方式的一贯做法不同的是，USMCA 首次将棘轮机制中的"停止"要求适用于跨境金融服务，展示出提高金融服务自由化的雄心和决心。

③新增"国有企业"条款，明确规定不得对国有企业给予更优惠的待遇，以此进一步保障业内的充分竞争。此外，还新增了"执行"条款，明确各方主管机构有义务保障章节内特定条款的执行，同时赋予他们制裁权。让各方电信主管机构参与协定的执行保障，将确保协定义务的可执行性。

(3) 创立排他性的区域主义安排———毒丸条款。

USMCA 在第 32 章（例外和一般条款）第 10 条增设了"非市场经济国家"条款。该条款规定，如协定一方计划与非市场经济国家签订 FTA，应提前通知，协定其他成员有权利选择退出协定。尽管该条款没有直接与服务贸易相关，却是首次在 PTA 中出现，且指向明显，未来很有可能进一步充实规则并扩展至服务规则领域。该条款非常直观地体现了当前在多边谈判无法推进、各方转向区域层面谈判的过程中，美国完全基于自身利益所展现出来的区域主义。美国希望通过这一做法，选择性屏蔽其他重要经济体，确保其理念能够不断复制、推广，在后续全球经贸规则重构的进程中掌握主导性话语权。

3. 亚太地区的服务贸易规则

亚太地区近年来区域经济一体化活动相当活跃。亚太经合组织（APEC）作为新型的区域经济一体化模式，已经将服务贸易自由化纳入其贸易、投资自由化目标中。东盟（ASEAN）、澳新自由贸易区（ANZTPS）、北美自由贸易区（NAFTA）作为亚太经合组织的次区域组织，均达成了旨在实现区域内服务贸易自由化的约束性规则。

（1）"亚太经合组织"的服务贸易规则。

APEC 成立于 1989 年，迄今为止在两大目标——贸易、投资自由化和经济技术合作等方面取得了一系列进展，其贸易、投资自由化目标包括了服务贸易自由化。1994 年发布的《亚太经合组织经济领导人共同决心宣言》（简称"茂物宣言"）宣布发达国家不迟于 2010 年，发展中国家不迟于 2020 年在亚太地区实现贸易和投资自由化的长远目标；为实现这一目标，APEC 成员将"进一步减少贸易和投资壁垒，促进货物、服务和资金在各成员经济体之间的自由流动"。1995 年大阪会议通过了《大阪行动议程》，确定了实现贸易、投资自由化应遵循的基本原则，并计划在关税、非关税、服务、投资等 15 个领域，以成员各自制订的单边行动计划（IAPS）和集体行动计划（CAPS），实践贸易和投资自由化。1996 年马尼拉会议，各成员国均提交了为执行《行动议程》而制订的单边行动计划；会议通过的《马尼拉行动计划》还要求各成员从 1997 年 1 月 1 日起，实施单边行动计划和集体行动计划。1997 年 11 月举行的温哥华会议再次将 APEC 推入新的发展阶段，部长级会议建议包括服务业在内的九个部门要提前在 1999—2005 年完成自由化计划，但不少成员国对此持保留或反对态度。事实上，这一提议在吉隆坡会议上因部分成员国的反对而没有通过。

APEC 各成员对服务贸易自由化的重要性已达成共识，支持 WTO 在服务业自由化方面的谈判成果，并继续提出 WTO 时间表的单边行动计划。其中对运输、能源、旅游业开放幅度较大，在敏感的金融和电信服务业方面也取得显著进展，并承诺履行 WTO 所达成的信息技术协定。APEC 服务贸易自由化的有关规则包括服务贸易自由化应遵循的基本原则、服务贸易领域的集体行动计划以及各成员国提出的单边行动计划。

《大阪行动议程》确定的贸易、投资自由化应遵循的基本原则同样适用于服务贸易领域，包括：

①综合性原则，APEC 将采取所有能推进贸易和投资自由化的措施。

②相一致原则，APEC 采取的自由化措施与 WTO 规则相一致。

③可比性原则，保证各成员国的自由化进程具有可比性。

④非歧视性原则，不仅仅在 APEC 成员国间削减贸易壁垒，有关自由化的成果也适用于 APEC 成员与非成员国间的贸易、投资关系。

⑤透明度原则，要求保证相关法律、法规及行政程序的透明度，以在亚太地区创造并维持一个开放的和可预见的贸易和投资环境。

⑥禁止回退原则，每一成员须停止可能导致贸易保护主义升级的措施。

⑦弹性原则，强调各成员国贸易、投资自由化步骤的不一致性和自主性，各成员国同时启动自由化计划，但进度可依具体情况而有所不同。

⑧合作原则，积极开展促进贸易、投资自由化的经济技术合作。

《马尼拉行动计划》提出了各成员国推动服务贸易自由化的集体行动计划。该集体行动计划的目标是，各成员将逐步取消服务领域限制市场准入的措施，实施国民待遇和最惠国待遇原则，以实现亚太地区开放性的贸易和投资自由化环境。为此，各成员须遵循如下指导原则：积极参与WTO服务贸易领域的相关谈判；适当扩大GATS中有关市场准入和国民待遇的具体承诺，并削减对最惠国待遇原则提出的保留；进一步采取服务便利化措施。

(2) "东南亚国家联盟"服务贸易规则。

"东南亚国家联盟"（简称"东盟"或"ASEAN"）创立于1967年，现有马来西亚、菲律宾、新加坡、印度尼西亚、泰国、文莱、越南、老挝、缅甸、柬埔寨10个成员国。东盟于1992年签订了旨在实现货物贸易自由化的《东盟自由贸易区协定》（AFTA），鉴于服务业在东盟经济中的重要性及全球范围内的服务贸易自由化浪潮，东盟各成员国于1995年12月第五届东盟领导人峰会上签署了《东盟服务贸易框架协定》，以加强东盟服务提供者的竞争力，并促进区域内服务贸易的自由化。

《东盟服务贸易框架协定》强调东盟内部的经济合作将会为建立服务贸易自由化框架规则提供保障，而服务贸易本身又会加强东盟成员国之间的经济合作；同时重申了对GATS原则和规则的承诺，并强调应将区域内贸易自由化扩展到服务贸易领域。

除了此框架协定，第五届东盟领导人峰会还促使各成员在GATS基础上就市场准入和国民待遇做出更多的具体承诺，尤其是在航运、商业服务、建筑、金融、海运、电信和旅游等优先开放的服务部门。1997年10月，东盟各成员签署了首批GATS以外的一揽子承诺协定，同年12月该协定的议定书也由各成员国签署。1998年10月，第二批GATS以外的一揽子承诺协定及实施该协定的议定书签署。至此，除老挝和马来西亚外，东盟各成员国均已对第五届东盟领导人峰会上确立的优先开放的服务部门做出了开放承诺。

第六届东盟领导人峰会宣布采取更大的自由化举措，在1999—2001年进行涉及所有服务部门和服务方式的新一轮服务贸易谈判。短期内（1999—2001年）通过各成员在GATS之外做出了进一步的承诺，取消限制"跨境提供服务"和"境外消费"的措施。这样，东盟内部的服务提供者无须在另一成员国境内建立"商业存在"即可提供服务。目前，东盟正拟订服务贸易自由化的长期目标及相应的措施，以期在2020年完全实施区域内的服务贸易自由化。

(3) "中国—东盟"服务贸易协议。

中国—东盟《服务贸易协议》规定了双方在中国—东盟自由贸易区框架下开展服务贸易的权利和义务，同时包括了中国与东盟10国开放服务贸易的第一批具体承诺减让表。各方根据减让表的承诺内容进一步开放相关服务部门。根据《服务贸易协议》的规定，中国在世界贸易组织承诺的基础上，建筑、环保、运输、体育和商务5个服务部门的26个分部门向东盟国家做出市场开放承诺，东盟10国也分别在金融、电信、教育、旅游、建筑、医疗等行业向我国做出市场开放承诺。这些开放承诺是根据中国和东盟国家服务业的特点与具体需求而做出的，主要包括进一步开放上述服务领域、允许对方设立独资或合资企业、放宽设立公司的股比限制等内容。根据《服务贸易协议》规定，双方正就第二批服务部门的市场开放问题进行谈判，以进一步推进中国与东盟间的服务贸易自由化。

1)《服务贸易协议》文本介绍。《服务贸易协议》是规范中国与东盟服务贸易市场开放和处理与服务贸易相关问题的法律文件，基本参照世界贸易组织《服务贸易总协定》的模式，包括定义和范围、义务和纪律、具体承诺和机构条款四部分，共33个条款和1个附件。附件中列出了中国与东盟10国的具体承诺减让表。

2) 各国具体承诺（减让表）和开放部门介绍。各国以减让表的形式列出各自在服务部门的具体开放承诺。具体承诺是各国在其各自世界贸易组织《服务贸易总协定》承诺基础上，做出更高水平的开放承诺。

①中国。中国的承诺主要涵盖建筑、环保、运输、体育和商务服务（包括计算机、管理咨询、市场调研等）5个服务部门的26个分部门，具体包括进一步开放部分服务领域、允许设立独资企业、放宽设立公司的股比限制及允许享受国民待遇等。

②新加坡。新加坡在商务服务、分销、金融、医疗、娱乐和体育休闲服务、运输等部门做出了超越世界贸易组织的出价，并在银行、保险、工程、广告、非武装保安服务、药品和医疗用品佣金代理与零售、航空和公路运输服务等部门做出了高于其世界贸易组织新一轮谈判出价的承诺，在不同程度上放宽了市场准入限制，如在外资银行准入方面，取消了对新加坡国内银行的外资参股股比在40%以内的限制。

③马来西亚。马来西亚在商务服务、建筑、金融、旅游和运输等部门做出了高于世界贸易组织水平的承诺。与其在世界贸易组织新一轮谈判中的出价相比，新增了会展、主题公园服务、海运、空运等部门的具体出价，并在金融、建筑及工程等领域做出了更高水平的开放承诺，如在保险领域，放宽了对外籍管理人员的市场准入限制。

④泰国。泰国的商务人员入境、建筑工程、中文教育、医疗、旅游餐饮和海运货物装卸等领域做出了高于世界贸易组织水平的承诺。

⑤菲律宾。菲律宾在能源、商务服务、建筑及工程、旅游等部门做出了高于世界贸易组织水平的承诺。与其在世界贸易组织新一轮谈判中的出价相比，在采矿和制造业建筑服务等中国较为关注的部门做出了进一步开放的承诺。

⑥文莱。文莱在旅游和运输等部门做出了高于世界贸易组织水平的承诺，特别是在运输服务方面，增加了海洋客运和货运服务、航空器的维护和修理服务等中国关注领域的市场开放承诺。

⑦印度尼西亚。印度尼西亚在建筑及工程、旅游和能源服务方面做出了高于世界贸易组织水平的承诺，特别是在民用工程、煤的液化和气化服务等中国关注领域做出了进一步开放的承诺。

⑧越南、柬埔寨、缅甸。越南、柬埔寨、缅甸的具体出价与其在世界贸易组织的承诺基本一致，主要涵盖商务服务、电信、建筑、金融、旅游和运输等部门。

⑨老挝。老挝在银行、保险领域做出了具体开放承诺。

尽管中国、东盟不断提升自贸区的自由贸易水平，但贸易一体化的标准衡量还存在一些问题。

①离"三零"标准差距甚远。

如前所述,中国—东盟自贸区的货物关税已经下降到一个很低的程度(平均关税水平为0.1%),未来全部货物产品实施零关税也可预期。现存的主要差距,一是非关税壁垒难以消除,TBT(技术性贸易壁垒)、SPS(动植物卫生检疫措施协议)和"产品标识必须使用当地语言"等一直存在。例如2015年,东盟各成员国共采用2 573个TBT,占壁垒总数的43.1%,采用SPS数量占壁垒总数的第二位,约为33.2%。二是零补贴问题难以实现。尽管现行各种国际贸易组织均秉持反不正当补贴的原则,并制定了相关反补贴政策措施,但这些主要是针对下游补贴的。由于上游补贴的复杂性、隐秘性,导致现在尚无法对上游补贴制定明确的规则。例如,WTO的《补贴与反补贴措施协议》(简称SCM协议)以及大多数WTO成员的国内法,并未对上游补贴做出规定。也是出于这方面的原因,补贴仍然在中国—东盟自贸区中被大量运用,成为一种隐性的影响自由贸易的重要因素。

②贸易范围有待进一步拓展。

一方面,服务贸易的领域还需大力拓展。服务贸易是中国和东盟贸易的新增长点,近年来平均以20%的速度增长,全面开放服务贸易领域对于双方经贸发展具有重要的意义。除了自贸区升级版明确的服务贸易开放领域外,应努力进一步拓展。另一方面,技术合作的广度和深度还需要进一步拓展。自贸区升级版落实的10多个领域还远远不够,还有很大的潜力可供进一步挖掘。此外,投资自由化程度较低需要进一步提升,主要包括落实投资全过程的国民待遇、减少自由投资的障碍、消除投资歧视的空间。

③贸易便利化水平需要进一步提升。

2017年2月,WTO宣布《贸易便利化协定》正式进入实施阶段。中国—东盟自贸区的中国、马来西亚和新加坡等国,已正式告知WTO接受《贸易便利化协定》。目前,从总体来看自贸区的贸易便利化水平有待提高。首先,边境管理水平参差不齐,通关效率还有进一步提升的空间。其中一个突出的问题是边境小额贸易由于各方贸易政策的规范度偏低(魏格坤,2015),严重限制了其开展。其次,运输和基础设施建设滞后,一体化的现代基础设施体系远未完成,且各国之间差别巨大。再次,金融和电子商务水平不够,金融体系满足不了企业的融资需求,电子商务应用水平还比较低。最后,自贸区多数成员的规制环境还适应不了贸易一体化的需要,做不到高水平的透明、公开、公正。如根据2018年透明国际颁布的清廉指数排名,印尼排第89位,菲律宾排第99位,越南排第117位,排名均不高。

④产业结构相似度高。

贸易一体化能够实现,要求其不会给任何一个成员带来利益的损失,而是带来利益的增加。如果成员之间的产业结构相似程度高,产品雷同较多,则可能会带来这种风险。目前中国—东盟自贸区内还较大程度存在这种情况,比如纺织服装业,这给贸易一体化带来了障碍。

⑤政治互信不够。

由于一些历史原因、政治原因的影响,中国—东盟自贸区还有一些国家之间的政治互信度不够高。即使各国秉着求同存异、相互妥协的原则,共同推动了自贸区升级版的建设,但随着建设的深入,特别是当最终推进贸易一体化时,要求各国之间达成的妥协会越来越多、越来越大,这将导致政治不互信带来的内在张力、阻力上升,给贸易一体化带来阻碍。

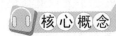

《服务贸易总协定》 商业存在 肯定清单 否定清单 贸易创造 贸易转移

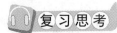

1. 简述《服务贸易总协定》的基本原则及框架。
2. 如何评价 GATS 的积极作用和不足之处?

拓展阅读

一、GATT、WTO 与 GATS 三者的区别与联系

1.《关税与贸易总协定》(GATT)

1944 年第二次世界大战即将结束之际,以美、英为首的 44 个国家在美国北部布雷顿森林(Bretton Woods)集会,其目的是建立三个国际经济组织:国际货币基金组织(IMF),国际复兴开发银行(IBRD)和国际贸易组织(WTO)。经过一段时间的努力和工作,前两个组织终于如愿地得以建立。但是,由于旨在建立 ITO 的《哈瓦那宪章》,按照国际法规则提交各国批准时,在美国被其国会否决了,所以 ITO 夭折。在这种背景下,各国只得采用变通办法,以宪章中有关关税与贸易政策为主要内容,连同各国已达成的 123 项有关关税减让之协议,起草一项单独协定,以供临时适用。这项协定成为 GATT。GATT 于 1948 年 1 月 1 日开始生效,临时适用到 1995 年 1 月 1 日。从 GATT 的法律文本来看,其基础是实行以市场经济为基础的自由贸易体制,其目标是逐步实现贸易自由化,其宗旨为"提高生活水平、保证充分就业、保证实际收入和有效需求的巨大持续增长、扩大世界资源的充分利用以及发展商品的生产与交换。"

2. 世界贸易组织(WTO)

GATT 为实现其宗旨多年来进行了不懈的努力,并取得了巨大的成就,世界贸易组织获得迅速增长。然而在实施过程中,GATT 本身所固有的缺陷的局限性逐渐显现出来:其一,GATT 的许多规则不够严密,执行起来有很大漏洞,有些则缺乏法律约束力;其二,GATT 存在着歧视性贸易政策措施,即"灰色区域措施";其三,缺乏具有法律约束性的强制手段,不能有效地解决国际贸易纠纷;其四,历届多边谈判的决策权被一些西方大国所操纵。因此,国际社会普遍认为,应在新的一轮多边贸易谈判中较彻底地解决国际贸易体制之诸多问题。经过多年酝酿,1986 年在乌拉圭通过该第 8 轮谈判回合的《埃斯特角部长宣言》,并确定谈判的宗旨为:决心制止和扭转贸易保护主义,消除贸易

扭曲现象；决心维护 GATT 基本原则和促进 GATT 的目标；决心建立一个更加开放的、具有生命力的、持久的多边贸易体制。在这个被称为"乌拉圭回合"的谈判中产生了一揽子协议，作为重大的成果，通过了建立"世界贸易组织"（WTO）的决议以及《建立 WTO 的协定》。根据规定，WTO 于 1995 年 1 月 1 日正式成立运作。虽然起着国际经济组织作用的 GATT 已被 WTO 取而代之，但是绝不能认为 GATT 规则因 WTO 规则的生效而被废除，恰恰相反，前者不但没有被废除，而且成为后者赖以存在的基础，并成为其不可分割的、重要的组成部分。从 GATT 到 WTO 的转换不仅仅是形式上的变化，而且在实质上带来了多方面的发展，这一变化发展，在国际组织的发展史上是史无前例的。

3. 《服务贸易总协定》（GATS）

《服务贸易总协定》（GATS）是世界贸易组织（WTO）管辖中的一项多边贸易协议。其宗旨是在透明度和逐步自由化的条件下，扩大全球服务贸易，并促进各成员的经济增长和发展中国家成员服务业的发展。协定考虑到各成员服务贸易发展的不平衡，允许各成员对服务贸易进行必要的管理，鼓励发展中国家成员通过提高其国内服务能力、效率和竞争力，更多地参与世界服务贸易。协定规定了各成员必须遵守的普遍义务与原则，磋商和争端解决的措施步骤。根据协定的规定，WTO 成立了服务贸易理事会，负责协定的执行。[①]

二、多哈发展议程的国际服务贸易谈判

2001 年 11 月 WTO 第四届部长会议在卡塔尔首都多哈通过了"多哈发展议程"，正式展开多边贸易谈判的工作。根据部长会议的要求，新设立的贸易谈判委员会在 2005 年 1 月 1 日前要完成以下的事项：农业、服务业、非农产品市场准入、知识产权、贸易规则、争端解决、贸易与发展以及贸易与环境 8 项议题谈判；就新加坡议题、电子商务、小型经济体、外债与融资、技术转移、技术合作与能力建构、最不发达国家、对发展中国家的特殊与差别待遇以及谈判规则的组织与管理 12 项议题进行检讨，并就这些议题在第五届部长会议中提出报告。

服务贸易理事会于 2002 年 3 月 19 日至 22 日举行特别会议，就服务贸易谈判达成以下共识：意识服务贸易统计工作非常重要，而各国服务贸易的统计方法不一，对各国服务贸易的研究和发展都有一定的障碍，各个代表团都愿意继续推动这个方面的工作；虽然服务贸易统计工作应该由各成员政府推动，但也属于服务贸易理事会的共同义务，需要由理事会负责监督各成员政府的执行。而有关自愿性、自由化的议题，各成员就秘书处提出的"处理自愿性自由化待遇的可能做法"进行了讨论，并认为该文件可以作为继续推动自愿性自由化的基础，理事会主席就处理自愿性自由化待遇提出建议；欧盟、中国香港、巴拉圭分别提出了三份新议案，对这个议题的讨论提供了很大的帮助。最后，讨论决定，在 2002 年 6 月举行的下一次特别会议前理事会举行非正式会议先行讨论本案。三是由于各成员对紧急保障措施的谈判缺乏共识，2002 年 3 月 15 日服务贸易总协定工作小组主席会议通知各成员将紧急保障措施的谈判期限延至 2004 年 3 月 15 日。四是

---

① 王铮. 国际贸易理论与政策措施 [M]. 北京：北京大学出版社，2005.

澳大利亚、日本、哥斯达黎加、南方共同体市场国家、印度、古巴等代表团分别提出了谈判提案的建议案或书面意见；服务业谈判小组主席 Alejandro Jara 表示将与其他相关谈判小组主席会商，避免有关环保服务业谈判工作的重复。五是在未来的工作中，需要更多时间关注与双边磋商，但多边会议仍要进行，尤其是水平议题更要进行下去，其所涵盖的服务贸易统计及自愿性自由化待遇议题最为重要。六是决定将乌干达等最不发达国家就 GATS 第十九条第 2 款授权对最不发达国家特别待遇的处理所提出的建议案列入下次特别会议议程。

2003 年 5 月 12 日至 22 日的 2003 年第二次服务贸易系列会议上，各成员就本轮服务贸易谈判的进展情况、服务贸易中的多边规则和纪律制定工作、服务贸易评估、最不发达国家特殊待遇模式等问题交换了意见，认为本轮服务贸易谈判应当是一个平衡的进程，市场准入谈判和规则制定谈判以及服务贸易谈判与其他领域的谈判之间都应当是平衡的；发展中国家成员呼吁发达国家成员采取切实措施，改善对发展中国家成员具有出口利益和可能的部门和模式的自由化。

2003 年 9 月的坎昆会议中，发展中国家成员本国的服务产业，特别是金融服务业不够发达，与发达国家成员的服务业相比有较大差距，进一步开放服务市场会对本国的金融安全等带来威胁。因此，为了推动服务贸易有关规则的谈判取得进展，有的成员建议各成员就建立"服务业紧急保障机制"加强谈判，目的是建立一个"安全阀"，以消除一些成员进一步开放市场的后顾之忧。2004 年 3 月 15 日，服务贸易理事会通过了延长紧急保障机制问题谈判的决定，决定对紧急保障机制问题的谈判不预设结束时限，如在本轮服务贸易谈判结束之前，成员能就建立紧急保障机制达成一致，则该机制将在不迟于本轮服务贸易市场准入承诺生效之日生效。

2004 年 6 月 23 日至 7 月 2 日的服务贸易理事会系列会议就向 WTO 贸易谈判委员会提交的建议达成了一致，建议内容包括：敦促未提交最初出价的成员尽快提交；尽快为提交新一轮改进出价制订时间；提高出价质量并关注发展中国家成员有出口利益的部门和服务提供模式；自然人移动问题；根据谈判授权和期限完成规则谈判；对本轮服务谈判进展进行全面审议并提出可能的建议等。9 月 20 日至 10 月 1 日的服务贸易系列会议期间，各成员就服务贸易规则制定工作、自然人移动和旅游等服务提供模式以及部门的进一步开放和自由化问题、双边要价和出价谈判情况以及本轮服务贸易谈判的整体进展情况等问题交换了意见。在市场准入谈判方面，成员呼吁尚未提交初步出价的成员尽快提交初步出价，并在下一步的改进出价中切实改善出价水平，促进本轮服务贸易市场准入谈判取得积极进展；在规则制定谈判方面，与会成员重点讨论了欧盟、东盟以及哥伦比亚和美国等成员分别在"政府采购""紧急保障措施"和国内规章多边纪律制定方面提交的文件，澄清了一些技术性问题，并强调了规则制定工作对于确保本轮服务贸易谈判平衡进展和取得成功的重要性。

2005 年 9 月 26 日、29 日和 30 日，服务贸易理事会召开特别会议，会议主席向贸易谈判委员会提交了进程评审、其他事项、未来工作的报告，理事会各成员意识到服务贸易谈判需要进一步明确目标，以实现各成员屡次表达的达成更高目标的愿望，为中国香港会议的服务业谈判确立明确、具体的目标。28 日至 29 日的日内瓦会议上，发展中国家就富国关于开放发展中国家的服务业市场的计划进行了反击：南方的许多集团，包括大多数东盟国家、非洲集团、加勒比海国家及由巴西领导的拉美国家，表示强烈反对发达国家关于改变 WTO 规则、加速发展中国家服务业开放的提议；菲律宾大使 Manuel Teehankee 提交了一份由文莱、印度尼西亚、马来西亚、菲律宾及泰国联合发起的声明，提出请求承诺法应仍然成为主要的谈判方法；埃及代表非洲集团认为，建立任何目标都可能较少 GATS 中固有的灵活性；最不发达国家认为，它们的服务业结构脆弱，提议将会使问题更加复杂；以牙买加为代表的加勒比海国家也拒绝提议，认为提议将破坏 GATS 中所允许的灵活性和"政策空间"；巴西攻击提议没有尊重 GATS 的结构和给予发展中国家的灵活性。

2006 年 7 月，多哈回合贸易谈判因为 WTO 主要成员在农业问题上的严重分歧而被迫中止。

为协调各成员立场，2006 年 9 月 10 日，美国、欧盟国家和日本等发达国家的代表与"20 国协调组"的代表在巴西里约热内卢举行对话会议，同意尽快恢复多哈回合谈判。11 月 16 日，世贸组织贸易谈判委员会召开多哈回合谈判中止以来的首次全体会议，与会代表一致同意恢复多哈回合谈判的技术性讨论，并为谈判最终全面恢复做好准备。

2008 年 7 月 21 日，来自 35 个主要世贸组织成员的贸易和农业部长在日内瓦聚会，试图在一周时间内就多哈回合谈判农业和非农产品市场准入问题取得突破。但几天来，谈判难以取得进展，原定一周的会期被迫延长。

世界贸易组织第九届部长级会议 2013 年 12 月 7 日在印度尼西亚巴厘岛闭幕。会议发表《巴厘部长宣言》，达成"巴厘一揽子协定"，实现了世贸组织成立 18 年来多边谈判的"零突破"。"巴厘一揽子协定"包括 10 份文件，内容涵盖了简化海关及口岸通关程序、允许发展中国家在粮食安全问题上具有更多选择权、协助最不发达国家发展贸易等内容，包含贸易便利化、农业、棉花、发展和最不发达国家四项议题共 10 份协定。

在贸易便利化方面，协定决定尽快成立筹备委员会，就协定文本进行法律审查，确保相关条款在 2015 年 7 月 31 日前正式生效。各方在声明中同意尽力建立"单一窗口"以简化清关手续。

在农业方面，协定同意为发展中国家提供一系列与农业相关的服务，并在一定条件下同意发展中国家为保障粮食安全进行公共储粮。

在棉花贸易方面，协定同意为最不发达国家进一步开放市场，并为这些国家提高棉花产量提供协助。

在发展议题方面，协定同意为最不发达国家出口到富裕国家的商品实现免税免配额制；进一步简化最不发达国家出口产品的认定程序；允许最不发达国家的服务优先进入富裕国家市场；同意建立监督机制，对最不发达国家享受的优先待遇进行监督。

 案例专栏

【案例 1】中国与欧亚经济联盟建立自贸区的利弊条件比较

经济层面上，中国与欧亚经济联盟具有互补的经济结构与合作潜力，成为双方开展经贸合作的基础，同样是促进合作深化的动力。然而，如双方经贸合作现状分析所示，双方贸易额和投资额都不尽如人意。所以，疑问由此产生。欧亚经济联盟轻工业相对较弱，出口以能源矿产等重工业产品为主。2017年出口产品中矿产资源占62.7%，但能源属于敏感领域，在国家资源战略发展中具有重要地位，成员国出于保护资源角度，避免成为中国的"能源基地"，对中国出口仍持谨慎态度。而中国具有出口优势的加工业和轻工业产品属消费品，对人民生活具有重要作用。欧亚经济联盟对中国出口产品种类和数量的限制性与中国对联盟出口产品的必要性造成双方明显的贸易差额。另外，关税壁垒削减是自贸区建立的核心问题。但如前文所述，关税削减并不能为联盟带来可观的经济收益，反而会造成其重要经济部门的损失，影响本国产业健康发展。联盟的经济利益主要通过非关税调节来实现。在这种情况下，欧亚经济联盟不愿削减关税是显而易见的，而双方贸易合作如果不涉及关税，那么自贸区建立也就无从谈起。

造成上述经济层面上不利条件的原因在于：第一，欧亚经济联盟人口不足中国1/7，与中国经济体量悬殊，严重限制双方贸易水平。又因联盟科技水平欠发达，基础设施落后，投资环境恶劣，中国企业对当地投资仍是"选择性"进行。而俄罗斯企业源于对中国投资环境的陌生、语言文化的障碍，同样以西方为合作首选。第二，联盟自身的经济结构不合理，经济体量小、成员国实力不均。造成这种局面的原因在于国家间存在不同的资源禀赋、发展历程、产业结构以及苏联解体等，涉及地理、历史、政治、经济等综合因素，由长时间的相互作用形成。如需对其进行改变，同样需要长时间、多方面的调整，而并非短期内一蹴而就。这些不利条件是自贸区建立的"硬伤"。

政策和法律层面。首先，双方建立自贸区的内部需求与政策支撑的确为双方的经贸合作提供了有利条件，但欧亚经济联盟对自贸区合作伙伴的选择不仅需要有政治上的良好关系，经济利益大于潜在威胁也是其选择的重要条件。联盟将优先合作伙伴分为三个组别：第一组为拥有良好的政治关系、拥有互补贸易量，同时能保护最敏感部门的越南、埃及和塞尔维亚；第二组为非能源出口和高新技术方面与联盟拥有极大兴趣的印度和伊朗；第三组为各方能在商品出口、投资合作与服务贸易间找到最佳平衡的新加坡、以色列和韩国。可见，欧亚经济联盟没有将中国列入其优选伙伴国之中。其次，国家间的政治关系服务于国家利益，官方文件往往更多现的是一种政治态度，有时甚至是为实现某种政治利益而表明的立场。形式上的合作在一定程度上占主导地位，而功能性合作的落实尚不明确。例如，"一带一盟"的成功对接为中国与联盟加强合作提供了政策基础，但事实表明，"一带一路"项目的机遇和挑战并存，部分项目由于各国资金不到位而出现停工、延长，造成了巨大经济损失。中国与欧亚经济联盟签署的项目只有一部分正在实施，更多的仍停留在纸面上。大部分中国企业担心受到欧盟和美国对俄制裁的影响，对联盟投资持观望态度，在情况明显好转之前，中国企业恐不会有大量的资金投入。所以，功能性落实的难度使政策上支持的影响力大打折扣。此外，因《经贸合作协定》带来的促进作用减缓了必须通过自贸协议实现经济利益的紧迫感，因此，建立自贸区内部需求这一有利条件被削弱。

双边与多边政治关系和国际环境层面。中国与欧亚经济联盟的经贸合作动力主要在于内部需求，而并非与西方的"对抗"之举。西方的打压对象主要为中俄两国，联盟其他成员国不会因此而挑战西方。所以，国际形势对双方合作的促进作用十分有限。然而，西方对中俄的打压则会波及联盟成员国的经济关系及整体的政治稳定。此外，关于中俄在后苏联地区的利益之争已经不再是一个新话题,通过上合组织等平台及双边的高频互动,两国互信不断增加。在当前国际形势下,两国合作大于竞争,外交上也"选择性"地避免该敏感话题。但面对中国综合国力和地区影响力的不断上升,俄罗斯对中国的提防不会完全消除,所以仍不能忽视在该地区对俄利益的考量。

需要特别指出的是,关于欧亚经济联盟发展的内部因素,利弊兼具。有利因素主要体现在成员国间紧密的政治经济联系,统一的历史及文化遗产。这些因素主要对联盟本身的整体发展具有促进作用,但对双方建立自贸区的推动作用并不明显,所以并未列入本文的有利条件之中。与之不同的是,联盟内部经济、政治、安全上的不利条件直接影响双方合作的经济效益、政治关系稳定以及项目实施的环境,对双方的经贸合作影响重大。所以,本文将其作为不利条件之一进行分析。对于文中提到的联盟内部各项问题,同样是各项因素长期作用所致,并非短期内能够解决。总之,不管是量上,还是质上,中国与欧亚经济联盟建立自贸区的不利条件均占上风(图5-1)。①

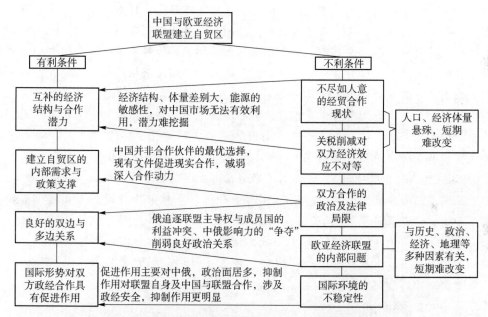

图5-1 中国与欧亚经济联盟建立自贸区利弊条件及相互关系

思考题

1. 通常情况下,哪些方面是自贸区建立与否最重要的考虑因素?
2. 不同因素的影响力排序是怎样的?

【案例2】海南自贸区"体育+旅游"产业发展的现状分析

2018年4月11日,国务院下发《关于支持海南全面深化改革开放的指导意见》(以下简称《意见》),海南体育运动和体育产业也迎来了新的春天。近年来,围绕"一带一路"

---

① 王树春,张娜. 中国与欧亚经济联盟建立自贸区的前景分析 [J]. 欧亚经济,2019 (6).

开展体育赛事活动已经成为业界共识性目标，海南省作为 21 世纪海上丝绸之路的战略支点，正在着力打造中国的旅游特区，建设世界一流的国际旅游目的地。

海南属于热带季风性气候，气候温暖，年均温在 23 ℃ ~ 25 ℃，常年适合开展体育运动。海南岛森林、海洋、山地、湿地、河湖齐备，适合开展类型多样的体育运动，凭借丰富的滨海、森林等"蓝绿资源"，海南相继推出骑行、高尔夫、帆板等以健康为目的的"体育 + 旅游"特色产品，加上各大国际体育赛事纷纷落户海南，体育旅游逐渐成为海南旅游新的增长极。从地理位置来看，海南位于我国南端，具有非常重要的战略地位，是我国与外部世界经济沟通的重要渠道。北边的香港和澳门地区人口稠密，东部濒临台湾地区，西部与越南相对，南部濒临东南亚各国。特别是与香港和澳门地区的资金和人才联系紧密，独特的资源优势和区位优势有利于海南体育产业的迅速发展。

自海南国际旅游岛获批建设以来，海南体育赛事发展迅速，赛事的类型和规模在不断丰富和扩大，引进了十几项的高端国际赛事。从类型上看，海南利用独特的岛屿文化和自然优势重点开发了五大系列的体育赛事品牌，包括了高尔夫赛事、自行车赛事、沙滩赛事、水上运动赛事、智力运动赛事。从单项赛事来看，海南省重点打造了环海南岛国际大帆船赛、环海南岛国际公路自行车赛、海南高尔夫公开赛三大品牌赛事，这些体育赛事的举办，为国际旅游岛注入了新的元素，吸引着大量的游客前来观看。虽然海南旅游收入的提升并不全靠体育赛事，但国际体育旅游委员会统计分析，体育及相关的活动在旅游活动中占 25% 以上。这些数据从侧面反映出海南各种体育赛事的举办使得越来越多的人来到海南旅游观光，增加了海南旅游的客源市场，进一步推动了海南国际旅游岛的建设。2017 年 2 月，海南环海南岛国际大帆船赛有限公司入选"国家体育产业示范单位"，环海南岛国际公路自行车赛入选 16 个"国家体育产业示范项目"，这证明了海南在水上运动的发展和成就，同时也体现了海南体育产业的高质量发展。2017 年 7 月，环岛赛入选国家旅游局与国家体育总局联合公布的"国家体育旅游精品赛事"，三亚蜈支洲岛旅游区入选了"国家体育旅游示范基地"创建名单。在政策上，海南省"十三五"规划提出进一步提升国际旅游岛国际化水平，并把文化体育列为十二个重点发展产业之一，构建"体育 + 旅游"的产业发展格局，海南体旅融合度已位居全国前列。①

思考题

试分析海南自贸区"体育 + 旅游"产业发展的影响因素及突破思路。

---

① 程媛媛，宋昱. 海南自贸区（港）赛马运动与马产业发展的理论探索 [J]. 中国经贸导刊（中），2020（3）：57 - 59.

第 6 章
服务业国际直接投资

学习目标

了解服务业国际直接投资发展的理论依据及现实背景；
理解服务业跨国经营的发展特点及路径选择；
了解国际服务外包的理论及效应，持续关注中国服务外包发展情况。

6.1 服务业国际直接投资概述

20世纪80年代中期以来，世界国际直接投资总量的40%是投在服务业中，而在20世纪70年代初只有25%，20世纪50年代则不到20%。服务业的国际直接投资已经成为世界国际直接投资增长中最有活力的部分。这个势头仍将保持，甚至还会增强。

6.1.1 服务业国际直接投资的动因

从实践来看，服务业的扩张既与外部环境条件相关，也与服务业自身发展相关。在微观层面上，信息技术的发展促进为服务产品的贸易提供了物质媒介，企业间分工的深化造成企业对服务中间产品的需求增加，这使服务业的对外扩张不但成为可能，而且成为必要。在宏观层面上，新经济的快速发展，在推动经济增长的同时，推动了全球经济结构的调整，国际产业结构的重心开始向服务业转移；同时，GATT与WTO的发展加快了服务贸易自由化的进程，这为服务业对外扩张奠定了基础。概括而言，服务业直接投资的动因有以下几个方面：

1. 世界产业结构重心向服务业转移

随着经济全球化和信息化的发展，以高新科技产业的增长、互联网的推广以及电子商务的拓展为特征的知识经济，在推动经济增长的同时，推动了经济结构的调整，国际产业结构调整的重心开始由原材料工业向加工工业、由初级产品工业向高附加值工业、由传统工业向新兴工业、由制造业向服务业转移。高新技术产业、金融保险业、贸易服务业、电信、信息业等日益成为国际产业结构调整的重点领域。现代服务业已经成为提升一个国家或地区国际竞争力最关键的因素。为了赢得全球竞争的优势，发达国家和地区率先制定国策，推进服务业快速发展，以全力占领国际服务经济之高地。1980—2017年，全球服务贸易总额从

7 674 亿美元扩大到 133 000 亿美元，其间增长了 17.3 倍。服务贸易总额占全球贸易总额的份额从 1980 年的 15.7% 上升至 2017 年的 38.3%。

2. 信息技术提高了服务产品的可贸易性

新技术革命，特别是 20 世纪 60 年代兴起的信息技术革命，极大地提高了服务产品的可贸易性，有力地推动了国际服务贸易的迅猛发展。首先，高新技术的发展广泛应用于服务产业，使许多原先"不可贸易"的服务转化成"可贸易"的服务，使国际服务贸易的种类增加、范围扩大。信息技术和通信技术的发展，还促使银行、保险、商品零售得以在全球范围内开展业务，为跨国界服务带来了机遇。其次，科技技术革命加快了劳动力和科技人员的国际流动，特别是促进了专业科技人员和高级管理人员的国际流动，推动国际服务贸易流量的扩大。最后，随着科技的进步，发达国家的产业结构逐渐向技术密集和资本密集的高科技产业转移，把劳动密集型产业转移到新兴工业化国家和发展中国家，使这些国家和地区能够利用本地区丰富廉价的劳动力资源，赚取外汇服务收入，形成大规模的境内服务输出。

3. 服务贸易自由化的推进

服务业的开放落后于制造业，由于许多服务行业在国民经济中占有重要地位，因此，许多国家对服务行业实行较严格的管制，这种现象在发展中国家尤为突出，当然在发达国家也有类似情况。例如一些发达国家对航空业实行管制，阻碍公司之间兼并联合的扩张行动。在这种情况下，使许多服务业的跨国经营无法实现。为了加速世界各国服务的开放以及推动服务贸易自由化，GATT 专门设立了服务贸易理事会。该理事会积极推进 1994 年乌拉圭回合中各成员承诺的服务市场准入的实施，达成了《服务贸易总协定》（GATS）。GATS 确立了国际服务贸易的四种形式（跨境交付、境外消费、商业存在和自然人流动），将世界服务贸易的种类分为 12 大类 155 种。根据 GATS 所确立的有关服务贸易规则和原则的多边框架，各成员承诺开放某些服务部门，降低服务贸易的保护程度，极大地促进了世界各国服务业的开放和服务贸易的发展。随着世界经济一体化进程加快，其中许多国际通行规则被普遍接受，更少的政府管制、更自由的全球经济市场大大降低了服务业对外扩张的进入壁垒。

4. 企业间分工深化的推动

现代生产竞争激烈，灵活的管理和市场运作就变得十分重要，其中最重要的方面就是：管理和市场运作等与生产的信息处理有关的部门的逐渐强化和在专业化分工基础上的独立化，也就是说原来合在一起的工作为了提高效率和灵活性而分开甚至分离出去。这种方式使企业的各项工作更加具有专业性。为了专注于企业自身的核心专长，企业中一部分工作将被分离出去由更加专业的服务商提供，这就是分工所产生的"挤出效应"。

在经济全球化和信息化浪潮的推动下，制造企业为了保持核心竞争力，逐渐将物流管理、营销推广、投行顾问等方面非核心业务外包出去，同时也越来越利用分工更为专业、功能更为强大的服务性企业来整合自身的技术平台和服务平台，以进一步强化自身的核心竞争力。这样，便大大增加了对服务性中间投入的使用，产生了制造业对服务的大量引致需求。例如，日本在 1970—1980 年的高速发展阶段中，制造业对服务业的中间需求年均增长率为 13.4%，要高于对制造业本身的中间需求年均增长率 11.3%。与此同时，企业之间的中间需求的增长更多地推动了新兴专业服务业的发展。例如，管理咨询、工程服务、市场营销等都比以前有了更大的需求。以前，企业一般都是自行解决有关事务，但是现在这些工作就可以交给专业公司来完成。随着信息的极大丰富、交易成本的降低，市场逐步完善之后，工业企业产品的生产将会融入越来越多的服务作为中间投入因素。可以预见，生产者服务将成为今后服务业增长最强劲和最主要的部分。

5. 为赢得信赖以及向全球学习

声誉在服务业中占据了首要的位置。在很多情况下，由于转换成本较高，许多客户倾向于固定服务商，形成长期的互动关系。顾客在选择服务商时，他们认为最重要的因素是质量、竞争力、可靠性，等等。考虑到转换成本高昂，选错服务商的后果往往是灾难性的，所以顾客总是利用各种途径去获得服务质量信息，服务企业也尽力去建立自己的声誉，并且试图区别于竞争对手提供更好的服务。

然而，在大多数情况下，顾客很难获得准确的服务质量信息，也很难对服务质量做出合理的判断。顾客往往以公司规模、公司经营的年数以及公司主要顾客的清单来判断服务企业的服务质量。因此，服务企业不断扩充规模、推行国际化，不仅是为了更好地服务全球性顾客，更重要的是为了提高声誉、赢得信赖，将自身的实力外部化表现出来，从而赢得更多的市场。

许多情况下，获得全球网络优势是一些服务行业提升服务产品价值，赢得顾客信赖的重要渠道。目前，许多服务型跨国公司采用的全球网络型组织构架，就是公司为了在国际竞争中提升产品价值、创造优势的重要表现形式。例如，如果一种信用卡可以在全球范围内使用，那么它的价值将大大提升。如果一个银行的自动柜员机遍布世界各地，那么这个银行将更加受到顾客青睐。而许多跨国性的饭店、快餐店、零售商店的建立，部分也是基于此考虑的。

另外，服务型跨国公司全球扩张的同时，也是服务型企业全球学习的过程。在服务型企业中知识的价值尤为重要，在企业各个节点上创造知识并传输知识将成为服务型企业主要的竞争优势。因此，服务型跨国公司全球学习的过程也是创造价值的过程，增加了公司的无形资产价值，进而提高了公司的竞争优势。

专栏

国际直接投资是指投资者以控制企业部分产权、直接参与经营管理为特征，以获取利润为主要目的的资本对外输出。国际直接投资可分为创办新企业和控制外国企业股权两种形式。创办新企业指投资者直接到国外进行投资，建立新厂矿或子公司和分支机构以及收购外国现有企业或公司等，从事生产与经营活动；而控制外国企业股权是指购买外国企业股票并达到一定比例，从而拥有对该外国企业进行控制的股权。

6.1.2 服务业国际直接投资的现状

随着世界服务业的蓬勃发展，服务业的国际直接投资不断升温，全球对外直接投资（FDI）转向服务业的趋势日益明显，跨国直接投资逐渐成为服务业国际竞争的主要形式。总结服务业国际直接投资的现状及发展趋势有以下 6 点。

1. 全球 FDI 转向服务业

在 20 世纪 80 年代以前，服务业一般跟随在制造业之后开展跨国活动。70 年代初，在发达国家的 FDI 中，第二产业占首要地位，而服务业只占 31.4%。80 年代后，服务业的

FDI 日益升温，FDI 逐渐成为服务业参与国际竞争的一种主要形式，在全球跨国投资总额中所占份额日益增多。2000 年以后，发达国家服务业的 FDI 保持在 60% 左右。虽然发展中国家的服务业 FDI 明显落后于发达国家，但是在最近 20 多年中，发展中国家的服务业利用外资也是明显递增的。

当前，在绝大多数国家，外国资本已经进入相关服务业的各个领域。在目前的 WTO 框架内规定开放的服务部门中，外资涉及的行业范围非常广泛：从与消费生活息息相关的零售行业到银行、保险、电信、运输等基础性服务业，从旅游等劳动密集型产业到会计，律师等知识密集型产业。外资不但广泛进入服务业各个领域，而且进入的程度正在不断加深。外国资本或以股权占有的方式，或以与战略投资者的身份深入目标国市场。在某些国家，外资占据了一些服务业的较大份额，甚至是全部市场。特别是在发展中国家服务业利用外资的过程中，这种情况十分突出。

2. 各国逐渐放松对服务业吸引外资的管制

随着服务业的飞速发展，越来越多的国家意识到，国际服务业所吸引的外资正发挥着越来越重要的作用。吸引外资，特别是在服务领域，是加速发展服务业、提升服务贸易国际竞争力的重要渠道。为了吸引外资、促进服务贸易的发展，各国政府采取许多措施逐渐放松对吸引外资的管制。

20 世纪 90 年代以来，一些国家不同程度地取消了对以前严格限制外国资本进入的第三产业，如运输、旅游等商业服务部门的管制，允许外国资本以直接或间接的投资方式自由进出入；一些国家还对经济敏感性大及投资收益前景看好的银行、保险、证券等金融行业扩大了开放程度。各国政府不仅纷纷出台有利于服务业 FDI 的政策，为 FDI 创造良好环境，还通过签订双边与多边条约来保护服务业 FDI。各国对服务业吸引外资管制的放松，减少了服务业资本跨国流动的障碍，促进了服务贸易的发展。

3. 跨国并购成为服务业 FDI 的主要形式

随着各国对 FDI 管制的放松，跨国并购凭借其有效避税、风险相对较低和方便快捷等优势逐渐成为 FDI 的主要形式。从 20 世纪 90 年代后期开始，全球跨国并购向服务业倾斜，服务业的跨国并购在全球并购中的份额不断上升，1990 年所占比重为 45.4%，1999 年高达 55.8%，进入 21 世纪后这一比例持续上升，2004 年占到 62.7%，服务业已经成为全球并购活动的主角。

由于新技术的不断涌现、分工的不断深化以及追求核心能力的需求，服务业的跨国并购主要集中在信息、金融等极具增长潜力的产业，这些领域的并购交易不断上升。1999 年，金融业并购占全球并购的份额为 23.22%，占服务业并购的比重达到 41.65%，到 2004 年已经超过 50%。

4. 服务业 FDI 由市场寻求型逐渐向资源寻求型转变

一般地讲，服务业需要在消费当地即时即地生产，生产和消费需面对面地进行，属于不可贸易品。因此，大部分服务业 FDI 属于需求市场性质。近年来，随着经济全球化的加强和信息技术的飞速发展，越来越多的服务产品可以在某地生产，而在其他地方消费，使服务变得可以交易。服务产品的生产可根据各个地方的比较优势和竞争力，在远离公司母国的其他地方实现国际分配。服务业的国际转移最初以低附加值的服务生产活动为主，跨国公司将核心技术和高端技术研发留在母国，而将非核心的服务环节，如财务、经营管理、金融财务分析、办公支持、售后服务等外化为一个投资项目或专业服务公司后再外包出去。近年来，高附加值的服务活动外包日益增加，服务外包影响着广泛的服务活动，遍布各个产业。服务业FDI正在由市场寻求型逐渐向资源寻求或资产寻求型转变。

5. 服务业出现与制造业协同转移的趋势

20世纪70年代初，服务业只占全球FDI总额的1/4。21世纪后，这个比重达到60%，其中，生产性服务业占服务业直接投资的80%，与国际制造业在转移总规模上基本相同。国际制造业与服务业的协同转移不仅仅体现在投资规模上，产业结构上的协同转移趋势也日益明显。20世纪90年代以来，制造业直接投资由以劳动密集型制造业为主，转向以资本和技术密集型制造业产业为主；而国际服务业也开始由消费性服务业转向以金融、保险、房地产、物流、商务服务等生产性服务业为主，商业、教育、医疗、娱乐等消费性服务业为辅的新阶段。

6. 发达国家仍然是服务业FDI的主体

发达国家不仅在全球的国际直接投资中处于绝对优势地位，而且是国际生产性服务业转移的主要东道国。20世纪90年代以来，美国、欧盟和日本集中了全球服务业FDI的绝大部分，他们在世界服务业的相互投资、跨国并购中牢牢占据着重要的地位。从发达国家的FDI结构变化中可以看出，服务业的比重在逐渐上升，并且超过了制造业。

随着经济全球化趋势的进一步发展，发展中国家的成本和市场优势逐渐显现，对跨国投资的吸引力不断增强，越来越成为服务业跨国直接投资的热点地区。近年来，发展中国家的服务业FDI占全球服务业FDI的比重有所上升，但在今后的很长一段时间里，发达国家仍然是服务业FDI的主体。

6.1.3 服务业国际直接投资的趋势

自20世纪60年代以来，国际服务贸易开始加速发展。1979年，全球服务贸易以24%的增长速度超过了增幅为21.7%的货物贸易，这是服务贸易的增长速度首次超过货物贸易的增长速度。80年代以来，为了应对全球市场竞争，跨国公司不断调整资源配置和公司经营战略，再加上技术的飞速发展，大大增强了服务的可贸易性，服务贸易增长异军突起，服务产品的生产也成为国际投资的重要领域。世界服务贸易的发展不仅维持了较快的增长，而且在整个国际贸易中的比例呈现逐年递增的状态。

1. 服务领域国际直接投资的趋势与国际服务贸易的趋势相一致

20世纪70年代服务业只占国际直接投资总量的1/4，在这之前，国际直接投资主要集中在原材料、其他初级产品以及以资源为基础的制造业领域。80年代以后，服务业的国际直接投资不断升温，国际直接投资逐渐成为服务业国际竞争的一种主要形式，在全球国际直接投资总额中所占份额日益增多。服务业国际直接投资问题受到了越来越多的关注。进入90年代以后，服务领域的国际直接投资在全球国际直接投资中一直呈现占据半壁江山以上的格局。根据历年世界投资报告数据显示，截至2002年，在全球的外商直接投资存量中服务业就已达到67%。随后几年初级产品部门直接投资有所反弹，2006年服务业在全球FDI中所占比重依然保持在60%左右，从不同国家看，各类国家所接受的外商直接投资存量中，服务业所占比重也是在逐步上升并已占据主要地位。2006年，在发达国家接受的FDI的存量中服务业占62%，发展中国家为58%。2015年，在全球的外商直接投资中服务业领域的存量超过 16 万亿美元，占比已达到 64%。

2. 服务业国际直接投资的地区流向逐步全球化

从投资的地区流向看，发达国家利用其在世界服务业中占据的绝对优势地位，大举向外对外直接投资；同时又以其完备的基础设施、先进的管理运营模式以及规范的市场运行机制，吸引大量服务业外资流入。发达国家在服务业直接投资中占据绝对优势地位。

从服务业外商直接投资流出方面看，一直为发达国家所控制，但在彼此间的分配越来越趋于均衡。几十年前，服务业外国直接投资外流存量大部分为美国公司所把持。但到 2017 年，日本、中国和欧盟已成为重要的来源。发展中国家服务业外国直接投资从 1990 年起开始明显增长。它们占全球服务业外国直接投资外流存量的份额由 1990 年的 1% 攀升至 2017 年 44%，速度快于其他部门。制造业跨国公司的贸易和辅助贸易服务的扩张尤为迅速，而货币金融服务、旅馆和餐饮以及保险服务也在增长。

从服务业外商直接投资流入方面看，对比 1990 年和 2017 年可知服务业外商直接投资在逐步流向发展中国家；尤其是在 2017 年，全球 FDI 大幅下跌，流入发达经济体服务业外商直接投资较 2016 年下滑近三分之一，但亚洲、拉美及加勒比地区却略有增长。

3. 服务业国际直接投资的行业日趋知识密集型

20 世纪 60 年代以后，在服务经济的发展中，生产性服务业迅速发展。生产性服务业是服务业中非常重要的"亚产业"集群，其概念的提出最早是基于布朗宁和辛格曼在 1975 年对服务业的功能性分类。生产性服务在其理论内涵上，是指市场化的非最终消费服务，即作为其他产品或服务生产的中间投入的服务。如果服务能够像一般商品那样被区分为资本品和消费品的话，那么生产性服务无疑对应着作为资本品的服务；在外延上，是指相关的具体产业与贸易。这类服务在过去一直是由生产部门在生产过程中通过"内在化"方式来提供的。但自 20 世纪 70 年代以来，随着科学技术的进步，服务业和高新技术逐渐结合起来，这些服务业逐渐跳出原有运作模式，表现出"外在化"趋势，产生了众多提供诸如财会、广告、营销、咨询、策划等服务的专业公司。在我国，生产性服务又称为"面向生产的服务"。金融服务、专业服务（主要包括咨询、律师和会计服务等）、信息服务（主要包括通信服务、计算机及相关服务、软件服务等）是生产性服务中最为重要的部门。这些部门不仅在生产性服务业和生产性服务贸易中占据主导地位，而且还代表着整个服务业和服务贸易发展的主流和趋势。这种新型的专业性服务公司由于使用计算机作业，成本大大降低，独立化和国际化进程加快，对外直接投资不断增加。其中，技术、信息、知识和管理密集型服务行业发展最快，借助于高新技术而实现了全球化经营，其对外直接投资空前增长。第五次并购高潮的出现，使跨国并购成为对外直接投资中最主要的方式，服务业在此次高潮中表现得非常活跃。世界服务业产业结构与服务贸易结构的变动趋势，正在由传统的一般劳动力密集型向新兴的知识技术密集型转变。知识技术密集型服务业与服务贸易包括的大多是生产性服务部门。以美国、英国为首的北美与西欧主要发达经济体代表着这一演变的潮流，并凭借技术、资本和人力资本优势在生产性服务领域拥有强有力的竞争优势。它们这一竞争优势的获得则是基于相对先进的产业结构，即以服务经济特别是生产性服务为主导的产业结构。

在过去的一百多年间，全球共发生过五次比较大的企业并购浪潮。前四次企业并购浪潮分别发生在19世纪末、20世纪初的世纪之交，第一次世界大战之后的20年代，第二次世界大战以后的五六十年代，美元危机和石油危机之后的七八十年代。1993年，全球企业并购交易金额达到2 000亿美元，拉开了第五次企业并购浪潮的序幕。20世纪90年代中后期，以美、日、欧为主的发达国家的企业又掀起了新一轮的并购高潮，即第五次并购浪潮。第五次企业并购浪潮发生在人类社会由工业社会走向以全球化、一体化和信息化为特征的知识经济社会的转折时期。第五次企业并购浪潮的规模和交易额之大，是20世纪所有的企业并购浪潮中前所未有的。仅2000年，全球企业并购金额创下34 600亿美元的历史纪录。随后，企业并购交易额增长减缓甚至在2016年出现下降的态势，但在2017年出现转折，日本多国企业通过跨境并购（尤其是在欧洲）增加了外国直接投资，欧洲跨国并购销售额再创历史新高；由于制药行业并购活动的推动，美国的流入量处于历史最高水平。

4. 服务业国际直接投资的自由化趋势日趋明显

20世纪80年代后半期以来，一些国家对以往严格限制外国资本进入的第三产业，如运输、旅游、信息服务等部门不同程度地取消了管制，允许外国资本以直接或间接的投资方式自由进出入，试图引进外部竞争因素来部分改造在上述行业中已经出现的国家垄断或私人垄断格局，并以此提高整个经济运行的活力和效率。各国还对经济敏感性大及投资收益前景看好的银行、保险、证券等金融行业不同程度地实施了对外开放政策。此外，各国为了扩大引资规模，纷纷出台了一些便利服务业对外直接投资的政策，并通过签订双边与多边条约来保护服务业对外直接投资。这些政策的实施减少了服务业资本跨国流动的障碍，对服务业直接投资的提升发挥了积极作用。

5. 商业存在成为服务贸易的主要方式

根据WTO的《服务贸易总协定》，将服务贸易分为四种供应模式，即跨境交付、境外消费、商业存在及自然人流动。从20世纪70年代开始，由FDI产生的、通过外国商业存在而实现的国际服务贸易的规模迅速扩大，在一些发达国家甚至已经超过了跨境方式所实现的国际服务贸易的规模。据WTO估计，目前通过商业存在实现的服务贸易大约是跨境交付的2倍，由FDI产生的、通过外国商业存在所实现的国际服务贸易规模，在服务贸易四种提供模式中的占比超过50%（表6-1）。

表6-1 世界服务贸易供应模式的构成情况

供应模式	构成/%
跨境交付	27.7
境外消费	10.4
商业存在	58.9
自然人流动	2.9

资料来源：WTO estimates (2019)。

形成这种格局的主要原因是：首先，由于服务产品的无形性、不能储存性，在消费国内部通过商业存在模式提供服务，有利于服务提供者的批量生产，取得规模效益，降低成本和价格。其次，随着全球的产业结构调整和转移进一步升级，FDI 大量流入服务业，尤其是金融、电信和房地产这些国际产业转移的重点服务部门，从 FDI 的迅速增长中获益最大，为商业存在模式实现的服务贸易提供了坚实的基础，推动了通过外国商业存在所实现的国际服务贸易规模的迅速扩大。

6.2 服务业国际直接投资理论

6.2.1 传统 FDI 理论及适用性

1. 传统的对外直接投资理论

（1）垄断优势理论。海默（S. H. Hymer）在其博士论文中提出了垄断优势理论。海默研究了美国企业对外直接投资的工业部门构成，发现对外直接投资和垄断的工业部门结构有关，从事对外直接投资的企业主要集中在具有独特优势的少数部门。同时，他还分析了产品和生产要素市场的不完全性对对外直接投资的影响。海默认为，国际市场和国内市场的竞争都是不完全的，这种不完全性在商品市场上表现为产品的特异性、商标、特殊的市场技能或价格联盟等形式；在要素市场上表现为特殊的管理技能、资本市场上的便利、受专利制度保护的技术方面差异等；此外，规模经济以及不同国家在关税、税收、利率、汇率上的差异等也体现出市场的不完全性。市场的不完全性使少数企业拥有垄断优势，并能够借助优势克服跨国经营中增加的额外成本，从而在东道国与当地企业展开强有力的竞争。因此，跨国公司具有的垄断优势是确保其跨国生产有利可图的条件，也是国际直接投资理论的出发点。

（2）产品周期理论。美国哈佛大学教授弗农（R. Vernon）把产品周期分为创新、成熟、标准化三个阶段，不同阶段具有不同的生产成本和生产区位选择，决定了公司应该有不同的贸易和投资战略。在产品的创新阶段，产品价格的需求弹性很低，企业具有垄断优势，选择在国内生产可以不断改进产品并保持与顾客和供应商之间的紧密联系，对国外市场的需求主要采取出口贸易的形式；在产品的成熟阶段，生产技术趋于成熟，产品基本定型，产品出口急剧增加，导致生产技术扩散到国外竞争者手中，仿制品开始出现，出口商品的边际成本加上运输成本逐渐接近并超过进口市场的预期平均生产成本，竞争开始转向生产成本方面。因此，创新国的企业需要到与本国需求类型相似的国家投资设厂，降低生产成本，维护已占有的市场份额；当产品进入标准化阶段后，企业所拥有的垄断优势已经消失，竞争基础仅仅是价格和成本的高低，其结果是产品的生产或装配业务逐渐转移到劳动力成本低的发展中国家，原来的创新国则转为从国外进口该产品。根据产品周期理论，创新国会在产品处于生命周期的第二阶段时，开始对外直接投资。

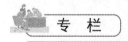
专　栏

雷蒙德·弗农（Raymond Vernon）：美国经济学家，第二次世界大战以后国际经济关系研究方面最多的经济学家之一，产品生命周期理论的提出者。

（3）内部化理论。内部化理论的代表人物是威廉森（Willianson）、荷纳特（Hennart）、凯维斯（Caves）、巴克利（Buckley）和卡森（Casson）。内部化是指在企业内部建立市场的过程，以企业的内部市场代替市场，从而解决由于市场不完全所带来的不能保证供需交换正常进行的问题。内部化理论认为，跨国公司是内部化一些中间产品的国际市场的组织，即跨国公司通过内部化市场而不是国际市场来实现中间产品的交易，跨国公司的直接投资实际上是设备等固定资产的出口，即用公司行为来代替市场行为。是否内部化某些行为的决定因素是交易成本，如果通过公司的内部机制获得某种产品的净利润高于从国际市场上直接购买该种产品的净利润，公司将选择对外直接投资，反之则选择出口。内部化理论建立在三个假设基础上：一是企业在不完全市场上从事经营活动的目的是追求利润最大化；二是当生产要素市场特别是中间产品的市场不完全时，企业就有可能以内部市场取代外部市场，统一经营管理活动；三是内部化超越国界时就产生了跨国公司。

（4）边际产业扩张理论。日本学者小岛清教授在考察日本对外直接投资实践的基础上提出，对外直接投资应该从本国已经处于比较劣势的产业开始，即边际产业开始，并以此进行。边际产业扩张理论认为，由于各国要素禀赋差异决定了要素相对价格、比较成本继而比较利润率的差异，当一国某产业要素密集度较高的那种要素相对价格上升，就会使该产业处于比较劣势的状态，这时应该将产业转移到该种要素相对价格较低的国家，使要素组合合理化，增加东道国的 GNP。

（5）国际生产折中理论。英国经济学家邓宁提出并发展的国际生产折中理论，通常也被称为 OIL（Ownership Internalization Location）理论，其核心是三大优势，即所有权优势、区位优势和内部化优势。所有权优势是指公司具有的某些独特的生产资源，如技术优势、规模优势、组织管理优势、金融和货币优势以及市场销售优势等，这些资源不仅能持续开发并维持竞争优势，而且能够经受其他竞争者的模仿。区位优势是指能够接近消费者或进入当地市场获得某些原材料或改善生活条件的优势，包括东道国国内的劳动力成本、市场需求、自然资源、运输成本、关税和非关税壁垒、政府对外国投资者的政策等方面的优势。内部化优势是指能够通过内部化某些交易来降低成本的优势，即内部市场交易的利益高于外部市场交易的利益。如果企业同时具备这三大优势，就可以对外直接投资，而且具体的部门结构和国际生产类型也由这三种优势的不同组合来决定。

专栏

约翰·哈里·邓宁（John Harry Dunning, 1927—2009 年），国际投资领域经济学家，英国人。他毕业于伦敦大学学院，1964 年任雷丁大学经济学教授，从而在国际投资理论上以他为中心出现了雷丁学派，邓宁在 FDI 领域有着广泛、深入的研究，在 1977 年提出了著名的国际生产折中理论。20 世纪 70 年代以后他的足迹遍布各大洲，广泛出席各种商务研讨会并发表演讲，在经济全球化的潮流下，积极地为发展中国家出谋划策，从而获得了崇高的国际声誉，他曾是联合国贸易和发展工作组的成员，在 1987—1989 年担任国际商务学会主席，晚年致力于国际资本的"道德生态"理论的探索。为了表彰他在学术上的突出贡献，2008 年被国家授予 OBE 勋章。

（6）投资诱发要素组合理论。投资诱发要素组合理论是近年来西方学者提出的理论，该理论认为任何类型的对外直接投资的产生都是由投资直接诱发要素和间接诱发要素的组合所诱发产生的。所谓直接诱发要素主要指投资国或东道国拥有的各类生产要素，包括劳动力、资本、技术、管理及信息等。间接诱发要素指除直接诱发要素之外的其他非要素因素，包括东道国政府诱发和影响对外直接投资的因素，如鼓励性投资政策和法规、政治稳定性、投资硬环境状况、投资软环境状况以及东道国政府与投资国的协议和关系等；世界性诱发和影响对外直接投资的因素，如经济生活国际化以及经济一体化、区域化、集团化的发展等。发达国家的对外直接投资主要是直接诱发因素在起作用，发展中国家的对外直接投资在很大程度上是间接诱发要素在起作用。

此外，核心资产论、风险分散论、寡占反应论、资本化率理论以及原料周期理论等也从不同角度对制造业跨国公司的对外直接投资行为进行了解释，但这些理论都没有对服务业对外直接投资进行系统的分析。

2. 传统对外直接投资理论在国际服务贸易领域的适用性

随着服务业在发达国家国民收入、就业和国际收支平衡等方面发挥的作用不断增强，服务部门的国内和国际地位迅速提高，对服务业跨国生产和经营的研究也发展起来，其出发点就是对传统对外直接投资理论在服务部门的适用性进行讨论。越来越多的经济学家认为，制造业对外直接投资理论经过修正，完全可以用于分析服务业对外直接投资行为，其中代表性的研究主要有：

鲍德温（Boddewyn）试图使用主流理论来解释服务业跨国公司的行为。他发现由于服务产品特殊性会引发一些问题，如对理论假设前提的违背、对服务产业特定优势区分的难度等，他认为应该对这些问题进行进一步深入探讨，但不需要做特别的定义和理论解释，只需要通过简单的条件限制和详细说明就能容易地运用现有的理论。

邓宁将其在制造业发展起来的国际生产折中理论扩展到服务部门，在《跨国企业和服务增长：一些概念和理论问题》这篇代表性文章中，解释了服务业跨国公司行为的有关概念和理论问题，提出国际生产折中理论的基本框架是适用于服务业跨国公司的，并对原有的所有权优势、内部化优势和区位优势在服务企业的具体表现进行了阐述，还列举了一些特定服务行业对外直接投资所需要具备的优势。在邓宁分析的基础上，恩德韦克（Enderwick）又分析了该理论模型应用于服务部门时要特别注意的一些问题，如服务业很多部门是技术复杂性较低的行业，确定企业特定优势较难；跨国经营的非股权方式（如许可证、管理合同、特许经营）在服务业中广泛应用，而这些以市场交换为基础的经营方式对于跨国公司理论中的内部化的作用有着重要的含义。

卢格曼（Rugman）以银行业为基点分析了内部化理论的适用性，他认为，按照内部化理论，跨国公司通过创造内部市场来克服世界商品市场和要素市场的不完全性，跨国银行同样也可以实现交易的内部化，从而克服国际金融市场的不完全性。与其分析基点相似，亚诺普勒斯（Yannopoulos）、格瑞（Gray）、考（Cho）、格鲁伯（Grube）、佩克乔利（Pecchioli）、威尔斯（Wells）等也是以银行业为分析对象，阐明了邓宁的国际生产折中理论在解释跨国银行业发展方面的合理性，不过，这些分析假定银行的外国分公司在国际金融市场实现运作。格瑞指出，当一个银行选择在超国家市场如欧洲货币市场经营时，不必拥有相同的优势条件，因为在超国家金融市场，没有当地银行，不需要以所有权优势作为补偿优势。这实际上相当于重新定义了区位优势，将其范畴从某一特定国家扩展到了超国家市场，此时的区位优势具有更为重要的意义。此外，他们的分析还指出，在银行业之外的一些服务部门，如国际饭店业、商业服务业、商业服务公司的外国机构等,所有权优势、内部化优势和区位优势也同样适用,只不过需要根据行业特点做一些限制和详细说明。

6.2.2 国际直接投资的理论分析

目前涉及服务业国际直接投资的理论已有了一定的发展,相对而言,邓宁的服务业国际直接投资的理论体系比较完善,也最具代表性。邓宁认为,服务业国际直接投资也应同时具备所有权优势、区位优势和内部化优势三个条件。

1. 所有权优势

服务业所有权优势可以理解为企业得以满足当前或潜在顾客需求的能力。一般有三个重要的评判标准:一是服务的特征和范围,如服务的构思、舒适度、实用性、可靠性、专业化程度等;二是服务的价格和成本;三是有关售前、售中、售后服务。具体来说,服务业跨国公司的所有权优势主要体现在以下几个方面:

(1) 质量。由于服务一般具有不可储存性、异质性等特点,保证服务质量对企业尤为重要,特别是随着收入水平的提高和企业间竞争的加剧,质量日益成为影响消费者服务和生产者服务需求的重要变量,在许多情况下成为决定服务业跨国公司竞争力的一个最重要的变量。在一些服务行业中,企业创造和保持一个成功品牌形象的能力,或者在多个地区提供服务时实行质量监控的能力和降低购买者交易成本的能力,是其保持质量形象和占有竞争优势的关键。

(2) 范围经济。范围经济指服务提供者可以满足消费者对产品种类和价格的多种不同需求。在运输、商业等服务行业中,都不同程度地存在范围经济。典型的范围经济是零售业,零售商储存商品的范围越宽、数量越大,他们在与供应商交易时的议价能力就越强,就越能通过讨价还价的方式以较低价格从供应商处获得商品。同时,供货品种和数量的增加使其有能力降低消费者的交易成本,保证消费者只需在一处就可以买到多种商品。此外,议价能力的提高使零售商能够加强对其买卖产品和服务质量的控制,也有助于增强其所有权优势。

(3) 规模经济。从本质上说,规模经济和专业化在制造业与一些服务业企业间并无太大区别,如 500 个床位的宾馆与 30 个床位的宾馆提供的住宿条件相比,规模较大的宾馆能够有效降低单位成本;同样,大型咨询机构和投资银行等可以在机构内部调动人员、资金和信息,实现人事和管理的专业化,从而可以针对不同的经营环境来调整价格以实现利润最大化。此外,大型服务公司还往往容易得到优惠的融资条件和折扣等。规模经济和范围经济产生的分散风险优势,在保险、再保险和投资银行服务业中表现得更为突出,在这三个行业中,规模是成功进行对外直接投资的前提条件。

(4) 技术和信息。在服务业中,衡量生产技术和产品知识成分的指数通常是对信息的把握和处理能力,以尽可能低的成本对信息进行收集、加工、储存、监控、解释和分析的能力,是许多服务行业关键的无形资产或核心竞争优势。对于证券、咨询等以数据处理为主要内容的服务行业,情况更是如此。随着知识经济的出现,知识密集型服务行业的跨国公司数量增多,信息和技术在竞争中的地位日益重要,它们还能为规模经济、范围经济以及垂直一体化提供机会,特别有利于大型的、经营多样化的跨国公司,但由于数据技术往往需要昂贵的辅助资产、固定成本或基础设施。因此,拥有这两项优势的服务业企业也就占据了竞争中的有利地位。

（5）企业的信誉和商标名称。服务是典型的"经验产品"，其性能只有在消费之后才能得到评价，而且由于服务的主体是人，其性能评价还往往呈现出多样性。因此，信誉和商标等非价格因素往往是服务企业向消费者传递信息的有力手段，也成为企业主要的竞争优势之一。许多成功的服务业跨国公司，其卓越服务和优良品牌的扩散往往成为对外直接投资的先导。

（6）人力资源。服务的提供者和消费者都是人，人力资源素质的提高无疑会使服务的质量和数量大大提升，有利于增强企业的优势。另外，在人力资源的使用过程中，普遍存在着"干中学"和"溢出效应"等动态效果，为服务企业优势的创造、保持和发展奠定基础。

（7）创新。在许多情况下，创新形成了跨国公司的竞争优势，如美国的沃尔玛、法国的家乐福等跨国零售业在国外采取了超级市场的新概念，国际医疗服务连锁经营把现代管理方式运用到传统上一直缺乏商品敏感度的领域而取得了竞争利益；把商品和服务结合在一起进行创新，也可以得到竞争利益，如计算机辅助设计、数据传递、娱乐服务等。不断在生产、经营和管理方面进行创新，是现代企业保持恒久竞争力的根源。

此外，所有权优势还可以表现在服务业企业利用诸如劳动力、自然资源、金融、数据处理和传递设备等投入的机会，进入产品市场的机会，进入信息、金融、劳动力国际市场的机会或对国际市场的了解程度等方面。

2. 区位优势

区位优势是东道国所有的特定优势，企业无法自行支配，只能适应和利用这种优势。区位优势主要表现在以下几个方面。

（1）不可移动要素禀赋产生的优势。

东道国不可移动要素禀赋所产生的优势，如自然资源丰富、地理位置方便、人口众多等，不同的服务行业对外直接投资对这些区位优势的要求不同，如旅游业服务点的选址需要考虑气候、自然风光、名胜古迹等，而金融业服务点的选址则集中在工商业中心；除区位约束性服务外，跨国公司对东道国的区位选择主要受服务消费者需求支配。因此，东道国人口数量、人口素质、习惯性的消费偏好等因素也决定了跨国公司对外直接投资行为；东道国较大的市场规模、优越的资源质量、较为完善的基础设施以及地理相邻、语言相通、文化相近的地缘优势等因素，也构成了重要的区位优势。

（2）政治体制和政策法规形成的有利条件。东道国的政治体制和政府政策法规灵活、优惠而形成的有利条件会给投资者创造更好的竞争机会，如美国废除了对金融业混业经营的限制，不仅有利于其境内金融机构大规模发展，也有利于外资金融机构扩大在美经营范围，从而有利于吸引外国投资；我国台湾地区逐渐放宽了对服务业外资的限制，使其成为东南亚地区服务业直接投资流向的一个热点。

（3）聚集经济的优势。竞争者集中的地方，会产生新的服务机会，这种服务是针对市场发展需求而产生的，如国际银行在竞争者中的大金融中心创立了银行间市场，严重依赖专业信息来源和专门技巧的服务商大多选择同类企业相对集中的领域，保险和银行业常常会选择主要城市和中心商业区。

区位优势的获得与保持往往是服务业对外直接投资的关键，当企业投资的产业选择与东道国的区位特色相融合时，会强化产业比较优势和区位比较优势，促进对外直接投资的发展；反之，则使两者的优势相互抵消、衰减甚至丧失。当然，区位因素直接影响跨国公司对外直接投资的选址以及国际化生产体系的分布，只构成对外直接投资的充分条件。

3. 内部化优势

内部化优势是服务业企业为了克服外部市场的不完全性和不确定性，防止外国竞争对手模仿，将其无形资产的使用内部化而形成的特定优势。与服务业跨国公司特别有关的内部化优势主要包括以下几个方面。

（1）避免寻找交易对象并与其谈判而节约的成本。国际服务贸易的起始点是跨越国境寻求合适的客户资源，这必然会产生包括寻租成本、协商成本等在内的一系列交易成本。跨国公司通过将外部交易内部化，可以有效地降低交易成本，尤其是当跨国投资的启动成本低于外部交易成本时，对外直接投资就有利可图，企业也能因此获取竞争优势。

（2）弱化或消除要素投入的不确定性。服务产品的差异性较大，又具有量身制作的特征，信息的不对称性使买方对产品的了解程度远低于卖方，容易出现买方出价过低或卖方出价过高的现象。内部化可以克服这些弊端，消除投入方面的不确定因素，对于中间性服务产品尤为重要。

（3）保证中间产品或最终产品的质量。产品质量控制是服务业企业对外直接投资的主要动力之一，通过服务交易内部化，服务企业可以用统一的衡量标准，实现在全球范围内对产品质量的监控，使其所有权优势得以保持和发挥。

（4）避免政府干预。目前，对服务产品跨国交易的严格管制普遍存在，配额、关税、价格管制、税收差异等干预手段层出不穷。相对来说，外商投资因对东道国的经济发展产生的积极影响而易于被接受。因此，通过跨越国境投资设厂不仅可以降低国际服务贸易中的政策性因素干扰，而且能够得到东道国一些优惠性投资待遇，有利于企业在当地市场展开竞争。

邓宁关于服务业对外直接投资理论强调，企业只有同时具有三大优势时，才能进行有利的对外直接投资。邓宁认为，以下类型的服务公司具有内部化开放利用和从事对外直接投资的强烈倾向。

①信息密集型服务行业，如银行业和商业服务。这类企业以拥有的信息和知识为主要优势，这些知识带有默示性质，生产费用高，复杂而且特征性强，如易于复制，只有在企业内部才能得到更好的保护和更有利的运用。

②以产品品牌或公司形象而著称的服务企业，如建筑、汽车租赁、广告和一些商业服务行业。当企业寻求质量保护和商誉维护时，就需要为服务产品建立严格的、直接的质量标准，此时就会出现水平一体化，因为内部化比外部市场交易对于质量标准的控制更为有效。

③以知识为基础的创新型服务企业。实现生产和消费的垂直一体化有利于新型服务产品的推广，因为在创造服务需求和普及服务产品时，需要指导购买者消费服务，而创新者对其产品所具备的知识使其成为最佳引导者。

④拥有商标和和版权等无形资产的企业。这类企业会在国外建立保护其资产权利的分支机构。

⑤工业跨国公司拥有股权的服务业附属公司。这些公司旨在保证制造业公司以最优条件获得投入物，帮助母公司维持和发展生产、出口及海外市场。

索旺（Sauvant）1993年主持的"服务业跨国化研究"对服务业跨国公司进行了综合实

证分析,他用包括不同国家 11 个部门中最大的 210 个企业在 10 年间(1976—1986 年)的数据进行了回归法检验,测定影响服务业跨国公司对外直接投资的决定因素。回归分析确定了 9 个决定服务业对外直接投资的主要因素,即市场规模、东道国的商业存在、文化差距、政府法规、服务业的竞争优势、全球寡头反应、产业集中度、服务业的可贸易性以及企业规模与增长,这一检验结果充分证实了邓宁理论在现实中的解释力。

6.2.3 发展中国家服务业国际直接投资理论

邓宁理论解释了发达国家服务业对外直接投资的原因,但事实上发展中国家服务业对外直接投资也一直呈上升趋势,尽管严格说来,发展中国家的许多跨国公司并不具备邓宁提出的三种优势。近年来,出现了一些专门研究发展中国家对外直接投资动因的理论,其中一部分研究并未将服务业排除在外,主要有以下的理论:

1. 市场控制理论

绝大多数商品经营都需要中间服务,但每一个中间服务者的服务能力有限,他们只愿意为利润大、风险小的商品经营者提供服务,因此,如果一个厂商的商品或服务不能给中间商以高额利润,或者该厂商的生产经营风险较大,他就难以从中间商处获得良好的服务。

厂商往往需要在公众心目中树立自己特有的形象,以确定自己的市场地位,所以,厂商有必要控制、影响中间商或自己直接与公众接触;如果中间商不予合作或合作不好,厂商直接与公众接触就成为必要。

在上述情况下,只要具有经济、技术、法律上的可行性,只要对企业的总体发展有利,企业直接控制中间服务,将中间服务纳入自己的运行机制中就成了理性选择。此时的直接成本并不起决定作用,相对优势也不是前提条件,当母公司在发展中国家、中间服务在发达国家时,母公司向发达国家投资,并在发达国家建立自己的商品服务中间机构——子公司、分公司,发展中国家进行直接投资就无可厚非了。

2. 国家利益优先取得理论

从国家利益的角度看,多数发展中国家进行对外直接投资有其特殊性,这些国家的企业,尤其是服务企业,按照优势理论的标准来衡量,根本不具备跨国经营的条件,但在世界经济一体化浪潮冲击下,国家会出面支持和鼓励企业进行对外直接投资,寻求和发展自身优势。这种性质的对外直接投资不仅使投资者能够保持资本所有权,并取得资本收入,还使投资者保持对资本运行和使用的控制权,从而获得远比货币收益更广泛的综合效益。

(1) 资源转换效应。投资国通过对外直接投资,可以直接从国外取得低成本的资源供给,享受东道国提供的基础服务,还能吸取和传输国外先进技术成果和管理知识,这是发展中国家鼓励和支持企业对外直接投资最根本的动因之一。

(2) 产业结构调整效应。发展中国家向国外进行一揽子要素转移的部门,往往是国内发展较为成熟、产品供给相对充足甚至饱和的产业部门,通过直接投资的方式进行生产的跨国界转移,既保证了现有资产的应有价值,又起到了调整和优化国内产业结构的作用。

(3) 市场竞争效应。跨国经营企业数目的增多和规模的扩大,会对国内原有的竞争趋势产生不可忽视的影响。率先进行对外直接投资的企业,将会因为在国外取得了新的市场空间,或者取得了稳定的资源供给以及新的技术信息等,大大增强自身竞争实力,给国内竞争对手带来新的压力,迫使其效仿先行企业,或者采取对外直接投资方式,或者改进经营,加强研究与开发,提高服务产品质量等,以应付挑战。这些都会对投资国竞争水平的提高,经济活力的增强产生积极作用。

3. 小规模技术理论

美国经济学家威尔斯指出,发展中国家跨国企业的竞争优势来自低生产成本,这种低成本与其母国的市场特征紧密相关。

拥有为小市场需要提供服务的小规模生产技术,即低收入国家制成品市场的一个普遍特征是需求量有限,大规模生产技术无法从这种小市场中获得规模效益,而这个市场空缺正好被发展中国家的跨国企业所利用,它们以此开发了满足小市场需求的生产技术而获得技术优势。

6.3 服务业跨国公司

跨国公司是服务业国际直接投资的主体,不仅包括制造业跨国公司,也包括服务业跨国公司。顾名思义,服务业跨国公司就是指主要业务是向市场提供服务的跨国公司。一般来说,大多数服务业跨国公司与制造业跨国公司一样,会采取股权和非股权的组织形式。但由于服务自身特点及相对于当地竞争对手的优势差异,服务业跨国公司的经营模式选择有很大差异。

6.3.1 服务业跨国公司的经营模式及特点

1. 服务业跨国公司的经营模式选择

(1) 服务业跨国公司的组织形式。由于服务的特殊性质,服务业跨国公司在扩张路径的选择上,与制造业跨国公司有很多的不同点。服务业跨国公司在国际扩张路径选择上,最突出的特点就是非股权安排的广泛使用。相对于直接投资建立子公司而言,许多服务业跨国公司在全球扩张过程中更倾向于采用非股权安排形式或是联盟形式,同时母子公司之间保持着一种较松散的网络联系,各公司独立性较强,许多业务甚至采取外包形式。

1) 非股权安排。非股权安排又称非股权投资、合同安排或非股权参与式国际直接投资(non-equity participation),是20世纪70年代以来被广泛采用的一种新的国际市场进入方式。它是指跨国公司未在东道国企业中参与股份,而是通过与东道国企业签订有关技术、管理、销售、工程承包等方面的合约,取得对该东道国企业的某种管理控制权。这种投资方式正成为当代国际资本流动的一种主要形式。

其特点是:没有货币资本注入,是一种合约投资,但有控制权,层次高,富有技术含量,有一定的条件,但风险较小。

随着服务业的国际转移发展,特别是有形资产与无形资产的可分离性,非股权安排方式已成为服务业转移的主要方式。尤其是在旅馆、零售、会计、法律及其他专业服务方面,无须冒资本风险就可通过非股权安排解决合作中的发放许可、管理合同及结为伙伴等问题,因此非股权安排成为服务业转移的常见方式。

酒店餐饮业在运用非股权安排模式方面是非常突出的。目前,麦当劳公司的全系统销售额中,有72.3%是来自非股权安排形式。而在全球酒店业的跨国活动中,有近65.4%是通过非股权安排实现的，其中最频繁采用的两种模式就是特许经营和管理服务合同。在这两种模式中，酒店餐饮业跨国公司是不会进行任何形式的资产投资的。众所周知，非股权安排之所以在制造业中并不流行，就是因为非股权安排有许多缺陷。然而服务的特殊性质却使服务业跨国公司能够如鱼得水广泛利用这种市场化交易方式。具体优势表现在以下方面。

非股权安排可以使服务业跨国公司利用有限的内部资源来实现更大的利益。对于资源的获取，企业可以从外部购买所需，但是对某些技巧以及人际关系等企业所关心的无形资源，却是无法购买的。而光依靠内部资源往往不够，即使是世界最大的跨国公司也会发现，它们不能仅仅完全依赖企业的内部资源。因此通过非股权安排模式就可以使服务业跨国公司在内部资源有限的条件下，实现更大的收益。

非股权安排可以提升企业的整体竞争优势。在许多领域，非股权安排曾被视为所有战略扩张中不起眼的小部分。然而，竞争优势同样可以从非股权安排的公司间合作中产生，特别是在服务业领域中。例如在领导非股权安排潮流方面，国际酒店业务可以说是其他服务领域的先驱者了。在酒店业，管理服务合同形式似乎成为一种最通用的主导模式，而特许经营也是相当流行的。在这里，资本密集的成分（如固定资产）可以与基于知识或管理经验的竞争优势成分相分离。因此，公司间的合作再也不是外围次要成分，而成为全球战略的中心。

非股权安排可以使服务企业更大限度地发挥其关键资产效用。传统国际经营理论都是基于这种观点：企业进入国际市场是为了充分利用它们现已拥有的竞争优势（也就是特殊交易资产，如机器、技术诀窍或是商业秘密）。然而用传统国际经营理论，很难解释酒店业所重视的坚持品牌形象和运作一致的国际转移。因此，跨国酒店企业在国际化中往往较少地关心跨国控制权问题，而更多地关心它们的特殊资产和知识以及帮助企业建立品牌声誉、顾客基础和忠诚度的能力在国际转移中的有效性。当然，该研究没有注意到帮助企业建立品牌声誉、顾客基础和忠诚度的能力不仅仅会在国际化中转移，而且也会在国际化过程中创造出来并发展壮大。

2）战略联盟。跨国公司战略联盟，是指两个或两个以上的跨国公司为实现某一战略目标而建立的互相协作、互为补充的合作关系。随着世界经济一体化和区域集团化的发展，跨国公司为了保持和发展自己的生存空间，纷纷组织跨国联盟。

跨国公司战略联盟最早出现在汽车业。1979年，美国福特汽车公司和日本马自达汽车公司结成战略联盟；随后，战略联盟广泛出现在电子、生物工程、汽车制造等资本技术密集领域。20世纪90年代以来，随着国际服务贸易竞争异常激烈，在制造业中被广泛应用的跨国公司战略联盟也开始在服务业中兴起。大型跨国公司（包括竞争对手）为了共享销售网络和资源，共同结成战略联盟。大多数的战略联盟并没有涉及权益结构的改变，许多情况下，战略联盟只是利于联盟双方互相取长补短，一致对外。服务业中最经典的联盟例子是微软公司和美国电话电报（AT&T）公司在1996年7月结成的分销联盟。根据两家公司达成的联盟协议，双方都同意销售对方的产品。AT&T公司将向其所有用户（使用AT&T公司互联网上网服务的用户）推荐使用微软公司的互联网浏览器。作为交换，微软也将在其开发的Windows95的软件包中编入AT&T公司的网络服务。此外，微软公司与美国全国广播（NBC）公司联合创立的微软全国广播公司（MSNBC）新闻频道也是个家喻户晓的公司联盟案例。

3）服务外包。在服务业跨国公司全球扩张的路径选择上，非股权安排与战略联盟是最普遍的方式。但是，20世纪90年代之后，随着经济一体化、专业分工的日益细化，以及市场竞争程度的不断提高,越来越多的企业纷纷将非核心服务活动外包给其他企业,以降低成本、优化产业链、提升企业核心竞争力。作为一种新的国际商务模式,全球服务外包进入快速发展时期。在全球化背景下,依托信心通信技术的支撑和国际投资条件的改善,跨国公司基于降低运营成本和提高核心竞争能力等方面的考虑,把国际服务外包作为其占领全球市场的路径新选择。

服务外包,是指企业为了将有限资源专注于其核心竞争力,以信息技术为依托,利用外部专业服务商的知识劳动力,来完成原来由企业内部完成的工作,以达到降低成本、提高效率、提升企业对市场环境迅速应变能力并优化企业核心竞争力的一种服务模式。服务业的外包和转移是世界经济一体化的表现形式,IT和金融服务外包是国际服务外包的主导,全球项目外包市场以每年20%的速度增长,服务外包已成为全球跨国直接投资的主要引擎。服务外包最多的国家是美国,约占2/3;欧洲、日本约占1/3;承接最多的地区是亚洲,约占全球外包业务的45%。印度、墨西哥、东欧分别是亚洲、北美和欧洲的外包中心。

作为跨国公司重塑竞争优势的重要手段,服务外包战略的实施将有可能成为企业新的利润来源,至少在以下几方面表现突出。

①削减成本。人工成本在服务产品成本中占很大比例,尤其是在服务产品越来越趋于知识密集和信息密集的情况下。发展中国家有许多受过良好教育的高技能劳动力,而其工资成本远比在发达国家便宜。劳动力成本的国际差异为服务业跨国公司实施外包创造了条件。

②改善服务产品质量。服务外包的实质是某些服务活动在不同企业间的专业化分工。例如,一家跨国企业将其后台办公服务(back-office services)剥离后,实际上变成了一家专业化的前台办公服务(front-office services)提供者。由于具备在那些专门服务项目经营上的专业人才和工作经验,往往有助于提高服务质量。

③强化企业的核心竞争力。对将部分服务职能剥离出去的跨国公司而言,可以把人力和物力更集中在自己更具备竞争优势的核心业务上,以强化企业的核心竞争力。

(2) 服务业跨国公司进入选择。

巴克利—卡森模型综合考虑了区位、内部化、金融变量、文化(包括信任和心理距离等)、市场结构和竞争战略、技术改造成本(为适应当地需求状况)以及到国外经营的成本等因素对跨国公司进入模式的影响。同时,该模型还对20种进入模式进行了比较,较为全面地发展了跨国公司进入模式的分析框架。

巴克利—卡森模型认为企业活动主要包括生产活动、销售活动、营销活动和研发活动。而这些活动之间存在着中间产品的流动(图6-1)。

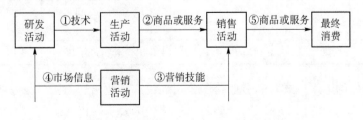

图6-1 企业活动中的中间产品流动

1) 对于技术流动过程,企业可以通过内部化、市场和联盟三种形式来进行。在内部化的情况下，企业可以选择将生产安排在国内（出口）或国外（跨国公司）来完成。

2）对于商品或服务流动过程，企业相似地可以选择市场、内部化和联盟三种形式来进行。相对于商品或服务以及技术的流动过程的不同选择形成了 12 种基本的进入模式（表 6-2）。

表 6-2 跨国公司的 12 种基本进入模式

技术转移 （生产活动） \ 商品或服务转移 （销售活动）	内部化 1	市场 2	联盟 3
内部化 1	1.1 普通 FDI	1.2 生产 FDI 和特许销售	1.3 生产 FDI 和联盟销售
市场 2	2.1 生产分包和自己销售	2.2 许可证	2.3 生产分包和联盟销售
联盟 3	3.1 联盟生产和自己销售	3.2 联盟生产和特许销售	3.3 联盟生产和联盟销售
出口 4	4.1 出口和自己销售	4.2 出口和特许销售	4.3 出口和联盟销售

在 12 种基本进入模式中，有一部分需要拥有自己的生产或/和销售设施与设备，如表 6-2 中灰色区域的 6 种情况。对于这 6 种基本情况，跨国公司又可以新建或并购的方式获得，特别是其中的 1.1 情况下需要区分生产和销售两种设备、设施的新建和并购。如果用 A 表示新建活动生产设施，用 B 表示并购获得生产设施，用 C 表示新建获得销售设施，用 D 表示并购获得销售设施，那么，对表 6-2 进行分化就可以得到最终的 20 种模式（表 6-3）。

表 6-3 跨国公司的 20 种进入模式

技术转移 （生产活动） \ 商品或服务转移 （销售活动）	内部化 1		市场 2	联盟 3
内部化 1	1.1 AC	1.1 AD	1.2 A	1.3 A
	1.1 BC	1.1 BD	1.2 B	1.3 B
市场 2	2.1 C	2.1 D	2.2 许可证	2.3 生产分包和联盟销售
联盟 3	3.1 C	3.1 D	3.2 联盟生产和特许销售	3.3 联盟生产和联盟销售
出口 4	4.1 C	4.1 D	4.2 出口和特许销售	4.3 出口和联盟销售

以上所有可能的进入模式对制造业跨国公司来说都是适用的，而对服务业跨国公司的适用与否是由其提供服务的性质决定的。如果服务业跨国公司提供的生产和消费可以分离，那么它与制造业跨国公司一样具有这些进入模式，反之则不同。由于不可分离性，买卖双方要直接接触，甚至买者也参与了生产，因此，生产设施同样也是销售设施，商品或服务转移过程在这种服务企业中不再存在。

在这种情况下的出口也是不可能的，技术转移过程也只能采取内部化、市场和联盟三种方式，加上内部划分为新建和并购两种，所以销售和生产不可分离的服务业跨国公司的进入模式只有四种：内部化—新建、内部化—并购、许可证（市场）和联盟。而其他的模式都需要将生产和消费进行分离，因此这些模式在生产和销售不可分离的服务行业中是不可行的。一些学者在建立简单假设的基础上对这四种模式进行了优劣的比较，得出如下的结论：

①由于并购属于内部化，而联盟是内部化和市场的结合，所以可以推测在大多数情况下，联盟的技术和营销技能转移的信任建立在成本大于内部化—并购的基础上。

②要转移的技术、技能越是复杂和专业，内部化—新建模式越是有利。

③东道国和母国的文化、语言等社会差异越大，许可证（市场）模式就越可能被选择。

④东道国的竞争对手越强，选择内部化—新建的许可证（市场）的可能性就越小，而选择内部化—并购模式则较为有利。

2. 服务业跨国公司的发展

大多数跨国公司是在第二次世界大战后才发展起来的，它的出现尚不足一个世纪。然而在这一相对短暂的时期内，公司国际扩张的动因和国外活动的性质已经经历了较大的变化。近来较为重要的趋势之一就是服务型跨国公司的出现及发展。

服务业对外直接投资的迅速增长是在20世纪70年代以后，而且其中较大部分是中间服务而不是最终消费服务业。投资主体不仅包括服务业跨国公司也包括制造业跨国公司。目前一些大型服务业跨国公司在地区分布上主要是在发达国家。发展中国家服务业跨国公司较少。由于服务业的特殊性质以及时代的发展，服务型跨国公司的出现及扩张形式都与传统制造业跨国公司不同。因此，对于服务业跨国公司研究越来越受到人们的重视。

跨国公司是服务业对外直接投资的主体，不仅包括制造业跨国公司，也包括服务业跨国公司。具体业务包括以下几个方面。

（1）制造业跨国公司在服务业的投资。服务业对外直接投资并不都是与服务业企业进行的。有相当数量的制造公司在国外投资建立附属性服务企业，如由制造业跨国公司设立的与金融和贸易相关的附属企业。促使这些公司涉足服务业的因素很多，其中主要是为了降低成本和实现市场导向垂直一体化。随着现代服务业的迅速发展，为了寻求将来发展的新领域，有些制造业企业还接管了与其主要业务并没有联系的服务企业。

表6-4列出了一些发达国家在20世纪80年代初期服务业和制造业跨国公司的发展情况，从中可以大致了解制造业跨国参与服务业对外直接投资的程度。以美国为例，1982年约有一半国外附属服务企业是制造业公司所拥有的。有关数据还表明，1982年只有13%的从事批发贸易的国外附属企业是由主营批发贸易的母公司控制的，制造业控制了77%，剩下的10%为石油公司所有。与金融有关的服务业（不包括银行）、房地产业、企业和私人服务业等行业只有约1/3的国外附属企业是由同行业母公司拥有的。然而，国外附属服务企业的重要形式是不可低估的。美国1982年服务业母公司约控制了该国投资流出总量的1/5，而全部附属服务企业在投资总量中的比重要大一倍。英国的相应比例分别是25%和34%。这些数据都表明了制造业企业参与服务业对外直接投资的程度。

表 6-4 部分发达国家服务业和制造业跨国公司

类别	美国 1982（不包括银行）	美国 1982（包括银行）	英国 1981	法国 1985	日本 1984
跨国公司企业总数/个	2 008	2 141	—	3 963	1 448
服务业跨国公司总数/个	690	823	—	1 863	541
附属企业总数/个	17 123	18 339		14 964	4 937
服务业母公司总数/个	4 058	5 119			1 916
服务业母公司占 FDI 总存量比重/%	14	19	24	32	—
服务业跨国公司控制的服务业比重/%	33	38	34	48	52

资料来源：联合国跨国公司中心。

(2) 服务业跨国公司的成长。服务业跨国公司的发展是一个历史过程。早期在国外建立附属企业的公司中逐渐出现了一些贸易商行、银行和房地产公司。19 世纪 60 年代和 70 年代，是自由竞争资本主义向垄断资本主义过渡的第一个历史时期，各种垄断组织开始涌现，于是就出现了制造业公司向国外扩展的第一次浪潮。此时的铁路、公用事业等服务行业的公司也扩展了一些对外投资，特别是在一些殖民地国家和地区。20 世纪 70 年代以前，制造业跨国公司的活动超过服务业跨国公司的活动。但是从 20 世纪 70 年代开始，由于服务生产和商品生产之间相互作用的增强，网络和通信技术的迅速发展，货物贸易和技术贸易的急剧增长，以及市场需求等因素是最初促进国内服务业向国外投资的主要动因。

20 世纪 70 年代初服务业占对外直接投资的比重不到 20%，而到了 20 世纪 80 年代中期，在世界对外投资约 7 000 亿美元总存量中，投资于服务行业的已达到 3 000 亿美元，占 40% 左右。在 20 世纪 90 年代世界经济并不十分景气的情况下，服务业的全球扩张依然保持了强劲的势头。同前几年一样，服务业投资占 2005 年全球对外直接投资存量的大部分——近 2/3，而 1990 年该比例为 49%。在服务业中，与基础设施相关的服务业，就绝对数量和相对比例而言，都有所增长。

2006 年，跨国公司在其母国以外进行的产品和服务的生产较往年增长更快。78 000 家跨国公司和他们所下辖的 78 000 家外国子公司的销售额、增加值和出口，估计分别增长了 18%、16% 和 12%。它们占全世界国内生产总值的 10% 和全世界出口额的 1/3。中国继续成为世界上外国子公司数量最多的东道国。同时，来自发展中国家跨国公司的数量，过去十几年的增速也已经超过了来自发达国家的跨国公司。

3. 服务业跨国公司的特点

服务业跨国公司自 20 世纪 80 年代迅速发展起来，成为国际贸易、投资中的中坚力量，它们在供给资金、转移技术、创造就业及推动贸易等方面都发挥了重要的作用。在其全球化经营过程中，服务业跨国公司日益呈现出以下特点。

(1) 经营国际化。尽管服务部门的对外直接投资受到很多限制，并存在诸多服务业不易进行跨国经营的阻碍因素，如缺少技术或者缺少相对于当地企业的优势。但是，大多数的服务业部门都有跨国化的倾向，或本身就是跨国公司在从事经营，只不过它们的影响和相对重要性在各个行业中有所不同而已。

服务业中的保险、银行、零售、广告、会计、餐饮、法律、咨询等行业的跨国化倾向比较突出。就保险业而言，从 2017 年《财富》全球 500 强中的保险公司排名可见，大型保险公司大部分是跨国公司（表 6-5）。

表 6-5　2017 年全球十大保险公司排名

顺序	公司	全球 500 强排名
1	美国伯克希尔-哈撒韦公司	10
2	美国联合健康集团	15
3	法国安盛	27
4	中国平安保险（集团）股份有限公司	29
5	德国安联保险集团	38
6	中国人寿保险（集团）公司	42
7	日本邮政控股公司	45
8	英国保诚集团	50
9	意大利忠利保险公司	59
10	美国 Anthem 公司	70

（2）业务多样化。正如制造业公司的经营已扩展到服务业一样，一些服务业公司也日益扩展到制造业，并且在服务业各行业之间互相渗透。有些公司的经营多样化已发展到很高的程度，以至于难以或无法将其归类到某一特定的行业。

旅游、广告、会计等服务业部门的经营多样化趋势比较显著。在旅游业中，最常见的是旅馆和航空公司的联姻，以及逐渐出现的和出租汽车业联合。在会计方面，美国一些最大的会计业跨国公司近年来日益增加在管理咨询业上的多种经营，越来越多地变成了财务咨询和专业服务公司。广告业也有类似情形，广告业跨国公司更多的是把其业务扩展到诸如公司或机构广告、公共关系、市场调研等行业。

一些服务业活动紧密相联，以及试图实现规模经济，是促使服务部门经营多样化和一体化的重要原因。典型的例子包括：

金融服务业——银行、金融和保险服务；

旅游业——旅馆、航空运输、出租汽车、铁路运输和旅游经营；

信息服务业——数据处理、软件、电信服务、信息存储和检索；

专业服务业——会计、广告、市场调研、管理咨询和公共关系。

（3）不平衡性。不平衡性指的是服务业跨国公司的地区分布不平衡性和行业分布不平衡性。

①从地区看，目前一些大型服务业跨国公司在地区分布上主要在发达国家，发展中国家服务业跨国公司较少。发达市场经济国家是大多数服务业跨国公司的总部所在地。服务业跨国公司的海外附属企业地区分布的主要格局反映了服务业对外直接投资的格局。

在所有发达国家和地区中，美国是拥有服务业跨国公司所设海外附属企业最多的东道国，其次是西欧和日本；在发展中国家和地区中，亚洲是服务业跨国公司所设海外附属企业最多的地区；美国服务业跨国公司所设海外附属企业最集中的地区是拉美，其次是亚洲；日本的重点则在亚洲；西欧在亚洲、非洲和拉丁美洲的比重基本平衡。需要明确的是，海外附属企业数只是反映服务业跨国公司扩展的一项参考指标，但不一定反映其参与跨国经营的规模或在公司全部经营中的份额。因为，相当一部分附属企业只是发挥中介作用，以跨国化程度来衡量，服务业跨国公司总体上低于制造业跨国公司的水平。

②从行业看，不同服务业跨国公司的发展也是不平衡的。在美国，虽然大部分服务行业都处于强有力的地位，但跨国公司拥有的国外附属企业主要集中在会计、广告、零售、旅馆、餐饮、市场调研、法律、证券和金融服务业中。在西欧国家拥有的相当数量的巨型跨国公司中，银行、保险、出版、航空和其他运输业设置的海外附属企业最多。

(4) 战略转变。从跨国公司发展的历史看，服务业一般是跟随在制造业之后推行其跨国活动的。20世纪70年代以前，制造业跨国公司主要以利用东道国的资源及廉价劳动力为动机，先后带动了铁路、公用设施和基建等劳动密集型服务业企业的海外延伸。从投资规模和对东道国经济的影响来看，服务业只是作为制造业的补充而落后于制造业。20世纪70年代起，一方面由于制造业跨国公司不断成熟，对外投资结构升级、形式多样，为发达国家经济地位日趋上升的服务业的对外发展奠定了基础；另一方面，产品及技术的国际贸易蓬勃发展，对为工商贸易提供服务的全球服务业发展要求日益增加。20世纪80年代后，服务业已不再是单纯地尾随在制造业企业之后走向海外，企业跨国化形成的国际竞争环境极大促进了服务业跨国公司的发展。特别是20世纪90年代以来，各国放松了历来限制严格的电信、金融等服务部门的管制，这成为服务业跨国公司迅速向海外扩张的契机。21世纪以来，在大多数国家的政策是继续鼓励外国直接投资的同时，限制性措施也变得习以为常。尽管保护主义的抬头引发了越来越多的担忧和政治辩论，但是总的政策趋势仍然是对外国直接投资更加开放。2007年，联合国贸发会议确认的近100项对外国直接投资具有潜在影响的政策变化中，有74项旨在使东道国的环境更加有利于外国直接投资。然而，近几年来，不利于外国直接投资的政策变化的比例仍持续上升。

服务业跨国公司逐渐摆脱了纯粹提供中间性生产投入的传统角色，开始参与制造业活动，例如，跨国银行接受跨国公司委托，承办并直接参与为跨国公司所需要的银团、企业组建和变动等有关活动。但服务业跨国公司更多的是向同行业其他部类的服务领域拓展，这种多样化拓展主要强调相互衔接的一条龙服务，如跨国银行及其分支不仅为工业跨国公司提供资金，而且经办公司体系内的资金调拨、周转和结算，或为制造业跨国公司的外汇、资金、市场行情、企业变动和生产经营者提供咨询意见；零售企业公司兼营保险和信用卡业务；数据处理公司同时经营软件和电信业服务；会计师事务所除审计外，又将管理咨询、市场调研和公关等部门的服务集于一身。

(5) 并购频繁。随着各国对外商投资限制的放松，跨国并购可以充分发挥其投资迅捷和有效避税的优势，逐渐成为对外直接投资的主要方式。跨国并购在服务业对外直接投资中也发挥了主要的作用。2006年，跨国并购交易在金额和数量上均显著增长，金额提高23%，达到8 800亿美元，数量提高14%，达到6 974笔，接近2000年达到的并购高峰。更高的股票市场估值、不断提高的公司盈利和有利的融资条件驱动了这一增长。与20世纪90年代后期的并购热潮不同，在此轮增长中并购交易绝大多数通过现金和借贷支付，而非通过换股实现。2006年创下多达172笔巨额交易（即金额为10亿美元以上的交易）纪录，约占跨国并购交易总额的 2/3。

从具体行业来看，近年来全球并购市场的热点是金融业，银行业的纷纷合并使欧盟国家和美国的银行数量逐渐减少。2007 年下半年出现了一些很大的交易，包括银行业历史上规模最大的交易——苏格兰皇家银行、富通银行和西班牙国际银行组成的银团以 980 亿美元收购荷兰银行控股公司，以及力拓矿业集团（联合王国）收购加拿大铝业集团。

（6）带动技术扩张。跨国公司因为拥有雄厚的资金实力在世界各地安排生产，已成为现代技术的发源地、散播者和推动器（现代技术包括产品设计、生产技术、工艺等硬技术，还包括雇员技能培训、管理经验、金融技术等软技术）。制造业跨国公司建立国际分支网络的目的是实施相似体系内的劳动分工，将劳动密集度相对高的那部分生产转移至海外分支机构，母公司则保留资本和技术相对密集部分的生产，从而拉开母公司与子公司间的技术层次。

与制造业相比，服务业跨国公司用于硬技术研究和开发的投资并不多，而以软技术优势见长，而且由于服务业产品的生产和消费难以分隔，从母公司生产中分离出技能相对低的那部分服务的可能性减小，因而服务业跨国公司海外分支移动的技术更安全，更接近母公司的水平。

日趋发达的跨国界信息流动降低了服务业海外活动的成本，跨国的计算机网络和通信系统使服务业跨国公司的海外分支成为母公司全球战略的重要组成部分。母公司能够更有效地组织起全球范围的活动，通过海外分支向发展中国家输出当地并不具备的现代服务，而在发达国家则提供价格更低廉、质量更优异的服务。会计、保险、租赁、跨国银行、数据处理和信息传递等现代服务领域的跨国公司对东道国，乃至世界经济的发展都产生了重大的影响。

6.3.2　服务业跨国公司在中国的现状及中国服务业的对外投资

（1）服务业跨国公司在中国的现状。

目前，各国的服务行业，特别是发达国家的服务行业，千方百计地、争先恐后地竭力挤进中国市场。这既给我国市场带来了竞争活力，也给我国服务企业提出了严峻的挑战。2001—2012 年，服务业跨国公司对中国的实际投资额不断增加，期间增长了 6.7 倍，年均增长率为 77.8%。与此同时，中国实际使用外资在三次产业中的比重持续提高，2012 年为 54.97%，呈现外资主要投向服务业的态势。以保险业为例，外资保险公司一进入中国就显示出强劲的发展势头，其业务发展非常迅速，市场份额不断扩大。随着改革开放的深入和扩大，德国安联保险、意大利忠利保险、英国英杰华保险、加拿大宏利保险等众多知名公司纷纷在华开展业务。截至 2018 年，共有 22 家外资产险公司及 28 家外资寿险公司在华设立，2004—2018 年，外资保险公司总资产从 413 亿元增至 11 609 亿元。

对于服务型跨国公司来讲，中国市场还有一块很具有潜力的市场，那就是商务中介机构，包括会计行、律师行、资信资产评估机构、咨询业等。发达国家服务业跨国公司无论在经验、声誉上还是在管理、组织以及人才方面都具有明显优势，而中国广大的市场需求就给服务业跨国公司的发展提供了肥沃的土壤。

当然，服务业跨国公司在中国的经营也不是可以高枕无忧的。首先，许多服务业跨国公司表示至今仍然处于亏损状态，高昂的固定成本以及员工的费用，使许多公司入不敷出，短时期内还无法盈利。其次，中国的服务专业人员缺乏是服务业跨国公司遇到的主要问题，而且许多跨国公司花费巨大代价培训员工后，员工却跳槽，这也是非常棘手的。最后，基础设施的落后以及制度的不完善对服务业跨国公司的发展也造成了很大影响。尽管如此,广阔的中国市场还是吸引着越来越多的服务业跨国公司来华投资。不难预料,随着中国日益与世界接轨,中国的服务市场将成为世人瞩目的焦点。

下面就主要服务行业的跨国公司代表进行简单介绍:

①金融业——摩根·斯坦利。

摩根·斯坦利总公司下设9个部门,包括:股票研究部、投资银行部、私人财富管理部、外汇/债券部、商品交易部、固定收益研究部、投资管理部、直接投资部和机构股票部。目前在全球27个国家的600多个城市有代表处,雇员总数达6万多人。2019年,《财富》世界500强排行榜中摩根·斯坦利位列218位。摩根·斯坦利开拓新兴市场的特点是大胆而不失谨慎,公司前总裁麦克就曾说过:"最大的冒险就是不去投资。"

②运输业——联邦快递。

联邦快递是世界上最大的运输公司之一,专门从事全美和许多国家范围内包裹和文件的专递服务。联邦快递于1971年在美国特拉华州成立,2020年7月,福布斯2020全球品牌价值100强发布,联邦快递排名第99位。联邦快递设有环球航空及陆运网络,通常只需一至两个工作日,就能迅速运送时限紧迫的货件,而且确保准时送达,并且设有"准时送达保证"。其FedEx Ground部门在北美洲运送小包裹;其FedEx Custom Critical致力于紧急快递业务。联邦快递一直坚持一个非常简单的经营理念——100%的顾客满意。

③电信业——AT&T。

AT&T全称为美国电话电报公司,其前身是1877年成立的贝尔电话公司,在2019福布斯全球数字经济100强榜位列5位。AT&T是全球性通信和计算机公司的权威,不仅是美国最大的电信设备研究和制造商,更是美国最大的通信服务公司,其主要业务部门有四个:通信服务集团,主要提供全球通信业务服务;网络系统集团,主要提供通信网络的软件、硬件及管理技术;AT&T环球信息服务集团,主要提供信息技术和服务;多媒体产品和服务集团,主要提供通信、计算、信息及娱乐相结合的多重多维产品。作为全球性公司,AT&T在全世界为商业、个人、通信服务部门及政府部门提供通信服务、网络通信产品和计算机系统,目的是致力于世界各地人们在任何时间、任何地点方便地联络,并向人们提供所需的信息服务,在缩短人与人之间、人与信息之间的距离方面保持了世界通信领域的领导者地位。

④零售业——沃尔玛。

沃尔玛是世界著名的折扣零售连锁店,从最初小镇上的一家杂货店发展成为世界最大、最成功的零售帝国,2019年,《财富》世界500强排行榜中沃尔玛百货有限公司位列第1位。从1962年沃尔顿建立第一家沃尔玛折扣商店开始,逐渐形成了一整套的企业文化和企业理念,正是这种文化、价值观和理念,使沃尔玛一直处于不断创新和快速成长的状态。沃尔玛的发展战略是:反相扩张战略、零售形式创新战略、天天低价战略和顾客第一战略。

⑤专业服务——麦肯锡。

麦肯锡咨询公司是美国1926年成立的专门为企业高层管理人员服务的国际性公司,业务网络遍及全球,已成为具有"世界第一咨询机构"称号的国际性管理咨询公司,其创建者麦肯锡是管理咨询思想之父。麦肯锡的成功在于拥有一支卓越的咨询队伍和"与客户一起成功"的经营理念。麦肯锡公司属私人股份制的有限责任公司,全部股权归近600名现任董事所有,分布在世界各地的每家麦肯锡分公司都由资深的麦肯锡咨询董事"Partner(合伙人)"和专业咨询顾问组成。

(2) 中国服务业对外直接投资的特点。

鉴于中国各服务行业的产业基础、行业规模、开放进程存在较为显著的异质性,中国服务业"走出去"也应是有先有后、按照一定次序依次走向世界。那些产业基础良好、资金实力雄厚、在国际市场上具有一定竞争优势的服务行业将率先在全球实现资源整合与配置;而产业基础较为薄弱、市场竞争力尚不强劲的行业将首先立足国内市场,在夯实国内市场份额的基础上逐步扩大国外投资(表6-6)。

当前,租赁和商务服务业是中国服务业对外直接投资的主力军,所占份额基本维持在4成左右。自中国加入WTO后,良好的营商环境和巨大的消费市场使中国成为全球商务活动的聚集地,国内众多租赁和商务服务企业逐渐成长并发展壮大,这些服务企业将其在国内市场积累的经验带向世界,在全球价值链体系中发挥不可或缺的作用。批发和零售业是中国服务业对外直接投资的另一支主力军,其比重在多数年份都达到20%以上。互联网经济的迅猛发展深刻地改变着批发和零售业业态,新零售新业态形式层出不穷,国内互联网巨头借助在国内批发和零售行业建立起来的巨大优势,加紧在国外布局,积极争夺国外批发和零售市场,掀起中国批发和零售业走出国门的热潮。

表6-6 中国各服务行业对外直接投资所占比重   %

服务行业 \ 年份	2007	2008	2009	2010	2011	2012	2013	2014	2015	2016	2017
交通运输、仓储和邮政业	20.78	5.76	5.20	10.23	5.25	5.07	4.79	4.65	2.57	1.09	4.52
信息传输、计算机服务和软件业	1.55	0.65	0.70	0.92	1.59	2.10	2.03	3.53	6.44	12.12	3.66
批发和零售业	33.76	14.13	15.43	12.18	21.14	22.13	21.23	20.37	18.13	13.57	21.73
住宿和餐饮业	0.05	0.06	0.19	0.39	0.24	0.23	0.12	0.27	0.68	1.06	0.15
金融业	8.52	30.47	21.96	15.61	12.43	17.08	21.90	17.73	22.88	9.69	15.51
房地产业	4.64	0.74	2.36	2.92	4.04	3.42	5.73	7.36	7.35	9.90	5.61
租赁和商务服务业	28.34	47.11	51.48	54.79	52.40	45.36	39.22	41.02	34.21	42.73	44.82
科学研究、技术服务和地质勘查业	1.55	0.36	1.95	1.84	1.45	2.51	2.60	1.86	3.16	2.75	1.97
水利、环境和公共设施管理业	0.01	0.31	0.01	0.13	0.52	0.06	0.21	0.61	1.29	0.55	0.18
居民服务和其他服务业	0.39	0.36	0.67	0.58	0.67	1.51	1.64	1.84	1.51	3.52	1.54
教育	0.05	0.003	0.01	0.004	0.04	0.17	0.05	0.02	0.06	0.18	0.11
卫生、社会保障和社会福利业	0.004	—	0.005	0.06	0.01	0.01	0.02	0.17	0.08	0.32	0.29
文化、体育和娱乐业	0.03	0.05	0.05	0.34	0.21	0.33	0.45	0.58	1.65	2.51	0.22
公共管理和社会组织	—	—	—	—	—	—	—	—	0.002	—	—

资料来源:根据国家统计局数据整理计算所得。

金融业是未来中国服务业对外直接投资的重要增长极，金融业对外直接投资比重在2008年曾经达到30.47%，虽然此后比重有所下降，但仍然无法遮盖金融业对外直接投资的美好前景。随着人民币国际化进程的逐步推进，金融业对外直接投资未来将有很大的增长空间。交通运输、仓储和邮政业对外直接投资比重呈现显著下降态势，表明中国交通运输、仓储和邮政业在"走出去"过程中遭遇了制度与文化等较多障碍，于是越来越多交通运输、仓储和邮政企业开始缩减对外投资规模。信息传输、计算机服务和软件业对外直接投资比重整体呈现逐年上升态势，2016年比重一度飙升至12.12%，反映出中国信息传输、计算机服务和软件业的竞争力在不断增强，但2017年因受美国加大对中国高新技术产业制裁与限制的影响，该产业对外投资比重出现大幅度下降。与此类似的是房地产业，其对外直接投资比重经过逐年增加，到2016年达到接近10%，2017年开始有所回落。科学研究、技术服务和地质勘查业、居民服务和其他服务业对外直接投资比重维持在2%左右。其余5个服务行业（住宿和餐饮业，水利、环境和公共设施管理业，教育，卫生、社会保障和社会福利业，公共管理和社会组织）对外直接投资的比重都在1%以下。值得注意的是，文化、体育和娱乐业对外直接投资比重在"一带一路"倡议提出后得到了迅猛增长，表明在党中央"文化自信"政策引领下，中国文化产业逐渐崛起，中国文化将搭乘"一带一路"春风散播到世界各地。①

所有权优势　内部化优势　区位优势　国际生产折中理论　规模经济

1. 简述服务业直接投资的"三优势理论"。
2. 服务业国际直接投资的动因是什么？
3. 服务业跨国公司具有哪些特点？

拓展阅读

一、国际服务外包

随着科技进步和经济全球化的深入，国际服务外包异军突起，蓬勃发展。发达国家的跨国公司在经历了大量转移制造业后，现在又开始将其非核心的服务职能向海外特别是新兴市场国家和地区转移。新的服务生产国际分工的前景广阔，对发展中国家和发达国家的经济发展都将产生重要影响。

---

① 钟晓君. "一带一路"背景下中国服务业对外直接投资的特征、挑战及策略［J］. 深圳大学学报（人文社会科学版），2019，36（4）.

国际服务外包，或称离岸服务外包，系指跨国公司将本来自身执行的非核心服务生产职能，通过建立可控制的离岸中心或国外分公司，包给境外第三方服务供应商去完成。20世纪90年代初以来，美国大企业与印度中小公司间的服务外包活动集中在IT服务和软件领域。随着网络技术、高速数据网络方面的进展，外包范围扩大到一系列管理事务，企业把许多业务流程外包（简称BPO），主要涉及金融、保险、医疗、人力资源、抵押、信用卡、资产管理、顾客服务、销售及研发等领域。外包服务层次越高，所需技能和知识水平越高，风险越大，其附加值和回报也就越高。为了进入国际BPO行业，服务外包承接企业先从基本的低风险服务开始，积累了经验和技术后，再转向提供较为复杂的高端服务；在互联网上建立网站，在客户所在国设立办事处，并逐步与全球主要外包公司建立伙伴关系，以便在行业竞争中生存和发展。

与制造业外包相比，服务外包具有不同的特点：第一，服务部门只有约10%的产值进入国际贸易，而制造业则超过50%；第二，信息通信技术应用使原来非贸易的服务变为可交易，服务外包的步伐快于制造业；第三，商品生产转移大部分只涉及制造业公司，而服务外包则涵盖服务业、制造业及其他行业所需要的服务流程；第四，现代服务业没有污染，资源消耗也相对较少；第五，服务外包的技能密集程度通常高于设在国外的制造业，对白领职位的影响特别大；第六，服务外包的资本密集程度和成本较低，因而比外包制造业的迁移具有更大的随意性。

目前，国际服务外包市场正迅速扩大。美国是服务外包的首发地和最大客户，约占全球IT和BPO服务的70%，欧洲和日本也有不同程度的服务外包。大公司是服务外包的主角，不少中小企业也有外包意向。离岸服务外包较大部分流向爱尔兰、加拿大等发达国家，而在发展中国家中，印度已成为服务外包首选地和主要承接国。中国、俄罗斯、巴西、罗马尼亚、菲律宾、委内瑞拉等新兴市场国家正成为日益重要的外包承接国。南非、加纳、尼日利亚、肯尼亚、越南、柬埔寨等也相继参与到承接外包服务行列。

二、中国软件出口发展现状及趋势

（一）中国软件出口的主要特点

1. 软件出口增速趋于平稳

2018年中国实现软件出口额412.27亿美元，同比增长9.8%，增速趋于平稳；合同数量59 867份，比2017年微弱下降0.13%；软件出口协议金额由2017年的571.82亿美元下降到560.89亿美元，降幅为1.9%，是自2010年以来的首次下降，说明中美贸易摩擦对国际市场产生了一定程度的影响（表6-7）。

表6-7　2010—2018年中国软件出口规模与增速　　　　　亿美元

年份	执行金额	同比增长/%	协议金额	同比增长/%	合同数/份	同比增长/%
2010	97.30	34.01	126.20	24.42	39 044	27.17
2011	143.39	47.36	190.68	51.09	46 159	18.22
2012	194.16	35.4	234.20	22.82	53 887	16.74
2013	253.56	30.59	320.71	36.94	52 683	-2.23
2014	300.57	18.51	377.15	17.55	52 265	-0.81

续表

年份	执行金额	同比增长/%	协议金额	同比增长/%	合同数/份	同比增长/%
2015	333.93	11.10	425.78	12.89	52 173	-0.18
2016	342.3	2.51	464.89	9.19	52 790	1.18
2017	375.56	9.72	571.82	23.00	59 943	13.55
2018	412.27	9.80	560.89	-1.90	59 867	-0.13

数据来源：商务部服贸司。

2. 信息技术外包结构继续优化

第一，软件产品出口下降，信息技术外包持续增长。2018年软件产品出口执行金额10.96亿美元，仅占2.66%，较2017年下降3.45%。近年来，软件产品占软件出口比重逐年下降，2015—2018年占比分别为5.12%、3.45%、3.02%和2.66%。2018年信息技术外包完成执行额401.31亿美元，占比达97.34%，保持10.2%的增速。

第二，从信息技术外包出口结构来看，软件研发外包占主导，信息技术服务外包保持高速增长。2018年软件研发外包、信息技术服务外包、运营和维护服务外包的执行金额分别为255.90亿美元、88.17亿美元、52.35亿美元，占比分别为64%、22%、13%，其中信息技术服务外包增速达28.2%。

第三，云服务外包（简称云外包）成为新的增长点。2018年云服务外包执行金额为4.53亿美元，在信息技术外包中占1%。云服务通过标准化、模块化和流程化的云平台为客户提供即需即用的无缝服务，使服务商与用户、合作伙伴形成共生关系，一起实现价值的协同创造，从而实现服务效率和创新速度提升。据统计，2018年中国与云计算相关的运营服务收入同比增长21.4%，在信息技术服务中占比达30.0%。在全球市场，中国的公共云服务商规模和实力仅次于美国，Synergy研究显示，2018年美国拥有40%的全球超大规模数据中心，中国拥有阿里云、百度云、腾讯云等全球领先的公共云提供商。可以预见，云外包有望成为我国软件出口的新增长点。

表6-8为2012—2018年中国对沿线国家软件出口规模及比重。

表6-8　2012—2018年中国对沿线国家软件出口规模及比重　　　　　亿美元

年份		合同数	协议金额	执行金额
2012	沿线国家	8 724	30.52	26.87
	全球	52 683	320.72	194.17
	比重/%	16.56	9.52	13.84
2013	沿线国家	8 542	39.50	32.50
	全球	53 887	320.72	253.56
	比重/%	15.85	12.32	12.82
2014	沿线国家	8 749	53.64	45.16
	全球	52 265	377.15	300.58
	比重/%	16.74	14.22	15.02

续表

年 份		合同数	协议金额	执行金额
2015	沿线国家	8 615	72.97	55.05
	全球	52 173	425.78	333.93
	比重/%	16.51	17.14	16.49
2016	沿线国家	9 625	66.36	49.29
	全球	52 790	464.89	342.30
	比重/%	18.23	14.27	14.40
2017	沿线国家	11 585	191.92	64.33
	全球	59 943	571.82	375.56
	比重/%	19.33	33.56	17.13
2018	沿线国家	11 814	110.30	69.71
	全球	59 867	560.89	412.27
	比重/%	19.73	19.66	16.91

数据来源：商务部服贸司。

3. 美欧日等主要出口市场总体保持稳定

2018年中国软件出口200多个国家与地区，前5位的国家和地区包括：美国、欧盟28国、中国香港、日本和韩国，占整个软件出口额的70.09%，其中欧盟、中国香港、日本、韩国、德国和印度均实现了两位数高速增长。

4. "一带一路"沿线成为中国软件出口最具发展潜力的区域

"一带一路"沿线诸多国家是信息技术产业的洼地，巨大的数字鸿沟和市场前景为我国软件出口带来了新的增长空间：第一，我国对沿线国家和地区出口增速高于同期整体增速。2012—2018年我国对全球软件出口执行金额从194.17亿美元增至412.27亿美元，合同数由52 683项增至59 867项，年均增速分别为16%和2%，同期对"一带一路"沿线国家出口执行金额由26.87亿美元增至69.71亿美元，合同数由8 724项增至11 814项，年均增速分别为22.71%和5%；第二，我国在沿线国家和地区执行金额低于同期全球平均水平。2012—2018年我国在沿线国家和地区接单量全球占比由16.56%提高至19.73%，执行金额全球占比由13.84%提高至16.91%。2018年我国软件出口全球单位合同规模69万美元，沿线国家和地区为59万美元，低于全球平均水平14个百分点；第三，我国对沿线国家和地区的软件出口主要集中在东南亚地区。2018年我国软件出口东南亚地区38.43亿美元，占比55%；其次是西亚和北非地区11.89亿美元、南亚地区10.42亿美元和独联体国家4.65亿美元，分别占17%、15%和7%。从具体国别分布看，执行金额前5位的国家分别是新加坡（23.06亿美元）、印度（8.11亿美元）、俄罗斯（3.34亿美元）、马来西亚（3.17亿美元）和印度尼西亚（2.90亿美元），以上5国占我国对沿线国家和地区出口额的58%，其中新加坡一国就占33%；第四，中国软件和互联网企业在沿线国家和地区的影响力越来越大,越来越多的中国软件企业将沿线国家和地区作为重点布局。国家信息中心发布的《"一带一路"大数据报告(2017)》显示,目前我国共有 5 家软件和互联网企业入围"一带一路"企业影响力排名前 50 名。金蝶集团、用友软件在新加坡建立了研发中心,金山在越南首发了英文版办公软件 KingSoft Office、360 和金山与泰国 Asiasoft 进行业务合作,微信、茄子快传已经在东南亚市场占据了绝对优势。中国的移动支付软件、打车软件以及跨境电商软件在中亚、东南亚市场的影响力也在迅速提升。

5. 东部沿海地区继续发挥主力军作用。

我国软件出口的区域分布没有发生明显变化,东部地区继续发挥主力作用。2018 年东部、西部、东北和中部地区出口执行金额占比分别为 88.21%、4.89%、3.50% 和 3.32%。执行金额在 10 亿美元以上的省市共计 8 个,分别是江苏、浙江、广东、上海、山东、北京、辽宁和四川。

在东部地区中,江苏、浙江和广东位列前三,执行金额分别为 128.15 亿美元、58.39 亿美元和 48.03 亿美元,同比增长 5.1%、13.7% 和 -6.3%。山东和福建增速最快,分别达 48.0% 和 47.1%,其中山东超过北京列第 5 位,福建超过天津列第 7 位。

中部 5 省出口规模列前 3 位的分别是江西、湖北和湖南,执行金额分别为 4.19 亿美元、4 亿美元和 3.84 亿美元,同比分别增长 38.8%、45.9% 和 7.9%。西部地区四川、陕西和重庆列前 3 位,执行金额分别为 13.74 亿美元、3.74 亿美元和 2.6 亿美元,同比增长 9.8%、5.4% 和 2.6%。四川和陕西主要依托成都和西安两个中国软件出口(创新)基地城市的产业集聚和引领作用。东北地区辽宁出口规模继续保持绝对领先优势,2018 年软件出口额 13.62 亿美元,增速 8.2%。吉林和黑龙江规模均不足亿美元,且出现了 18.4% 和 35.9% 的下滑。

(二)数字经济新生态促进软件出口转型升级

我国已经初步形成了数字经济主导的新产业生态体系,从而促进了创新体系发展、产业结构升级、治理体系优化,并对数字服务贸易具有重要影响。数字经济发展进一步促进了高速宽带、无缝覆盖、智能适配的新一代信息网络技术发展,为数字服务贸易提供了技术保障。同时,数字经济与实体经济的广度和深度融合,推动新业态和新模式的不断涌现。

1. 数字经济对软件出口拉动效应显著

2018 年软件出口前 10 位的省市与数字经济总量前 10 位的省市有 8 个重叠,具有明显的正相关性。从地区分布可以清晰看出自东向西梯次递减的态势,东部地区省市的数字经济发展和软件出口均表现较好,其中广东、江苏、上海、浙江 4 个省市的数字经济总量和软件出口总量居于前列,说明数字经济为软件产业发展提供了坚实的基础和丰富的融合应用场景。这些地区以 ICT 主导的产业结构和大力推进数字经济的政策导向都是拉动软件出口增长的重要因素。

2. 数字技术创新引领软件出口转型升级

第一,数字技术创新力度不断加大。2017 年我国数字经济 R&D 经费支出达 12 020.43 亿元,人均数字经济 R&D 经费支出达 864.73 元/人;其中软件和信息技术服务业研发投入达 5 622 亿元，研发投入占软件业务收入的比重为 10.2%。从创新产出看，2018 年我国共完成计算机软件著作权登记 1 104 839 件，同比增长 48%，登记数量迈上百万量级台阶。普华永道报告显示，2018 年全球创新 1 000 强企业中，中国排名前五位的分别为阿里、腾讯、百度、携程和京东，其中阿里研发支出达 36 亿美元，研发强度 14.4%，全球排名 45 位。

第二，原创能力由跟跑为主转向多领域并跑和领跑。近年来，我国在机器强化学习技术、人脸识别技术等领域取得重要突破，这两项技术入选《麻省理工科技评论》"2017 年全球十大突破性技术"榜单；2017 年 5 月世界首台光量子计算机在我国诞生，为人类在量子计算领域的进展打开了新的窗口。"神威·太湖之光"作为世界首台并行规模超过千万核、计算性能超每秒 10 亿亿次的超级计算机，已在众多科学及工程领域取得 100 多项应用成果，几乎涵盖了高性能研究的所有重要应用领域。在行业标准方面，移动通信代际升级实现了从"1G 空白、2G 跟随、3G 突破"到"4G 赶超、5G 引领"的重大跨越，使我国无线通信技术成为具有国际话语权和竞争力的高科技领域。

3. 数字经济快速推进软件行业融合应用新生态

第一，数据驱动软件行业发展动力变革。工业经济时代的标准化大规模生产主要依赖物质资本投入，而进入数字经济时代，数据成为新的动力。互联网、物联网、人工智能等技术让感知无处不在、连接无处不在、数据无处不在。在生产制造过程中，大量蕴含的隐性数据不断被采集、汇聚、加工，通过数据的流动，隐性知识得以显性化、自动化，能有效解决个性化定制生产带来的不确定性、多样性和复杂性问题。

第二，工业软件加速制造过程快速迭代。工业软件推动制造方式向实体制造与虚拟制造融合发展，实现研发、设计、仿真、试验、制造、服务在虚拟空间的仿真测试和生产，通过软件定义设计、产品、生产和管理等制造各环节，制造过程快速迭代、效率和质量显著提高，成本快速下降。

第三，平台推动分工方式由线性分工转向网络化协同。数字经济的产业分工协作模式以开放化平台为核心，一方面向下整合并开放硬件和开发资源，降低工业 App 的开发壁垒；另一方面不断汇聚工业企业，并撮合应用开发者和企业用户之间交互，构建一个网络化的分工协作生态，实现数据资源、制造资源、设计资源的高效利用。

（三）中国软件出口存在的主要问题

第一，软件出口企业面临的数字化转型任务艰巨。数字能力建设已经成为企业面临的主要挑战，绝大多数企业还没有适应数字经济快速发展的形势。埃森哲 2018 年发布的《中国企业数字转型指数》显示，在企业数字化转型进程中，仅有 7% 的企业突破业务转型困境成为"转型领军者"。

第二，软件出口的标准化体系和法律制度建设相对滞后。首先，面向工业软件、云计算、大数据、信息安全等领域的标准还比较欠缺，在软件和信息技术服务外包领域还没有建立标准化的系统平台。其次，与软件出口相关的法律制度尚不完善。目前涉及软件出口监管的规定散见于《对外贸易法》《海关法》《软件出口管理和统计办法》等不同的法律法规。随着中国软件创新能力不断提升，越来越多的自主知识产权软件产品需要保护。如加密软件及技术管制在各国出口管制条例中都有严格标准和申报程序，其中美国的《出口管制条例》（EAR）是最为复杂完善的法规之一。

第三,新一代信息技术对软件工程师的知识更新和专业转型提出了必然要求。据估算,未来的 20 年中约占总就业人口 76% 的劳动力会受到来自人工智能技术的冲击。人工智能的应用将取代低端编码人员,夺走一部分软件外包业务。因此,软件工程师需要加强新技能的学习,拓展国际化视野,向国际注册软件工程师发展。

此外,云服务成为数字贸易的关键基础设施。但海量存储的基础设施投入、"云平台"的异地存储和灾备、信息安全和知识产权保护等问题仍然突出。①

案例专栏

【案例 1】 万豪酒店集团发展战略

随着 1982 年半岛酒店正式管理北京建国饭店以来,国际酒店集团,诸如万豪、洲际、希尔顿、喜达屋、雅高等酒店,便不断进军中国市场,且日益壮大。截止到 2017 年 7 月,也确定筹建的国际酒店客房以突破三亿间,中国成为亚洲第一的酒店增量市场。在如此喜人的酒店业发展背后,却是国际酒店难以实现盈利的尴尬境地。2016 年全国 50 城国际酒店投资回报率显示,仅 19 个城市投资回报率为正,且仅 6 个城市静态回收期在 20 年之内。可以看到,国际酒店在中国的扩展之路也并非一帆风顺。

作为全球最著名的酒店管理公司之一,万豪国际集团自 1957 年问世至今,凭借出色的服务水准、先进的设施和技术以及优异的服务,赢得了公众的广泛赞誉和客户的高度信任。万豪集团近年来一直以其优良业绩居世界酒店集团之首,并多次被世界著名商界杂志和媒体评为酒店业内最杰出的公司。2016 年,万豪并购喜达屋酒店,成为全球最大的酒店集团。随着并购的完成,2017 年万豪国际酒店集团营业收入 228.94 亿美元,同比增长 34.1%,实现净利润 13.72 亿美元,同比增长 75.90%。截止到 2017 年,万豪国际酒店集团在全球开设酒店数达 6 520 家,客房数量超过 120 万间。然而,随着收购热潮退去的还有万豪的营业收入。2018 年万豪第二季度营收低于预期,致使其股价下跌 4%。尽管万豪已经采取了一系列,但效果显然不够。

万豪酒店集团专注美国国内市场,拥有多个精选酒店品牌,在亚太区覆盖率较低。而喜达屋偏重于海外市场,在亚洲布局完善,致力于生活方式品牌酒店。合并后其全球格局打开,加上万豪集团本身财务状况良好,资金充裕,为其加速拓展海外市场打下坚实基础。其次,万豪最大优势在于顾客管理体系。万豪有 5 400 万会员,喜达屋有 2 100 万会员,合并后万豪引以为傲的预订系统与喜达屋行业领先的 SPG 俱乐部,将使万豪拥有巨大的客户信息库。最后,万豪还有完善的服务体系、酒店类型覆盖面广、品牌优势强等特点。而喜达屋旗下的 W 酒店品牌亦备受市场青睐,强强联合,使得万豪酒店集团的优势突出。

万豪与喜达屋合并后会涉及双方整合资源、Sales force CRM 系统转换等问题,会削弱万豪针对会议和活动团队的销售能力。两个不同的企业文化、管理模式等也需时间来磨合、调整。而万豪酒店集团却仍想要实现酒店的快速扩张,导致酒店内部招聘和管理存在波动性,

---

① 王晓红,谢兰兰. 我国数字贸易与软件出口的发展及展望 [J]. 开放导报,2019 (5):19-28.

引发人才需求缺口大,酒店管理人才缺乏,难以满足市场需求的问题。快速扩张带来的又一问题是管理层制度的局限性,不同地域和国家的政策不一。万豪首创的连锁经营模式,前期确实有助于酒店集团的扩张,但这种连锁经营+标准化作业会使得酒店的创新受到极大的限制,本地化经验难度大。

政治和经济的稳定发展,为酒店业的发展奠定了牢固的基础。消费不断升级、观念转变的今天,消费大众享受生活,对品质的追求愈发明显。中高收入者对高档酒店的需求也在不断增加,中国酒店市场的巨大潜力正在释放。电子商务平台的建立和蓬勃发展无疑也助力了酒店业的发展。万豪拥有完善的酒店预订系统,如果能与互联网电商之间达成战略合作,无疑大大增加万豪在全球的市场占有率。当今社会是信息化竞争的时代,酒店之间的竞争其实质就是顾客信息资源的争夺战,因此大数据是决定酒店生存发展的关键因素之一。

国内本土高端酒店品牌的崛起给万豪的发展带来了不小的阻碍。《2017年度中国高端酒店市场大数据分析报告》显示,皇冠假日及喜来登的市场占有率相对领先,两个品牌均有5%的市场占有率,其次是锦江和金陵达到4%的市场占有率,且前十排名的酒店品牌中国产品牌占据6席,说明本土品牌也占据了高端酒店市场的半壁江山。而且,物价的上涨直接增加了酒店营业成本。国际酒店集团往往自视甚高,不肯降低运营价格,反观本土酒店品牌,在二十多年的打磨下,已形成完善科学的酒店管理经营体系,且价格低廉,因此更受市场和投资方青睐。此外,其他国际酒店集团的扩张压力也对万豪的发展形成威胁。如洲际酒店携手百度,打造酒店AI时代;希尔顿酒店与碧桂园酒店集团的战略合作等。[①]

思考题

1. 借助SWOT分析万豪酒店集团的优劣势及机会和挑战。
2. 尝试对万豪酒店集团的后续发展给出一些建议。

【案例2】 华为模式:中国特色的跨国公司治理及发展之路

华为公司之所以能够抵抗住美国特朗普政府动用世界第一超级大国的国家力量的极限施压与极限制裁,不仅不被美国的贸易战击垮,而且取得了令国人自豪、令美国竞争对手焦虑及害怕的企业经营及研究开发成就,一个重要原因在于华为公司探索出了一条具有中国特色的跨国公司治理及发展模式,本文称为华为模式。从新分布经济学及分布学派的视野看,中国特色的跨国公司治理及发展的华为模式具有如下五方面的显著特点:

第一,共享共治型的创新型的现代企业治理模式。华为公司作为中国一家优秀的民营高科技跨国公司,企业所有权主体、使用权主体、中间管理层主体、研究开发主体和基层产品线操作主体共同参与企业治理并共同享受企业治理成果,形成利益共享、风险共担、权责共治的现代企业治理模式,在实践基础上形成了创新型企业治理模式。这一企业治理模式的优点有三:一是企业所有权主体、使用权主体、中间管理层主体、研究开发主体和基层产品线的操作主体共同形成利益共同体和命运共同体,最大限度发挥企业全部员工的积极性和责任性;二是摆脱外部资本的操纵和控制,华为公司不是一家上市公司,可以有效避免上市公司中外部资本短缺盈利冲动对企业长远发展的不当影响和干预;三是形成企业共同应对危机与

---

① 吴霜. 国际酒店集团发展战略研究——以万豪酒店为例 [J]. 福建质量管理, 2019 (6).

挑战的团队合作精神和攻坚克难的企业文化，能够在激烈的全球化市场竞争中取得规模报酬递增优势。

第二，创业领袖群合作型企业管理模式。华为公司的创建、发展和壮大，离不开以任正非先生为核心的创业领袖群的卓越管理与分工合作，形成创业领袖群体合作型企业管理模式。创业领袖群之间的团结协作和分工合作，提高了企业管理效率，降低了企业管理中的沟通成本，在企业管理层中形成了利益共同体与命运共同体的核心基础，推动了企业发展壮大。这一企业管理模式优点有三：一是企业核心管理团队团结合作，具有强大的团队管理能力；二是企业管理团队之间分工合作，能够充分发挥各具特色的禀赋优势，取长补短，专业化优势与规模化优势相互整合为企业的核心管理竞争优势；三是在企业的不同发展阶段和不同发展领域培育梯队化的企业管理者和企业领袖，形成企业可持续发展的组织保障与制度基础。

第三，科技精英分工合作型团队化企业研发模式。华为公司作为一家从事高新技术开发与经营活动的跨国企业，研究开发与技术创新始终是企业竞争力的核心，如果不能够在研究开发与技术创新领域不断取得突破和创新，则不可能长期保持市场竞争力，更不可能持续发展壮大。科技精英之间分工合作，共同推进企业新技术研究与新产品开发，形成具有华为特色的科技精英合作型的团队化企业研发模式。该研发模式优点有五：一是科技精英成为企业持续发展的核心动力和核心竞争力；二是科技精英之间相互分工合作，形成专业化与规模化的高效研发能力；三是维护企业在前沿技术和未来技术研究领域的领先地位；四是排除短缺利益和非技术因素对企业长期核心竞争力的不断影响与制约；五是形成企业独特的研究开发与创新文化，推动企业持续创新和人类科技持续进步。

第四，全球化市场拓展模式。华为公司虽然是一家伴随着中国改革开放的步伐而不断发展壮大的本土民营企业，但其具有广阔的国际视野和全球眼光，在全球范围内布局企业发展，形成全球化市场拓展模式。其全球化市场拓展模式具有四个显著特点：一是向全球客户出售产品和服务，目标市场与客户资源的全球化；二是在全球范围内组织产品与服务的生产与提供，形成全球化的产品生产与服务提供的网络体系；三是企业提供的产品和服务具有全球化需要，能够满足全球各地各种类型客户的多样化、多元化和动态化的需要，即产品与服务范围的全球化；四是深度嵌入全球产业链、供应链与价值链体系，甚至成为全球新兴产业链、供应链与价值链的建构者、维护者与完善者。全球化市场拓展模式使得华为公司能够在全球范围内布局研究开发、生产与服务资源，形成全球化竞争领先优势，降低了单一市场依赖风险，提高了企业应对单一市场风险的能力，最为典型的便是当美国政府限制华为进入美国市场对华为公司的经营业绩影响有限，华为公司持续保持在全球市场的竞争力。

第五，理想型企业顶层目标管理模式。华为公司之所以能够不断发展壮大的另一个重要原因在于能够持续赢得国际社会大多数国家即客户的认可，这与该企业的顶层目标管理模式不无关系，该企业具有显著的理想型企业顶层目标管理模式。除了利润目标和市场目标，大型跨国企业还需要承担社会责任，具有远大理想，具有奉献精神，关心人类文明进步。理想型企业顶层目标管理模式具有三个突出特点：一是除了市场和利润目标，企业还勇于承担社会责任，追求公平正义目标；二是遵守市场伦理规则，反对通过市场垄断和不断竞争取代不当利益和市场竞争优势；三是通过企业的社会经济活动引领人类科技发展与文明进步。企业顶层管理目标需要契合人类文明进步与公平正义理想，才能够持续赢得最广大的客户资源和社会大多数成员的尊重。

可见,华为公司作为中国优秀跨国高技术公司的代表,其治理模式和发展之路具有显著的中国印记和中国特色,能够为其他国家特别是新兴大国和广大发展中国家的跨国公司发展提供可资借鉴的经验。从华为公司的治理与发展之路,可以了解和认识中国改革开放以来的大多数成功跨国公司成长与发展的原因及路径,也是中国社会经济发展模式在企业层面的典型表现及标志。①

思考题

1. 简要分析华为治理模式和发展之路的显著特征。
2. 尝试对华为后续的发展提供一些建议。

【案例3】 中软国际BPO中心的战略管理

中软国际成立于2000年,是中国大型综合性软件与信息服务企业,提供从咨询、解决方案、外包服务到人才培养的"端到端"软件及信息服务,涉及政府、制造、金融、电信、高科技、交通、能源等主要信息技术垂直行业。中软国际BPO业务中心,前身为大连信华信息技术有限公司,成立于1992年,2008年被并购进入中软国际,主要从事对日本的业务流程外包、数据处理、图形图像处理、CAD设计业务,是大连最早的BPO公司,在业界有较高的声誉,在大连本地有员工近千人。

BPO中心的市场销售中心设立在日本东京,根据业务性质划分下设BPO、EPO两大业务单元,业务单元下设交付部,同时设有销售部、人力资源部、财务部、行政部、运营管理部、IT运维部六个职能部门。在生产管理上,由各交付部负责人予以安排,各部门协同合作。BPO中心各级业务管理人员大多是从基层发展起来的技术骨干,对公司的业务非常了解,凭借多年积累下来的管理经验开展业务管理。公司的基层业务人员多来自大中专院校毕业生。BPO事业部主要开展对日数据处理、流程外包、桌面排版印刷业务,下设数据处理部、分析制作部、图形处理部三个交付部;EPO事业部主要从事建筑、工程、桥梁、船舶领域CAD设计、CAD生产设计业务,下设建筑设计部、工程设计部、机械设计部三个交付部;同时设有销售部、人力资源部、财务部、行政部、运营管理部、IT运维部六个职能部门。

中软国际集团公司非常重视企业的战略管理,每年召开战略会议,分析探讨公司战略发展方向,并组织各业务线编制战略规划,指导业务发展实施。按照集团的管理模式,BPO中心也开始深入分析企业的环境和竞争态势。

(1) 行业分析。

管理层对公司所在的行业进行了分析。由于BPO行业是较为新兴的行业,市场并不够大,专业的市场研究及咨询机构对BPO行业的分析很少,能够参考的资料非常少,大家只能靠自己的分析。管理层回顾了公司从1992年成立至今行业的变化。结合目前各业务的市场增长率、盈利情况、客户需求情况、行业竞争情况及技术的成熟程度对行业所处的周期进行了定位。管理层认为目前BPO行业正处于成长期,行业的市场增长率高,客户需求高速

---

① 保建云. 中国跨国公司崛起、华为模式与世界格局演化 [J]. 人民论坛, 2019 (34).

增长，并有众多竞争者进入，竞争开始激烈，技术渐趋定型。其中，公司的一个主要业务——数据处理业务，已经开始逐步进入成熟期，市场增长率低，赢得市场份额非常困难；技术成熟，竞争非常激烈，已经开始了价格战，盈利能力下降。

通过对现有BPO企业的人员发展情况分析得出，对日BPO行业集中度不高，还没有超大规模企业出现，市场分散在各个中小型公司中。未来的市场份额将向大企业集中，形成较高的集中度。BPO行业集中度的上升将给公司带来更多的发展机会。

(2) 五力分析。

管理层针对目前公司面临的竞争展开了五力分析。管理层认为，企业面临的现有企业的竞争程度比较高，竞争日渐激烈，出现几家有优势的企业竞标大规模业务；小规模业务在众多中小业务中展开竞争。潜在进入者有一定的障碍，需要行业经验启动培训期大概为半年。替代服务的威胁比较低，基本没有替代性服务。外包商讨价能力较低，目前基本可以指导外包商的价格，并通过长期合作控制价格。与客户讨价能力适中，但是大项目客户可以主导价格。

(3) 竞争对手分析。

管理层组织了一次对大连市主要竞争对手的资料查找，对主要的竞争对手展开了分析，并由管理层对竞争对手进行了评价。从BPO业务的投标对手来看，直接的竞争主要集中在同大连益德穿梭、大连亿达信息技术、沈阳O.RID等公司，经常会在投标中与这两家公司竞争。在EPO方面，同DaNIS、大宇宙公司都有共同的客户。另外，海辉、华信、现代这些以对日ITO业务为主的公司，也将触角发展到BPO领域，形成了竞争。同时，行业内也有简柏特、埃森哲这种国际大公司从事中高端BPO业务。

管理层选取了价格、质量、管理成熟度、市场开拓能力、客户满意度、持续发展力、人才新引力、行业口碑8个指标，与主要竞争对手进行了评分对比，通过综合评价，管理层认为目前在6家主要竞争对手中出于较具有竞争力的位势，但仍有很大的提升空间。

(4) 客户需求分析。

价格一直以来都是所有客户最为关心的，低价高质是客户的基本需求。近几年来，随着中国经济的发展，中国市场被广大日本公司看好，能够找到合适的中国公司，扶助其开拓中国市场，日益成为客户选择合作伙伴的重要条件之一。同时，很多公司都喜欢和具有一定规模的公司合作，因为只有这样的公司，才能够灵活对应他们的需求，及时对应不断变化的需求。为了更好地移转业务，追求全方位的解决方案也逐渐成为客户的需求。①

思考题

简要总结一下中软国际BPO中心的战略管理经验。

---

① 王平平. 中软国际BPO中心战略管理案例研究 [D]. 大连：大连理工大学，2013.

第 7 章
世界服务贸易的发展

> 🎯 **学习目标**
>
> 从全球视角了解国际服务贸易的发展情况;
> 理解发达国家与发展中国家在服务贸易相关产业上的客观差距与政策措施;
> 重点关注中国服务贸易的发展现状、比较优势、存在问题及对策思路。

7.1 世界服务贸易的发展概述

随着区域经济一体化的不断加强,世界经济发展呈现出两大趋势:全球多边贸易体制推动下的多边贸易自由化不断深化,以优惠性的贸易协议或安排为支撑的区域经济一体化发展迅猛。世界经济结构调整,服务产业迅速发展;在国际货物贸易和国际投资高速增长的带动下,服务业及服务贸易日趋国际化,并在国际贸易中居于重要地位,服务贸易自由化逐渐成为关注点。

7.1.1 世界服务贸易的发展现状

"服务贸易"一词最早出现在1971年经济合作与发展组织的一份报告中,这份报告探讨了即将进行的关贸总协定东京回合谈判所要涉及的问题。美国《1974年贸易法》首次使用了"世界服务贸易"的概念。作为国际贸易的重要组成部分,服务贸易在一国的经济活动中占据着越来越重要的位置,已日益成为一国产业结构调整和支柱产业战略替代的工具。根据2002年联合国等6个国际组织发布的《国际服务贸易统计手册》界定的范围,国际服务贸易包括居民与非居民之间的服务贸易以及通过外国附属机构和自然人流动实现的服务贸易。贸易一方向另一方提供服务并获得收入的过程称为服务出口或服务输出,购买他人服务称为服务进口或服务输入。

总体来说,世界服务贸易的发展具有以下几个特点。

1. 科技革命和专业化程度提高,促使服务贸易加速发展

自20世纪60年代以来,国际服务贸易开始加速发展。1979年,全球服务贸易以24%的增长速度首次超过了增幅为21.7%的货物贸易。20世纪80年代以来,为了应对全球市场竞争,跨国公司不断调整资源配置和公司经营战略,按照成本和收益原则剥离非核心的后勤与生产服务业务，再加上技术的飞速发展，大大增强了服务的可贸易性，服务贸易增长异军突起，服务产品的生产也成为国际投资的重要领域。1980—2017 年，全球服务贸易出口总值已经从 3 600 亿美元扩大到 133 000 亿美元，期间增长了近 37 倍。

推动这一发展的两个基本因素，是服务外包和可贸易性的提高。前者主要是专业化、社会分工深化，推动制度安排的调整，进而产生了巨大的需求；后者主要是科学技术的作用，尤其是信息技术的导入，进而产生了巨大的供给。

2. 服务贸易结构进一步优化，技术、知识密集化趋势日益明显

在过去的 10 多年中，许多新兴服务行业从制造业中分离出来，形成了独立的服务经营行业，其中技术、信息、知识密集型服务行业发展最快，其他如金融、运输、管理咨询等服务行业，由于运用了先进的技术手段，也在全世界范围内迅速发展，以高新技术为核心的服务业已成为服务贸易发展的推动器。相应地，服务贸易在交易内容日趋扩大、服务品种不断增加的同时，其结构和竞争格局也发生了很大变化，主要表现在：资本密集型、知识密集型服务贸易发展迅速，居服务贸易的主导地位，而传统服务贸易总体份额趋于下降。世界服务贸易正逐渐由传统的以自然资源或劳动密集型为基础的服务贸易，转向以知识、智力密集型或资本密集型为基础的现代服务贸易。在世界服务贸易的构成中，1970 年，国际运输服务贸易占 38.5%，国际旅游占 28.2%，其他服务占 30.8%。经过 40 多年的发展，这种结构有所变化。到 2015 年止，国际运输服务的比重下降到 22.0%，国际旅游的比重下降到 26.1%，其他服务的比重则上升至 51.9%。这里的其他服务包括通信、建筑、计算机和信息、保险、金融、专有权利使用费和特许费，其他商业服务，个人、文化和休闲服务，政府服务等可统计项目。这些资本密集型、技术密集型或知识密集型的服务部门，在技术创新、制度创新的持续推动下，增长速度很快，远远超过在服务贸易中一直占比重较大的运输服务和旅游服务的增长，在世界服务贸易中扮演着越来越重要的角色。

3. 发达国家在服务贸易中占主导地位，发展中国家地位不断上升

从服务贸易地区构成看，呈现出明显的不平衡性，世界服务贸易集中在欧洲、北美和东亚的中、印、日三国及"四小龙" 2015 年，三大地区服务贸易总额合占世界服务贸易总额的 80.9%，其中欧洲是服务贸易量最大的地区，占 46.0%。

从国别构成看，发达国家占据国际服务贸易的绝对主导地位，占全球服务进出口总额的 75% 以上，其中，美、英、德三国就占了全球服务贸易总额的 30% 左右。1991 年以来，中国、印度和拉美一些新兴发展中国家服务贸易增长率都超过 10%，增长速度高于北美和西欧发达国家。其中，中国、印度是新兴发展中国家的领军者，自 2011 年起加入了全球服务贸易十强的行列。但与发达国家相比，在服务贸易整体规模方面还有相当大的差距。

从行业分布来看，发达国家和发展中国家在服务贸易的产业结构上仍存在较大的差异性。发达国家凭借其技术与经济实力、制度优势在知识、技术与资本密集型服务贸易中占有绝对的竞争优势，出口的大多是资本密集、技术密集、知识密集的金融、保险、通信、信息、专利许可、咨询、法律、广告等服务；发展中国家则总体在服务贸易结构上存在明显劣势，只是在劳动密集、自然资源密集的传统服务部门具有一定的竞争力，如旅游业、运输业、劳务输出等，而在银行、保险、通信服务、咨询等与科技发展结合紧密的部门则处于明显的劣势地位。这主要是由于发展中国家经济发展水平有限，配套的基础设施缺乏以及法律、知识产权等制度不完善造成的。

4. 全球外国直接投资重点转向服务业，商业存在实现的服务贸易规模扩大

20世纪90年代以来，全球跨国并购由传统制造业向服务业集中的趋势也不断增强。以全球服务业跨国并购出售额为例，1991年全球服务业并购出售额为432亿美元，随后逐年持续增加，2000年全球服务业并购出售额高达8 423亿美元，2001—2003年全球服务业并购出售额有所下降，从2001年的3 685亿美元下降到2003年的1 620亿美元。2004年与2005年又开始回升，分别为2 404亿美元和3 792亿美元。如果从全球服务业并购出售额占全球并购额的比重看，1991—1995年全球服务业并购出售额占全球并购额的比重为46.2%，1996—2000年上升到63%，2001—2003年转变为59.3%，但在1987—2003年，全球服务业跨国并购出售额占全球并购额的比例年均高达58%，2004年、2005年该比重分别为63%和56%。2016年，全球跨境并购投资流向最大的行业是服务业，并购额达4 647亿美元，占比53.5%，主要集中在金融、商业服务、运储、信息等领域。在制造业领域，一些快速成长的行业，如生命科学、农业食品、新材料、能源以及环境产品也成为并购的热点。数字经济相关的行业远高于其他行业跨国公司的成长速度，依然是最具吸引力的投资产业之一。

5. 服务贸易全球化、自由化与贸易壁垒并存

各国产业结构的升级，必将不断推动服务贸易的发展，服务贸易的全球化、自由化是长期趋势。由于服务贸易的发展空间和盈利空间都很大，所以，在服务业具有较强垄断竞争力或相对竞争力的国家和地区，会通过世界贸易组织和区域性贸易组织，积极推动服务贸易的自由化和全球化。但是，与此同时，开放服务市场，意味着大量要素的跨国流动。一些敏感性领域，如金融、保险、通信以及航空运输等，往往关系到服务贸易输入国的主权和安全，各国必然对相应的服务进口进行限制。由于各国经济发展水平与阶段的不同，在国际分工中处于不同的地位，它们从服务贸易的自由化和全球化中获取的利益是不对等的。为保护国内某些弱势服务产业，国际竞争力较弱的国家往往对本国服务市场开放施加诸多限制，例如，服务产品移动壁垒、资本移动壁垒、人员流动壁垒和商业存在壁垒。

近年来，在多边贸易体制的推动下，国际服务贸易壁垒有所降低。发达国家在服务贸易许多项目中都具有绝对或相对优势，率先削减了本国服务贸易壁垒。与此同时，发达国家对发展中国家也提出了更多的降低服务贸易壁垒的要求，主要是要求取消对外资开放的限制，推进市场自由化。新兴国家则向发达国家提出了开放劳动力市场的要求。

由于每个WTO成员服务贸易市场的开放均是以其在服务贸易减让表中的具体承诺为基础的，因此其开放程度并不一致。即便是在承诺开放的服务部门，也可能存在经谈判达成的各种准入、经营条件等方面的限制。在实践中，一些国家的准入条件缺乏透明度，或制定繁杂的审批条件和程序，或对服务供应商服务经营设置各种形式的限制，这些壁垒措施隐蔽性强、涉及面广，预计服务贸易壁垒的隐蔽化趋势将继续存在。

7.1.2 世界服务贸易的发展趋势

1. 全球服务贸易持续快速增长

20世纪60年代以来，全球产业结构加快调整，经济全球化迅猛发展，有力地推动了全球服务业的发展，服务业在世界经济中的地位持续攀升。1990年，全球服务业占全球GDP的比重突破60%，标志着全球服务型经济格局的形成。2007年世界高收入国家服务业增加值占GDP的比重超过70%，中等收入国家的这一比重为59.3%。

伴随服务型经济的发展，全球经济竞争的重点正从货物贸易转向服务贸易。20 世纪 70 年代，世界服务贸易出口与货物贸易出口均保持快速增长且大体持平，年均增长 17.8%。进入 20 世纪 80 年代，世界服务贸易出口平均增速开始高于货物贸易，20 世纪 80 年代后期年均增长 10% 以上。到了 20 世纪 90 年代，服务贸易平均增速呈波动下降趋势，约为 6%，恢复到与货物贸易基本持平的状态。期间乌拉圭回合《服务贸易总协定》于 1994 年最终签署，成为世界服务贸易全球化发展的标志。跨入 21 世纪后，世界服务贸易出口进入稳定增长期，增幅逐渐回升，2004 年首次突破 2 万亿美元。这一期间世界服务贸易平均增速略低于货物贸易。2007 年全球服务贸易进出口总额比 2006 年增加了 10 009 亿美元。2015 年全球服务贸易进出口总额为 9.3 万亿美元，从 1990 年算起，年均增长率为 7.28%。

未来几年世界服务贸易将继续保持快速增长。其主要推动因素包括：世界经济继续稳定增长；世界产业结构升级继续驱动服务贸易快速发展，国际产业转移的速度与规模也将继续扩大，转移重心加速由制造业向服务业转移，其中金融、保险、旅游和咨询等服务业和信息、电子产业等技术密集型产业则是产业国际转移的重点领域；货物贸易保持增长趋势，直接拉动与其密切相关的运输、保险等服务贸易部门贸易量的快速增长；国际投资倾向于服务业，为服务贸易的发展提供了强劲动力。另外，科技的发展、服务外包等新的贸易方式的兴起，全球及区域服务贸易壁垒的逐渐削减也将为世界服务贸易的发展做出贡献。

2. 服务贸易结构调整加快

20 世纪 80 年代以来，世界服务贸易结构发生了很大变化。世界服务贸易结构逐渐向新兴服务贸易部门倾斜，以通信、计算机和信息服务、金融、保险、专有权利使用和特许为代表的其他服务类型占比从 1990 年的 37.5% 逐步增长到 2007 年的 50.7%。旅游、运输等传统服务贸易部门保持稳定增长，但所占比重下降。1990—2015 年，运输服务贸易占世界服务贸易的比重从 28.6% 下降到 22.0%，旅游服务贸易占比从 33.9% 下降到 26.1%。

近年来，全球信息技术革命的不断发展增强了服务活动及其过程的可贸易性，通信、计算机和信息服务、咨询等新兴服务行业不断扩张。同时，与近年来出现的大型呼叫中心、数据库服务、远程财务处理等一样，新的服务贸易业务逐渐衍生出来。世界服务贸易正逐渐由以自然资源或劳动密集型为基础的传统服务贸易转向以知识、技术密集型为基础的现代服务贸易。国际服务贸易竞争的重点将集中于新兴服务行业，以电子信息技术为主和以高级科技为先导的一系列新兴服务将成为未来各国国民经济发展的主要支柱和强大动力。

3. 服务贸易地区格局不平衡性继续存在

由于当代世界各国经济和服务业发展严重不平衡，各国的对外服务贸易水平及在国际服务市场上的竞争实力悬殊，与国际货物贸易领域相比，全球各国和各地区服务贸易发展的不对称性更加突出。近年来，虽然发展中国家在世界服务贸易中的地位趋于上升，但发达国家仍占主导地位。

从服务贸易出口总量看，美国、英国等发达国家在世界服务贸易中占据主导地位。2015 年，世界经济和贸易仍处于深刻调整和变革之中，在转型中延续了低速增长态势。世界贸易组织（WTO）最新发布的统计数据显示，在货物贸易总额下滑的背景之下，服务贸易依旧保持了稳步增长。2015 年，世界服务出口 47 540 亿美元；服务进口 46 117 亿美元。2015 年，美国、德国、中国、英国、法国依然稳居世界服务进出口前五位。美国排名居首，服务进出口总额 11 529 亿美元，继续以较大优势领先；德国、中国、英国和法国服务进出口总额分别为 5 368 亿美元、7 548 亿美元、5 528 亿美元和 4 679 亿美元。荷兰服务进出口总额 3 352 亿美元，排名第六。目前，广大发展中国家已经充分意识到抓住新一轮国际产业转移对本国经济发展的重要性，并开始利用比较优势大力发展服务业和服务贸易。发展中国家除在劳务输出、建筑工程承包、旅游等传统服务贸易中继续保持一定优势外，在通信、计算机和信息服务方面也在加大投入，发掘区位优势、人力资源优势和政策优势，积极承接发达国家的外包业务。从世界范围来看，发展中国家的服务贸易出口竞争力正在增强。

4. 服务外包成为新的服务贸易形式

近年来，随着跨国公司的战略调整以及系统、网络、存储等信息技术的迅猛发展，由业务流程外包（BPO）和信息技术外包（ITO）组成的服务外包正逐渐成为服务贸易的重要形式，给世界经济注入了新的活力。世界发达国家和地区是主要服务外包输出地，在全球外包支出中，美国占了约 2/3，欧盟和日本占近 1/3，其他国家所占比例较小。发展中国家是主要的服务外包业务承接地，其中亚洲是承接外包业务最多的地区，约占全球外包业务的 45%。目前，印度是亚洲的外包中心，墨西哥是北美的外包中心，东欧和爱尔兰是欧洲的外包中心，中国、菲律宾、巴西、俄罗斯等国家已经逐步成为区域性或全球性服务外包中心。

服务外包市场规模将迅速扩大。通用电气（GE）就曾提出，公司外包业务的 70% 将采用离岸模式。部分跨国公司已经在扩大外包业务范围。这表明跨国公司的经营理念将进一步发生变革，非核心业务的离岸外包将成为大的趋势。在世界最大的 1 000 家公司中，大约 70% 的企业尚未向低成本国家外包任何商务流程，服务外包市场潜力巨大。同时，世界服务外包的规模将继续扩大。

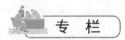

服务外包是指企业将价值链中原本由自身提供的具有基础性的、共性的、非核心的 IT 业务和基于 IT 的业务流程剥离出来后，外包给企业外部专业服务提供商来完成的经济活动。因此，服务外包应该是基于信息网络技术的，其服务性工作（包括业务和业务流程）通过计算机操作完成，并采用现代通信手段进行交付，使企业通过重组价值链、优化资源配置，降低了成本并增强了企业核心竞争力。

5. 商业存在成为服务贸易的主要方式

按照 WTO 的定义，服务贸易四种供应模式中的过境交付、境外消费和自然人流动的贸易额通过国际收支平衡表统计反映出来，而商业存在模式则是通过国外分支机构服务贸易（FATS）统计反映出来的，而目前仅有少数国家（美国等 OECD 国家）能够实现 FATS 统计。

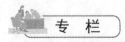

基于两种主要国际服务贸易（一是前 GATS 阶段，一是后 GATS 阶段），对应的主要有两种国际服务贸易统计体系：一种是 BOP 统计，另一种是 FATS 统计。基于 GATS 扩大了的国际服务贸易外延，区分出了四种模式，FATS 统计能够很好地统计这部分国际服务贸易，做到不遗漏。它分为内向 FATS 和外向 FATS（也称进口 FATS 和出口 FATS）。前者指在本国的外国附属机构对本国提供的服务贸易，后者指在外国的本国附属机构向该外国提供的服务贸易。总体来说，BOP 和 FATS 两种主要的国际服务贸易统计基本上覆盖了现在人们对国际服务贸易的认识范围。

由于服务产品的无形性、不可存储性，在消费国内部通过商业存在服务，有利于服务提供者的批量生产，取得规模效益，降低成本和价格。因此，随着经济全球化进程的加速，世界范围的产业结构调整和转移进一步升级，跨国直接投资以高于世界经济和货物贸易的速度增长。从 20 世纪 70 年代开始，由外国直接投资产生的，通过外国商业存在所实现的国际服务贸易规模迅速扩大，在一些发达国家已经超过了跨境方式的服务贸易。20 世纪 90 年代以来，全球 FDI 总额的一半以上流向了服务业。在全球 FDI 的资金部门流向及存量中，金融、基础设施等服务业所占的比例在增加。相比之下，制造业所占比例在继续下降。在 20 世纪 90 年代初期，服务业在全球 FDI 流入存量中的比例为 49%，而到 2006 年则上升到 62%。发生在服务业的跨国并购活动远比其他领域活跃。金融、保险、旅游和咨询等服务也是国际产业转移的重点领域。从进口方面看，美国境内的外国附属机构服务贸易规模在 1990 年起就已经开始超过跨境服务贸易规模；从出口方面看，美国海外服务机构服务贸易规模从 1996 年开始超过跨境服务贸易规模。1995 年，美国通过商业存在方式实现的服务贸易内外向总规模首次超过跨境贸易。2005 年，美国公司海外附属机构所从事的服务产品销售额达到 5 280 亿美元，而根据当年美国的国际收支平衡表，所记录的服务出口只有 3 530 亿美元。因此，美国仅通过"商业存在"发生的服务贸易额大约是国际收支平衡表所反映贸易额的 1.5 倍。

6. 发展服务贸易越来越成为各国关注的焦点

随着世界新一轮产业机构的调整和贸易自由化进程的继续推进，服务业和服务贸易在各国经济中的地位还将不断上升，服务贸易发展整体趋于活跃。世界各国纷纷制定加快发展服务贸易的战略。欧美等经济发达国家利用其服务贸易发展水平领先的优势，通过各种多双边的谈判要求世界各国开放服务贸易市场，以此来扩大服务贸易的出口。在世界 WTO 新一轮谈判以及区域性经济合作的谈判中，服务贸易都成为主要议题。世界服务贸易领域的利益格局将在各方博弈中重新形成。各国为顺应这一趋势不断调整国内经济政策。一方面积极推动服务贸易的自由化，率先削减本国服务贸易壁垒；另一方面，国际服务贸易的保护程度实际上也在变相提高。在内在需求和外来推动的双重因素下，如何加快发展服务贸易、增强服务贸易竞争力必将成为各国长期关注的焦点。

7.2 发达国家服务贸易的发展

从服务贸易进出口总额的角度而言，迄今为止，西方发达国家在世界服务贸易中的支配地位相对稳定。

7.2.1 发达国家服务贸易的发展现状及展望

自 20 世纪 70 年代以来，世界服务贸易额排在前 10 位的基本上都是发达国家和地区。例如，1996 年，在全球近 200 个国家和地区中，在服务贸易排名中位居前 25 名的国家（地区）的服务贸易额高达总额的 80%。而该年服务贸易出口排在世界前 10 位的国家和地区，除了中国香港地区外,其他都是发达国家,发达国家和地区服务出口额占世界总额的56.8%。其中,排在第1位的美国占世界总额的16.2%。欧盟合计服务贸易出口额占世界总额的42.16%。到了21世纪初这一趋势并没有发生多大变化。2018年,在全球近200个国家和地区中,世界服务贸易额排名中位居前5名的国家和地区仍然集中在发达国家,发达国家依然是国际服务贸易的主体(表7-1),仅有中国1个发展中国家跻身于服务出口的第5位,约占世界服务出口总额的4.59%。其余5个发达国家的服务出口额约占世界服务出口总额的35.32%,中国服务贸易出口额仅占同期美国出口额的32.8%;同样在服务贸易前6大进口国中,也仅有中国属于发展中国家,位居第2位,其余5个发达国家的服务进口额约占世界服务贸易进口总额的29.18%,中国服务贸易进口额占同期美国进口额的97.1%。

表7-1　2018年世界服务贸易进出口情况表　　　　　　　　亿美元

排名	国家（地区）	总额		出口		进口	
		金额	比重/%	金额	增长率/%	金额	增长率/%
一	全球						
	世界	112 549		57 697	7.69	54 852	7.38
二	前六位国家						
1	美国	13 445	11.95	8 082	3.83	5 362	3.04
2	中国	7 857	6.98	2 651	17.09	5 206	12.17
3	德国	6 753	6.00	3 256	7.32	3 497	6.19
4	英国	6 023	5.35	3 727	5.55	2 295	10.87
5	法国	5 478	4.87	2 910	6.20	2 568	4.69
6	荷兰	4 691	4.17	2 405	11.45	2 285	10.87
三	其他亚洲国家和地区						
1	日本	3 853	3.42	1 873	3.14	1 980	3.77
2	印度	3 799	3.38	2 045	10.72	1 755	13.96
3	新加坡	3 704	3.29	1 837	6.62	1 867	2.98
4	韩国	2 182	1.94	954	10.29	1 228	2.08
5	中国香港	1 952	1.73	1 139	9.31	813	4.90
6	马来西亚	838	0.74	396	7.03	443	5.48
7	土耳其	700	0.62	481	10.83	219	-3.52

资料来源:http://data.mofcom.gov.cn/fwmy/worldar.shtml。

通过对历年服务贸易进出口额排名的比较(表7-2~表7-9),不难发现美国始终占据世界服务贸易领先发展的地位。

表 7-2　2011 年世界服务贸易进出口额前十位排名　　　　　十亿美元

排名	国家	出口额	排名	国家	进口额
1	美国	578	1	美国	391
2	英国	274	2	德国	284
3	德国	253	3	中国	237
4	中国	182	4	英国	171
5	法国	161	5	日本	165
6	印度	148	6	法国	141
7	日本	143	7	印度	130
8	西班牙	141	8	荷兰	118
9	荷兰	128	9	意大利	115
10	新加坡	125	10	爱尔兰	113

表 7-3　2012 年世界服务贸易进出口额前十位排名　　　　　十亿美元

排名	国家	出口额	排名	国家	进口额
1	美国	628	1	美国	425
2	英国	228	2	德国	285
3	德国	255	3	中国	280
4	法国	208	4	英国	176
5	中国	191	5	日本	174
6	印度	148	6	法国	171
7	日本	140	7	印度	125
8	西班牙	140	8	新加坡	117
9	新加坡	133	9	荷兰	115
10	荷兰	126	10	爱尔兰	110

表 7-4　2013 年世界服务贸易进出口额前十位排名　　　　　十亿美元

排名	国家（地区）	出口额	排名	国家（地区）	进口额
1	美国	662	1	美国	436
2	英国	290	2	中国	329
3	德国	287	3	德国	315
4	法国	233	4	法国	188
5	中国	210	5	英国	173
6	印度	153	6	日本	161
7	西班牙	144	7	印度	127
8	日本	144	8	俄罗斯	123
9	荷兰	142	9	新加坡	122
10	中国香港地区	135	10	荷兰	121

表 7-5　2014 年世界服务贸易进出口额前十位排名　　　十亿美元

排名	国家（地区）	出口额	排名	国家（地区）	进口额
1	美国	686	1	美国	454
2	英国	329	2	中国	382
3	德国	267	3	德国	327
4	法国	263	4	法国	244
5	中国	222	5	日本	190
6	日本	158	6	英国	189
7	荷兰	156	7	荷兰	165
8	印度	154	8	爱尔兰	142
9	西班牙	135	9	新加坡	130
10	爱尔兰	133	10	印度	124

表 7-6　2015 年世界服务贸易进出口额前十位排名　　　十亿美元

排名	国家（地区）	出口额	排名	国家（地区）	进口额
1	美国	690	1	美国	469
2	英国	345	2	中国	466
3	中国	288	3	德国	289
4	德国	247	4	法国	228
5	法国	239	5	英国	207
6	荷兰	178	6	日本	173
7	日本	157	7	荷兰	157
8	印度	155	8	新加坡	143
9	新加坡	139	9	爱尔兰	142
10	爱尔兰	133	10	印度	122

表 7-7　2016 年世界服务贸易进出口额前十位排名　　　十亿美元

排名	国家（地区）	出口额	排名	国家（地区）	进口额
1	美国	733	1	美国	483
2	英国	328	2	中国	449
3	德国	276	3	德国	303
4	法国	235	4	法国	235
5	中国	208	5	英国	202
6	荷兰	187	6	荷兰	184
7	日本	169	7	日本	182
8	印度	161	8	新加坡	162
9	新加坡	158	9	印度	133
10	西班牙	126	10	韩国	111

表 7-8　2017 年世界服务贸易进出口额前十位排名　　　　十亿美元

排名	国家（地区）	出口额	排名	国家（地区）	进口额
1	美国	778	1	美国	520
2	英国	353	2	中国	464
3	德国	303	3	德国	329
4	法国	274	4	法国	245
5	中国	226	5	英国	207
6	荷兰	216	6	荷兰	206
7	印度	185	7	日本	191
8	日本	182	8	新加坡	181
9	新加坡	172	9	印度	154
10	西班牙	138	10	韩国	120

表 7-9　2018 年世界服务贸易进出口额前十位排名　　　　十亿美元

排名	国家（地区）	出口额	排名	国家（地区）	进口额
1	美国	808	1	美国	536
2	英国	373	2	中国	521
3	德国	326	3	德国	350
4	法国	291	4	法国	257
5	中国	265	5	英国	230
6	荷兰	241	6	荷兰	229
7	印度	205	7	日本	198
8	日本	187	8	新加坡	187
9	新加坡	184	9	印度	176
10	西班牙	149	10	意大利	123

资料来源：根据国家统计局国际年鉴整理计算。

2018 年，世界服务贸易出口排名前五位的国家依次为美国、英国、德国、法国和中国，其出口额分别为 8 080 亿美元、3 730 亿美元、3 260 亿美元、2 910 亿美元和 2 650 亿美元，占世界服务出口总额的比重分别为 14.0%、6.5%、5.6%、5.0% 和 4.6%。前五位国家的出口额之和占世界服务贸易出口总额的比重为 37.9%。

2018 年，世界服务贸易进口排名前五位的国家依次为美国、中国、德国、法国和英国，其进口额分别为 5 360 亿美元、5 210 亿美元、3 500 亿美元、2 570 亿美元和 2 300 亿美元，占世界服务进口总额的比重分别为 9.8%、9.5%、6.4%、4.7% 和 4.2%。前五位国家的进口额之和占世界服务贸易进口总额的比重为 34%。

回顾 2018 年，全球服务贸易进出口额的增速均超过 7%，全球经济状况较好，世界经济低增长、高风险的态势有了根本改变。其中，发达国家增长动力较好，以中国、印度为首的发展中国家增长动力强劲。在以美国为首的发达经济体和以中国引领的新兴经济体的共同牵引下，世界经济温和增长趋势将得以持续。

专　栏

世界贸易组织第九届部长级会议2013年12月7日在印度尼西亚巴厘岛闭幕。会议发表《巴厘部长宣言》，达成"巴厘一揽子协定"，实现了世贸组织成立18年来多边谈判的"零突破"。"巴厘一揽子协定"也被称为多哈回合谈判的"早期收获"，包括10份文件，内容涵盖了简化海关及口岸通关程序、允许发展中国家在粮食安全问题上具有更多选择权、协助最不发达国家发展贸易等内容，是世贸组织成立以来首份多边贸易协定，是首个全球贸易协定，是具有历史意义的成果，各方实现了看似难以达成的目标。"巴厘一揽子协定"并非终结，它是完成多哈发展议程的重要基石。

一国服务贸易的发展程度不仅影响着该国服务贸易的增长速度，还影响着该国服务贸易的进出口差额。表7-10显示了部分发达国家自2010年以来的服务贸易差额的情况。美国的服务贸易始终保持着高额顺差，而日本与德国的服务贸易却是高额逆差。这在一定程度上反映了美国和日本、德国在服务产业结构和发展水平方面的差异，美国服务业和服务贸易较日本和德国更发达。英国同期的服务贸易顺差有增大的趋势，法国同期的贸易顺差变动不大，这与近年来英、法政府推行服务出口政策是分不开的。通过对部分发达国家服务贸易差额的比较，不难发现不同发达国家在服务贸易发展水平存在巨大的差距，这种差距主要来源于各国服务业在其经济结构中所占地位的差异，强有力的世界服务贸易地位是建立在其国内发达的服务产业基础之上的。随着西方发达国家经济结构由工业经济向服务业经济过渡，对外服务贸易对其国民经济的发展将具有更加重要的意义，这是未来国际贸易发展的趋势。

表7-10　2010—2018年部分发达国家的服务贸易差额　　　　　　　　十亿美元

服务贸易差额	2010	2011	2012	2013	2014	2015	2016	2017	2018
美国	1 600	1 840	2 100	2 300	2 311	2 648	2 505	2 580	2 720
日本	-170	-240	-330	-170	-318	-183	-136	-92	-107
德国	-280	-360	-360	-310	-586	-223	-270	-259	-241
法国	140	240	390	470	190	215	-7	287	342
英国	660	-150	106	119	1402	1407	1256	1461	1432

资料来源：根据国家统计局国际年鉴整理计算。

还可以通过货物贸易与服务贸易的相对情况来进一步表示世界服务贸易的发展趋势。表7-11显示了2018年部分国家和地区对外贸易进出口总额以及货物贸易和服务贸易在贸易进出口总额中的比重情况。

表 7-11　2018 年世界主要国家（地区）服务贸易与货物贸易占比情况　　亿美元

国家和地区	对外贸易总额	服务贸易		货物贸易	
		金额	占比/%	金额	占比/%
美国	56 229	13 445	23.9	42 784	76.1
德国	35 218	6 753	19.2	28 465	80.8
日本	18 724	3 853	20.6	14 871	79.4
英国	17 616	6 023	34.2	11 593	65.8
法国	18 022	5 478	30.4	12 544	69.6
意大利	12 911	2 437	18.9	10 474	81.1
中国	54 087	7 857	14.5	46 230	85.5
西班牙	9 671	2 339	24.2	7 332	75.8
荷兰	18 378	4 691	25.5	13 687	74.5
印度	12 161	3 799	31.2	8 362	68.8
世界	505 968	112 549	22.2	393 419	77.8

资料来源：根据国家统计局国际年鉴整理计算。

由表 7-11 可知，总体而言，现阶段货物贸易在世界贸易总额中的比重要远远高于服务贸易，具体到国家，不同发达国家的服务贸易与货物贸易的发展有所差异。在发达国家和地区中，英国服务贸易比重最高，为 34.2%，其次是印度，比重为 31.2%。美国服务贸易占对外贸易总额的 23.9%，其余大多数发达国家服务出口的比重维持在 20% 以下。从长远发展趋势而言，尽管目前货物贸易在对外贸易中所占的比重比较高，但是服务贸易的快速发展不容忽视。例如，美国虽然从总量上讲，无论是出口还是进口，服务贸易额都要远远低于货物贸易额。但从发展速度而言，前些年服务贸易则要快于货物贸易，但近年来两者增速相近，2018 年货物进口额的增长速度远远超过服务进口的增长速度。2018 年服务出口增长率为 7.7%，而同期货物出口增长率为 7.1%。服务贸易进口增长率为 7.4%，而货物贸易进口增长率为 12.9%，这在一定程度上反映了世界贸易结构和产业结构的升级。

1994 年，世界服务贸易排在前 10 位的国家（地区）有 9 个是发达国家（地区），仅有中国香港地区跻身第 10 位。排在前 9 位的发达国家服务贸易出口占 1994 年世界服务贸易出口的 60%，其中，排在第 1 位的美国占 17%，欧盟合计占 45.7%。直到目前，这一格局基本未变。2005 年，世界服务贸易出口排在前 10 位的国家（地区）有 8 个是发达国家（地区），中国跻身第 9 位，中国香港地区第 10 位。8 个发达国家（地区）的服务贸易出口额占世界服务贸易出口总额的 48.9%；服务贸易进口前 10 位的国家（地区）有 9 个是发达国家（地区），仅有中国跻身第 7 位。9 个发达国家（地区）的服务贸易进口额占世界服务贸易进口总额的 49.8%。强有力的贸易地位建基于发达的产业，服务业在发达国家经济中具有极其重要的地位。

从整体来看，发达国家具有巨额的服务贸易顺差，早在 1980 年，顺差就已达 285 亿美元。在海外投资、保险、银行业务、租赁、工程咨询、专利与许可证贸易方面，西方发达国家的出口是最为成功的。事实上，多数发达国家，如美国、英国、法国、意大利、西班牙等，长期以来都是服务贸易的净出口国。可以预料，今后随着西方发达国家继续由工业经济向服务业经济过渡，对外服务贸易对其国民经济的发展将具有更大的意义。

在科学技术方面长期领先并拥有高度发达的服务业的美国,在服务贸易中始终独占鳌头。20 世纪 80 年代后,美国的服务贸易,特别是服务出口更是如日中天,规模和顺差急剧扩大。1981 年以来,美国的服务贸易出口占世界服务的出口份额始终保持在 15% 左右。美国的服务贸易出口在其整个外贸出口中具有举足轻重的作用。近年来服务出口约占其全部出口总值的 1/3。从 2019 年的数据看,旅游、专业管理咨询服务、知识产权费、金融服务是美国服务出口创汇的主要部门,见表 7-12 和表 7-13。

表 7-12 美国经常项目下的服务进出口结构变化　　　　　百万美元

		2010 年		2013 年		2015 年		2019 年	
		现价	相对比重	现价	相对比重	现价	相对比重	现价	相对比重
出口	整体服务贸易	562 831	100.00	697 677	100.00	748 275	100.00	853 270	100.00
	与货物相关的服务	13 111	2.33	15 720	2.25	19 847	2.65	27 868	3.27
	交通运输	76 357	13.57	89 999	12.90	84 434	11.28	91 092	10.68
	邮政和快递服务	230	0.04	351	0.05	517	0.07	970	0.11
	旅游	130 315	23.15	170 979	24.51	192 602	25.74	193 315	22.66
	建设服务	2 951	0.52	2 213	0.32	2 759	0.37	3 189	0.37
	保险和养老金服务	14 854	2.64	15 768	2.26	15 464	2.07	16 238	1.90
	金融服务	86 512	15.37	109 794	15.74	114 951	15.36	135 698	15.90
	远程通信、电脑、信息服务	26 556	4.72	36 325	5.21	41 427	5.54	55 657	6.52
	专业管理咨询服务	48 657	8.65	57 051	8.18	70 160	9.38	105 070	12.31
	知识产权费	94 968	16.87	113 824	16.31	111 151	14.85	117 401	13.76
	版权、特许费	19 349	3.44	22 402	3.21	21 522	2.88	26 988	3.16
	视听及相关服务	15 440	2.74	17 862	2.56	20 688	2.76	19 745	2.31
	其他商业服务	2 792	0.50	4 956	0.71	6 882	0.92	9 849	1.15
	个人、文化和娱乐服务	17 612	3.13	20 888	2.99	24 220	3.24	23 372	2.74
进口	整体服务贸易	404 496	100.00	440 478	100.00	476 224	100.00	564 276	100.00
	与货物相关的服务	5 857	1.45	6 674	1.52	8 084	1.70	7 823	1.39
	交通运输	88 394	21.85	94 434	21.44	99 557	20.91	107 458	19.04
	邮政和快递服务	361	0.09	525	0.12	452	0.09	340	0.06
	旅游	85 166	21.05	91 119	20.69	102 664	21.56	134 594	23.85
	建设服务	2 578	0.64	2 583	0.59	3 012	0.63	1 327	0.24
	保险和养老金服务	63 452	15.69	52 993	12.03	49 842	10.47	51 547	9.14
	金融服务	27 215	6.73	29 284	6.65	32 594	6.84	40 350	7.15
	远程通信、电脑、信息服务	29 421	7.27	35 868	8.14	38 815	8.15	43 720	7.75

续表

		2010年		2013年		2015年		2019年	
		现价	相对比重	现价	相对比重	现价	相对比重	现价	相对比重
进口	专业管理咨询服务	29 380	7.26	35 635	8.09	42 709	8.97	55 695	9.87
	知识产权费	31 116	7.70	35 295	8.01	35 178	7.39	42 733	7.57
	版权、特许费	4 757	1.18	4 553	1.03	4 062	0.85	4 601	0.82
	视听及相关服务	3 671	0.91	6 681	1.52	9 879	2.07	18 918	3.35
	其他商业服务	4 775	1.18	5 743	1.30	7 291	1.53	11 502	2.04
	个人、文化和娱乐服务	5 393	1.33	8 205	1.86	11 358	2.39	21 140	3.75

数据来源：根据联合国贸易和发展会议（UNCTAD）统计数据库整理。

表7-13 美国服务贸易进出口状况（2008—2018年） 亿美元

年份	进出口总额	出口		进口		顺差
		出口额	增长率/%	进口额	增长率/%	
2008	9 335.41	5 311.68	9.2	4 023.73	9.5	1 287.95
2009	8 809.69	5 011.21	-5.7	3 798.48	-5.6	1 212.73
2010	9 463.87	5 443.57	8.6	4 020.30	5.8	1 423.27
2011	10 121.47	6 002.80	10.3	4 118.67	2.4	1 884.13
2012	10 528.00	6 281.00	4.6	4 247.00	3.1	2 034.00
2013	10 894.00	6 621.00	5.4	4 273.00	0.6	2 348.00
2014	11 401.00	6 856.00	3.5	4 545.00	6.4	2 311.00
2015	12 056.00	7 352.00	7.2	4 704.00	3.5	2 648.00
2016	12 167.00	7 336.00	-0.2	4 831.00	2.7	2 505.00
2017	12 988.00	7 784.00	6.1	5 204.00	7.7	2 580.00
2018	13 444.00	8 082.00	3.8	5 362.00	3.0	2 720.00

资料来源：据国家统计局2009—2019国际统计年鉴数据整理计算。

仅以国际旅游收入为例。1984年，美国旅游创汇114亿美元，这还不包括当年美国25亿美元的国际客运收入。同年，美国从日本、德国、法国、西班牙、瑞士和瑞典等国的旅游者身上获得的外汇等于向上述国家的公司出口制成品的全部收入。第二次世界大战后，美国每年都能从服务贸易中取得大量盈余。不言而喻，长期以来巨额的服务贸易盈余，不仅在较大程度上抵消了商品贸易的巨额赤字，改善和加强了国际收支地位，而且为国内劳动力市场创造了大量的就业机会，从而有力地支撑了国际收支地位，而且为国内劳动力市场创造了大量的就业机会，从而有力地支撑着美国经济的增长和对外经济关系的发展。由于20世纪80年代以来，美国国内储蓄与投资不足（如1980年、1985年、1990年和1994年美国国内投资总额占GDP比重分别为20%、19%、16%和16%，国内储蓄总额占GDP比重分别为19%、16%、15%和15%，均低于其他发达国家）、美元坚挺、劳动生产率增长相对缓慢等原因，美国商品的国际竞争力日趋下降，从而导致商品贸易连年出现逆差，且逆差数额急剧扩大。1989 年逆差为 280.23 亿美元，1995 年增至 1 734.24 亿美元，扩大了 5.19 倍；此一时期累计逆差高达 16 644.75 亿美元，同期服务贸易顺差累计为 4 051.45 亿美元，抵消了商品贸易逆差的 24.34%，其中 1995 年服务贸易顺差则抵消了该年商品贸易赤字的 39.42%。1993—1995 年，美国对欧盟服务贸易盈余几乎将双边商品贸易逆差全部抵消，对日服务贸易盈余也将双边商品贸易逆差分别抵消了 22.92%、22.32% 和 28.17%。大量服务贸易顺差的存在，在一定程度上改善了美国的国际收支状况。

美国服务出口的扩大促进了国内服务业的发展，国内服务业的发展反过来又进一步促进了服务出口的扩大，两者之间形成了良性的互动关系；两者的结合又大大促进了美国的经济增长。如果说 20 世纪 80 年代以前，美国商品出口是促进其经济增长的重要引擎的话，那么 20 世纪 80 年代以后随着美国经济服务化的进一步发展和服务出口规模、顺差数额的不断扩大，服务出口则成了带动其经济增长的一个重要发动机。1980—1990 年美国 GDP 年均增长率为 3%，在除加拿大、日本外其他国家中高居榜首。这主要是因为，美国服务业增长较快，1980—1990 年服务业增长率为 3.1%，1992 年增长幅度达 3.2%，与制造业的增长已并驾齐驱，从而对经济做出了较大贡献。例如，1987 年美国 GDP 比上年增长 3%，其中服务业对 GDP 增长的贡献率达 1.9%，占 63.3%。虽然美国服务出口占服务业产值的比重不大，但由于出口的乘数效应，服务出口对美国经济增长的推动作用实际上是不小的。

根据 1991 年的统计，美国的服务业主要包括 24 个部门，这些部门在美国服务出口中起着举足轻重的作用，分别为旅游、旅客票费、港口服务、货物运输、教育、金融服务、电信、工业加工费、安装维修保险（净值）、影像出租、计算机数据加工、建筑与工程、广播书籍及其他版权、法律服务、其他运输、医疗服务、管理查询公关、研发与测试、工业设计工程、数据库及信息、培训、广告、审计会计。

美国服务贸易特别是服务出口取得如此巨大的成功，原因是多方面的：既得益于美国自身在知识、技术和资本密集型服务行业创造和积累的比较优势，又得益于经济国际化、全球化的蓬勃发展和以信息技术为代表的新技术革命的发展这一机遇；既应归功于美国企业的市场扩张努力，又与美国政府政策的推动和"护航"分不开。可以预料，今后美国服务出口的发展将有一个良好的前景，出口规模和顺差将会继续扩大。这主要是因为，首先，美国具有服务贸易的比较优势，有很强的国际竞争力。美国每年 R&D 费用一直占 GDP 的 2%，教育支出占 GDP 的比例（1991 年为 7%）高于其他发达国家，科技力量和高等教育水平居世界之首，信息技术和信息网络处于领先地位，国内市场规模庞大，自由竞争度很高。这些都意味着美国在服务贸易领域具有明显的竞争优势。其次，美国服务出口有很大的增长空间。1995 年，美国服务业产值占其 GDP 的 51.65%，该年服务出口（含军事销售合同下的转移和政府杂项收入）为 2 105.9 亿美元，占其产值（即出口强度）的 5.62%，占 GDP 的 2.90%；商品产值占 GDP 的 36.76%，该年商品（不含军备物资）出口为 5 759.41 亿美元，出口强度达 22.2%，占 GDP 的 7.49%。假定 1995 年的服务出口达到其产值的 10%，出口额即高达 3 746.5 亿美元。另外，据统计，美国人均服务消费升至美国的水平，那么，只要其服务进口的一半来自美国，美国服务出口每年就可高达 5 500 亿美元，这还未包括对其他地区的出口。若按 1995 年服务贸易顺差占服务出口比例为 32.46% 计算，5 年之后的年服务贸易顺差将达到 1 785.4 亿美元，远远大于 1995 年 683.6 亿美元的规模。由此可见，美国服务出口具有巨大潜力。再次，GATS 的签订和实施，为美国迎来了服务贸易逐步自由化的良好国际经济环境。据伦敦经济学院和世界贸易组织的研究，在"乌拉圭回合"服务贸易谈判覆盖的 149 种服务活动中，参与方的市场准入承诺程度如下：发达国家为 64%，经济转轨国家为 52%，发展中国家为 16%；如果将不属于最后承诺范围的视听、邮政、基础电信、运输几类服务排除在外，承诺程度则分别升为 82%、66% 和 19%；在美国比较优势显著的职业服务、计算机和相关服务、线上信息和数据库服务、金融服务等领域，参与方总体承诺水平在 50% 以上。在美国同样具有较大比较优势的研究与开发、租赁、市场研究、广告、管理咨询、电子邮件和电子数据交换、分销、工程设计、环保服务等领域，作为美国服务出口主要市场的欧盟、加拿大、日本等发达国家大部分都承诺对外开放；即使是 77 个发展中国家参与方，也分别有 1/2、1/3 和 1/4 的国家和地区承诺开放保险市场、银行和其他金融服务市场，以及计算机和相关服务市场。所有这些对美国今后服务出口来说，无疑是一个极为有利的条件。另外，2005 年建立美洲自由贸易区谈判的完成（1994 年 12 月，美洲 34 国迈阿密首脑会议决定），亚太经济合作组织成员国于 2010—2020 年前实现贸易、投资自由化（1994 年 11 月《茂物宣言》），也将作为重要成员的美国的服务出口发展战略提供有力的保障和动力。早在 20 世纪 70 年代，美国政界和经济界就早已认识到，美国国际贸易的比较优势已从商品领域转向服务领域，扩展服务出口对美国实现经济增长和增加就业的宏观经济目标极为重要。而当时，其服务出口面临外国设置的重重壁垒，于是，政府开始了旨在促使外国打开服务市场的一系列努力。1974 年，美国国会通过的《贸易法》首次提出，国际贸易既包括商品贸易，又包括服务贸易。该法案第 301 条款授权总统对阻碍美国商务扩张的外国进行报复。参议院金融委员会还特意指出，"商务"一词包含与商品贸易有关的服务。1973—1979 年，在美国推动下进行的"东京回合"多边贸易谈判达成的重要成果之一——政府采购、标准和补贴三个规范，初步设计了用于商品贸易的运输、保险、检验等服务的自由化问题。鉴于 20 世纪 70 年代美国新增加的 2 000 万个就业机会中有 85% 在服务业，因此服务业已成为美国的主导和有国际竞争力的产业，服务贸易盈余在一定程度上抵消了商品贸易逆差等事实，里根上台后将服务贸易置于优先地位，成立了服务咨询委员会来协调政府和产业界在服务贸易问题上的立场。1984 年，美国国会通过的《贸易与关税法》和 1988 年通过的《综合贸易和竞争法》都明确授权总统就服务贸易、投资和知识产权进行谈判，并对不向美国让步的国家和地区进行报复，以迫使其开放服务市场。在尚未建立起服务贸易国际规则框架的情况下，美国力图通过双边谈判解决服务市场准入和不公平竞争问题。例如，1975—1988 年，美国曾 11 次援引《1974 年贸易法》第 301 条款处理服务贸易争端，涉及空运、海运、广告、广播、电影发行、建筑和工程、保险等部门，美国通过双边主义、区域主义策略的运用，凭借政治经济实力施压，各个击破。如迫使日本、韩国等国开放保险市场、建筑市场，迫使东南亚国家开放航空市场，迫使发展中国家开放潜力巨大的保险、电信、金融、专业服务等市场。积极与加拿大、墨西哥进行自由贸易谈判，先后签订了美加自由贸易协定、北美自由贸易协定，将实现集团内服务的自由流动作为重要内容，产生了服务贸易创造的良好效应。如 1989 年 1 月 1 日，美加自由贸易协定生效前的 1986 年和 1987 年两年，美国对加拿大的私人服务出口分别只有 66.58 亿美元、77.45 亿美元，占当年美国私人服务出口总额的 8.67% 和 8.93%。该协定生效后，美国在服务贸易方面的明显竞争优势得到发挥，特别是计算机和基于通信网络的信息服务、金融服务、旅游服务等最具活力的领域受益显著。如 1989—1991 年，美向加出口私人服务增值 131.95 亿美元、160.56 亿美元和 178.03 亿美元，分别占美国当年私人服务出口总额的 11.20%、11.73% 和 11.71%，份额有较大幅度提高。北美自由贸易协定的达成（1992 年 8 月 12 日）和生效（1994 年 1 月 1 日）又为美国对墨西哥服务出口排除了障碍。1993 年和 1994 年，美国向墨西哥出口服务 84.27 亿美元和 88.14 亿美元。可见，美国积极寻求的双边和区域服务贸易自由化为其服务出口带来了切身利益。1995 年 6 月，美国商务部公布了克林顿向国会提出的《国家出口战略》体系中极为重要的战略举措——"服务先行"出口发展战略，并决定在继续依靠欧、日等传统服务出口市场的同时，积极在墨西哥、阿根廷、巴西、中国经济区、印度、印度尼西亚、韩国、波兰、土耳其和南非十大新兴市场开拓新的贸易机会，特别要重点支持环保、信息、能源、交通运输、卫生保健、金融等关键领域服务出口的发展。为了促进和扩大服务出口，美国政府的其他许多部门，如贸易谈判代表办公室、财政部、运输部、国务院、能源部、旅游管理局、进出口银行、国际开发署等，与制造业和服务业密切合作，为其提供有关市场、外国经贸法规等信息和咨询服务，并为它们与外商接触牵线搭桥，帮助它们打入国际服务市场，提高在全球服务市场中的占有率。

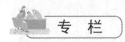

专　栏

"一般 301 条款"是美国《1974 年贸易法》第 301 条规定的俗称，即狭义的"301 条款"，主要是针对贸易对手国所采取的不公平措施。该条款授予美国总统对外国影响美国商业的"不合理"和"不公平"的进口加以限制和采用广泛报复措施的权力。20 世纪 80 年代美国外贸出现双赤字的爆发性增加，美国国会强制其政府在一定期限内，将所有贸易障碍予以解决。经过多次磋商，1988 年 8 月，"普通 301 条款"修正案出笼了，这就是国际贸易界谈虎色变的"超级 301 条款"。该条款要求美国政府一揽子调查解决某个外国的整个对美出口产品方面的贸易壁垒问题。所以，该条款的规定比"一般 301 条款"更强硬，适用范围更广泛，更具有浓厚的政治色彩。

当然，美国的服务出口也不会一帆风顺，它将面临来自欧盟、日本和新兴工业化国家与地区的竞争和挑战。根据 IMF 统计，早在 1984 年，欧共体服务出口（含内部贸易）在世界运输、旅游和其他私人服务三类私人服务出口中的份额就分别高达 39%、43% 和 48%，几倍于美国的 14%、12% 和 9% 的份额。到 1992 年，根据 GATT 统计，仅法、德两国的服务贸易份额就达 16.7%，超过了美国的 16.2%。根据世界贸易组织统计，2005 年，欧盟 25 国（不含内部贸易）服务贸易出口额达 4 803 亿美元，占全球服务贸易出口总额的 27.1%；服务贸易进口额 4 224 亿美元，占全球服务贸易进口总额的 24.4%。

随着欧共体内部统一大市场的建成和欧洲联盟将进一步向一体化方向的发展，服务时限区内无障碍自由流动，越来越多的服务进口将转向内部供给。以银行和保险业为例，据研究，在统一市场建成前后其产值和对外贸易会发生以下比例变化，如表 7-14 所示。

表 7–14　欧盟统一市场建成前后银行和保险业产值及贸易情况

市场类型 \ 项目	产值		从非成员国进口	
	短期	长期	短期	长期
分割的市场（建成前）	0.3	0.7	-1.0	-0.8
一体化的市场（建成后）	1.5	13.5	-6.4	-3.2

资料来源：余玉苗. 论20世纪80年代以来美国服务贸易出口的扩张和前景 [J]. 经济评论, 1997 (6).

由上可知，欧共体内部统一市场的建成会导致金融服务贸易发生转向，区外的进口在短期和长期内都会下降，这是一体化所产生的贸易转移效应；从贸易创造效应看，统一市场建成后，金融服务业产值无论在短期还是在长期内都有很大增长。

日本服务出口虽然在1992年只占世界服务贸易的5%，且有480亿美元的巨额逆差，但自1986年以来其服务业海外投资年均增长23.5%，高科技服务业海外投资年均增长49%，分别高于美国的17.14%和35%，可谓潜力巨大。而且，日本已将金融和人力资源集中于服务业，雄心勃勃地期望成为重要的服务出口国，特别是期望在金融、保险、建筑和工程、房地产、咨询、电影和出版、休闲娱乐、旅游、时装设计等领域的出口获得较大增长。2015年，日本服务贸易出口1 579亿美元，居世界第7位，在全球服务贸易出口总额中的比重为3.3%；服务贸易进口1 737亿美元，居世界第6位，在全球服务贸易进口总额中的比重达3.8%。日本会成为未来服务贸易强有力的竞争者。

值得注意的是，正是由于西方发达国家在服务出口方面拥有巨大的优势，所以，它们极力主张服务贸易自由化。1978年后，美国相继成立了国际服务贸易委员会和服务政策委员会，及时向美国贸易管理局提出政策建议，推动服务贸易在世界市场上更自由地进行。在"乌拉圭回合"谈判中，美国和其他一些发达国家力图将服务业纳入"关贸总协定"中，以减少在建立国外分支机构和利润回流等方面的障碍。此外，经济合作与发展组织也通过一项"经常性服务贸易自由化准则"，旨在消除服务贸易方面的非关税壁垒。

尽管如此，目前在服务贸易方面由于缺少国际规则，世界各国都在不同程度上存在着非关税壁垒和大量复杂的规定和措施，以此来保护本国的国家安全、本国的服务业和本国的文化及价值观传统。作为世界上最发达国家的美国也不例外，美国一向标榜其为自由贸易、市场开放的国家，然而在服务市场准入方面也仍存在着大量的限制、壁垒和不公平做法。

7.2.2　发达国家促进服务贸易发展的策略与政策

1. 美国的服务贸易政策

美国是世界上经济开放度与透明度最高的国家之一，其对外贸易政策也以自由贸易理论为指导，虽然在当今世界货物贸易争议中，美国不乏其实用的保护贸易的色彩，但由于其在世界服务贸易中突出的优势地位，在贸易政策上，主张自由贸易。正是这种开放性政策并有效发展其服务出口，使美国持续的货物贸易巨额逆差对美国国际收支造成的负面影响得以缓和。这也对保持世界经济稳定发展起到了重要作用。

美国的服务贸易政策是立足于以各种形式扩大出口的，它的政策表现有两方面。

（1）积极推动市场开放谈判，迫使外国政府降低或消除服务贸易壁垒，扩大美国服务出口的机会。美国政府成功地通过各个多边和双边贸易谈判并签订协议，取得了扩大服务出口的很大进展。具有代表性的三个协议是：北美自由贸易协定、GATS 和与贸易有关的知识产权协议；美国利用有关中国加入世界贸易组织的谈判，迫使中国开放服务市场；美国迫使日本改革保险服务部门，达到了可以进一步向日本出口金融服务的目的。在与其他国家进行服务市场开放的谈判中，美国策略地将它本应开放的服务部门放入最惠国待遇例外清单中，以此为筹码换取其他国家的开放。而美国自身的开放，其市场准入的承诺往往可以通过修订的实施计划而加大限制，特别是在保险领域。关于跨境交付和在任何部门开展商业活动，则未做市场准入、扩展现有业务和开展新业务的保证。美国曾在 1997 年做过进一步的承诺改进，即在最惠国待遇基础上对外商的新进入和新的经营活动做出约束性承诺。具体包括：①承诺对新的进入者扩大其现有的经营活动范围，并在最惠国待遇基础上实施新的措施。②在州水平上取消对保险服务和辅助性的保险服务的限制。③承诺对外资银行的联邦储备检测收费实施国民待遇。④除了重新设立分支机构的情况外，对外资的州内银行及其分支机构给予市场准入和国民待遇。⑤取消一些州对外资银行或其代理机构颁发许可证的限制，也取消一些州对外资银行设立代表处的限制。⑥附加承诺遵守与日本达成的双边协议中有关保险、银行及其他金融服务的规定。

(2) 美国旨在扩大服务出口的另一政策的表现是有针对性地制定了服务出口的市场战略。美国商务部制定的出口发展战略的总方针是服务业出口主要依靠传统市场，同时在新兴市场和传统市场都要积极寻求新的贸易机会。具体而言，美国服务业的传统出口市场是欧洲和日本。传统市场对美国仍然具有很大发展潜力。随着 WTO 的生效及其有关服务贸易的三项协定（金融、基础电信、信息技术）的签订，美国在其优势服务方面制定了针对传统市场的积极的扩大出口的战略。例如，在信息技术出口方面，美国的目标是以其信息技术为基础，以信息公司为中心，将国家和区域内的网络相连接，使信息共享、网络互联，创造一个全球性的信息市场。美国承诺在所有电信市场中，实质性开放所有基础电信服务，但美国事先对它在欧洲和日本的通信、计算机、信息服务市场都做出了详细的策划和组织。在航空运输方面，美国的航空运输服务业在世界各地都有很大的增长潜力，却面临各国政府设置的严格进入限制。尽管美国的航空运输服务在亚洲新兴市场上具有非常大的机会，但它的战略重点还是传统的欧洲和日本市场，原因是欧洲和日本市场的人员国际流动、国际旅游需求和航空货运等需求数量庞大。在保险和其他金融服务方面，美国正加大进入曾设有严格贸易壁垒的日本市场的步伐。在影视文化娱乐业方面，美国用迫使对方强化知识产权保护的手段确保其在传统出口国市场的利益。在积极开拓新兴服务市场的过程中，基于发展中国家扩大服务消费所必需的商业设施匮乏的状况，美国首先与这些国家广泛发展相关合作项目。除新兴市场外，转型经济国家和地区也正成为美国的服务出口市场。美国政府和有关部门制定了一系列服务出口的计划和政策。目前比较有明显效果的部门有两个，即能源开发服务和旅游服务部门。新兴市场国家需要加快能源基础设施建设和能源开发服务的投入，这给美国公司提供了长期的和巨大的市场。那些专长于能源勘探、安全检验、工程设计、技术援助、培训、管理、维修以及融资、保险等的美国公司都将积极介入这个市场。关于旅游业，美国旅游政策委员会也为旅游服务出口制定了一项联邦战略，其中包括潜在的访美意愿开发、旅游者安全保障、旅游者进入后的综合服务、旅游基础设施开发和有关的教育与培训等。根据这一战略计划，各有关部门以更加合作和高效负责的态度，把联邦有关资源积极用于旅游出口的发展，集中地方和国家级的公用和私人部门的所有旅游资源，努力增加美国在全球旅游市场上的份额。

美国政府扩大服务出口政策的贯彻实施是有效的。政策之所以能得以较好的贯彻实施，原因来自两个方面：一是政府的高度重视和全力保障；二是各部门的积极协作和配合。

《1988年综合贸易法》的制定是美国政府高度重视服务出口的一个重要体现。该法将服务贸易和货物贸易并列为美国国家扩大出口的两项内容，要求外国取消所谓"不公平""不合理"的歧视性贸易措施，同时申明服务贸易也适用于"超级301条款"。1994年10月，克林顿在向国会递交的《国会出口战略实施报告》中指出：美国已确定重点研究开发墨西哥、阿根廷、巴西、中国经济区（包括中国内地、中国台湾、中国香港、中国澳门）、印度、印度尼西亚、韩国、波兰、土耳其和南非十大新兴市场，这些国家和地区是美国能源、分销、金融和卫生保健等服务的主要市场。该报告还指出，美国政府将集中力量为配合出口服务支持国内服务业的发展，政府优先考虑对能源、环保、信息、交通运输、金融和卫生保健等服务业提供大力支持。为了扩大和促进服务出口，美国政府中包括商务部、美国贸易代表办公室、财政部、运输部、旅游管理局、进出口银行、国际开发署、贸易与开发署等机构都与私营服务业部门密切合作，为其提供信息和各种公共服务，并积极创造私营服务部门进入国际市场的机会。美国政府及民间团体设有许多专门的咨询机构，为服务业出口商提供有关外国市场的咨询服务。这些机构提供的服务包括：提供服务贸易进出口线索及联邦政府发布的经济贸易信息；提供全美贸易数据、美国和外国商务机构所做的最新市场调研、寻求购买美国服务的外国公司的资信简介；帮助美国公司竞争海外大型服务项目，解答各种资讯，聘请专家撰写技术及经济方面的可行性报告；为与外商接触牵线搭桥；组织国内服务行业会谈，帮助服务业出口商了解外国的有关法律法规；向出口商提供世界各国关于服务贸易的法律法规等。

2. 欧盟的服务贸易政策

欧盟的服务业竞争力极强，许多行业的出口都占据世界首位，因此，欧盟也是服务贸易自由化的倡导者。

由于欧盟成员国之间的服务贸易大于它与集团外国家的服务贸易，所以欧盟首先致力于内部服务贸易自由化。经过十几年的不懈努力，尽管在证券业、保险业、电信业和运输业等方面还有很多障碍有待克服，但是欧盟成员国之间基本实现了服务贸易自由化。其次，为了确保在国际服务贸易中的地位、获得更多的经济利益，欧盟积极推行全球服务贸易自由化，支持建立多边框架来规范和管理服务贸易，要求服务贸易自由化的多边性质应通过某种形式的最惠国待遇原则予以保障，是否存在对外国服务提供者的歧视应以国民待遇为原则为尺度来检验，并以此为原则，通过双边和多边谈判，打开他国服务市场的大门，为其服务业的发展提供广阔的空间。例如，在新一轮的服务贸易谈判中，欧盟就率先提出了贸易自由化方案。最后，对于欧盟不具有优势的服务行业，尤其是相对于美国等发达国家不具有优势的行业，欧盟仍实行或明或暗的保护，甚至列入市场准入和国民待遇例外之例。根据欧盟委员会2002年的一份报告，企业若希望为一个以上的欧盟国家提供服务，将遭到92项壁垒的阻碍。在金融市场的综合方面，欧委会虽出台了42项相关的法规，但由于各成员意见存在分歧而迟迟得不到批准。

3. 日本的服务贸易政策

与美国的货物和服务贸易的贸易平衡情况正好相反，日本的服务贸易长期处于逆差状态，这决定了日本的服务贸易政策选择相对有限。在服务市场开放的进程中，日本政府的态度是承诺并坚持逐步开放市场。

对于开放商业零售市场的承诺，日本政府采取了同时对本国市场保护和对从业者进行有效管理的措施。它主要体现在两个方面。一是通过《大店铺法》保护中小商业企业。第二次世界大战以后的几十年间，随着日本大型百货公司和连锁商店的不断增加，个体商店大量倒闭。为了保护中小商店，也为了适应商业向外商开放的需要，日本政府一方面组织这些个体商店的联合，实行规模经营，增强竞争力，以防破产倒闭；另一方面制定《大店铺法》，规定无论是日本人还是外商要成立大型百货公司，必须征得所在地个体商店的同意，只有经过协商并达成协议后，地方政府才批准其成立。在1991年《大店铺法》限制放宽以前，外国人基本上难以进入日本的流通领域；1991年以后，日本才对外国人开放零售业，少数外商被允许建立百货商场。二是在对从业者的管理中，日本政府有关主管部门对零售业各分支行业都规定了具体的经营条件和资格，只有达到条件才允许开业，特别是对食品、商品、浴场等涉及卫生安全标准的行业，资格审查更加严格。这些严格的条件和标准对日本零售业起到了抵御外商竞争的实质性的保护作用。

对于金融服务业的开放，日本政府也实施了积极有效的应对措施。在银行本币业务和利率方面，20世纪80年代以前，日本对银行业的业务范围和利率等都有限制，20世纪80年代以后，随着日本海外投资的急剧增加以及欧美金融业自由化的兴起，日本对银行业逐步放宽限制，银行、信托、证券三者之间可以混业经营。日本的利率于1994年开始市场化。在外汇业务方面，1998年4月起正式生效的日本新《外汇法》规定：实行内外资本交易自由化，放开资本项目下外汇业务的许可证或事先申报制；外汇业务完全自由化，废除外汇银行制、制定证券公司制和兑换商制；放开个人和企业在国外金融机构开户存款；放开企业间外汇债权与债务的轧差清算以及境内居民外币计价结算。1995年12月，日本在保险和与保险相关的服务领域、银行及其他金融服务领域的市场准入和国民待遇方面对世界贸易组织做出了按规定的承诺。在保险业方面，由于日本根据GATS承诺简化审批机制，于1994年10月与美国就保险业、1995年2月又就其他金融服务达成面向开放的多边贸易协议。1997年后又进一步放宽了管制。国外金融机构的进入进一步促进了日本金融结构和企业结构的调整。

对于电信业，日本政府长期以来实施比较严格的管理制度。日本的电信服务法律包括《日本电信商法》《日本电气通信事业法》《日本电报电话公司法》等一系列法规。日本的电信业是垄断经营的，如日本电报电话公司（NTT）在其国内处于垄断地位。由于与欧美电信同行相比缺乏竞争力，日本电信行业亟须引入竞争机制，以提高国内电信企业的竞争力。为适应21世纪经济发展的需要，日本邮电省制定了一系列信息与通信的产业发展政策，包括建设信息基础设施，发展电子数据交换、电子商务等新型信息服务，集中力量从事开创性的研发工作，为民众提供更全面的服务和加强国际合作。在国际合作上，通过七国集团组织，利用欧美技术进行项目开发。利用日美超高速国际网推动网络技术和国际联合试验的进展。通过亚太经合组织，利用通信卫星和互联网络，推动亚太地区通用网络技术的开发、技术转让和合作，实施以上措施的目的在于扩大日本服务贸易出口，扭转日本服务业长期逆差的局面。目前日本已加入了《全球基础电信协议》，并已在通信、广播、线路传输等方面放宽了限制，采取的措施包括消除国外企业涉足电信和有线电视的限制、消除用户收费授权的办法。然而，日本的电信市场仍维持垄断。目前日本的上网服务费用比其他经合组织成员国高出很多。

目前，日本的服务贸易政策并没有因其总体服务贸易逆差而限制所有的服务业开放。在交通运输领域，日本已成为世界上最开放的国家之一。在公路运输中，已开放的业务包括货物运输、公路运输设备的保养和维修、仓储服务（有关石油和石油产品除外）、货物管道运输服务（燃料除外）等。在海上运输方面，货物代理业务早已放开。日本对外资出资比例没有限制，但对外资公司获得船籍有限制——船公司总部必须设在日本，公司的董事长必须全部是日本人，并且日本的内海运输必须由日本船运输，而对远洋运输则没有限制。在航空运输方面，机票销售、飞机修理和保养服务、通信网络等已正式开放，日本规定外资投资比例必须在 1/3 以下，而且主要通过政府协定确定出资比例。

日本的旅游服务业完全对外开放。除了《旅游业法》对外国人在日本兴建旅游设施有所限制外，在国民待遇和市场准入等方面几乎没有限制，国外公司或团体通过资格考试后便可开办旅行社。旅游业的开放领域还包括宾馆和饭店服务、餐厅服务、旅行社和旅游经营服务、导游服务等，目前在日本的最大外资旅游公司是法国公司。

总体来看，尽管在发达国家中，日本的服务业开放相对较晚，但日本政府还是比较积极有序地开放了服务市场。市场开放后的一个重要问题是不断提高国内企业的竞争力，促进本国服务业与服务出口的发展。目前日本还没有专门机构对服务贸易进行管理，也没有专门的服务贸易协调机构，因为服务贸易范围广，涉及大部分产业部门，统一管理比较困难。当前日本对服务业的管理主要依赖法律法规和行业协会。

7.3 发展中国家服务贸易的发展

发展中国家，广义上是指除经济发达国家之外的世界上其余一切国家（地区）。目前世界上 200 多个国家（地区）中，有 170 多个属于发展中国家（地区），它们之间的社会经济状况存在着很大差异，发展阶段参差不齐。

7.3.1 发展中国家服务贸易的发展现状及展望

1. 发展中国家服务贸易产业发展总体情况

总体来看，发展中国家的国际服务贸易规模与西方发达国家相比虽然仍比较小，但近 20 年来发展速度却是非常迅速的。1975—1985 年，发展中国家的服务出口额平均年增长速度为 2.7%。1984 年发展中国家货物贸易出口额占世界货物贸易出口总额的 20%，同年发展中国家在世界服务贸易出口总值中所占的份额只有 12%。进入 20 世纪 90 年代以后，发展中国家，特别是东亚、印度等亚洲部分国家服务出口增长速度明显加快。1991 年以来，中国、印度和拉美一些新兴发展中国家服务贸易增长率都超过 10%，增长速度高于北美和西欧发达国家。其中，中国、印度是新兴发展中国家的领军者，自 2011 年起加入了全球服务贸易十强的行列。中国服务贸易出口额在世界服务贸易出口总额中的比重由 1996 年的 1.6% 上升到 2015 年的 8%。另外历年服务贸易进出口额排名中，作为发展中国家的中国、印度始终位居前十位。

但是发展中国家不同群体的服务贸易发展程度存在着很大差异。近年来，中国、印度和巴西正成为世界经济增长的新动力，与此同时，这些国家的服务贸易发展也很突出。中国的服务贸易发展迅速，贸易规模不断扩大，国际地位不断上升。中国在世界服务贸易出口中的排名由 2000 年的第 12 位上升到 2002 年的第 10 位，2015 年又升至第 3 位，已居于发展中国家首位。中国在世界服务贸易进口中的排名由 2000 年的第 10 位上升到 2002 年的第 8 位，2015 年居世界第 2 位。

2015 年，中国服务贸易出口额为 2 885 亿美元，2000—2015 年中国服务贸易出口增长了 24 倍。2015 年，中国服务贸易进口额为 4 663 亿美元，2000—2015 年中国服务贸易进口增长了 35 倍，远快于发达国家服务贸易进出口增长速度。另外作为发展中国家的印度，服务贸易发展也十分迅速。2015 年，印度服务贸易出口额为 1 553 亿美元，2000—2015 年印度服务贸易出口增长了 18.6 倍。2015 年，印度服务贸易进口额为 1 222 亿美元，2000—2015 年服务贸易进口增长了 16.3 倍。

近年来，俄罗斯服务进出口增速保持在 20% 左右。2000—2008 年，俄罗斯服务贸易出口平均增速达到 23%，进口平均增速为 21%，发展速度居发展中国家的第三位。巴西是拉美大国，2000—2008 年其服务出口年均增长 16%，进口增长 14%，均高于本地区和全球服务贸易的平均增速。发展中国家也是国际服务贸易的主要承担者，在国际服务贸易中占有一定的地位。

从贸易差额方面看，大多数发展中国家和地区的服务贸易普遍存在着巨大的贸易逆差，如表 7-15 所示，中国香港地区在 2013—2018 年中始终保持着高额顺差，中国、印度尼西亚、韩国（除 2013 年）和马来西亚等国家同期的服务贸易却是高额逆差，而且韩国和中国的服务贸易逆差有加剧的趋势。通过对部分发达国家与发展中国家贸易差额的比较不难发现，发展中国家在服务贸易发展方面的差异要远远大于发达国家之间的差异，这种巨大差异的根源在于大多数发展中国家由于国内产业结构调整不到位等原因，使国内的服务业的发展水平相对落后。

表 7-15　部分发展中国家和地区的服务贸易差额　　十亿美元

国家和地区	2013 年	2014 年	2015 年	2016 年	2017 年	2018 年
中国	-1 240	-1 599	-1 808	-2 425	-2 377	-2 555
中国香港地区	730	289	303	240	265	326
印度尼西亚	-120	-107	-89	-71	-85	-78
韩国	60	-82	-155	-172	-338	-274
马来西亚	-50	-57	-50	-53	-50	-47
新加坡	60	33	-40	-60	-62	-30

资料来源：据国家统计局 2014—2019 国际统计年鉴数据整理计算。

发展中国家在世界服务出口总值中的份额上升主要是由其海外投资收入、运输服务收入和旅游创汇的迅速增加所致。在 1970—1980 年，发展中国家这三项对外服务贸易收入分别增长了 17.3 倍、8.7 倍和 5.6 倍。

发展中国家的国际服务贸易虽然有了相当大的增长，但它们在服务项目上的进口却比出口增加得更快。至 1980 年，发展中国家的服务贸易逆差已经高达 824 亿美元，其中约 70% 是石油输出国的逆差。此外，高债务的发展中国家，例如，巴西、墨西哥和阿根廷等也出现了较大的服务贸易逆差,这主要是由对生产要素服务的支出,即对所欠债务的付息造成的。相比之下,非要素服务收支在这些国家的服务贸易中所起作用较小。1980年,墨西哥、巴西和阿根廷对外国资本的利息和利润支付分别占其服务贸易进口支出的52%、64%和49%;到1984年,则分别达到71%、77%和69%。印度等少数发展中国家近年来在对外服务贸易方面却通常出现盈余。

20世纪70年代以来,发展中国家服务出口的领域有了新的扩大。如新加坡在医疗保健、数据处理、金融服务等领域竞争力较强,1983年服务贸易出口额为172亿美元,有57亿美元的顺差。发展中国家在旅游和建筑等劳动密集型服务中拥有潜在比较优势。20世纪80年代初中期,加勒比海、拉丁美洲和地中海地区的国家就已成功地开发了旅游业;印度和韩国在输出工程劳务方面也大获成功。如1981—1983年,韩国充分发挥其劳动力成本低廉、工人组织严密的优势,利用中东地区进行大规模基础设施建设的良机,积极扩大建筑服务出口,在世界建筑服务市场中的份额连续3年超过11%。中东大规模建设结束、市场骤然缩小后,韩国又努力开拓东南亚、北美和太平洋地区工程承包市场,1996年承包额超过了100亿美元。目前,韩国已成为世界建筑工程承包服务的主要出口国之一。印度在这方面的进展也较快,至1982年年底,印度公司在国外承包了近500项建筑工程,价值达48.8亿美元。据估计,1990年该国通过海外建筑承包活动获得的外汇已达到177亿美元的水平。而且,国际工程项目越来越大的倾向和技术革命加速发展的趋势,也促使发展中国家尽力发挥较为廉价的熟练劳动力的优势参与国际竞争。现在,通过国际电信网络与外国公司相连接的数据处理中心和工程设计单位,已经纷纷在印度与韩国等地出现。与此同时,少数发展中国家甚至能以劳动力的相对优势在民用航空等资本密集型产业中取得有力的竞争地位。新加坡航空公司的效率居世界前列,并不是因为它拥有资金方面的优势,而主要是由于它的劳动力成本较低、服务质量较好。

广大发展中国家日益认识到服务部门与国际服务贸易对其经济发展和国际收支的重要作用。服务部门包括一个国家基础结构的许多部分,如运输、通信、金融、保险与医疗、教育等部门。服务贸易逆差的扩大是大多数发展中国家面临的一个紧迫问题。在此局面下,发展中国家一方面正在振兴本国的服务业并积极推进服务出口;另一方面也加强了对国内新兴服务业的保护,采取了一些抵制服务贸易自由化的措施。

具体地说,绝大多数发展中国家抵制服务贸易自由化有以下几个方面的原因。

(1) 发展中国家一旦放弃对本国服务部门的保护,其国内一些新建的重要基础产业,如银行、保险、电信、航空等产业就会直接暴露于发达国家强有力的竞争面前,本国公司的业务就很容易被发达国家的跨国机构夺走或控制,从而给整个国民经济的发展带来灾难性的影响。

(2) 服务贸易自由化还会从多方面影响发展中国家的就业,它不但会迫使一部分劳动力从受到国外竞争压力而萎缩的服务业中游离出来,而且还会给其他产业带来联动作用。例如,若对电子装备较多的电信业和银行业实行贸易自由化政策,国内电子行业的就业也会受到影响。

(3) 数据处理服务的大量进口将加深发展中国家对发达国家的依赖,甚至影响到本国的安全,因为这类服务意味着本国的信息资料将大量外流到发达国家加工处理,这就容易导致某些潜在的危险。

（4）对于许多发展中国家来说，西方发达国家的企业进入到本国的新闻媒介、艺术和娱乐等服务业后，还会带来社会和文化方面的后果，因为有可能损害本国的长期利益。

（5）作为一个整体，发展中国家在国际服务贸易中连年出现逆差，尤其在知识和技术密集的服务方面更是日益处于净进口国的地位。仅在1980—1984年，它们用于进口此类高新技术服务的支出便增加一倍。这种局面使许多发展中国家认识到，它们目前在国际服务贸易中仍处于较为不利的境地，如果接受自由化，其国际收支将受到更严重的影响。

因此，对服务贸易进行国家调节，是当代国际服务贸易中的一种新趋势。为了维护本国服务部门的正常发展和提高它们的国际竞争能力，大多数发展中国家对其国内的一些关键性的服务业都采取了某些必要的保护性措施。在不少发展中国家，银行业和保险业是由本国资本所控制的，外国分支机构基本上不能介入。例如，秘鲁就禁止外国保险公司向本国渗入；阿尔及利亚、土耳其和坦桑尼亚等国都禁止外国机构在境内开设银行；还有几种服务部门，如运输、教育和医疗保险服务等，在多数发展中国家也都属政府严格控制之列。一些国家的政府还专门对许可证与专利进口的数量、价格及方式进行审核。印度、韩国、尼日利亚和安第斯条约国对技术输入都有管制条款，并确定付款的最高水平。总之，这些保护性的贸易政策对维护有关发展中国家的长期利益和阻止其对外服务贸易逆差的扩大起了较大的积极作用。

2. 发展中国家服务贸易发展特点

（1）发展中国家服务贸易占世界服务贸易份额较小。2015年，居前10位的服务出口国家和地区中，除了中国和印度以外仍然都是发达国家。并且，同样跃居前30位的主要发展中国家和地区只有中国、印度、中国香港、韩国、波兰、土耳其、中国台湾、泰国、马来西亚等，其服务出口额加总在全球服务出口总额中占比不超过30%。

（2）发展中国家现代服务业及服务贸易竞争力偏低。在服务贸易部门结构方面，发展中国家的传统服务业处于极其重要的地位。发展中国家在劳务输出、建筑承包、旅游服务等领域具有较大优势，同时其资本、技术密集型的现代服务业发展水平与发达国家相比差距较大。在金融、保险、信息和海运服务等领域，虽然发展中国家的竞争力不断增强，但短期内仍很难改变发达国家的长期垄断地位。

（3）发展中国家的内部差异导致服务贸易发展程度各异。由于服务业和服务贸易伴随一国国内经济发展而发展，当今发展中国家（地区）经济社会发展水平千差万别，各自对外服务贸易状况也不尽相同。中国香港、新加坡等服务贸易较为发达，几乎连年顺差；中国、墨西哥、巴西等存在大幅逆差；乌干达、卢旺达等服务贸易规模较小且连年逆差。具体而言，在服务出口方面，部分发展中国家和地区获得了一定成功，比如中国香港、新加坡的金融服务，韩国的建筑服务，印度的计算机及信息服务等。

（4）发展中国家较发达国家整体服务贸易逆差显著。大多数发展中国家对外服务贸易水平较低、发展缓慢。其中，服务贸易逆差的最大来源是其他商业服务、运输服务，具有一定顺差的是旅游服务，但其所占比重极小，中国、墨西哥、巴西、印度这些主要发展中国家普遍存在大量服务贸易逆差。

7.3.2 发展中国家促进服务贸易发展的策略及政策

发展中国家对国内一些关键性的服务部门都采取了相应的保护措施。由于发展中国家在国际服务贸易市场处于不利的竞争地位,一旦放弃对本国服务部门的保护,其国内的一些重要基础性服务产业,如银行、保险、电信、航空等将面临发达国家服务业的有力冲击,其国内的服务企业也有被发达国家跨国机构挤垮或控制的威胁,严重者将使整个国民经济蒙受灾难性影响。另外,大量的资本或知识密集型服务的进口将加深发展中国家对发达国家的依赖,尤其是通信、信息等服务(例如数据处理服务)将使本国信息资料外流到发达国家加工处理,这容易导致某些潜在的危险,甚至会影响本国的国家安全。而且西方发达国家服务企业进入发展中国家新闻媒介、视听、娱乐业后,还会对其文化传统和社会秩序带来影响,由此将损及该国的长期利益。为了维护本国服务业不受冲击,大多数发展中国家对其国内一些关键性的服务部门都采取了相应的保护措施,这也反映在其有关的法律规范中。

菲律宾1950年《统一货币法》规定禁止外国人参与菲律宾金融业;1954年《零售商菲化法》规定菲律宾的商业零售企业不得与外国合资,更不能由外国企业独资经营;1969年《金融公司法》规定不准外国投资者投资于金融(财务)公司。印度尼西亚也禁止开设外资独资商店。墨西哥1973年《促进墨西哥对外投资和外来资本在墨西哥投资法》限制外资进入电报服务、铁路运输、广播电视等行业。阿尔及利亚、土耳其和坦桑尼亚等国都禁止外国机构在境内开设银行。马来西亚有关法规不允许外资银行吸引和接受马来西亚人的存款,离岸银行只可接受外币存款,与公司从事客户账户的交易仅限于非居民及国外发行的证券。印度、泰国、巴西等国对外国银行的市场准入维持数量限制,同时还对外资银行中的外资股份及高级职员的国籍进行限制,如马来西亚规定在当地商业银行中外资的持股比例不得超过30%,泰国规定外资在当地银行中的股权比例不得超过已缴注册资本的25%,印度则规定外资银行在银行体系总资产中所占比重超过15%时,其许可证可被撤销;马来西亚规定每个外资银行的外籍雇员一般限于2名,泰国要求外资财务公司和信贷公司3/4的董事须有泰国国籍,每个外国银行办事处的外国雇员人数仅为2人,获得全面许可的分部的外国雇员人数也不得超过6人。

然而,国际服务贸易的扩大对一国的经济腾飞具有重要作用,这一点已为许多发展中国家所认知。发展中国家在振兴本国服务产业的同时往往需要引进发达国家的资金、技术、设备以及先进的营销管理方式,这促使不少发展中国家近年对一些服务部门都不同程度地放宽了限制,允许外国服务企业进入本国服务贸易市场。尤其是乌拉圭回合及以后的谈判中,发展中国家大多在服务贸易领域做出实质性的开放承诺,如在1995年7月结束的全球金融服务谈判中,多数发展中国家承诺开放本国金融服务市场,包括允许外资在本国金融机构参股,允许外资在本国建保险公司,允许外资购买本国公司或建立自己的分支机构等。不少发展中国家还对本国的有关法规进行了修改或废除,使其服务贸易市场出现了自由化趋势。

例如,前面提到的菲律宾限制外国人进入其服务业市场的《统一货币法》《零售商菲化法》《金融公司法》等目前已被废改。其中《零售商菲化法》废除了菲律宾商业零售业不能由外资参与的规定,被修改为:投资1 000万美元以上的大型零售业可由外商独资;50万美元至1 000万美元的,菲资须占60%,外资占40%,50万美元以下的,仍由菲商专营。外资参与菲律宾金融业的限制放开后,将允许在国际金融和贸易活动中实行自由市场。另外,菲律宾为适应世贸组织的规则,于1995年年初开放了银行业,目前已允许10家外国银行在其境内开办分行。1995年12月菲律宾又宣布其人寿保险市场对外开放,允许外国公司在菲成立10个新的人寿保险公司。

印度自 1991 年实行金融自由化措施以来,已准许美国、荷兰、德国、泰国、瑞士等国银行在印开设了几家新银行,近来又放宽了对外国银行开设分支机构的限制。印度对外资银行征收的税收较国内银行高,但对外资银行向优先部门的贷款指标则较低。在航空运输的投资领域,印度近年来也有所松动,在 1997 年年初宣布允许外国的非航空公司或与航空业务无关的公司在其国内航空领域投资,最高可占印度航空公司或机场服务公司总股份的 40%。

马来西亚中央银行在 1994 年 8 月取消了对外国人以本币拥有短期货币(包括各种货币工具,如私人债券、银行承兑、政府证券和抵押背书债券等)的所有限制。1995 年批准了 5 家外国银行建立分支行。

总之,在国际服务贸易自由化的大潮中,美国等发达国家是领导者,而发展中国家由于国力和服务贸易发展程度所限,只能是追随者,目前既不可能大范围全面开放其服务贸易市场,又不能断然拒绝这一趋势。因而其有关法律规范既不乏对外国服务和服务提供者的严格限制规定,近来又有逐步开放其服务贸易市场的新规定。在有些服务部门,如金融、电信、航空等领域,许多发展中国家原先均为国家垄断,这几年对内自由化和对外开放的步伐同时迈出,面临着市场多元化的阵痛。但它们仍然承受压力,继续着自由化的进程,因为它们看到,竭力固守封闭会使本国服务业更加落后。尽管服务贸易自由化对于发展中国家而言更显任重道远,但自由化措施带来的优质高效的服务和巨额的外国资金已使不少发展中国家认定这一道路值得选择。

7.4 中国服务贸易的发展

一国对外服务贸易的状况直接取决于本国服务业发展的状况,所以,分析一国服务贸易,首先要了解该国服务业的总体态势。

7.4.1 中国服务贸易的发展现状及展望

1. 中国服务业及服务贸易的发展概况

总体来说,中国的服务业与服务贸易起步晚、基础差,但从产值结构和就业结构来看,发展速度较快,见图 7-1 和图 7-2。

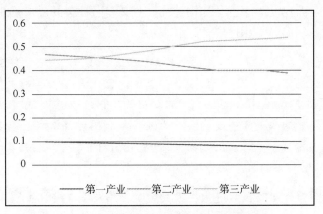

图 7-1　中国服务业增加值结构变化趋势

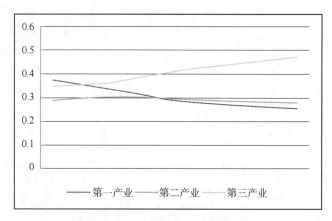

图 7-2 中国服务业就业变化趋势

中华人民共和国成立后的 20 世纪五六十年代,国内服务业启动迅速,发展活跃。1952 年,服务业就业人数为 1 881 万人,占全部就业人数的 9.1%,到 1965 年,服务业就业人数增加到 2 886 万人,占总就业人数的 10.2%。随着改革开放政策的实施,中国服务业空前繁荣,取得了长足的发展。服务业就业人数及产值总就业人数及 GDP 的比重逐年上升。近年来,中国服务业除了像商业、餐饮业等传统行业有较大发展外,金融、保险、邮电通信等新兴行业增长很快。有些专项服务项目,如卫星发射,也取得了令人瞩目的成就。

中国过去处于主要依靠工业支撑经济增长的发展阶段,服务业难以成为经济增长的主要动力。但一直以来,中国服务业向着优质高效快速发展,到 2016 年,已经成为投资最多、纳税最多、吸纳就业最多的领域,是我国国民经济第一大产业。从世界经验看,各国经济发展都具有明显的阶段性。H·钱纳里等经济学家认为,经济发展有三个阶段:第一阶段,人均 GDP 在 400 美元以下,经济增长主要由初级产业和传统产业支撑;第二阶段,人均 GDP 在 400~2 100 美元,经济增长主要由急速上升的工业支撑;第三阶段,人均 GDP 在 2 100 美元以上,经济进入发达阶段,服务业的稳定增长成为整个经济增长的主要支撑力。中国目前还处于工业化阶段的中期,服务业仍处从属地位,服务业总体上供给不足,结构不合理,服务水平低,竞争力不强,对国民经济发展的贡献率不高,与经济社会加快发展、产业结构调整升级不相适应,与全面建设小康社会和构建社会主义和谐社会的要求不相适应,与经济全球化和全面对外开放的新形势不相适应。

专栏

霍利斯·钱纳里(Hollis B. Chenery,1918—1994 年),哈佛大学教授,著名经济学家、世界银行经济顾问。长期从事经济发展、产业经济学和国际经济学的研究,其主要著作有:《产业联系经济学》(合著)《工业化进程》《发展计划研究》《发展的型式》(合著)《结构变化与发展政策》《增长中的再分配:政策探讨》等。

另外,目前中国服务业的负载过重,大大影响了其发展速度和发展质量。在一些发展中国家存在着服务业劳动力过度膨胀现象。中国也存在这种情况,农业剩余劳动力近乎无限的供给,国有工业企业改革和政府机构改革溢出的大量富余人员,使中国服务业面临着前所未

有的就业压力。在这种压力面前,中国服务业必然会粗放式地发展,而不是主要靠劳动力质量的提高来推动。我们认为,服务业的大发展(包括质与量两方面)是经济现代化的标志,而不是剩余劳动力的"蓄水池",切不可为了解决农业和工业问题,而盲目地牺牲服务业。

中国服务业的稳步增长,促进了中国服务业与国际的接轨,推动了中国国际服务贸易的发展。改革开放以来,中国服务贸易发展迅速,服务贸易进出口总额从1982年的43.5亿美元增长到2015年的7 548亿美元,33年增长了173倍。1982年,中国服务贸易占世界服务贸易的比重不足0.6%,居世界第34位;2015年,这一比重提高到13%,居世界第2位。其中,服务贸易出口额由24.8亿美元提高到2015年的2 885亿美元,增长了116倍;在全球服务贸易出口总额中的比重由0.7%上升到5.9%,国际排名由1980年的第28位上升到2015年的第3位。进口由18.7亿美元提高到4 663亿美元,增长了249倍;在全球服务贸易进口总额中的比重由0.5%提高到10.1%,国际排名由1980年的第40位上升到2015年的第2位。图7-3是根据国家统计局统计的2006—2018年中国服务贸易进出口情况,从中可以看出,中国服务贸易保持着良好的增长态势,但始终是服务贸易净进口国。

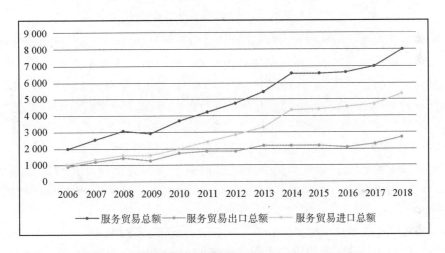

图7-3 中国服务业贸易进出口情况(2006—2018年)

注:遵循WTO有关服务贸易的定义,中国服务进出口数据不含政府服务

资料来源:WTO国际贸易统计数据库(International Trade Statistics Database),中国商务部。

然而,由于种种原因,中国与世界发达国家相比,在服务业和服务贸易总体发展水平上仍存在很大差距。从世界平均水平看,2013年服务业增加值占GDP的比重为70%,低收入国家为51%,中等收入国家为54%(其中,下中等收入国家为51%,上中等收入国家为56%),高收入国家为74%。在所有组别国家中,中国服务业增加值占GDP的比重最低,接近下中等收入国家的平均水平(图7-4)。但2019年,中国服务业增加值占GDP总值的53.9%,接近中等收入国家的平均水平。

从就业情况来看,与世界其他国家相比,中国服务业就业人员占全社会就业人员的比重也明显偏低。2011年年底,中国服务业就业人员占全社会就业人员的比重超过了第一、第二产业,2019年这一占比达到了47.4%,远远低于高收入国家和上中等收入国家平均水平(高收入国家为68.5%,上中等收入国家为56%)。这表明,目前中国服务业吸纳就业的差距还比较大,服务业扩大就业的潜力尚未充分发挥。

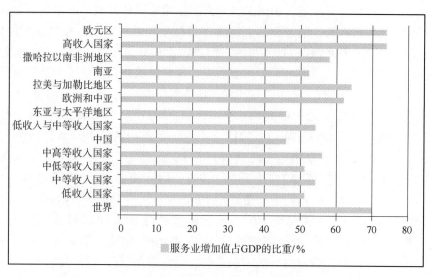

图 7-4　2013 年中国服务业增加值占比与若干国家的比较/%

在服务业贸易方面，中国服务业贸易的发展和总体贸易发展与经济增长具有很强的不对称性。中国总的出口贸易无论是绝对值还是相对值，都以惊人的速度增加，世界排名也逐次上升，但服务贸易的绝对值与相对值都很小。1994 年，中国服务出口收入 221.04 亿美元，占世界份额仅为 1%，比总的出口贸易占世界份额 2.9% 相差 50% 以上，位居第 22 位，比总的贸易居世界第 11 位也相差甚远。2006 年，中国服务出口占贸易出口总额的比重也只有 8.2%，远低于全球平均 18.3% 的水平；货物贸易出口占世界货物贸易出口额的 8%，而服务出口仅占 3.2%，不到货物贸易的一半，这说明中国服务出口的比较优势不如货物出口。从 20 世纪 90 年代初，中国就是服务贸易净进口国。2015 年，中国服务贸易逆差达 1 778 亿美元。

同时，我国服务贸易结构也并不合理，服务贸易优势部门主要集中在海运、旅游等比较传统的领域，旅游和运输服务的出口占中国服务出口的 30%。近年来，我国电信、计算机和信息服务业发展迅猛，出口额高达 470.6 亿美元。而金融、保险、知识产权、视听及相关产品许可费等知识密集型、技术密集型高附加值服务产业，发展速度相对缓慢，比重仍然很低。服务贸易顺差也主要集中在信息技术和建筑两个领域（表 7-16）。

表 7-16　2018 年中国服务贸易结构　　　　　　　　　　　　　　　　　　亿美元

项目	差额	出口	比率/%	进口	比率/%
服务	-2 582	2 668.4	100.00	5 250.4	100.00
运输	-659.9	423.0	15.85	1 082.9	20.63
旅行	-2 373.8	394.6	14.79	2 768.4	52.73
建筑	179.9	265.9	9.96	86.0	1.64
保险服务	-69.6	49.2	1.84	118.8	2.26
金融服务	13.6	34.8	1.30	21.2	0.40

续表

项目	差额	出口	比率/%	进口	比率/%
电信、计算机和信息服务	232.9	470.6	17.64	237.7	4.53
知识产权使用费	-300.3	55.6	2.08	355.9	6.78
视听及相关产品许可费	-29	1.3	0.05	30.3	0.58
个人、文化和娱乐服务	-21.8	12.1	0.45	33.9	0.65
其他商业服务	226.2	699.0	26.20	472.8	9.01

资料来源：2019 中国统计年鉴。

表 7-17 是根据历年中国国际收支平衡表整理计算的服务贸易比较优势指数（简称 TC 指数）[1]。从中可以看出，在 10 年时间里，中国服务贸易总体 TC 数均小于 0，在 -0.33 ~ -0.03 波动，服务贸易总体状况处于比较劣势。虽然有部分行业体现出了一定的竞争力，但它们多为传统的劳动或资源密集型行业，而目前国际上这些行业的技术和资本含量越来越高，劳动生产率增长也很快，中国的传统优势能否继续保持困难重重；专利权使用费和特许费、保险、金融、咨询等技术密集和知识密集型的高附加值服务业劣势明显，国际竞争力还很低，反映出我国服务业总体技术水平和知识含量的欠缺，这些行业在中国服务业全面开放后面临着巨大挑战。因此，如何进一步发展中国的服务贸易，是必须认真研究的课题。

国际服务贸易的发展趋势给中国服务业的发展提供了许多难得的机遇，必须很好地抓住，利用这一机遇，使中国的服务业有一个较大的发展，也使中国的对外服务贸易上一个台阶。

表 7-17 中国服务贸易比较优势指数

年份 项目	2005	2006	2007	2008	2009	2010	2011	2012	2013	2014
服务贸易总体	-0.06	-0.05	-0.03	-0.04	-0.10	-0.06	-0.13	-0.19	-0.23	-0.33
运输	-0.30	-0.24	-0.15	-0.13	-0.32	-0.29	-0.38	-0.37	-0.42	-0.43
旅游	0.15	0.17	0.11	0.06	-0.04	-0.09	-0.19	-0.34	-0.42	-0.48
通信服务	-0.11	-0.02	0.04	0.03	0.00	0.04	0.18	0.04	0.01	-0.11
建筑服务	0.23	0.15	0.30	0.40	0.23	0.47	0.59	0.54	0.46	0.51
保险服务	-0.86	-0.88	-0.84	-0.80	-0.75	-0.80	-0.73	-0.72	-0.69	-0.66
金融服务	-0.05	-0.72	-0.37	-0.33	-0.27	-0.03	0.06	-0.01	-0.07	-0.04
计算机和信息服务	0.06	0.26	0.32	0.32	0.34	0.51	0.52	0.57	0.44	0.36
专有权使用费和特许费	-0.94	-0.94	-0.91	-0.88	-0.92	-0.88	-0.90	-0.88	-0.91	-0.94
咨询	-0.07	-0.03	0.03	0.14	0.16	0.20	0.20	0.25	0.26	0.23
广告、宣告	0.20	0.20	0.18	0.07	0.09	0.16	0.18	0.262	0.22	0.13

[1] 服务贸易比较优势指数是行业结构国际竞争力分析的一种有力工具，总体上能够反映出计算对象的比较优势状况，大致反映一个国家某行业或某产品的国际竞争力和市场定位。TC 指数 =（出口 - 进口）/（出口 + 进口），其数值在 -1 ~ 1 之间，数值越大就越具有竞争优势。

续表

年份 项目	2005	2006	2007	2008	2009	2010	2011	2012	2013	2014
电影、音像	-0.07	0.06	0.40	0.28	-0.50	-0.40	-0.52	-0.63	-0.68	-0.66
其他商业服务	0.29	0.27	0.19	0.05	0.13	0.34	0.12	0.18	0.24	-0.88
别处未提及的政府服务	-0.11	0.07	-0.20	-0.18	0.05	-0.09	-0.17	-0.02	0.01	-0.31

资料来源：根据历年中国国际收支平衡表整理计算。

进入21世纪以来，服务贸易成为中国对外贸易中的新亮点。2000—2015年，我国服务进出口总额从600亿美元增长到4 663亿美元，年均增长14.6%，占全球比重从2.2%提高到10.1%。世界排名逐年上升，竞争优势已经初步显现。2003年中国服务贸易进出口额首次突破1 000亿美元。"十二五"期间，我国服务进出口年均增长15.7%，世界排名由"十一五"末的第四位上升至第二位，其中服务出口年均增长11%，服务进口年均增长19.4%。

商务部等13个部门制定的《服务贸易发展"十三五"规划》，综合考虑了我国"十二五"时期服务贸易发展情况、发达国家服务贸易发展水平和未来国内服务业发展重点领域等因素，发展服务贸易是推动外贸转型升级的重要支撑，是培育经济发展新动能的重要抓手，是推进大众创业、万众创新的重要载体，是努力构建开放型经济新体制的重要内容。长期以来，我国服务贸易与货物贸易发展不平衡，服务贸易长期处于逆差状态。未来，中国服务贸易发展面临形势十分复杂，但总体来看，机遇大于挑战。"十三五"期间力争服务贸易年均增速高于全球服务贸易平均增速。技术、知识密集型和高附加值服务出口占比持续提升，人力资源密集型和中国特色服务出口优势进一步巩固，服务贸易在开放型经济发展中的战略地位显著提升。

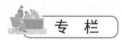 **专　栏**

为促进服务贸易又好又快发展，商务部会同13个部门，制定了《服务贸易发展"十三五"规划》（简称《规划》），并于2017年3月2日正式发布。"十三五"时期是我国全面建设小康社会的关键时期，是深化改革开放、加快转变经济发展方式的攻坚时期。当前，服务业和服务贸易战略地位更加突出，服务业与其他产业融合趋势增强。作为全球价值链的核心环节，技术和知识密集型服务成为影响国际分工和贸易利益分配的关键因素，传统制造领域的跨国公司纷纷向服务提供商转型。

2. 中国服务贸易的发展特点

（1）服务贸易增长速度快。中国跨境服务贸易进出口从1982年的43.4亿美元增长到2015年的7 548亿美元，33年间增长了174倍。20世纪80年代以来，除个别年份外，中国服务贸易出口增速一直高于同期世界服务贸易平均出口增速和全球服务贸易主要出口国家（地区）的增速，中国的服务贸易出口增速变化情况与全球变化趋势基本保持一致。20世纪80年代和90年代，中国服务贸易进出口总额年均增长速度分别为10.8%和20.9%，服务贸易出口增速分别为11.1%和18%。与世界各国相比，无论是相对于发达国家，还是相对于发展中国家，我国服务业年均10.8%的发展速度都是非常快的。除了1990年由于特殊原因我国第三产业增长率为2.3%之外，其他年份均在8.4%以上，1992年甚至达到12.4%。世界银行的统计数据显著,1978—2007 年,高收入国家服务业年均增长 3.5%,中等收入国家为 5.5%,低收入国家为 4.6%。可见,我国服务业增长速度明显高于世界平均水平。在发达国家中,服务业增长较为强劲的是美国、德国和日本,但这 3 个国家的增速也赶不上我国。

(2) 服务贸易规模居世界前列。近年来,我国服务贸易稳健发展,服务贸易规模迅速扩大。2010 年,世界经济扭转下滑势头,整体保持温和增长,为中国服务贸易的发展创造了稳定的外部环境。国际货币基金组织公布的数据显示,2010 年世界经济增长率达 5%;中国前四大服务贸易伙伴中国香港、美国、欧盟 (27 国)、日本等国家(地区)的经济增长率分别为 6.8%、2.8%、1.8% 和 3.9%,而中国经济增长率达 10.3%。国内外经济的总体走势带动了货物贸易的大幅增长,促进了服务贸易的协同发展。2015 年,中国服务进出口总额继续位居世界第二位(前三位依次为美国、中国、英国),出口居世界第三位(前三位依次为美国、英国、中国),进口居世界第二位(前三位依次为美国、中国、德国)。传统服务是拉动中国服务贸易增长的主要动力。运输、旅游是中国服务贸易传统进出口项目,在服务贸易进出口总额中占比超过 50%,是促进服务贸易总量增长的主要动力。

"十二五"期间,我国服务进出口年均增长 15.7%,世界排名由"十一五"末的第四位上升至第二位,其中服务出口年均增长 11%,服务进口年均增长 19.4%。2015 年,服务进出口达 7 529 亿美元。其中,服务出口 2 885 亿美元,世界排名第三;服务进口 4 663 亿美元,世界排名第二。服务贸易占我国外贸(货物和服务进出口之和)的比重和我国服务出口、服务进口全球占比实现"三提升",2015 年分别增至 16%、6%、10.1%,比"十一五"末分别提高 5.1、2 和 5.2 个百分点。

(3) 服务贸易出口额占贸易出口额比重偏低。从全球贸易发展态势来看,全球服务贸易出口与货物贸易出口的比例稳中有升,从 1982 年的不足 20% 提高到 2007 年的近 24%。1982—2007 年,中国服务贸易出口额占贸易出口总额的比重一直保持在 10% 以下,1982 年为 9.4%,2007 年为 4%,服务贸易逆差加剧。2007 年,世界服务贸易出口总额为 32 600 亿美元,比 2006 年增长 18%,比上年同期增速提高 6 个百分点,也高于同期货物贸易 15% 的出口增速,而 2006 年和 2005 年世界服务贸易出口增速均低于货物贸易出口增速,分别低 4 个百分点和 2 个百分点。2000—2007 年,世界服务贸易出口年均增速与货物贸易出口年均增速基本持平,均为 12%。

(4) 近几年来世界服务贸易增速略低于货物贸易。20 世纪 70 年代期间,世界服务贸易出口与货物贸易出口均保持快速增长且大体持平,平均增长 17.8%。进入 20 世纪 80 年代,世界服务贸易出口平均增速开始高于货物贸易,20 世纪 80 年代后期年均增幅更是高于 10%。到了 20 世纪 90 年代,服务贸易平均增速呈波动下降趋势,约为 6%,恢复到与货物贸易基本持平的状态。跨入 21 世纪后,世界服务贸易出口进入稳定增长期,增幅开始逐渐回升,这一期间世界服务贸易平均增速略低于货物贸易。

我国服务贸易的发展水平落后于货物贸易的发展水平。1989 年以前,中国服务贸易出口增速总体上低于货物贸易出口增速;1989—1994 年,服务贸易出口增速高于货物贸易出口增速;1995 年以后,尽管服务贸易出口增长较快,但同期的货物贸易出口增长更快。

(5) 以传统服务贸易为主,现代服务贸易加快发展。我国服务贸易主要集中在传统服务业上,如表 7-18 所示,传统服务业部门占中国对外服务贸易的比重较大,现代服务贸易比重较小。传统服务贸易中旅游、运输服务贸易一直居于主导地位,二者总和 2005—2013 年占比均超50%。现代服务贸易中,金融、保险、咨询、计算机及信息服务等所占比重较低。

表7-18 2005—2013年中国服务贸易分部门状况

年份	2005	2006	2007	2008	2009	2010	2011	2012	2013
运输	27.9	28.9	29.7	29.2	24.5	27.4	26.7	26.4	24.6
旅游	32.5	30.4	26.7	25.3	29.1	28.3	27.9	32.2	33.6
通信	0.7	0.8	0.9	1.0	0.8	0.7	0.7	0.7	0.6
建筑	2.7	2.5	3.3	4.8	5.4	5.5	4.3	3.4	2.7
保险	4.9	4.9	4.6	4.6	4.5	4.9	5.2	5.1	4.9
金融	0.2	0.5	0.3	0.3	0.4	0.8	0.4	0.8	1.3
计算机及信息	2.2	2.4	2.6	3.1	3.4	3.4	3.7	3.9	4.0
专利权使用费和特许费	3.5	3.6	3.4	3.6	4.0	3.9	3.6	4.0	4.1
咨询	7.3	8.5	8.9	10.4	11.2	10.6	10.8	11.3	11.9
广告宣传	1.1	1.3	1.3	1.4	1.5	1.4	1.6	1.6	1.5
电影音像	0.2	0.1	0.2	0.2	0.1	0.1	0.1	0.1	0.2
其他商业服务	16.7	16.1	18.0	16.1	15.2	12.3	14.7	10.2	10.2

资料来源:中国服务贸易网,2013年世界服务贸易数据来自世界贸易组织"2014年国际贸易统计"。

(6)部分新兴服务贸易部门增速较快。2013年,中国高附加值服务出口继续呈现稳步增长势头,成为服务贸易结构调整的重要推动力。其中,金融服务出口增速居首,达54.2%;咨询出口比上年增长21.2%;计算机及信息服务出口增长6.8%;保险服务出口增长20%。

2015年,运输服务、旅游、信息服务出口总额分别为385.9亿美元、1 141.1亿美元、245.5亿美元,在中国服务出口总额中的占比达61.4%。旅游出口总额居各类服务之首,在服务出口总额中的占比由2012年的26.3%上升至39.6%;运输服务出口位居第二,占比由2012年的20.4%降至13.4%;信息服务出口上升明显,占比达到8.5%。

20世纪90年代以来,随着中国服务贸易总量规模的快速增长,多数服务贸易部门的出口都呈现快速增长的势头,其中以计算机和信息服务出口为代表的新型服务贸易增速最快,有力地推动了中国服务出口的增长。从表7-19中可见,2005—2013年,中国全部服务贸易出口年均增长率为29.92%。同期,金融服务出口年均增长110.05%,计算机和信息服务出口年均增长70.17%,咨询服务出口年均增长66.15%,成为增长最快的几个部门。

表7-19 2013年中国服务贸易出口的部门发展趋势

部门	出口年均增长率/%		
	2005—2009	2009—2013	2005—2013
所有服务	14.85	13.12	29.92
运输服务	11.17	12.42	24.98

续表

部门	出口年均增长率/%		
	2005—2009	2009—2013	2005—2013
旅游服务	7.88	6.82	15.23
通信服务	25.10	8.61	35.87
建筑服务	38.24	3.03	42.43
保险服务	30.60	25.74	64.22

资料来源：中国商务部、国家外汇管理局整理。

(7) 服务贸易逆差规模持续扩大。1982—1991年，我国服务贸易进出口基本处于平衡状态，一直保持小额顺差。自1992年首次出现逆差后，除个别年度（1994年）外，我国服务贸易一直是逆差，而且呈现逐年递增的态势。2011年，我国服务贸易逆差额为549.2亿美元，到2015年已经增加至1 178亿美元。进一步分析我国服务贸易逆差结构可以发现，逆差主要集中在运输业、保险业、旅游业、金融业和专利使用等方面，如2009年仅运输业逆差就高达230亿美元，专利权使用费和特许费项下的逆差106亿美元，保险业逆差97亿美元，反映出我国仍然是技术稀缺的国家。但近年来这一现状略有好转，2015年，计算机及信息服务、保险服务出口分别为245.5亿美元、50亿美元，占比分别为8.6%、1.8%。

美国是中国服务贸易逆差最大的来源国，近年来逆差额快速增长。2006—2016年，中美服务贸易总额增长3.3倍，而逆差增长33.7倍。2017年1—5月，中国对美服务贸易逆差达230亿美元，同比增长了17%。

(8) 主要行业的进出口集中于发达国家和地区。中国香港地区、美国、欧盟（27国）、日本和东盟为中国前五大服务贸易伙伴。2010年，中国与上述国家（地区）实现服务贸易进出口额超过2 000亿美元，占中国服务贸易进出口总额的比重达60%。中国除对中国香港地区呈现贸易顺差外，对其他四大服务贸易伙伴均为逆差。

中国香港地区为中国运输第一大出口市场，约占有1/3的份额；其次是美国，所占比重近两成。运输第一大进口来源地是美国。中国旅游出口市场集中于韩国、日本等亚洲国家以及中国香港、中国台湾等地区，上述四地占有近六成的份额。中国香港地区为中国最大的出口市场和进口来源地。中国香港地区是中国建筑服务第一大出口市场，其次是欧盟和美国。建筑服务进口主要来源于东盟、中国香港地区和欧盟。中国香港地区继续保持中国最大的货物贸易伙伴地位。2010年，中国对中国香港地区进出口总额增长迅速，顺差明显扩大。中国香港依然是中国最大的服务出口目的地、进口来源地和顺差来源地，双边服务进出口总额占中国服务进出口总额的四分之一。

中国对主要国家和地区的保险服务均呈现逆差，其中，对日本、欧盟、东盟、韩国的逆差较多，均在10亿美元以上。

美国为我国计算机及信息服务最大的出口市场，其次是东盟。2008年，中国对该两大市场计算机及信息服务出口额合计占该行业出口总额的一半。欧盟在中国计算机及信息服务进口市场中占有最大份额，其次是美国和东盟。

中国香港是我国咨询第一大出口市场，其次是欧盟和美国，占比均超过1/5。中国对其他国家和地区咨询出口的份额较小。中国咨询进口主要来源于欧盟和中国香港，这两大市场占有近一半的份额。尽管2008年中国服务仍然保持较快增长，但从国内、国际环境看，在金融危机的冲击下，外需下降导致服务贸易需求下降，部分行业受影响较大。

（9）服务贸易区域发展不平衡。由于服务贸易的特殊性，我国服务贸易主要集中在沿海发达地区，各地区发展非常不平衡。沿海发达地区由于优越的地理条件和较发达的现代服务业，在运输、保险、计算机及信息、咨询和广告宣传等领域较内陆地区具有明显的优势，是目前中国服务贸易主要的出口地区。其中，北京、上海、广东、浙江和天津列全国服务贸易出口的前列，2005年，仅上海市的服务贸易出口就已占全国的两成左右。

（10）服务贸易管理体制相对落后。我国服务贸易管理相对比较落后，相关的宏观管理机构、部门协调机制、政策环境、法律体系、统计制度等均亟待建立健全。由于历史原因，中国对服务业的定义、统计范畴以及划分标准与发达市场经济国家及国际惯例不完全一致，使统计数据尚有一定差距。在服务贸易统计上也存在着很大的困难，在缺少全面、准确的数据的情况下，很难制定出有针对性的发展政策。

（11）发展服务贸易成为内外关注的焦点。中国在WTO新一轮谈判、建立FTA的谈判以及CEPA谈判中，服务贸易始终是一个热点和焦点问题。按照CEPA规定，中国内地自2004年1月1日起，在物流、分销、视听、旅游、电信、银行、保险等27个服务贸易领域扩大对中国香港和澳门的开放。全国各地对发展服务贸易的积极性较高，许多地方也把加快现代服务业的发展、扩大服务贸易出口作为当地经济发展的重要战略之一。上海市提出了"服务贸易与货物贸易并举"的工作指导思想，探索建立政府管理部门与行业协会联手推进服务贸易发展的体制，在全国率先筹建成立国际服务贸易协会。上海、江苏、天津、北京、湖北等省市的商务主管部门已经设立了服务贸易处。

总体来说，目前中国服务贸易发展态势良好，虽然中国的服务贸易发展不处在领先地位，占外贸进出口总额的比重还比较低，服务贸易结构也有待进一步优化和改善，但这也说明中国服务贸易发展潜力很大，将成为今后中国外贸发展的重要增长点。中国应当像当年把握制造业国际产业转移的机遇那样来把握当前服务业转移的机会，应当像抓货物贸易一样来抓服务贸易的发展，发展货物贸易时成功采取的鼓励政策同样适用于服务贸易的发展。

3. 中国服务业及服务贸易发展存在的问题

在全球服务贸易自由化进程加快的背景下，中国服务贸易无论是发展速度还是发展规模都取得了不小的成绩，然而目前对外服务贸易依然存在整体水平不高、贸易逆差较大、国际竞争力较弱、管理体制滞后等诸多问题。

（1）服务贸易发展落后于货物贸易，但发展速度较快。目前，中国服务贸易规模继续扩大，但总体发展水平落后于货物贸易，这一情况与世界多数国家基本一致。如表7-20所示，服务贸易占比最小的是中国（11.5%），低于世界平均水平8.1个百分点。

表7-20　2013年世界主要国家（地区）服务贸易与货物贸易状况　　　　亿美元

国家/地区	对外贸易总额	服务贸易		货物贸易	
		金额	占比/%	金额	占比/%
美国	49 870	10 997	22.1	38 873	77.9
德国	32 420	6 020	18.6	26 400	81.4

续表

国家/地区	对外贸易总额	服务贸易		货物贸易	
		金额	占比/%	金额	占比/%
日本	18 530	3 050	16.5	15 480	83.5
英国	16 580	4 630	27.9	11 950	72.1
法国	16 820	4 210	25.0	12 610	75.0
意大利	12 120	2 170	17.9	9 950	82.1
中国	46 996	5 396	11.5	41 600	88.5
西班牙	8 900	2 350	26.4	6 550	73.6
荷兰	15 170	2 630	17.3	12 540	82.7
印度	10 580	2 800	26.5	7 780	73.5
世界	456 300	89 650	19.6	366 650	80.4

资料来源：中华人民共和国商务部．中国服务贸易统计（2014）[M]．北京：中国商务出版社，2014．

虽然中国服务贸易总体发展水平落后于货物贸易，但在增速上却快于货物贸易。图7-5显示了1991—2009年服务贸易和货物贸易的增速对比，整体上服务贸易增速高于货物贸易，而且即使受到金融危机的影响，货物贸易的下降幅度也要显著高于服务贸易，货物贸易受到的负面影响明显大于服务贸易。

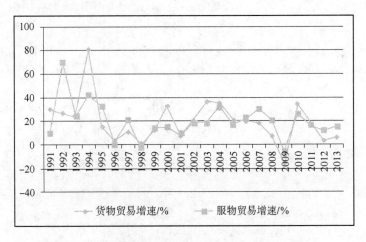

图7-5 中国服务业增加值占比与若干国家的比较/%

（2）服务贸易整体竞争力不强，部门竞争力差异较大。

由表7-21可知2004—2011年中国服务贸易一直呈现逆差，CAI指数均小于零。其中2004—2008年以后服务贸易总体竞争力处于上升态势，然而受到金融危机的影响，服务净出口差额有所扩大，导致2009年该指数进一步下降到最低点-0.10。这反映出我国服务贸易虽然保持了较高的增长速度，但总体竞争力不强，服务贸易较货物贸易处于比较劣势地位。

表7-21 2004—2011年中国服务贸易各部门CAI指数

年份	2004	2005	2006	2007	2008	2009	2010	2011
总体	-0.07	-0.06	-0.05	-0.03	-0.04	-0.10	-0.09	-0.13
运输	-0.34	-0.30	-0.24	-0.16	-0.13	-0.33	-0.30	-0.39
旅游	0.15	0.15	0.17	0.11	0.06	-0.05	-0.09	-0.20
通信	-0.03	-0.11	-0.02	0.04	0.02	0.01	0.04	0.18
建筑	0.05	0.23	0.15	0.30	0.41	0.23	0.48	0.60
保险	-0.88	-0.86	-0.88	-0.84	-0.80	-0.75	-0.80	-0.74
金融	-0.19	-0.05	-0.72	-0.41	-0.30	-0.27	-0.02	0.06
计算机及信息	0.13	0.06	0.26	0.33	0.33	0.34	0.52	0.52
专利权使用费和特许费	-0.90	-0.94	-0.94	-0.92	-0.90	-0.93	-0.88	-0.90
咨询	-0.20	-0.07	-0.03	0.03	0.15	0.16	0.20	0.21
广告宣传	0.10	0.20	0.20	0.18	0.06	0.07	0.17	0.18
电影音像	-0.62	-0.07	0.06	0.35	0.25	-0.50	-0.50	-0.53
其他商业服务	0.31	0.29	0.27	0.19	0.06	0.14	0.21	0.28

资料来源：历年中国国际收支平衡表数据经计算获得。

从中国服务贸易各部门来看，CAI指数大于零的有通信、建筑、计算机及信息、咨询、广告宣传、其他商业服务；从数值上看，其他商业服务的CAI指数平均值最高，达到0.23，其次是建筑服务，达到0.17；CAI指数值较高的部门有旅游、通信、计算机及信息、广告宣传；CAI指数值较小的部门有运输、保险、金融、专利权使用费和特许费、咨询。

运输服务是传统的劳动密集型行业，其贸易竞争力呈上升态势，从2001年的-0.42增至2008年的-0.13，2009年又有所下降（-0.33），相比发达国家运输服务的技术、资本密集发展势头，中国运输服务的贸易竞争力还有待进一步提高。旅游服务一直是我国服务贸易中所占比重最大的行业，基本处于贸易优势地位，平均值达到0.1，但地位并不牢固，2009年该数值下降为负值。在保险、金融、咨询、通信等传统的技术、资本密集型服务业中，我国都处于比较劣势，尤其是专利权使用费和特许费，2001—2009年CAI指数值分别为-0.89、-0.92、-0.94、-0.90、-0.94、-0.94、-0.92、-0.90、-0.93，平均值为-0.92，这表明近些年来该服务部门几乎只有进口没有出口。因此，现代服务业的出口规模虽然有所提高，但相对其他国家贸易竞争力仍然较弱。

贸易竞争力指数（Trade Competitive Power Index，简称TC指数）又称为比较优势指数，是对一国（地区）服务贸易国际竞争力进行分析时比较常用的测度指标之一，它表示一国进出口贸易的差额占其进出口贸易总额的比重，常用于测定一国某一产业的国际竞争力。该指标作为一个与贸易总额的相对值，无论进出口的绝对量是多少，它均在±1之间。指数值越接近0表示竞争力越接近平均水平；指数值越接近于1则竞争力越大，等于1时表示该产业只出口没有进口；指数值越接近于-1表示竞争力越薄弱，等于-1表示该产业只进口没有出口。其计算公式为：（某国某种商品的出口-某国该种商品的进口）/（某国某种商品的出口+某国该种商品的进口）。2005—2014年中国服务贸易TC指数见表7-22。

表7-22 2005—2014年中国服务贸易TC指数

年份项目	2005	2006	2007	2008	2009	2010	2011	2012	2013	2014
运输	-0.296 8	-0.241 9	-0.159 5	-0.134 2	-0.327 6	-0.297 4	-0.386 7	-0.376 3	-0.429 3	-0.430 9
旅游	0.146 8	0.164 9	0.110 4	0.061	-0.048	-0.090 4	-0.199 4	-0.341 9	-0.427	-0.486 8
通信	-0.090 9	0	0.043 5	0.032 3	0	0.043 5	0.184 3	0.042 2	0.008 7	-0.115 6
建筑	0.238 1	0.145 8	0.301 2	0.408 2	0.233 8	0.479 6	0.595 1	0.543 9	0.465 2	0.518 4
保险	-0.870 1	-0.892 5	-0.844 8	-0.808 5	-0.751 9	-0.8	-0.735	-0.721 8	-0.693 9	-0.661 5
金融	0	-0.7	-0.375	-0.333 3	-0.272 7	-0.037	0.064	-0.010 3	-0.073 7	-0.043 2
计算机及信息服务	0.058 8	0.255 3	0.323 1	0.326 3	0.340 2	0.512 2	0.520 8	0.579 8	0.441 5	0.369
专利权使用费和特许费	-0.945 5	-0.941 2	-0.917 6	-0.889 9	-0.921 7	-0.884 1	-0.903 8	-0.888 9	-0.919	-0.941 9
咨询	-0.078 3	-0.037	0.031 1	0.145 6	0.162 5	0.203 2	0.208 9	0.251 1	0.264 3	0.236 8
广告宣传	0.222 2	0.208 3	0.187 5	0.073 2	0.093	0.163 3	0.181 9	0.262 8	0.22	0.132 5
电影音像	0	0	0.4	0.285 7	-0.5	-0.4	-0.529	-0.636 1	-0.683 4	-0.666 3
其他商业服务	0.285 2	0.271	0.192 9	0.059 1	0.135 6	0.348 5	0.120 4	0.184 6	0.246 7	-0.888 7
别处未提及的政府服务	-0.090 9	0.090 9	-0.2	-0.187 5	0.058 8	-0.095 2	-0.172 9	-0.024 9	0.014 8	-0.315 8

数据来源：根据2005—2014年中国国际收支平衡表。

从表7-22中可以看出，我国大多数服务行业贸易竞争力较弱，特别是在保险、专利权使用费和特许费等领域竞争力极弱，服务贸易从总体上看国际竞争力不强。

（3）服务贸易长期逆差，并有进一步扩大的趋势。表7-23显示，2009年中国服务贸易逆差296亿美元，达到历史最高点。1982—1991年，中国服务进出口基本平衡，并有少量顺差。自1992年中国服务贸易首现逆差后，除个别年份（1994年）外，逆差一直存在。

表7-23 中国服务贸易差额   亿美元

年份	1982	1983	1984	1985	1986	1987	1988	1989
服务贸易差额	6	7	2	6	16	19	14	9
年份	1990	1991	1992	1993	1994	1995	1996	1997
服务贸易差额	16	30	-1	-6	6	-62	-18	-32
年份	1998	1999	2000	2001	2002	2003	2004	2005
服务贸易差额	-26	-38	-58	-61	-67	-85	-95	-93

续表

年份	2006	2007	2008	2009	2010	2011	2012	2013
服务贸易差额	-89	-77	-115	-296	-219.3	-549.2	-897	-1 184.6

年份	2014	2015	2016	2017	2018
服务贸易差额	-1 599.3	-1 778	-2 409	-2 377	-2 555

资料来源：中国服务贸易网，2015年世界服务贸易数据来自世界贸易组织"2015年国际贸易统计"。

近些年来，中国服务贸易逆差出现不断扩大的态势。2007年逆差达到77亿美元，2018年逆差为2 555亿美元，2018年逆差较2007年扩大了33倍。

（4）服务贸易管理体制滞后、法律法规不健全。目前我国商务部主要负责服务贸易整体管理工作，负责服务贸易战略和政策制定、国际多边谈判、服务业利用外资政策等事务。但我国服务贸易管理体制仍存在不少缺陷，宏观管理机构、部门协调机制、政策环境、法律体系、统计制度等仍有很大改革空间，主要是服务贸易缺乏统一的协调管理部门，各管理部门之间权责不明，中央和地方协调性不强，各行政管理部门交流不足，缺乏成熟的规范化的服务贸易统计体系，统计过程透明度不高等。目前，各个相关部门在服务贸易领域实行多头管理，容易造成责任不明确、交叉和条块分割、经营秩序混乱以及行业垄断，进而阻碍服务贸易的健康发展。

在服务贸易法律法规方面，虽然已陆续颁布了一批涉及国际服务贸易的重要文件，比如《海商法》《保险法》《中央银行法》《广告法》《建筑法》和《律师法》等，但与服务贸易所需要的法律法规相比仍存在较大差距。由于受市场化程度和开放程度等因素的制约，服务贸易法律法规还不够健全，服务贸易立法层次较低，缺少一部统一的服务贸易领域基本法；对一些重要的服务行业如旅游、电信等领域的投资立法尚不完备，许多法律法规条文抽象、模糊，缺乏可操作性，不同法规之间存在漏洞和矛盾，相互冲突，损害了法律法规的权威性和执行力。

4. 中国服务贸易的发展趋势

（1）服务贸易的进出口规模将继续扩大。随着服务贸易在世界经济中的地位不断提升，各国积极推进多边服务贸易自由化进程，特别是发达国家经济利用服务业发展的领先优势，通过谈判开放服务业市场和促进服务业进出口。另外，区域贸易自由化的蓬勃发展使其服务贸易自由化水平超过了GATS。多边和区域贸易自由化背景下，中国服务贸易必将进入快速发展的通道。

（2）商业存在形式的服务贸易稳定增长。全年外商直接投资（不含银行、证券、保险领域）新设立企业40 888家，比上年下降32.5%。实际使用外商直接投资金额9 415亿元，增长5.8%，折1 381亿美元，增长2.4%。其中"一带一路"沿线国家对华直接投资新设立企业5 591家，增长24.8%；对华直接投资金额（含通过部分自由港对华投资）576亿元，增长36.0%，折84亿美元，增长30.6%。全年高技术产业实际使用外资2 660亿元，增长25.6%，折391亿美元，增长21.7%。具体见表7-24（a）。

表 7-24（a） 2019 年非金融领域外商直接投资及其增长速度

2019 年非金融领域外商直接投资及其增长速度				
行业	企业数/家	比上年增长/%	实际使用金额/亿美元	比上年增长/%
总计	40 888	-32.5	9 415	5.8
其中：农、林、牧、渔业	495	-33.2	38	-27.9
制造业	5 396	-12.3	2 416	-11.0
电力、燃气及水生产和供应业	295	3.9	239	-17.6
交通运输、仓储和邮政业	591	-21.6	309	-1.6
信息传输、计算机服务和软件业	4 295	-40.5	999	29.4
批发和零售业	13 837	-39.5	614	-4.5
房地产业	1 050	-0.3	1 608	8.0
租赁和商务服务业	5 777	-36.5	1 499	20.6
居民服务和其他服务业	361	-25.6	37	-0.4

资料来源：中华人民共和国"2019 年国民经济和社会发展统计公报"。

全年对外非金融类直接投资额 7 630 亿元，比上年下降 4.3%，折 1 106 亿美元，下降 8.2%。其中，对"一带一路"沿线国家非金融类直接投资额 150 亿美元，下降 3.8%。具体见表 7-24（b）。

表 7-24（b） 2019 年非金融领域对外直接投资额及其增长速度

2019 年非金融领域对外直接投资额及其增长速度		
行业	对外直接投资金额/亿美元	比上年增长/%
总计	1 106.0	-8.2
其中：农、林、牧、渔业	15.4	-13.0
采矿业	75.2	-18.5
制造业	200.8	6.7
电力、热力、燃气及水生产和供应业	25.2	-20.5
建筑业	85.1	15.6
批发和零售业	125.7	18.6
交通运输、仓储和邮政业	55.5	-4.3
信息传输、软件和信息技术服务业	61.8	-10.5
房地产业	48.2	-22.0
租赁和商务服务业	355.6	-20.3

资料来源：中华人民共和国"2019 年国民经济和社会发展统计公报"。

全年对外承包工程完成营业额 11 928 亿元，比上年增长 6.6%，折 1 729 亿美元，增长 2.3%。其中，对"一带一路"沿线国家完成营业额 980 亿美元，增长 9.7%，占对外承包工程完成营业额比重为56.7%。对外劳务合作派出各类劳务人员49万人。

（3）服务外包是服务贸易的新一轮增长点。在生产客服化、服务流程数字化和模块化以及国际竞争日趋激烈等因素的共同推动下，国际服务外包迅速发展。跨国服务转移的内容十分丰富，包括后台服务、信息技术、人力资源管理和培训、采购、客户服务、物流、研究开发等。美国CIO Insight杂志公布的《2005年全球外包发展报告》综合考虑外包东道国的成本和风险后指出，2005年全球外包指数印度名列第一、中国位列第二，同时预测2015年全球外包指数中国将名列榜首，成为世界上最具吸引力的外包业务提供商。

7.4.2 中国促进服务贸易发展的策略及政策

《关于加快发展服务业的若干意见》明确了我国服务贸易发展的总体目标。在当前全球服务业加快转移重组和国内大力发展服务业和服务贸易的背景下，中国服务贸易发展同时面临机遇和挑战。面对来自发达国家、新兴经济体和发展中国家日趋激烈的竞争，加之自身总体发展水平较低、统计体系不健全、管理体制落后、部门结构不平衡、地区分布过于集中等诸多问题，中国发展服务贸易应在充分利用各方面有利因素的基础上，抓住机遇、用好政策，推动中国服务贸易快速、健康和可持续发展。

1. 完善管理体制机制，促进行业组织发展

首先，要明确对外服务贸易的管理机构，加强服务业和服务贸易各管理部门间的协调，建立以服务贸易主管部门为核心，各有关部门密切配合的部际联系工作机制。主管部门应根据需要，抓紧完善服务贸易发展指导目录，进一步明确行业发展重点及支持方向。其次，要遵循市场经济规律，加快培育社会化、专业化、规范化的全国性服务贸易管理组织，整合行业资源、加强对外宣传、提升行业形象，充当政府和企业之间沟通的桥梁。对服务业的管理并非通过政府经济或行政手段直接干预服务业市场，而是在相关政策引导下进行法制化管理，利用半官方和非官方的行业协会或同业组织引导进行自我约束和管理。与此同时，还应根据不同地区服务贸易的发展特点和优势，以长三角、珠三角、环渤海地区和中西部地区重点城市为依托，建设国家级"服务贸易示范区"，培育服务出口主体和增长带，借其辐射作用引导和促进中国服务贸易快速发展。

2. 健全服务贸易统计，构建出口促进体系

是否具备符合国际通行准则的服务贸易统计体系，进而科学有效地开展服务贸易统计，是服务贸易政策效果能否显现的重要条件。第一，应该加快建立统一、全面、协调的服务贸易统计调查制度和信息管理制度，完善服务贸易统计调查方法和指标体系，构建政府统计、行业统计、企业统计和社会抽样调查互为补充的服务贸易统计调查体系，健全服务贸易统计信息发布制度。第二，应该加强对服务贸易结构变化及其对国民经济影响的分析，不定期发布服务进出口报告、行业报告和国别市场报告等。与此同时，政府应构建服务出口促进体系。例如，政府应及时发布政策法规、行业资讯、企业动向、市场动态、贸易机会、统计数据、研究分析等信息，也可以通过设立服务出口促进机构、举办国内服务业综合性展会、加强与境外服务贸易促进机构的合作等，积极推动国内服务业企业"走出去"。

3. 加快服务业立法和服务贸易的法规建设

加快服务业立法，建立系统的服务贸易法规体系至少涉及以下几方面的内容：a. 建立健全既符合本国经济发展目标又不违背国际通行准则的法律法规；b. 在立法方面为涉外服务经济提供透明、便利和公平的法律环境,比如提高政法服务水平、提升办事效率、简化审批环节、转变政府职能、强化对商会及行业协会的管理等;c. 立法应为服务预警和防范安全提供保障,比如建立情报检测系统、完善反不正当竞争法和反垄断法等;d. 在立法上保障服务业海外投资的权益,使企业快速"走出去"并获得收益;e. 以法律法规对服务市场准入、服务贸易税收、服务业投资等相关领域形成条款,增加服务贸易管理的透明度。

4. 注重服务人才培养,加速企业自主创新

首先,需要造就一批精通业务、熟悉规则、掌握外语、涉外工作能力强的服务贸易复合型人才。在人才培养方面,应鼓励和引导高等院校建立与发展服务贸易相适应的学科专业,支持高等院校、职业院校、科研院所和有条件的服务业企业建立服务贸易实习实训基地,鼓励创建服务人才培养基地。可以考虑对符合条件的服务出口企业聘用的中国籍人员,按规定给予商务赴港澳地区、赴国外的便利。其次,通过对现有人员的短期培训,使之尽快熟悉《服务贸易总协定》及中国发展服务贸易面临的挑战和机遇。再次,鼓励教育、科技、人事和劳动保障等部门按照服务贸易发展需要,调整、完善以及规范职业资格和职称制度,设置相应的职业资格和职称。最后,应落实各项吸引和培养服务出口人才的政策措施,建立健全激励机制,加大力度引进金融、保险、信息、中介等行业的急需人才。与此同时,还应为服务业企业进行自主创新给予扶持,增加服务业研发和基础设施的投入。政府应积极引导企业参与全球服务业竞争,继续开放服务业市场,有效利用外资,有序承接现代服务业转移,改进外汇与资本流动管理,支持服务业企业到境外投资。

5. 夯实服务业基础,提升服务业发展水平

对外服务贸易的基础是国内服务业,各国服务贸易的竞争实际上是服务业的竞争,服务业发展对服务贸易竞争力具有决定性作用。随着服务业在各国国民经济中逐渐取代其他经济部门而居于主导地位,国际服务贸易顺势蓬勃发展起来。当然,发展服务贸易反过来又会推动国内服务业进步。服务业和服务贸易相互影响、协同发展。服务业发展对国民经济的拉动作用越来越明显,比如服务业对就业的影响不仅表现在增加就业岗位上,而且能够提升就业质量、改善就业结构。近些年来,服务业在吸纳一二产业劳动力转移上发挥了突出作用,服务业增加值占 GDP 的比重每增加 1 个百分点,可以为 48.2 万人提供就业机会。

6. 提升服务贸易内外开放水平,兑现承诺

一般而言,服务贸易对内全面开放、自由化有利于国内服务提供商短时间内迅速发展起来,而对于外国服务提供商应有条件兑现承诺并适当加以限制。当前贸易自由化趋势使制定和实施促进服务业发展政策的空间越来越小,但政府仍可在许多方面影响服务业发展,比如税收和市场准入管制、基础设施规划和管理、服务提供和购买限制等。坚持服务业开放和服务贸易自由化并不是无条件的,应注重在开放中逐步培育和增强自身竞争力。在此过程中,需要坚持服务贸易政策透明,同时运用多种手段和渠道为国内服务出口企业和海外进口商提供全方位的信息服务。

7. 出台配套支持服务贸易发展的政策措施

(1)借鉴高新技术产业税收优惠政策,采取适用于服务贸易的税收鼓励措施,比如可将企业实际发生的研究开发费用按有关规定享受所得税抵扣优惠。

(2)实行有利于服务业发展的土地政策,在制订城市和土地规划时,应给予服务贸易发展以政策偏向,比如在年度土地供应时适当考虑服务贸易发展需求等。

(3) 鼓励各类金融机构在不影响信贷风险的前提下，利用金融支持手段帮助服务贸易企业，比如保险公司可在国家出口信用保险政策范围内为服务出口项目提供保险支持等。

(4) 整合服务领域的财政扶持资金，综合运用贷款贴息、经费补助和奖励等多种方式促进服务贸易发展，比如鼓励外国资本、民间资本和社会资本进入服务贸易领域，拓宽服务业企业融资渠道，多方筹集服务贸易发展资金。

(5) 刺激服务业企业的技术创新，推动有竞争力的企业形成一批拥有自主知识产权并具有较强竞争力的大型服务贸易企业或企业集团。

7.4.3 中国促进服务贸易发展的对策

《关于加快科技服务业发展的若干意见》部署培育和壮大科技服务市场主体，创新科技服务模式，延展科技创新服务链，促进科技服务业专业化、网络化、规模化、国际化发展，为建设创新型国家、打造中国经济升级版提供重要保障。这是国务院首次对科技服务业发展作出的全面部署。近年来，我国科技服务业发展势头良好，服务内容不断丰富，服务模式不断创新，新型科技服务组织和服务业态不断涌现，服务质量和能力稳步提升。但总体上我国科技服务业仍处于发展初期，存在着市场主体发育不健全、服务机构专业化程度不高、高端服务业态较少、缺乏知名品牌、发展环境不完善、复合型人才缺乏等问题。加快科技服务业发展，是推动科技创新和科技成果转化、促进科技经济深度融合的客观要求，是调整优化产业结构、培育新经济增长点的重要举措，是实现科技创新引领产业升级、推动经济向中高端水平迈进的关键一环，对于深入实施创新驱动发展战略、推动经济提质增效升级具有重要意义。

1. 明确重点发展任务

重点发展研究开发、技术转移、检验检测认证、创业孵化、知识产权、科技咨询、科技金融、科学技术普及等专业科技服务和综合科技服务，提升科技服务业对科技创新和产业发展的支撑能力。

(1) 研究开发及其服务。加大对基础研究的投入力度，支持开展多种形式的应用研究和试验发展活动。支持高校、科研院所整合科研资源，面向市场提供专业化的研发服务。鼓励研发类企业专业化发展，积极培育市场化新型研发组织、研发中介和研发服务外包新业态。支持产业联盟开展协同创新，推动产业技术研发机构面向产业集群开展共性技术研发。支持发展产品研发设计服务，促进研发设计服务企业积极应用新技术提高设计服务能力。加强科技资源开放服务，建立健全高校、科研院所的科研设施和仪器设备开放运行机制，引导国家重点实验室、国家工程实验室、国家工程（技术）研究中心、大型科学仪器中心、分析测试中心等向社会开放服务。

(2) 发展技术转移及检验检测认证服务。发展多层次的技术（产权）交易市场体系，支持技术交易机构探索基于互联网的在线技术交易模式，推动技术交易市场做大做强。鼓励技术转移机构创新服务模式，为企业提供跨领域、跨区域、全过程的技术转移集成服务，促进科技成果加速转移转化。依法保障为科技成果转移转化作出重要贡献的人员、技术转移机构等相关方的收入或股权比例。充分发挥技术进出口交易会、高新技术成果交易会等展会在推动技术转移中的作用。推动高校、科研院所、产业联盟、工程中心等面向市场开展中试和技术熟化等集成服务。建立企业、科研院所、高校良性互动机制，促进技术转移转化。

加快发展第三方检验检测认证服务,鼓励不同所有制检验检测认证机构平等参与市场竞争。加强计量、检测技术、检测装备研发等基础能力建设,发展面向设计开发、生产制造、售后服务全过程的观测、分析、测试、检验、标准、认证等服务。支持具备条件的检验检测认证机构与行政部门脱钩、转企改制,加快推进跨部门、跨行业、跨层级整合与并购重组,培育一批技术能力强、服务水平高、规模效益好的检验检测认证集团。完善检验检测认证机构规划布局,加强国家质检中心和检测实验室建设。构建产业计量测试服务体系,加强国家产业计量测试中心建设,建立计量科技创新联盟。构建统一的检验检测认证监管制度,完善检验检测认证机构资质认定办法,开展检验检测认证结果和技术能力国际互认。加强技术标准研制与应用,支持标准研发、信息咨询等服务发展,构建技术标准全程服务体系。

(3)发展创业孵化及知识产权服务。构建以专业孵化器和创新型孵化器为重点、综合孵化器为支撑的创业孵化生态体系。加强创业教育,营造创业文化,办好创新创业大赛,充分发挥大学科技园在大学生创业就业和高校科技成果转化中的载体作用。引导企业、社会资本参与投资建设孵化器,促进天使投资与创业孵化紧密结合,推广"孵化+创投"等孵化模式,积极探索基于互联网的新型孵化方式,提升孵化器专业服务能力。整合创新创业服务资源,支持建设"创业苗圃+孵化器+加速器"的创业孵化服务链条,为培育新兴产业提供源头支撑。

以科技创新需求为导向,大力发展知识产权代理、法律、信息、咨询、培训等服务,提升知识产权分析评议、运营实施、评估交易、保护维权、投融资等服务水平,构建全链条的知识产权服务体系。支持成立知识产权服务联盟,开发高端检索分析工具。推动知识产权基础信息资源免费或低成本向社会开放,基本检索工具免费供社会公众使用。支持相关科技服务机构面向重点产业领域,建立知识产权信息服务平台,提升产业创新服务能力。

(4)发展科技咨询及科技金融服务。鼓励发展科技战略研究、科技评估、科技招投标、管理咨询等科技咨询服务业,积极培育管理服务外包、项目管理外包等新业态。支持科技咨询机构、知识服务机构、生产力促进中心等积极应用大数据、云计算、移动互联网等现代信息技术,创新服务模式,开展网络化、集成化的科技咨询和知识服务。加强科技信息资源的市场化开发利用,支持发展竞争情报分析、科技查新和文献检索等科技信息服务。发展工程技术咨询服务,为企业提供集成化的工程技术解决方案。

深化促进科技和金融结合试点,探索发展新型科技金融服务组织和服务模式,建立适应创新链需求的科技金融服务体系。鼓励金融机构在科技金融服务的组织体系、金融产品和服务机制方面进行创新,建立融资风险与收益相匹配的激励机制,开展科技保险、科技担保、知识产权质押等科技金融服务。支持天使投资、创业投资等股权投资对科技企业进行投资和增值服务,探索投贷结合的融资模式。利用互联网金融平台服务科技创新,完善投融资担保机制,破解科技型中小微企业融资难问题。

(5)加强科学技术普及服务。加强科普能力建设,支持有条件的科技馆、博物馆、图书馆等公共场所免费开放,开展公益性科普服务。引导科普服务机构采取市场运作方式,加强产品研发,拓展传播渠道,开展增值服务,带动模型、教具、展品等相关衍生产业发展。推动科研机构、高校向社会开放科研设施,鼓励企业、社会组织和个人捐助或投资建设科普设施。整合科普资源,建立区域合作机制,逐步形成全国范围内科普资源互通共享的格局。

支持各类出版机构、新闻媒体开展科普服务，积极开展青少年科普阅读活动，加大科技传播力度，提供科普服务新平台。

（6）发展综合科技服务。鼓励科技服务机构的跨领域融合、跨区域合作，以市场化方式整合现有科技服务资源，创新服务模式和商业模式，发展全链条的科技服务，形成集成化总包、专业化分包的综合科技服务模式。鼓励科技服务机构面向产业集群和区域发展需求，开展专业化的综合科技服务，培育发展壮大若干科技集成服务商。支持科技服务机构面向军民科技开展综合服务，推进军民科技深度发展。

2. 健全市场机制

进一步完善科技服务业市场法规和监管体制，有序放开科技服务市场准入，规范市场秩序，加强科技服务企业信用体系建设，构建统一开放、竞争有序的市场体系，为各类科技服务主体营造公平竞争的环境。推动国有科技服务企业建立现代企业制度，引导社会资本参与国有科技服务企业改制，促进股权多元化改造。鼓励科技人员创办科技服务企业，积极支持合伙制科技服务企业发展。加快推进具备条件的科技服务事业单位转制，开展市场化经营。加快转变政府职能，充分发挥产业技术联盟、行业协会等社会组织在推动科技服务业发展中的作用。

3. 强化基础支撑

加快建立国家科技报告制度，建设统一的国家科技管理信息系统，逐步加大信息开放和共享力度。积极推进科技服务公共技术平台建设，提升科技服务技术支撑能力。建立健全科技服务的标准体系，加强分类指导，促进科技服务业规范化发展。完善科技服务业统计调查制度，充分利用并整合各有关部门科技服务业统计数据，定期发布科技服务业发展情况。研究实行有利于科技服务业发展的土地政策，完善价格政策，逐步实现科技服务企业用水、用电、用气与工业企业同价。

4. 加大财税支持

建立健全事业单位大型科研仪器设备对外开放共享机制，加强对国家超级计算中心等公共科研基础设施的支持。完善高新技术企业认定管理办法，充分考虑科技服务业特点，将科技服务内容及其支撑技术纳入国家重点支持的高新技术领域，对认定为高新技术企业的科技服务企业，减按15%的税率征收企业所得税。符合条件的科技服务企业发生的职工教育经费支出，不超过工资薪金总额8%的部分，准予在计算应纳税所得额时据实扣除。结合完善企业研发费用计核方法，统筹研究科技服务费用税前加计扣除范围。加快推进营业税改征增值税试点，扩大科技服务企业增值税进项税额抵扣范围，消除重复征税。落实国家大学科技园、科技企业孵化器相关税收优惠政策，对其自用以及提供给孵化企业使用的房产、土地，免征房产税和城镇土地使用税；对其向孵化企业出租场地、房屋以及提供孵化服务的收入，免征营业税。

5. 拓宽资金渠道

建立多元化的资金投入体系，拓展科技服务企业融资渠道，引导银行信贷、创业投资、资本市场等加大对科技服务企业的支持，支持科技服务企业上市融资和再融资以及到全国中小企业股份转让系统挂牌，鼓励外资投入科技服务业。积极发挥财政资金的杠杆作用，利用中小企业发展专项资金、国家科技成果转化引导基金等渠道加大对科技服务企业的支持力度；鼓励地方通过科技服务业发展专项资金等方式，支持科技服务机构提升专业服务能力、搭建公共服务平台、创新服务模式等。创新财政支持方式，积极探索以政府购买服务、"后补助"等方式支持公共科技服务发展。

6. 加强人才培养

面向科技服务业发展需求，完善学历教育和职业培训体系，支持高校调整相关专业设置，加强对科技服务业从业人员的培养培训。积极利用各类人才计划，引进和培养一批懂技术、懂市场、懂管理的复合型科技服务高端人才。依托科协组织、行业协会，开展科技服务人才专业技术培训，提高从业人员的专业素质和能力水平。完善科技服务业人才评价体系，健全职业资格制度，调动高校、科研院所、企业等各类人才在科技服务领域创业创新的积极性。

7. 深化开放合作

支持科技服务企业"走出去"，通过海外并购、联合经营、设立分支机构等方式开拓国际市场，扶持科技服务企业到境外上市。推动科技服务企业牵头组建以技术、专利、标准为纽带的科技服务联盟，开展协同创新。支持科技服务机构开展技术、人才等方面的国际交流合作。鼓励国外知名科技服务机构在我国设立分支机构或开展科技服务合作。

8. 推动示范应用

开展科技服务业区域和行业试点示范，打造一批特色鲜明、功能完善、布局合理的科技服务业集聚区，形成一批具有国际竞争力的科技服务业集群。深入推动重点行业的科技服务应用，围绕战略性新兴产业和现代制造业的创新需求，建设公共科技服务平台。鼓励开展面向农业技术推广、农业产业化、人口健康、生态环境、社会治理、公共安全、防灾减灾等的惠民科技服务。

各地区、各部门要充分认识加快科技服务业发展的重大意义，加强组织领导，健全工作机制，强化部门协同和上下联动，协调推动科技服务业改革发展。各地区要根据本意见，结合地方实际研究制定具体实施方案，细化政策措施，确保各项任务落到实处。各有关部门要抓紧研究制定配套政策和落实分工任务的具体措施，为科技服务业发展营造良好环境。科技部要会同相关部门对本意见的落实情况进行跟踪分析和督促指导，重大事项及时向国务院报告。

核心概念

国际服务贸易外包　数字贸易

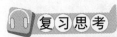

复习思考

1. 简要总结世界服务贸易的发展趋势。
2. 发达国家促进国际服务贸易发展的主要策略有哪些？
3. 中国服务贸易发展存在哪些突出问题？如何应对？
4. 数字技术对全球贸易的影响表现在哪些方面？
5. 试分析中国数字服务贸易的发展策略。

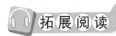

一、全球数字贸易的发展现状及趋势

数字技术不断创新和广泛应用,带来了全球数字贸易的空前发展,并呈现出以下特点。

(一)全球数字贸易规模快速扩张

数字经济快速发展带动国际贸易方式的创新变革,数字贸易成为国际贸易发展的新趋势。目前全球50%以上的服务贸易已经实现数字化,超过12%的跨境货物贸易通过数字化平台实现。预计今后10~15年全球货物贸易、服务贸易分别呈2%、15%左右的比例增长,而数字贸易则呈25%左右的比例高速增长,20年后世界贸易将形成1/3货物贸易、1/3服务贸易、1/3数字贸易的格局。

据MGI研究,跨境数据流呈爆炸性增长趋势。2005—2017年跨境带宽使用量增长了148倍,即时和低成本的数字通信的产生降低交易成本并实现更多的贸易流量,数字平台、物流技术和数据处理技术的进步将继续降低跨境交易成本。此外,还有未纳入统计数据的免费数字服务的跨境流量,包括电子邮件、实时地图、视频会议和社交媒体。

各细分数字贸易领域规模扩张迅速。跨境电商作为重要的数字贸易方式正在快速发展。埃森哲测算,2014—2020年全球跨境电商B2C将保持27%的年均增长。跨境电商消费人群将从2016年的3亿人增加到2020年的9亿人,占全球电商适龄消费人群的1/3,年均增长可能会超过21%。到2030年电子商务可能刺激约1.3万亿~2.1万亿美元的增量贸易,使制成品贸易增加6%~10%。

数字化转型浪潮驱使越来越多的企业将业务从本地数据中心搬到云端,全球云计算市场规模迅速扩张。市场调研机构Canalys《2018年度全球云计算市场调研报告》显示,2018年全球云计算市场总体规模超过800亿美元,同比增长46.5%。以AWS、Azure、Google为代表的三大云服务提供商正在全球构建庞大的数据中心网络。Synergy调研数据显示,2018年全球超大规模数据中心达到430个,增幅11%,还有132个大型数据中心处于规划或建设阶段。全球技术研究和咨询公司信息服务集团(ISG)统计,2018年全球云市场表现显著优于传统服务外包市场。IaaS增长47%达158亿美元,SaaS增长34%达60亿美元;在传统服务领域,ITO增长4%达199亿美元,BPO下降2%为60亿美元。在社交媒体网络领域,2019年We Are Social联合Hootsuite发布的《全球数字报告》显示,截至2019年第2季度,全球活跃社交媒体用户已达35亿人,其中98%为移动端用户。庞大的社交媒体规模正在催生全新的商业模式并逐渐成为最大的互联网用户市场,给企业品牌塑造、广告营销、电商交易带来不可估量的价值。在数字内容市场领域,据Statista预测,全球数字图书市场规模以4.1%的复合年均增长率(CAGR),到2021年规模达到131.4亿美元;全球数字图书用户到2021年将增加至6.06亿人。在数字广告市场领域,普华永道(PwC)发布的报告显示,2017年全球数字广告市场规模达880亿美元,其中移动广告占56.7%。在数字娱乐领域,国际唱片协会IFPI发布的《2019年全球音乐产业报告》显示,数字音乐收入已经占全球音乐产业收入的58.9%。

（二）美欧日等发达经济体仍是全球数字贸易的引领者

美国占据全球 36% 的 B2B 销售额，其后是英国（18%）、日本（14%）、中国（10%）。美国中小企业基于互联网的货物和服务出口增长率超过了总出口增长率。发达国家正在不遗余力地推动全球数字贸易规则，试图在数字贸易中继续抢占先机。目前美国数字经济全球占比约为 35%，1997—2017 年美国数字经济平均年增长率为 9.9%，比 GDP 增长率高 4 倍。近年来，欧盟致力于构建数字单一市场。欧洲数字经济全球占比为 25%，仅次于美国。目前利用 eBay 从事出口业务的欧盟公司出口范围平均达 27 个出口国。分地区来看，中欧数字贸易出口的国家和地区最多，北欧和西欧国家相对比较富裕，对电子商务的发展重视程度要比南欧和中欧弱。

（三）发展中国家和地区潜力较大

从中长期看，发展中经济体凭借巨大的市场空间和不断缩小的技术差距，具有发展数字贸易的巨大潜力。"一带一路"沿线国家跨境电子商务（B2B 出口）占全球的比重为 12.5%。开放政策助力沿线国家数字贸易发展。2017 年 12 月，中国、埃及、老挝、沙特、塞尔维亚、泰国、土耳其和阿联酋等国代表共同发起《"一带一路"数字经济国际合作倡议》，从提高宽带质量、数字化转型、电子商务合作、互联网创业、中小企业发展、数字化培训、通信投资、数字包容性等多个方面为数字贸易跨国合作奠定了基础。印度推出了"数字印度"计划建设全国宽带网，并制定相关政策鼓励互联网公司上市；俄罗斯发布了《2024 年前俄联邦发展国家目标和战略任务》，从立法和国际战略层面高度重视数字贸易发展；哈萨克斯坦发布了《哈萨克斯坦"第三个现代化建设"：全球竞争力》，提出了推动国家经济数字化发展、增强国家竞争力的主要任务。

（四）互联网基础设施不断改善，为数字贸易发展提供动力

TeleGeography 报告显示，全球带宽从 2011 年约 70 兆位/秒（Tbps）增长到 2015 年的 300 兆位/秒，这种扩展带来了全球互联网流量从 2007 年的 2 000 GB/s 增长到 2016 年的 26 600 GB/s，年均增长 33%。截至 2017 年 2 月，共有 428 个现役海底电缆系统连接六大洲，许多海底电缆系统能够传输 100 Gbps 的波长，提高了总传输能力。2018 年 GWI 报告显示，全球智能手机拥有量超过 PC/手提电脑，87% 的网民都拥有一部智能手机，由此带动全球移动数据总量迅速增长。据统计，2016 年 69% 的流量来自 4G 设备，5G 将进一步提速移动互联网，更有力地促进全球数字贸易的增长。

（五）数字贸易规则成为未来全球贸易规则重构和竞争焦点

（1）数字贸易规则已经成为多边和双边贸易谈判的重要议题。据 WTO 统计，截至 2018 年 8 月生效并向 WTO 通报的 286 个区域贸易协定中，共有 217 份协定包括了与数字技术有关的条款，主要涉及市场准入、通信和数字监管框架、知识产权保护、电子政务管理、无纸化贸易等规则以及在数字技术和电子商务等方面的合作。美欧日为代表的发达经济体，凭借技术领先优势主导全球数字贸易规则的方向，并在国内政策导向和国际谈判中坚持数字贸易开放原则。2019 年 G20 大阪峰会日本提出基于信任的跨境数据流动，建立数据流通联盟在与会国间达成广泛共识，24 个国家和地区在《大阪数字经济宣言》上签字，承诺致力于推动全球数据的自由流通并制定可靠规则。

(2) 分化性数字贸易政策对各国间监管互认构成严峻挑战。在数字贸易呈现战略性竞争的背景下，不少经济体正在追求分化性的数字贸易政策，主要体现在监管方法不同、适用的监管领域各异。发展中国家在数字经济政策、跨境数据流动规则等方面处于防御地位。如印度、印尼以及南非等国对全球电子商务谈判持反对意见，特别是对于跨境数据自由流动，均拒绝在《大阪数字经济宣言》上签字。印度主张将数据存储本地化。

(3) 多边规则滞后制约了全球数字服务贸易发展。总体来看，全球数字贸易规则制定滞后于发展实践。在多边层面，目前WTO并没有针对数字贸易出台专门规则，相关规则多散见于WTO框架下的一些协定文本及其附件。如《服务贸易总协定》(GATS)、《信息技术协定》(ITA)、《与贸易相关的知识产权协议》(TRIP)、《全球电子商务宣言》等。由于对数字技术发展变革缺乏预见性，且掣肘于多哈回合的谈判效率，上述多边数字贸易规则在文本设计和操作层面都面临新的挑战。①

二、数字服务贸易相关管理措施的产生及主要政策

(一) 数字服务贸易管理措施的产生

数字服务贸易作为一种新型的贸易模式，对传统的贸易规则和监管模式提出挑战，产生了诸多新领域和新的管理问题。数字服务贸易的发生主要经历了以下过程：首先需要具备数据连接的基础设施，这涉及互联网和无线网络建设等。然后交易的双方主体通过数字网络技术实现跨境的数据流动并在线进行信息交换，根据各自的需求获得产品和服务信息，确定双方同意的合同内容达成交易意向，通过在线支付系统实现交易并缴纳相关税务。最后在不侵犯其他权益保护的情况下获得产品和服务。整个数字服务贸易的发生过程，最主要的特点是数字基础设施的连接和数据作为基本要素的跨境流动，并产生了数据安全、电子合同、第三方金融、数字知识产权保护等多个新领域，这些新领域对涉及的财政税收、市场准入、监管措施、法律法规等方面产生冲击，急需构建新型的管理措施和政策来应对。

数字服务贸易的管理措施大体分为促进和保护两种类型，对内表现为各国自身在监管中的探索，对外则是各国之间贸易规则的谈判。在数字服务贸易的促进方面，主要有以下内容：一是数字基础设施建设，保障本国的数字提供能力和连接能力，这确保了数字服务贸易双方可以有效获取信息和建立链接，是数字服务贸易发生的基础。二是贸易发生过程中的资金流动，需要有相关的数字支付手段和平台，也需要双方所在国家金融账户下的资金流动。三是消除市场垄断，防止贸易供应商由于市场准入和不公平竞争而产生垄断，从而提高消费者的福利水平。在数字服务贸易保护方面，主要涉及以下内容：一是在建立数字链接的同时，保护好个人隐私及对国家安全十分重要的关键数据信息。二是制定贸易双方认同的合同规则，确保贸易双方利益不受损失。三是确保跨境数字交易过程中资金流动的安全。四是保护贸易内容中所涉及的知识产权，确保产权人利益不受损失。

---

① 王晓红，谢兰兰. 我国数字贸易与软件出口的发展及展望 [J]. 开放导报，2019 (5)：19-28.

（二）影响数字服务贸易发展的主要限制性政策内容

为了明晰阻碍数字服务贸易发生和发展中存在的限制性政策，并度量其对数字服务贸易的影响，OECD 构建了数字服务贸易限制性指数（Digital Services Trade Restrictiveness Index）。服务贸易限制性指数是在 OECD 服务贸易限制性指数的基础上进行改造和补充，对在服务贸易数字化进程中，阻碍数字服务贸易发展的各国限制性政策进行识别和量化，主要关注任何影响数字服务贸易的跨境政策性阻碍。

Janos Ferencz（2019）基于服务贸易限制性指数的相关政策基础，结合数字贸易特有的政策壁垒，首先构建了数字服务贸易限制性指数，确定了影响 22 个服务领域的限制性措施，包括了处于数字化转型前沿的一些服务业，比如计算机、视听、分销、金融和电信服务，将主要影响数字服务贸易发展的壁垒分为五大领域：基础设施和连通性、电子交易、支付系统、知识产权、其他影响数字化服务贸易的壁垒。

基础设施和连通性中，主要涵盖了数字贸易中建设基础设施的相关措施。它反映了网络运营商之间互联性的相关规定对无缝式信息交流（seamless communication）的保障程度，也反映了限制或者阻碍通信服务使用的措施，其中包括了跨境数据流动和数据本地化政策等内容。

电子交易项下，主要包括签发电子商务活动许可证的歧视性调节、在线税务登记的可能性及非居民企业申报、国际公认电子合同准则、抑制电子认证（如电子签名）使用和缺乏有效的争议解决机制等政策内容。

支付系统项下，主要反映了影响电子支付的措施。它包括特定支付方法权限的相关措施，并评估了国内支付交易安全标准是否与国际标准一致。此外，它还涵盖了其他领域未涵盖的网上银行相关限制。

知识产权项下，主要涵盖了在知识产权保护方面给予外资企业和个人平等的版权和商标权保护政策，反映了在解决版权和商标侵权事件时适当的执行机制，包括网上发生的版权和商标侵权事件。

其他影响数字化服务贸易的壁垒中，主要包括影响跨境数字贸易的履行要求（performance requirements）（如强制性使用当地的软件和加密技术或强制性技术转让）、下载和流媒体限制、网络广告限制、商业或当地存在要求、缺乏针对网上反竞争实践的有效补偿机制等。[①]

三、中国数字贸易发展现状

当前数字经济正进入快速发展的新时代，云计算、大数据等数字技术已经融入经济领域的方方面面。数据作为一种新的生产要素，成为驱动全球经济发展的新动能。数字贸易依托数字经济，也展现出蓬勃的生命力和发展潜力。经有关专家测算，目前数据跨境流动对于全球 GDP 的贡献已经超过货物跨境流动的贡献。美国和中国是全球数字贸易的领导者，目前全球排名前十位的互联网巨头均来自美国（七家）和中国（三家）。美国是全球数字技术最发达的国家，其国内成熟的数字产业带动了数字贸易的快速发展，微

---

① 王拓. 数字服务贸易及相关政策比较研究 [J]. 国际贸易，2019（9）：80-89.

软、脸书、谷歌、亚马逊等互联网巨头在全球范围内形成分布广泛的产业网络。中国数字贸易的发展依赖于国内电子商务的崛起和阿里巴巴、腾讯等互联网巨头的壮大。全球化智库（Center for China and Globalization）报告显示，目前中国电子商务交易额全球占比超过40%，并且中国5G技术的突破将持续推动国内传统产业的数字化转型，中国在数字贸易方面拥有强大的发展潜力。全球其他经济体的数字贸易发展相对中美来说较为落后，大多是依托于美国和中国互联网巨头的产业链发展，尚未形成具有全球影响力的大型数字企业。除美、中以外，欧盟在数字贸易方面最具发展潜力，但其域内单一数字化市场尚未建成，数字贸易缺乏发展动力。

数字经济是随着信息技术革命发展而产生的一种新的经济形态，数据作为一种新型生产要素在该经济形态中被广泛应用。二十国集团（G20）杭州峰会发布的《二十国集团数字经济发展与合作倡议》认为，数字经济是指以使用数字化的知识和信息作为关键生产要素，以现代信息网络作为重要载体，以信息通信技术的有效使用作为效率提升和经济结构优化重要推动力的一系列经济活动。

中国的数字经济正处于快速发展阶段，支付宝、腾讯等互联网巨头的崛起带动各种数字经济新模式、新业态如雨后春笋般涌现，并且在中国海量互联网用户的支持下形成了规模庞大的数字经济体系。电子商务、移动支付等产业的创新与发展领先于全球其他国家，并开始对外输出先进的发展经验与理念，中国逐步成为世界公认的数字经济大国。中国信息通信研究院发布的《中国数字经济发展与就业白皮书》显示，2018年中国数字经济规模达到31.1万亿元，占GDP比重为34.8%，相对2017年增长20.9%。在数字产业化方面，2018年中国数字产业化规模达到6.4万亿元，占数字经济整体规模的20.5%，占国内生产总值的7.1%。在产业数字化方面，2018年中国产业数字化规模超过24.9万亿元，同比名义增长23.1%，占数字经济整体规模为79.5%，占国内生产总值为27.6%。在地方数字经济方面，2018年全国有11个省市数字经济规模超过万亿。其中，贵州省和福建省是数字经济发展最快的省份，整体增速超过20%；广东省拥有全国最大的数字经济规模，整体超过4万亿元；北京市数字经济占GDP比重最高，超过50%。腾讯研究院发布的《2019年数字中国指数报告》对中国数字经济规模的测算与信息通讯研究院大体相似，报告显示，2018年中国数字经济总量达到29.91万亿元，位列全球第二，同比提升12.02%。数字经济占国内生产总值比重持续增长，2018年上升为33.22%，同比提升了一个百分点。虽然不同的研究机构对于我国数字经济的统计有所差异，也可能存在统计口径过于宽泛的问题，但是仍然可以清晰看出，中国数字经济正在蓬勃发展，并逐渐成为拉动中国经济增长的新引擎。①

 案例专栏

【案例1】美国如何促进服务贸易增长

美国服务贸易十几年来获得显著增长，继续保持着全球领先优势的主要原因，首先应归

---

① 李钢，张琦. 对我国发展数字贸易的思考 [J]. 国际经济合作，2020（1）：56-65.

功于"国家出口战略"的实施。这是因为，不仅历年《国家出口战略》报告的所有战略、策略、政策、具体措施完全适用于服务贸易出口，而且，更重要的是，根据《国家出口战略》的"商业有限次序"等原则。从一开始，"服务先行"策略就成为《国家出口战略》的最重要内容。

美国促进"服务先行"策略的主要内容是：

1. 加强对外谈判，扩大市场准入

美国政府成功地通过各个多边和双边贸易谈判并签订协议，取得了扩大服务出口的很大进展。在国际市场上，美国的许多有形产品竞争优势正在逐步减弱，但多数服务产品在全球却拥有竞争优势，只是这种优势因世界上许多国家在服务贸易准入上设置"壁垒"而未能达到其应有的程度。因此，要促进美国服务贸易出口，首先就必须通过加强对外谈判，提高各国对美国服务产品的市场准入程度。

按照这一战略指导思想，10多年来，美国在国际多边、双边贸易谈判中不断加强旨在促使外国开放服务市场，为其服务出口提供动力和保障的一系列努力，并且取得了诸多成效和突破。

2. 巩固传统市场，打开新兴市场

1994年美国贸易促进协调委员会（TPCC）在其第二个《国家出口战略》报告中就指出，美国促进服务贸易出口发展的市场战略方针是：服务业出口要巩固传统市场，打开新兴市场，"两个市场"兼顾。所谓传统市场主要是指欧洲和日本，所谓新兴市场，主要是指已确定重点开发的墨西哥、阿根廷、巴西、中国经济区（包括中国香港、中国台湾）、印度、印度尼西亚、韩国、波兰、土耳其和南非等十大市场。

对传统市场的策略主要是：一方面，利用其高新技术产业的优势，不断扩大其计算机信息、软件程序编制和数据库开发等优势服务业的出口；另一方面，根据GATS的成果，要求相关国家开放新的服务贸易领域，在美国相关服务产业和相关公司的配合下与这些国家展开具体谈判。

对于新兴市场，主要是通过谈判和具体的贸易促进措施逐步打开市场。由于新兴市场的政治、经济、社会情况复杂多样，对服务贸易的准入政策差异很大，所以，美国十几年来在服务贸易出口方面对新兴市场做了大量针对性调查，根据不同地区的不同情况采取不同的策略，并通过美国贸易代表办公室的谈判为服务出口公司提供更好的市场准入机会。

3. 与企业密切合作，注重务实性、技术性出口促进措施

美国商务部等主要贸易促进机构除了注重通过立法、设立专门机构等手段，建立起较为完善的服务贸易法律、法规体系和促进机制，为服务业和服务贸易的健康、快速发展创造一个良好的制度环境外，特别注重与企业间的密切合作，更多地应用深受服务出口企业欢迎的务实性、技术性出口促进措施。

在促进方式上，大量通过排除政府与企业联合商务团组，包括利用类似于召开中美商贸联委会等双边贸易协商方式开展游说与促进工作，以及举办各种商务对接、商务会议、展览等商务促进活动，帮助企业寻找商机。针对服务出口不同于货物出口的不同特点，举办大量务实性、技术性很强的专业培训活动，帮助分析出口目的地国家的市场和投资做法、消费趋势及习惯等，以帮助中小服务企业提高服务出口技能。

4. 确定重点行业，实施重点支持

美国服务出口重点产业基本上是具有强大竞争优势的旅游、商务与专业技术服务（包括环保、能源等工业服务)、运输、金融、保险、教育、影视娱乐、电信等领域。对重点行业,由商务部分别与能源部、环境保护署、卫生部、教育部等相关机构以及行业协会的官员与专家组成专门的协调委员会,采取有针对性的促进措施。对金融、旅游和商务服务,商务部国际贸易管理局内部则有专门的办公室专司促进。

5. 改进数据采集,加强市场调研

尽管美国的服务贸易统计已经做了大量工作,早在1985年就由国会制定了《国际投资与服务贸易调查法》,其统计数据和统一方法在全球居于领先,但美国总统在1994年第二个《国家出口战略》报告的致信中仍特别指出美国服务贸易统计与"服务先行"策略的要求存在较大差距,要求进一步加以改进完善。为此,从1995年开始,商务部等机构在服务贸易的数据采集和市场分析方面采取了一系列强化措施。10多年来,其服务贸易统计与分析不断改进完善,建立了一整套目前世界上对服务贸易统计量最科学、最完整和最有借鉴价值的统计体系与统计方法。

6. 改进跨部门合作及与各州的合作,提高促进与服务效率

1994年以后,TPCC下专门组成了由各部门专家组成的服务业出口工作小组,主要集中进行跨部门合作与协调、数据采集与分析;共同确定为推动促进工作所必须的各服务行业的专业技术与专家人选;研究建立与民间企业最为有效的联系与沟通办法;共同制订在传统市场和新兴市场的出口促进活动计划与方案。由于服务贸易涉及面很广,有许多州的法律在服务贸易市场准入等方面的规定与双边谈判或多边谈判存在矛盾。因此,"国家出口战略"还要求联邦政府与各州及地方政府建立合作伙伴关系。

从2000年开始,美国发起"贸易协定执行计划",全面跟踪、监督与各国所签贸易协定对方的遵守情况,并作为对外谈判交涉的重要内容。为了加强对贸易协定的监督执行,商务部和美国贸易谈判代表办公室都成立了监督实施办公室,专门负责推动贸易协定的执行。①

思考题

简要总结美国促进服务贸易增长的经验。

【案例2】中印服务贸易竞争力比较

服务贸易规模即服务贸易总量。在近20年的发展中,中国和印度服务贸易都呈现出逐年上升的趋势。2000—2018年,中国服务贸易总额从664.61亿美元增长到7 319.73亿美元,增长了10倍;服务贸易出口从304.3亿美元增长到2 089.58亿美元,增长了约5.87倍;进口从360.31亿美元增长到5 230.15亿美元,增长了13.52倍。与此同时,印度的服务贸易总额增长了9.58倍;服务贸易出口增长了11.55倍;服务贸易进口增长了7.39倍。

从服务贸易出口看,2000年中国服务贸易出口总额是印度服务贸易出口总额的1.87倍。到了2018年,中国服务贸易出口是印度服务贸易出口的1.02倍,近乎持平。中国和印度两国都处于高速增长态势,印度服务贸易出口发展速度要高于中国出口服务贸易。具体来说,中国服务贸易出口平均增长速度为11.30%,而印度服务贸易出口平均增长速度为15.08%。

---

① 资料来源:http://tradeinservices. Mofcom. gov. cn。

2009年，由于全球性金融危机，中国和印度的服务贸易出口额都呈现负增长，而后在2010年和2011年服务贸易出口有所回升，但2012年到2014年，中国和印度的服务贸易出口都出现了低速增长，2015年开始，两国的服务贸易出口又出现了负增长的情况，而印度在2016年就出现了回升，中国在2017年才出现回升的状态。

从服务贸易进口看，2000年中国服务贸易进口总额是印度服务贸易进口总额的2.47倍。到2018年中国服务贸易进口是印度服务贸易进口的4.27倍。从2000年印度服务贸易进口额是中国服务贸易进口额的2倍多，发展到2018年的4倍多。可以看出，在这近20年的发展中，中国服务贸易进口的发展速度远高于印度服务贸易进口的发展速度。中国服务贸易进口平均增长速度为16.02%，印度服务贸易进口平均增长速度为12.55%。虽然2001年两国的服务贸易进口都出现了负增长，但从2002年开始两国的服务贸易进口增长率出现高速增长。2009年由于全球性金融危机，两国的服务贸易进口又都出现了负增长，2010年虽然两国都出现了服务贸易的快速反弹，但从2011年开始，两国的服务贸易进口增长率都出现了不同程度的下滑；中国在2015年出现了负增长，而印度在2011年和2013年出现了两年的负增长；2017年和2018年两年两国的服务贸易进口均出现了回暖的现象。

(1) 中印两国显性比较优势指数比较从表7-25的数据中可以看出，中国的服务贸易中建筑服务具有较强的国际竞争力，但其他服务贸易行业的国际竞争力均小于0.8，国际竞争力较弱。印度分行业服务贸易RCA指数中，除建筑服务的RCA指数明显低于中国水平以外，其他服务贸易行业的RCA指数均整体高于中国水平，电信、计算机与信息的RCA指数高于2.5，体现了其在国际市场上较强的竞争力。

(2) 中印比较优势指数比较在表7-25中看出，从2015年分行业贸易TC指数来看，由于中国服务贸易常年处于贸易逆差，因此各分行业的服务贸易TC值相对较低。其中，仅建筑服务和电信计算机的TC指数常年保持大于0，但指数略低，其他服务贸易行业的TC指数则常年处于0以下，说明处于行业具有竞争劣势。而印度的分行业TC指数中旅游、电信、计算机与信息、其他商业服务等指数均大于0，且电信、计算机与信息的指数接近于1，体现了印度在知识密集型新兴服务行业具有较强的竞争优势。中国虽在服务贸易的总体规模上超过印度，但服务贸易分行业TC和RCA指数还处于较低水平。这说明中国服务贸易出口总量虽然较大，但相比印度而言，整体竞争处于劣势，行业竞争力较弱。[1]

表7-25　2015年中印服务贸易各项目TC指数和RCA指数

项目	中国			印度		
	差额/亿美元	TC指数	RCA指数	差额/亿美元	TC指数	RCA指数
运输	-370.2	-0.32	0.38	-379.5	-0.57	0.80
旅游	-1 780.9	-0.44	0.80	61.6	0.17	0.84
建筑服务	64.56	0.24	1.61	5.2	0.21	0.82
金融服务	-3.11	-0.30	0.35	22.3	-0.45	0.79
保险服务	-43.51	-0.06	0.05	-33.1	0.26	0.63

---

[1] 彭虹. 中印服务贸易国际竞争力比较及优化对策研究 [J]. 世界农业, 2019 (4): 56-64, 99.

续表

项目	中国			印度		
	差额/亿美元	TC 指数	RCA 指数	差额/亿美元	TC 指数	RCA 指数
专利权特许费	−209.37	−0.91	0.03	−45.4	−0.83	0.08
计算机与信息	131.4	0.37	0.45	538.8	0.88	5.97
个人、文化和休闲	−11.63	−0.44	0.16	−1.3	−0.05	1.55
政府商品与服务	−15.02	−0.24	0.52	−3.4	0.12	1.60
其他商业服务	188.61	0.19	0.49	187.1	0.24	2.29
其他服务	225.62	0.05	0.37	−24.9	0.37	2.29

思考题

简要总结中印服务贸易国际竞争力的差异及各自的优化对策。

附录 A
服务部门分类表

本分类表是由世界贸易组织秘书处提供的。秘书处在其 1991 年 5 月 24 日的包含分类表草案的非正式通知中说明，它将在参与者讨论结果的基础上提出一份修改的版本，而且服务部门分类表的进一步修改将根据服务谈判的进程开展。

一、商业性服务

1. 专业服务
（1）法律服务
（2）会计、审计和簿记服务
（3）税收服务
（4）建筑服务
（5）工程服务
（6）综合工程服务
（7）城市规划和风景建筑服务
（8）医疗与牙科服务
（9）兽医服务
（10）助产士、护士、理疗家和护理员提供的服务
（11）其他

2. 计算机及其有关服务
（1）与计算机硬件装配有关的咨询服务
（2）软件执行服务
（3）数据处理服务
（4）数据库服务
（5）其他

3. 研究与开发服务
（1）自然科学的研究与开发服务
（2）社会科学与人文学的研究与开发服务
（3）交叉科学的研究与开发服务

4. 房地产服务
（1）产权所有或租赁
（2）基于费用或合同的房地产服务

5. 无操作人员的租赁服务（干租服务）

（1）船舶租赁

（2）航空器租赁

（3）其他运输设备租赁

（4）其他机械设备租赁

（5）其他

6. 其他商业服务

（1）广告服务

（2）市场调研与民意测验服务

（3）管理咨询服务

（4）与咨询人员有关的服务

（5）技术检测与分析服务

（6）与农业、狩猎和林业有关的服务

（7）渔业所发生的服务

（8）采矿业所发生的服务

（9）制造业所发生的服务

（10）能源分配所发生的服务

（11）人员安排与供给服务

（12）调查和保安服务

（13）相关的科学与技术咨询服务

（14）设备的维修（不包括船舶、飞机或其他运输工具）

（15）建筑物清洁服务

（16）照相服务

（17）包装服务

（18）印刷与出版

（19）会议服务

（20）其他

二、通信服务

1. 邮政服务

2. 信件服务

3. 电信服务

（1）语音电话服务

（2）集束切换数据传输服务

（3）线路切换数据传输服务

（4）电传服务

（5）电报服务

（6）传真服务

（7）私人租用电路服务

（8）电子邮递

（9）语音邮件
（10）在线信息与数据检索
（11）电子数据交换
（12）增值传真服务（包括存储与传送、存储与检索）
（13）编码和协议转换服务
（14）有线信息和/或数据处理（包括传输处理）
（15）其他
4. 视听服务
（1）电影与录像的生产与批发服务
（2）电影放映服务
（3）无线电与电视服务
（4）无线电与电视传输服务
（5）录音服务
（6）其他

三、建筑与相关的工程服务
1. 建筑物的一般建筑工作
2. 民用工程的一般建筑工作
3. 安装与装配工作
4. 建筑物的完善与装饰工作
5. 其他

四、销售服务
1. 经纪人服务
2. 批发贸易服务
3. 零售服务
4. 特许权
5. 其他

五、教育服务
1. 初级教育服务
2. 中等教育服务
3. 高等教育服务
4. 成人教育
5. 其他教育服务

六、环境服务
1. 污水处理服务
2. 废物处理服务
3. 卫生及其相关服务
4. 其他

七、金融服务
1. 所有保险及与保险有关的服务

（1）生命、事故与健康保险服务

（2）非生命保险服务

（3）再保险与交还

（4）与保险有关的辅助服务（包括经纪和代理服务）

2. 银行及其他金融服务（保险除外）

（1）公众存款及其他可偿还资金的承兑

（2）所有类型的贷款，尤其包括用户信用、抵押信用、商业交易的代理与融资

（3）金融租赁

（4）所有支付与汇款服务

（5）担保与承兑

（6）户主账户或顾客账户的交易形式（不论是柜台兑换或者其他形式）

①货币市场的票据（存款的支票、发票、证书等）

②外汇

③衍生性产品（包括但不限于期货和期权）

④汇率和利率票据（包括诸如互换信贷、远期汇率协议等）

⑤可转让证券

⑥其他可转让票据及金融资产（包括条块金银）

（7）参与各种证券的发行，包括作为代理商的承包和安排（无论是公共的或私人的）以及与证券发行有关的服务措施

（8）代理借贷款的经纪人

（9）资产管理，诸如现金或有价证券管理、所有形式的集体投资管理、养老金管理、存款保管及信托服务

（10）金融资产的结账与清算服务，包括证券、衍生性产品及其他可转让票据

（11）咨询服务及其他辅助性金融服务，包括信用查询与分析、投资与有价证券研究与咨询、收购通知及公司战略调整介绍等

（12）其他金融服务提供者所提出的关于金融信息、金融数据处理及其有关软件的供给及转让

3. 其他

八、健康与社会服务

1. 医院服务

2. 其他人类健康服务

3. 社会服务

4. 其他

九、旅游和与旅行相关的服务

1. 宾馆与饭店（包括供应饭菜）

2. 旅行社及旅游经纪人服务社

3. 导游服务

4. 其他

十、娱乐、文化与体育服务

1. 娱乐服务（包括剧场、乐队与杂技表演等）
2. 新闻机构服务
3. 图书馆、档案馆、博物馆及其他文化服务
4. 体育及其他娱乐服务

十一、运输服务

1. 海洋服务
（1）客运
（2）货运
（3）船舶包租
（4）船舶的维护与修理
（5）推船与拖船服务
（6）海运的支持服务

2. 内河航运
（1）客运
（2）货运
（3）船舶包租
（4）船舶的维护与修理
（5）推船与拖船服务
（6）内河航运的支持服务

3. 空运服务
（1）客运
（2）货运
（3）包机出租
（4）飞机的维修
（5）空运的支持服务

4. 空间运输

5. 铁路运输服务
（1）客运
（2）货运
（3）机车的推与拖服务
（4）铁路运输设备的维修
（5）铁路运输的支持服务

6. 公路运输服务
（1）客运
（2）货运
（3）包车出租
（4）公路运输设备的维修
（5）公路运输的支持服务

（6）管道运输
（7）燃料运输
（8）其他物资运输
7. 所有运输方式的辅助性服务
（1）货物处理服务
（2）存储与仓库服务
（3）货运代理服务
（4）其他
（5）其他运输服务

十二、其他服务

附录 B
中国服务业行业分类与国际产业分类标准对照表

	中国服务业行业分类 （GB/T 4754 — 2011）		国际产业分类标准（ISIC/Rev.4）
F	批发和零售业		
51	批发业		
511	农、林、牧产品批发		
5111	谷物、豆及薯类批发	4620	农业原料和活畜的批发
5112	种子批发	4620	农业原料和活畜的批发
5113	饲料批发	4630	食品、饲料和烟草的批发
5114	棉、麻批发	4620	农业原料和活畜的批发
5115	林业产品批发	4620	农业原料和活畜的批发
5116	牲畜批发	4620	农业原料和活畜的批发
5119	其他农牧产品批发	4620	农业原料和活畜的批发
512	食品、饮料及烟草制品批发		
5121	米、面制品及食用油批发	4630	食品、饲料和烟草的批发
5122	糕点、糖果及糖批发	4630	食品、饲料和烟草的批发
5123	果品、蔬菜批发	4630	食品、饲料和烟草的批发
5124	肉、禽、蛋、奶及水产品批发	4630	食品、饲料和烟草的批发
5125	盐及调味品批发	4680	食品、饲料和烟草的批发
5126	营养和保健品批发	4630	食品、饲料和烟草的批发
5127	酒、饮料及茶叶批发	4630	食品、饲料和烟草的批发
5128	烟草制品批发	4630	食品、饲料和烟草的批发
5129	其他食品批发	4630	食品、饲料和烟草的批发
513	纺织、服装及家庭用品批发		
5131	纺织品、针织品及原料批发	4641	纺织品、服装和鞋靴的批发
5132	服装批发	4641	纺织品、服装和鞋靴的批发
5133	鞋帽批发	4641	纺织品、服装和鞋靴的批发

续表

	中国服务业行业分类 （GB/T 4754 — 2011）		国际产业分类标准（ISIC/Rev. 4）
5134	化妆品及卫生用品批发	4649	其他家庭用品的批发
5135	厨房、卫生间用具及日用杂货批发	4649	其他家庭用品的批发
5136	灯具、装饰物品批发	4649	其他家庭用品的批发
5137	家用电器批发	4649	其他家庭用品的批发
5139	其他家庭用品批发	4649	其他家庭用品的批发
514	文化、体育用品及器材批发		
5141	文具用品批发	4649	其他家庭用品的批发
5142	体育用品及器材批发	4649	其他家庭用品的批发
5143	图书批发	4649	其他家庭用品的批发
5144	报刊批发	4649	其他家庭用品的批发
5145	音像制品及电子出版物批发	4649	其他家庭用品的批发
5146	首饰、工艺品及收藏品批发	4649	其他家庭用品的批发
5149	其他文化用品批发	4649	其他家庭用品的批发
515	医药及医疗器材批发		
5151	西药批发	4649	其他家庭用品的批发
5152	中药批发	4649	其他家庭用品的批发
5153	医疗用品及器材批发	4649	其他家庭用品的批发
516	矿产品、建材及化工产品批发		
5161	煤炭及制品批发	4661	固体、液体和气体燃料及有关产品的批发
5162	石油及制品批发	4661	固体、液体和气体燃料及有关产品的批发
5163	非金属矿及制品批发	4669	未另分类的其他产品、废料和碎屑的批发
5164	金属及金属矿批发	4662	金属和金属矿物的批发
5165	建材批发	4663	建筑材料、五金制品、管道设备和供暖设备及物资的批发
5166	化肥批发	4669	未另分类的其他产品、废料和碎屑的批发
5167	农药批发	4669	未另分类的其他产品、废料和碎屑的批发
5168	农用薄膜批发	4669	未另分类的其他产品、废料和碎屑的批发
5169	其他化工产品批发	4669	未另分类的其他产品、废料和碎屑的批发
517	机械设备、五金产品及电子产品批发		
5171	农业机械批发	4653	农业机械、设备和物资的批发
5172	汽车批发	4510	汽车销售
5173	汽车零配件批发	4530	汽车零件和附件的销售

续表

	中国服务业行业分类 （GB/T 4754—2011）		国际产业分类标准（ISIC/Rev.4）
5174	摩托车及零配件批发	4540	摩托车及有关零件和附件的销售、修理与保养
5175	五金产品批发	4663	建筑材料、五金制品、管道设备和供暖设备及物资的批发
5176	电气设备批发	4659	其他机械和设备的批发
5177	计算机、软件及辅助设备批发	4651	计算机及其外部设备和软件的批发
5178	通信及广播电视设备批发	4652	电子和电信设备与零件的批发
5179	其他机械设备及电子产品批发	4659	其他机械和设备的批发
518	贸易经纪与代理		
5181	贸易代理	4610	在收费或合同基础上的批发
5182	拍卖	4610	在收费或合同基础上的批发
5189	其他贸易经纪与代理	4610	在收费或合同基础上的批发
		4690	非专门批发贸易
519	其他批发业		
5191	再生物资回收与批发	4669	未另分类的其他产品、废料和碎屑的批发
5199	其他未列明批发业	4669	未另分类的其他产品、废料和碎屑的批发
52	零售业		
521	综合零售		
5211	百货零售	4719	其他非专门商店的零售
5212	超级市场零售	4711	以销售食品、饮料或烟草为主的非专门商店的零售
5219	其他综合零售	4711	以销售食品、饮料或烟草为主的非专门商店的零售
522	食品、饮料及烟草制品专门零售		
5221	粮油零售	4721	专门商店中食品的零售
5222	糕点、面包零售	4721	专门商店中食品的零售
5223	果品、蔬菜零售	4721	专门商店中食品的零售
5224	肉、禽、蛋、奶及水产品零售	4721	专门商店中食品的零售
5225	营养和保健品零售	4721	专门商店中食品的零售
5226	酒、饮料及茶叶零售	4722	专门商店中饮料的零售
5227	烟草制品零售	4723	专门商店中烟草的零售
5229	其他食品零售	4721	专门商店中食品的零售
523	纺织、服装及日用品专门零售		

续表

	中国服务业行业分类 （GB/T 4754 — 2011）		国际产业分类标准（ISIC/Rev. 4）
5231	纺织品及针织品零售	4751	专门商店中纺织品的零售
5232	服装零售	4771	专门商店中服装、鞋靴和皮革制品的零售
5233	鞋帽零售	4771	专门商店中服装、鞋靴和皮革制品的零售
5234	化妆品及卫生用品零售	4772	专门商店中药品和医疗用品、化妆品及盥洗用品的零售
5235	钟表、眼镜零售	4773	专门商店中其他新产品的零售
5236	箱、包零售	4771	专门商店中服装、鞋靴和皮革制品的零售
5237	厨房用具及日用杂品零售	4759	专门商店中家用电器、照明设备和其他家用物品的零售
5238	自行车零售	4763	专门商店中体育设备的零售
5239	其他日用品零售	4759	专门商店中家用电器、照明设备和其他家用物品的零售
524	文化、体育用品及器材专门零售		
5241	文具用品零售	4761	专门商店中书籍、报纸和文具的零售
5242	体育用品及器材零售	4763	专门商店中体育设备的零售
5243	图书、报刊零售	4761	专门商店中书籍、报纸和文具的零售
5244	音像制品及电子出版物零售	4762	专门商店中音乐和录像产品的零售
5245	珠宝首饰零售	4773	专门商店中其他新产品的零售
5246	工艺美术品及收藏品零售	4773	专门商店中其他新产品的零售
5247	乐器零售	4759	专门商店中家用电器、照明设备和其他家用物品的零售
5248	照相器材零售	4773	专门商店中其他新产品的零售
5249	其他文化用品零售	4764	专门商店中游艺用品和玩具的零售
525	医药及医疗器材专门零售		
5251	药品零售	4772	专门商店中药品和医疗用品、化妆品及盥洗用品的零售
5252	医疗用品及器材零售	4772	专门商店中药品和医疗用品、化妆品及盥洗用品的零售
526	汽车、摩托车、燃料及零配件专门零售		
5261	汽车零售	4510	汽车销售
5262	汽车零配件零售	4530	汽车零件和附件的销售
5263	摩托车及零配件零售	4540	摩托车及有关零件和附件的销售、修理与保养
5264	机动车燃料零售	4730	专门商店中汽车燃料的零售
527	家用电器及电子产品专门零售		

续表

	中国服务业行业分类 (GB/T 4754—2011)		国际产业分类标准（ISIC/Rev.4）
5271	家用视听设备零售	4742	专门商店中音像设备的零售
5272	日用家电设备零售	4759	专门商店中家用电器、照明设备和其他家用物品的零售
5273	计算机、软件及辅助设备零售	4741	专门商店中计算机、外部产品、软件和电信设备的零售
5274	通信设备零售	4741	专门商店中计算机、外部产品、软件和电信设备的零售
5279	其他电子产品零售	4741	专门商店中计算机、外部产品、软件和电信设备的零售
528	五金、家具及室内装饰材料专门零售		
5281	五金零售	4773	专门商店中其他新产品的零售
5282	灯具零售	4759	专门商店中家用电器、照明设备和其他家用物品的零售
5283	家具零售	4759	专门商店中家用电器、照明设备和其他家用物品的零售
5284	涂料零售	4752	专门商店中金属、油漆和玻璃的零售
5285	卫生洁具零售	4752	专门商店中金属、油漆和玻璃的零售
5286	木质装饰材料零售	4753	专门商店中地毯和小地毯、墙纸和地面铺设物的零售
5287	陶瓷、石材装饰材料零售	4752	专门商店中金属、油漆和玻璃的零售
5289	其他室内装饰材料零售	4752	专门商店中金属、油漆和玻璃的零售
529	货摊、无店铺及其他零售业		
5291	货摊食品零售	4781	在售货摊和市场进行的食品、饮料和烟草产品的零售
5292	货摊纺织、服装及鞋零售	4782	在售货摊和市场进行的纺织品、服装和鞋类的零售
5293	货摊日用品零售	4789	在售货摊和市场进行的其他商品的零售
5294	互联网零售	4791	通过邮购商行和因特网进行的零售
5295	邮购及电视、电话零售	4791	通过邮购商行和因特网进行的零售
5296	旧货零售	4774	旧货的零售
5297	生活用燃料零售	4773	专门商店中其他新产品的零售
5299	其他未列明零售业	4799	其他不在商店、售货摊和市场进行的零售
G	交通运输、仓储和邮政业		
53	铁路运输业		
5310	铁路旅客运输	4911	城际铁路客运
5320	铁路货物运输	4912	铁路货运

续表

	中国服务业行业分类 (GB/T 4754—2011)		国际产业分类标准(ISIC/Rev.4)
533	铁路运输辅助活动		
5331	客运火车站	5221	陆路运输附属服务活动
5332	货运火车站	5221	陆路运输附属服务活动
5339	其他铁路运输辅助活动	5221	陆路运输附属服务活动
54	道路运输业		
541	城市公共交通运输		
5411	公共电汽车客运	4921	市内与近郊的陆路客运
5412	城市轨道交通	4921	市内与近郊的陆路客运
5413	出租车客运	4922	其他陆路客运
5419	其他城市公共交通运输	4922	其他陆路客运
5420	公路旅客运输	4922	其他陆路客运
5430	道路货物运输	4923	公路货物运输
544	道路运输辅助活动		
5441	客运汽车站	5221	陆路运输附属服务活动
5442	公路管理与养护	5221	陆路运输附属服务活动
5449	其他道路运输辅助活动	5221	陆路运输附属服务活动
55	水上运输业		
551	水上旅客运输		
5511	海洋旅客运输	5011	远洋和沿海水上客运
5512	内河旅客运输	5021	内陆水上客运
5513	客运轮渡运输	5011	远洋和沿海水上客运
552	水上货物运输		
5521	远洋货物运输	5012	远洋和沿海水上货运
5522	沿海货物运输	5012	远洋和沿海水上货运
5523	内河货物运输	5022	内陆水上货运
553	水上运输辅助活动		
5531	客运港口	5222	水运附属服务活动
5532	货运港口	5222	水运附属服务活动
5539	其他水上运输辅助活动	5222	水运附属服务活动
56	航空运输业		
561	航空客货运输		

续表

	中国服务业行业分类 （GB/T 4754—2011）		国际产业分类标准（ISIC/Rev.4）
5611	航空旅客运输	5110	空中客运
5612	航空货物运输	5120	空中货运
5620	通用航空服务	5120	空中货运
		5223	空运附属服务活动
563	航空运输辅助活动		
5631	机场	5223	空运附属服务活动
5632	空中交通管理	5223	空运附属服务活动
5639	其他航空运输辅助活动	5223	空运附属服务活动
57	管道运输业		
5700	管道运输业	4930	管道运输
58	装卸搬运和运输代理业		
5810	装卸搬运	5224	货物装卸
582	运输代理业		
5821	货物运输代理	5229	其他运输辅助活动
5822	旅客票务代理	5229	其他运输辅助活动
5829	其他运输代理业	5229	其他运输辅助活动
59	仓储业		
591	谷物、棉花等农产品仓储		
5911	谷物仓储	5210	储存和入库
5912	棉花仓储	5210	储存和入库
5919	其他农产品仓储	5210	储存和入库
5990	其他仓储业	5210	储存和入库
60	邮政业		
6010	邮政基本服务	5310	邮政活动
6020	快递服务	5320	邮递活动
H	住宿和餐饮业		
61	住宿业		
6110	旅游饭店	5510	短期住宿活动
6120	一般旅馆	5510	短期住宿活动
6190	其他住宿业	5590	其他住宿
		5520	露营地，娱乐车辆停车场和活动停车场

续表

中国服务业行业分类 （GB/T 4754—2011）		国际产业分类标准（ISIC/Rev.4）	
62	餐饮业		
6210	正餐服务	5610	餐馆和移动餐车食品供应服务活动
6220	快餐服务	5610	餐馆和移动餐车食品供应服务活动
623	饮料及冷饮服务		
6231	茶馆服务	5630	饮料供应服务活动
6232	咖啡馆服务	5630	饮料供应服务活动
6233	酒吧服务	5630	饮料供应服务活动
6239	其他饮料及冷饮服务	5630	饮料供应服务活动
629	其他餐饮业		
6291	小吃服务	5610	餐馆和移动餐车食品供应服务活动
6292	餐饮配送服务	5629	其他食品供应服务活动
6299	其他未列明餐饮业	5610	餐馆和移动餐车食品供应服务活动
		5621	活动餐饮
I	信息传输、软件和信息技术服务业		
63	电信、广播电视和卫星传输服务		
631	电信		
6311	固定电信服务	6110	有线电信活动
6312	移动电信服务	6120	无线电信活动
6319	其他电信服务	6190	其他电信活动
632	广播电视传输服务		
6321	有线广播电视传输服务	6110	有线电信活动
6322	无线广播电视传输服务	6120	无线电信活动
6330	卫星传输服务	6130	卫星电信活动
64	互联网和相关服务		
6410	互联网接入及相关服务	6190	其他电信活动
		6311	数据处理、存储及相关活动
6420	互联网信息服务	6312	门户网站
6490	其他互联网服务	6190	其他电信活动
		6311	数据处理、存储及相关活动
65	软件和信息技术服务业		
6510	软件开发	6201	计算机程序设计活动

续表

	中国服务业行业分类 （GB/T 4754—2011）		国际产业分类标准（ISIC/Rev.4）
6520	信息系统集成服务	6202	计算机咨询服务和设施管理活动
6530	信息技术咨询服务	6202	计算机咨询服务和设施管理活动
6540	数据处理和存储服务	6311	数据处理、存储及相关活动
6550	集成电路设计	6202	计算机咨询服务和设施管理活动
659	其他信息技术服务业		
6591	数字内容服务	6399	未另分类的其他信息服务活动
6592	呼叫中心	8220	呼叫中心的活动
6599	其他未列明信息技术服务业	6209	其他信息技术和计算机服务活动
J	金融业		
66	货币金融服务		
6610	中央银行服务	6411	中央银行业务
6620	货币银行服务	6419	其他货币媒介活动
663	非货币银行服务		
6631	金融租赁服务	6491	金融租赁
6632	财务公司	6492	其他信贷活动
6633	典当	6492	其他信贷活动
6639	其他非货币银行服务	6492	其他信贷活动
6640	银行监管服务	6491	金融租赁
67	资本市场服务		
671	证券市场服务		
6711	证券市场管理服务	6611	金融市场的管理
6712	证券经纪交易服务	6612	证券和商品合约经纪
6713	基金管理服务	6630	基金管理活动
672	期货市场服务		
6721	期货市场管理服务	6611	金融市场的管理
6729	其他期货市场服务	6612	证券和商品合约经纪
6730	证券期货监管服务	6611	金融市场的管理
6740	资本投资服务	6499	未另分类的其他金融服务活动，保险和养恤金除外
6790	其他资本市场服务	6619	其他金融服务附属活动
68	保险业		
681	人身保险		

续表

	中国服务业行业分类 （GB/T 4754—2011）		国际产业分类标准（ISIC/Rev.4）
6811	人寿保险	6511	人寿保险
6812	健康和意外保险	6512	非人寿保险
6820	财产保险	6512	非人寿保险
6830	再保险	6520	再保险
6840	养老金	6530	养恤金
6850	保险经纪与代理服务	6622	保险代理人和经纪人的活动
6860	保险监管服务	6629	其他保险和养恤金的附属活动
689	其他保险活动		
6891	风险和损失评估	6621	风险和损失评估
6899	其他未列明保险活动	6629	其他保险和养恤金的附属活动
69	其他金融业		
6910	金融信托与管理服务	6430	信托机构、基金和类似的金融实体
6920	控股公司服务	6420	控股公司的活动
6930	非金融机构支付服务	6619	其他金融服务附属活动
6940	金融信息服务	6619	其他金融服务附属活动
6990	其他未列明金融业	6619	其他金融服务附属活动
K	房地产业		
70	房地产业		
7010	房地产开发经营	6810	用自有或租赁财产进行的房地产活动
7020	物业管理	6820	在收费或合同基础上进行的房地产活动
7030	房地产中介服务	6820	在收费或合同基础上进行的房地产活动
7040	自有房地产经营活动	6810	用自有或租赁财产进行的房地产活动
7090	其他房地产业	6820	在收费或合同基础上进行的房地产活动
L	租赁和商务服务业		
71	租赁业		
711	机械设备租赁		
7111	汽车租赁	7710	汽车的出租和租赁
7112	农业机械租赁	7730	其他机械、设备和有形商品的租赁
7113	建筑工程机械与设备租赁	7730	其他机械、设备和有形商品的租赁
7114	计算机及通信设备租赁	7730	其他机械、设备和有形商品的租赁
7119	其他机械与设备租赁	7730	其他机械、设备和有形商品的租赁

续表

	中国服务业行业分类 (GB/T 4754—2011)		国际产业分类标准(ISIC/Rev.4)
712	文化及日用品出租		
7121	娱乐及体育设备出租	7721	娱乐和体育设备的出租和租赁
7122	图书出租	7729	其他私人和家庭用品的出租和租赁
7123	音像制品出租	7722	录影带与光盘的出租
7129	其他文化及日用品出租	7729	其他私人和家庭用品的出租和租赁
72	商务服务业		
721	企业管理服务		
7211	企业总部管理	7010	总公司的活动
7212	投资与资产管理	6499	未另分类的其他金融服务活动,保险和养恤金除外
		7020	管理咨询活动
7213	单位后勤管理服务	8110	设施综合支助服务活动
7219	其他企业管理服务	8211	办公室综合管理辅助活动
722	法律服务		
7221	律师及相关法律服务	6910	法律活动
7222	公证服务	6910	法律活动
7229	其他法律服务	6910	法律活动
723	咨询与调查		
7231	会计、审计及税务服务	6920	会计、簿记和审计活动;税务咨询服务
7232	市场调查	7320	市场调研和民意测验
7233	社会经济咨询	7020	管理咨询活动
7239	其他专业咨询	7020	管理咨询活动
7240	广告业	7310	广告业
7250	知识产权服务	7740	知识产权和产品的租赁,版权作品除外
726	人力资源服务		
7261	公共就业服务	7810	就业安置机构的活动
7262	职业中介服务	7810	就业安置机构的活动
7263	劳务派遣服务	7820	临时就业机构的活动
7269	其他人力资源服务	7830	提供其他人力资源服务
727	旅行社及相关服务		
7271	旅行社服务	7911	旅行社的活动
7272	旅游管理服务	7912	旅游经营者的活动

续表

	中国服务业行业分类 （GB/T 4754 — 2011）		国际产业分类标准（ISIC/Rev.4）
7279	其他旅行社相关服务	7990	其他预订及相关活动
728	安全保护服务		
7281	安全服务	8010	私人保安活动
7282	安全系统监控服务	8020	安全系统服务活动
7289	其他安全保护服务	8030	调查活动
729	其他商务服务业		
7291	市场管理	8211	办公室综合管理辅助活动
7292	会议及展览服务	8230	会议和贸易展览会的举办
7293	包装服务	8292	包装活动
7294	办公服务	8219	复制、文件准备和其他专业化办公支持活动
7295	信用服务	8291	收款公司和信贷局的活动
7296	担保服务	8299	未另分类的其他商务辅助服务活动
7299	其他未列明商务服务业	8299	未另分类的其他商务辅助服务活动
M	科学研究和技术服务业		
73	研究和试验发展		
7310	自然科学研究和试验发展	7210	自然科学和工程学的研究及试验发展
7320	工程和技术研究和试验发展	7210	自然科学和工程学的研究及试验发展
7330	农业科学研究和试验发展	7210	自然科学和工程学的研究及试验发展
7340	医学研究和试验发展	7210	自然科学和工程学的研究及试验发展
7350	社会人文科学研究	7220	社会学和人文学的研究与试验发展
74	专业技术服务业		
7410	气象服务	7490	未另分类的其他专业、科学和技术活动
7420	地震服务	7490	未另分类的其他专业、科学和技术活动
7430	海洋服务	7490	未另分类的其他专业、科学和技术活动
7440	测绘服务	7490	未另分类的其他专业、科学和技术活动
7450	质检技术服务	7120	技术测试和分析
746	环境与生态监测		
7461	环境保护监测	7120	技术测试和分析
7462	生态监测	7120	技术测试和分析
747	地质勘查		
7471	能源矿产地质勘查	7110	建筑和工程活动及相关技术咨询

续表

	中国服务业行业分类 （GB/T 4754 — 2011）		国际产业分类标准（ISIC/Rev.4）
7472	固体矿产地质勘查	7110	建筑和工程活动及相关技术咨询
7473	水、二氧化碳等矿产地质勘查	7110	建筑和工程活动及相关技术咨询
7474	基础地质勘查	7110	建筑和工程活动及相关技术咨询
7475	地质勘查技术服务	7110	建筑和工程活动及相关技术咨询
748	工程技术		
7481	工程管理服务	7110	建筑和工程活动及相关技术咨询
7482	工程勘察设计	7110	建筑和工程活动及相关技术咨询
7483	规划管理	7110	建筑和工程活动及相关技术咨询
749	其他专业技术服务业		
7491	专业化设计服务	7410	专业化设计活动
7492	摄影扩印服务	7420	摄影活动
7493	兽医服务	7500	兽医活动
7499	其他未列明专业技术服务业	7490	未另分类的其他专业、科学和技术活动
75	科技推广和应用服务业		
751	技术推广服务		
7511	农业技术推广服务	7490	未另分类的其他专业、科学和技术活动
7512	生物技术推广服务	7490	未另分类的其他专业、科学和技术活动
7513	新材料技术推广服务	7490	未另分类的其他专业、科学和技术活动
7514	节能技术推广服务	7490	未另分类的其他专业、科学和技术活动
7519	其他技术推广服务	7490	未另分类的其他专业、科学和技术活动
7520	科技中介服务	7490	未另分类的其他专业、科学和技术活动
7590	其他科技推广和应用服务业	7490	未另分类的其他专业、科学和技术活动
N	水利、环境和公共设施管理业		
76	水利管理业		
7610	防洪除涝设施管理	3600	集水、水处理与水供应
7620	水资源管理	3600	集水、水处理与水供应
7630	天然水收集与分配	3600	集水、水处理与水供应
7640	水文服务	7110	建筑和工程活动及相关技术咨询
7690	其他水利管理业	3600	集水、水处理与水供应
77	生态保护和环境治理业		
771	生态保护		

续表

	中国服务业行业分类 （GB/T 4754 — 2011）		国际产业分类标准（ISIC/Rev.4）
7711	自然保护区管理	9103	动植物园和自然保护区活动
7712	野生动物保护	9103	动植物园和自然保护区活动
7713	野生植物保护	9103	动植物园和自然保护区活动
7719	其他自然保护	9103	动植物园和自然保护区活动
772	环境治理业		
7721	水污染治理	3900	补救活动和其他废物管理服务
7722	大气污染治理	3900	补救活动和其他废物管理服务
7723	固体废物治理	3811	无害废物的收集
		3821	无害废物的处理和处置
7724	危险废物治理	3812	有害废物的收集
		3822	有害废物的处理和处置
7725	放射性废物治理	3812	有害废物的收集
		3822	有害废物的处理和处置
7729	其他污染治理	3900	补救活动和其他废物管理服务
78	公共设施管理业		
7810	市政设施管理	8130	院落景观的保养和维护服务活动
7820	环境卫生管理	8129	其他楼宇和工业清洁活动
7830	城乡市容管理	8129	其他楼宇和工业清洁活动
		8130	院落景观的保养和维护服务活动
7840	绿化管理	8130	院落景观的保养和维护服务活动
785	公园和游览景区管理		
7851	公园管理	8130	院落景观的保养和维护服务活动
		9321	游乐公园和主题公园的活动
7852	游览景区管理	9103	动植物园和自然保护区活动
		9329	未另分类的其他娱乐和文娱活动
O	居民服务、修理和其他服务业		
79	居民服务业		
7910	家庭服务	9700	家庭作为家政人员雇主的活动
		9810	未加区分的私人家庭自用物品生产活动
		9820	未加区分的私人家庭自我服务活动
7920	托儿所服务	8890	其他不配备食宿的社会服务

续表

	中国服务业行业分类 （GB/T 4754—2011）		国际产业分类标准（ISIC/Rev.4）
7930	洗染服务	9601	纺织品和皮毛制品的清洗和干洗
7940	理发及美容服务	9602	理发和其他美容活动
7950	洗浴服务	9609	未另分类的其他个人服务活动
7960	保健服务	9609	未另分类的其他个人服务活动
7970	婚姻服务	9609	未另分类的其他个人服务活动
7980	殡葬服务	9603	殡葬及有关活动
7990	其他居民服务业	9609	未另分类的其他个人服务活动
80	机动车、电子产品和日用产品修理业		
801	汽车、摩托车修理与维护		
8011	汽车修理与维护	4520	汽车的修理与保养
8012	摩托车修理与维护	4540	摩托车及有关零件和附件的销售、修理与保养
802	计算机和办公设备维修		
8021	计算机和辅助设备修理	9511	电脑和外部设备的修理
8022	通信设备修理	9512	通信设备的修理
8029	其他办公设备维修	9512	通信设备的修理
803	家用电器修理		
8031	家用电子产品修理	9521	电子消费品的修理
8032	日用电器修理	9522	家用用品、家庭和园艺设备的修理
809	其他日用产品修理业		
8091	自行车修理	9529	其他个人和家庭用品的修理
8092	鞋和皮革修理	9523	鞋履及其他皮革商品的修理
8093	家具和相关物品修理	9524	家具和家庭摆设的修理
8099	其他未列明日用产品修理业	9529	其他个人和家庭用品的修理
81	其他服务业		
811	清洁服务		
8111	建筑物清洁服务	8121	楼宇的一般内部清洁
8119	其他清洁服务	8129	其他楼宇和工业清洁活动
8190	其他未列明服务业		
P	教育		
82	教育		
8210	学前教育	8510	学前教育和初等教育

续表

	中国服务业行业分类 （GB/T 4754—2011）		国际产业分类标准（ISIC/Rev.4）
822	初等教育		
8221	普通小学教育	8510	学前教育和初等教育
8222	成人小学教育	8510	学前教育和初等教育
823	中等教育		
8231	普通初中教育	8521	普通中等教育
8232	职业初中教育	8522	技术和职业中等教育
8233	成人初中教育	8522	技术和职业中等教育
8234	普通高中教育	8521	普通中等教育
8235	成人高中教育	8522	技术和职业中等教育
8236	中等职业学校教育	8522	技术和职业中等教育
824	高等教育		
8241	普通高等教育	8530	高等教育
8242	成人高等教育	8549	未另分类的其他教育
8250	特殊教育	8521	普通中等教育
829	技能培训、教育辅助及其他教育		
8291	职业技能培训	8522	技术和职业中等教育
8292	体校及体育培训	8541	体育和文娱教育
8293	文化艺术培训	8542	文化教育
8294	教育辅助服务	8550	教育辅助活动
8299	其他未列明教育	8549	未另分类的其他教育
Q	卫生和社会工作		
83	卫生		
831	医院		
8311	综合医院	8610	医院活动
8312	中医医院	8610	医院活动
8313	中西医结合医院	8610	医院活动
8314	民族医院	8610	医院活动
8315	专科医院	8610	医院活动
8316	疗养院	8710	留宿护理机构
832	社区医疗与卫生院		
8321	社区卫生服务中心（站）	8620	医疗和牙科治疗活动

续表

	中国服务业行业分类 （GB/T 4754 — 2011）		国际产业分类标准（ISIC/Rev.4）
8322	街道卫生院	8620	医疗和牙科治疗活动
8323	乡镇卫生院	8620	医疗和牙科治疗活动
8330	门诊部（所）	8620	医疗和牙科治疗活动
8340	计划生育技术服务活动	8620	医疗和牙科治疗活动
8350	妇幼保健院（所、站）	8620	医疗和牙科治疗活动
8360	专科疾病防治院（所、站）	8690	其他人体健康活动
8370	疾病预防控制中心	8690	其他人体健康活动
8390	其他卫生活动	8690	其他人体健康活动
84	社会工作		
841	提供住宿社会工作		
8411	干部休养所	8730	面向老年人与残疾人的留宿护理
8412	护理机构服务	8710	留宿护理机构
8413	精神康复服务	8720	面向有智障、精神疾病和药物滥用问题的人群的留宿护理活动
8414	老年人、残疾人养护服务	8730	面向老年人与残疾人的留宿护理
8415	孤残儿童收养和庇护服务	8790	其他留宿护理活动
8419	其他提供住宿社会救助	8790	其他留宿护理活动
842	不提供住宿社会工作		
8421	社会看护与帮助服务	8810	为老年人和残疾人提供的不配备食宿的社会服务
8429	其他不提供住宿社会工作	8890	其他不配备食宿的社会服务
R	文化、体育和娱乐业		
85	新闻和出版业		
8510	新闻业	6391	新闻机构的活动
852	出版业		
8521	图书出版	5811	书籍出版
8522	报纸出版	5813	报纸、杂志和期刊的出版
8523	期刊出版	5813	报纸、杂志和期刊的出版
8524	音像制品出版	5913	电影、录像和电视节目的发行活动
8525	电子出版物出版	5811	书籍出版
		5820	软件的发行
		5819	其他出版活动

续表

	中国服务业行业分类 （GB/T 4754 — 2011）		国际产业分类标准（ISIC/Rev.4）
8529	其他出版业	5819	其他出版活动
		5812	名录和邮寄名单的出版
86	广播、电视、电影和影视录音制作业		
8610	广播	6010	电台广播
8620	电视	6020	电台和电视广播
8630	电影和影视节目制作	5911	电影、录像和电视节目的制作活动
		5912	电影、录像和电视节目的后期制作活动
8640	电影和影视节目发行	5913	电影、录像和电视节目的发行活动
8650	电影放映	5914	电影放映活动
8660	录音制作	5920	录音和音乐作品发行活动
87	文化艺术业		
8710	文艺创作与表演	9000	艺术创作和文娱活动
8720	艺术表演场馆	9000	艺术创作和文娱活动
873	图书馆与档案馆		
8731	图书馆	9101	图书馆和档案馆活动
8732	档案馆	9101	图书馆和档案馆活动
8740	文物及非物质文化遗产保护	9102	博物馆活动以及古迹和楼宇的运营
8750	博物馆	9102	博物馆活动以及古迹和楼宇的运营
8760	烈士陵园、纪念馆	9102	博物馆活动以及古迹和楼宇的运营
8770	群众文化活动	9499	未另分类的其他成员组织的活动
8790	其他文化艺术业	9329	未另分类的其他娱乐和文娱活动
		9101	图书馆和档案馆活动
		9000	艺术创作和文娱活动
88	体育		
8810	体育组织	9312	体育俱乐部的活动
8820	体育场馆	9311	体育设施的运营
8830	休闲健身活动	9319	其他体育活动
8890	其他体育	9319	其他体育活动
89	娱乐业		
891	室内娱乐活动		
8911	歌舞厅娱乐活动	9329	未另分类的其他娱乐和文娱活动

续表

	中国服务业行业分类 (GB/T 4754 — 2011)		国际产业分类标准(ISIC/Rev.4)
8912	电子游艺厅娱乐活动	9329	未另分类的其他娱乐和文娱活动
8913	网吧活动	6399	未另分类的其他信息服务活动
8919	其他室内娱乐活动	9329	未另分类的其他娱乐和文娱活动
8920	游乐园	9321	游乐公园和主题公园的活动
8930	彩票活动	9200	赌博和押宝活动
894	文化、娱乐、体育经纪代理		
8941	文化娱乐经纪人	7490	未另分类的其他专业、科学和技术活动
8942	体育经纪人	7490	未另分类的其他专业、科学和技术活动
8949	其他文化艺术经纪代理	7490	未另分类的其他专业、科学和技术活动
8990	其他娱乐业	9329	未另分类的其他娱乐和文娱活动
S	公共管理、社会保障和社会组织		
90	中国共产党机关		
9000	中国共产党机关	8411	一般公共行政管理活动
91	国家机构		
9110	国家权力机构	8411	一般公共行政管理活动
912	国家行政机构		
9121	综合事务管理机构	8411	一般公共行政管理活动
9122	对外事务管理机构	8421	外交事务
9123	公共安全管理机构	8423	公共秩序和安全活动
9124	社会事务管理机构	8412	对提供保健、教育、文化服务和其他社会服务(社会保障除外)机构活动的监管
9125	经济事务管理机构	8413	为提高企业经营效率进行的监管和促进活动
9126	行政监督检查机构	8413	为提高企业经营效率进行的监管和促进活动
913	人民法院和人民检察院		
9131	人民法院	8423	公共秩序和安全活动
9132	人民检察院	8423	公共秩序和安全活动
9190	其他国家机构	8422	国防活动
92	人民政协、民主党派		
9210	人民政协	8411	一般公共行政管理活动
9220	民主党派	9492	政治组织的活动
93	社会保障		
9300	社会保障	8430	强制性社会保障活动

续表

	中国服务业行业分类 (GB/T 4754 — 2011)		国际产业分类标准 (ISIC/Rev. 4)
94	群众团体、社会团体和其他成员组织		
941	群众团体		
9411	工会	9420	工会活动
9412	妇联	9499	未另分类的其他成员组织的活动
9413	共青团	9492	政治组织的活动
9419	其他群众团体	9499	未另分类的其他成员组织的活动
942	社会团体		
9421	专业性团体	9412	专业成员组织的活动
9422	行业性团体	9411	企业和雇主组织的活动
9429	其他社会团体	9499	未另分类的其他成员组织的活动
9430	基金会	9499	未另分类的其他成员组织的活动
9440	宗教组织	9491	宗教组织的活动
95	基层群众自治组织		
9510	社区自治组织	9499	未另分类的其他成员组织的活动
9520	村民自治组织	9499	未另分类的其他成员组织的活动
T	国际组织		
96	国际组织		
9600	国际组织	9900	国际组织和机构的活动

参 考 文 献

[1] 陈宪，程大中. 国际服务贸易［M］. 2版. 上海：立信会计出版社，2008.
[2] 陈宪，殷凤. 国际服务贸易［M］. 北京：机械工业出版社，2019.
[3] 缑先锋. 国际服务贸易［M］. 上海：立信会计出版社，2012.
[4] 全锐，张宏程，陈适. 国际服务贸易［M］. 天津：天津大学出版社，2013.
[5] 蔡宏波. 国际服务贸易［M］. 2版. 北京：北京大学出版社，2012.
[6] 李小牧，王海文. 国际服务贸易［M］. 2版. 北京：电子工业出版社，2012.
[7] 王绍媛，蓝天. 国际服务贸易［M］. 2版. 大连：东北财经大学出版社，2013.
[8] 魏巍，冯琳. 国际服务贸易［M］. 3版. 大连：东北财经大学出版社，2012.
[9] 张勇，罗坚毅. 国际服务贸易［M］. 浙江：浙江大学出版社，2012.
[10] 赵春明. 国际贸易学［M］. 北京：石油工业出版社，2003.
[11] 王尧田，周汉民. 关税与贸易总协定总论［M］. 北京：中国对外经贸出版社，1992.
[12] 卢进勇. 国际服务贸易与跨国公司［M］. 北京：对外经济贸易大学出版社，2002.
[13] 陈双喜. 魏巍、冯琳. 国际服务贸易［M］. 2版. 东北财经大学出版社，2009.
[14] 何德旭，夏杰长. 服务经济学［M］. 北京：中国社会科学出版社，2009.
[15] 裴长洪，彭磊. 中国服务业与服务贸易［M］. 北京：社会科学文献出版社，2008.
[16] 蔡宏波. 国际服务贸易［M］. 北京：北京师范大学出版社，2013.
[17] 刘东升. 国际服务贸易［M］. 北京：首都经济贸易大学出版社，2013.
[18] 刘东升. 国际服务贸易概论［M］. 2版. 北京：北京大学出版社，2014.
[19] 韶泽. 国际服务贸易的相关理论［J］. 财贸经济，1996（11）.
[20] 阴训法，杨超. 浅析现代服务业的特征［J］. 中国商贸，2010（20）.
[21] 张泽一. 北京总部经济的特点及提质升级［J］. 经济体制改革，2015（1）.
[22] 钟智全，唐姣美，钟明容. 中国—东盟服务贸易发展与广西的战略选择［J］. 东南亚纵横，2014（9）.
[23] 李魏晏子. 锦江国际"有限服务"［J］. 上海国资，2014（2）.
[24] 卢素兰. 深化中国—东盟电信合作研究［J］. 市场论坛，2014（6）.
[25] 刘宏，苏杰芹. 中美服务贸易国际竞争力对比研究［J］. 首都经济贸易大学学报，2014（4）.
[26] 佚名. 亚马逊中国的快思慢想［J］. 商场现代化，2014（21）.
[27] 钟鹤. 希尔顿：品牌文化辐射世界［J］. 商场现代化，2014（4）.
[28] 国家统计局，2009年国民经济和社会发展统计公报.

[29] 中华人民共和国商务部. 中国服务贸易统计 2014 [M]. 北京：中国商务出版社，2014.

[30] 孙卫斌. 中印服务贸易竞争力比较研究 [M]. 商，2015（1）.

[31] 中华人民共和国国家统计局，中国统计年鉴，2013.

[32] 威廉·配第. 政治算术——配第经济著作选集 [M]. 周锦如，陈冬野，马清槐，译，北京：商务印书馆，1981.

[33] 弗朗索瓦·魁奈. 经济表——西方经济学名著提要 [M]. 吴斐丹，张草纫，译. 南昌：江西人民出版社，1998.

[34] 亚当·斯密. 国民财富的性质和原因的研究 [M]. 郭大力，王亚南，译，北京：商务印书馆，1972.

[35] 萨伊. 政治经济学概论 [M]. 陈福生，陈振骅，译. 北京：商务印书馆，1997.

[36] 巴师夏. 和谐经济论 [M]. 北京：中国社会科学出版社，1995.

[37] 马克思，恩格斯. 马克思恩格斯全集，第 26（1）卷 [M]. 北京：人民出版社，1972.

[38] R. Inman. Managing the Service Economy [M]. Cambridge：Cambridge University Press, 1985.

[39] T. Hill. On Goods and Services [J]. Review of Income and Wealth Series, 1977（23）.

[40] 沙洛特科夫. 非生产领域经济学 [M]. 蒋家俊，等，译. 上海：上海译文出版社，1985.

[41] D. I. Riddle. Service-Led Growth—the Role of the Service Sector in World Development [M]. New York：Praeger Publishers, 1986.

[42] United Nations, European Commission, International Monetary Fund. Organization for Economic Cooperation and Development, United Nations Conference on Trade and Development, World Trade Organization [J]. Manual on Statistics of International Trade in Services, 2002（7）.

[43] 华尔特·惠特曼·罗斯托. 经济成长的阶段 [M]. 北京：商务印书局，1962.

[44] 马克思. 资本论. 第 1 卷 [M]. 北京：人民出版社，1972.

[45] 瓦拉瑞尔·A·泽丝曼尔，玛丽·乔·比特纳. 服务营销 [M]. 张金成，等，译. 北京：机械工业出版社，2004.

[46] G. Sampson, R. Snape. Identifying the Issues in Trade in Services [J]. The World Economy, 1985（8）：177 – 182.

[47] G. Feketekuty. International Trade in Services：an Overview and Blueprint for Negotiation [M]. Cambridge：Ballinher, 1988.

[48] A. Sapir. Trade in Services：Policy Issues for the Eighties [J]. Columbia Journal of World Business, 1982（Fall）：77 – 83.

[49] S. Lall. The Third World and Comparative Advantage in Trade Services, in S. Lall and F. Stewart（eds）, Theory and Reality in Development [D]. London：Macmillan, 1986：122 – 138.